KB253617

문예신서
85

예의 정신

禮樂文化와 政治

柳 肅

洪熹 譯

東文選

禮의 精神

禮的精神

禮樂文化與中國政治

柳 肅

1990, 吉林教育出版, 中國

한국어판 서문

　중국의 전통 문화에 관하여 말하고자 하면 너무 광범위하기 때문에, 이 책에서는 '예'라는 한 각도에서 중국 문화의 심층 구조와 겉으로 드러난 형태 사이의 관계를 논술하였다.

　중국은 평소에 '예의지국'이라 불리고 있으며, 이는 중국뿐만 아니라 한국과 일본 등의 동방 민족은 모두 이와 같다. 그러나 중국에서 고대의 '예'는 단지 현재 의미상의 문명적인 예의뿐만 아니라 국가의 정치 제도, 사회의 도덕 가치, 민족 정신, 예술 심리, 풍속 습관 등의 여러 방면에 이르기까지 내함이 극히 넓은 문화적 범주이다. 중국 전통의 '예'는 중국 대륙의 고대 농업 문명이라는 토양에서 생겨났으며, 아울러 이런 농업 문명의 발전중에서 강화되고 연속되었다. 수천 년의 문명사에서 그것은 중국의 민족 정신과 중국의 사회 구조 형식의 중요한 지배적 역량을 형성하였다. 중국 고대의 사회 구조 형식은 일종의 종법제에 의한 소농업 생산이었다. 가정을 단위로 한 자급자족의 농업 경제는 모든 사회 구조의 기초가 되고 있다. 이런 농업 문명이 일찍 성숙되었기 때문에 가정의 조직과 형식은 자연히 전 사회적인 국가의 조직과 형식으로 연신되었다. 이것이 바로 고대 중국에서 전제적인 가부장제가 정치 형태의 최초 근원이 되고 있다. '예'는 가족 혈연의 상하 윤리 관계에서 기원하여 사회 국가의 정치 윤리 속으로 연신되었으며, 국가 정치 제도에 의뢰하여 산생의 기초가 형성되었다. 가족의 부자·장유의 존비 관계는 국가의 군신과 상하라는 등급 관계로 인식되었다. 국가 통치자인 군주가 되면, 그 도덕 윤리의 수양 또한 우선 먼저 필수적으로 예를 익히는 데서 시작되며, 먼저 '수신·제가'를 안 연후에 비로소 '치국·평천하'를 할 수 있게 된다. 일반 평민으로 말한다면, 예는 가족 관계를 유지하고 사회의 안정을 유지하는 기초적인 조건이 되며, 이것은 사람마다 자각하고 준수해야 할 도덕 규범이다. 바로 이와 같은 이유 때문에 예는 중국 고대의 정치 제도와 사회 구조 형식에서 장기간 연속되었으며, 민족 정신의 장기적인 안정과 아울러 보수 등과 같은 방면으로 나아가는 데 모두 지극히 중요한 작용을 하고 있다. 이밖에 중국 고대 철학이 중시하는 윤리 도덕의 경향은 중국 고대 종교 관념을 엷게 하였고, 중국 예술이 도덕의 교화와 정신의 경계를 중히 여기도록 하였으며, 중국의 민족 성격이 온화하고 문아하도록 만든 것 등등이 예의 정신과 밀접한 관계가 없는 것이 하나도 없다.

본서에서 채용하고 있는 것은 문화 유형을 뛰어넘는 종합적인 연구로서, 내용은 역사적인 사실·정치 제도·철학·종교·예술·신화·민속 등의 다방면을 섭급하고 있으며, 중심은 예악 문화를 감돌아 중국의 전통적인 정치와 민족 정신에서 생겨난 작용에 두고 있다. 근년에 들어와 중국에서 흥기하고 있는 문화 연구열은 많은 방면에서 아주 큰 성과를 얻고 있다. 중국 역사상 일찍이 찬란한 광휘를 발하고 있는 중국 고대 문화에 대하여 냉정하게 반성하고 그 이익과 폐단·득실을 분석하니, 이것은 오랜 문명을 갖고 있는 민족이 현실 세계에 직면하여 응당 취해야 할 태도이다. 그러나 나는 우리 목전의 문화 연구 중에서 여전히 어떤 결핍된 곳이 존재하고 있다고 여긴다. 그것은 바로 문화와 사상에 대한 연구가 비교적 많으며, 그리고 문화 현상에 대한 연구가 비교적 적다는 것이다. 이른바 문화 현상이라는 것은 사상 이론을 제외한 그밖의 정신 생활에 대한 표현 형태로, 예를 들면 종교 신앙·예술 형식·민속 습관 등이다. 문화 사상에 대하여 말한다면 문화의 현상은 비록 비교적 저층차이고 계통이 없으나, 그것은 국가 정치·사회 생활·민족 정신의 형성과 발전 과정중에서 일으키고 있는 작용은 결코 홀시할 수 있는 것이 아니다. 어떤 방면에서 그것은 심지어 사상 이론에서 생기는 작용을 초과하고 있으니, 왜냐하면 그것은 전 민족적이며 매시간마다 모두 사회 생활의 어느 한 모서리에서 사람들에게 영향을 미치고 있기 때문이다. 가령 다시 위대한 사상가라고 해도 그 사상 이론의 영향 또한 이와 같이 보급되고 깊이 파고 들어갈 수가 없다. 예를 들면 사람들이 모두 잘 알고 있는 고대 그리스의 사상과 문화의 영역 속에서 뭇별처럼 찬란한 많은 철학가·사상가가 있으며, 문화 현상이라는 면에서는 또한 똑같이 눈부신 예술·신화·올림픽 등이 있다. 그리고 그리스의 역사에 대하여 그리스인의 민족 정신이 후세에 미친 영향에 대하여 말한다면, 후자의 작용이 오히려 전자를 뛰어넘고 있다.

어떤 하나의 문명과 민족의 역사에 있어서 문화 사상과 문화 현상은 그 민족 문화의 기본적인 부분을 구성하고 있다. 그러나 이들 둘 사이의 관계로 말하면 문화 현상은 더욱 기초적이고 더욱 원시적이며, 그리고 문화 사상은 그 위에서 이론 형태를 건립하고 있다. 중국 고대의 예악 문화는 일종의 문화 현상으로 그것은 유가 사상의 문화적인 기초가 되고 있다. 공부자의 학설이 이와 같이 깊이 사람들의 마음을 파고 들어갈 수 있었으며, 아울러 이처럼 오랜 세월 동안 연속될 수 있었던 것은 바로 중국 전통 문화 속의 고유한 예의 정신이 그 중에서 헤아릴 수 없이 중요한 작용을 하고 있기 때문이다.

공자의 영향이 큰 까닭은 결코 '예'를 창립했기 때문이 아니라 '예'에 순응했기 때문이다. 중국인의 선조는 인류 문명에 자랑할 만한 많은 것들을 창조했으나, 동시에 또한 후인들로 하여금 지금까지 내던져 버리기 어려운 보따리를 짊어지게 해주었다. 어떻게 하면 이 둘 사이에서 적합한 문명 발전의 길을 찾느냐는 것이 지금 전통 문화를 연구하는 중국의 전문가와 외국의 전문가들이 공동으로 관심을 가져야 할 문제이다.

이 책은 편폭의 제한 때문에 중국 고대의 전통 문화에 대하여 논술하고 있으면서, 전적으로 예악 문화라는 구체적인 방면을 논하고 있다고는

하지만 아주 충분하다고는 할 수 없으며, 많은 곳에서 여전히 진일보한
분석을 기대하고 있다. 이 부분에 공동으로 흥미를 느끼고 있는 전문가
와 독자 여러분의 많은 토의와 가르침을 바란다.

1994년 6월　劉　肅

차 례

제3장 민족 정신의 정수

제4장 원시 의식의 표상

제5장 심미 관념의 경계

제6장 사회 심리의 계승

제1장

예(禮) · 악(樂) · 정치(政治)

1. 예(禮)의 기원과 작용

　오늘날 사람들은 예를 일상 생활 속의 기본적인 문명 행위로 보면서도 결코 예의 역사는 생각하지 않고 있으며, 예가 역사적으로 미쳐 온 특수한 작용 또한 생각하지 않고 있다. 그리고 예가 지금까지 보류하고 있는 중국 민족의 모든 정신과 중국 현실 정치 중의 잠재적이고도 거대한 영향에 관해서도 생각하지 않고 있다. 이것이 바로 본서에서 탐구하고 토론하고자 하는 의미 있는 화제이며, 하나의 역사적이고도 현실적인 화제이다.

　지구상의 어떠한 민족, 어떠한 국가이든 모두가 자기의 예를 가지고 있다. 그러나 '예의지국'으로 세계에 널리 칭송되고 있는 중국에서 예의 산생과 발전, 예의 발달 정도, 온 민족 정신과 사회 정치 중의 예의 작용은 도리어 독특하면서도 극히 중대한 문화적 의의를 가지고 있다. 이 점은 지구상의 어떤 민족이나 국가도 비교할 수가 없다. 중국 문화는 곧 예의 문화이며, 중국 민족은 예의 민족이고, 중국 정치는 예의 정치이며, 중국의 역사는 바로 예의 역사이기도 하다.

　예(禮), 오늘날 사람들은 단지 그것을 일상 생활 속의 문명 행위의 규범으로 간주하고 있다. 이는 이미 역사상의 예와 기본적인 내함에 있어서 아주 크나큰 구별을 가지고 있다. 그러나 개념상 그것은 도리어 원초적인 의온(意蘊)을 보존하고 있다. 예는 일종의 문명적인 행위이다. 확실히 예의 산생과 문명의 발전에는 극히 밀접한 관계가 있으며, 이는 문명의 산생을 따라서 산생된 것이다. 문명의 초기에 사람은 자연계와의 투쟁에서 일정한 성공을 거둔 후에 끊임없이 획득하여 갖고자 하는 웅심이 발발하였으며, 아주 무절제하게 자연계의 은사(恩賜)를 얻으려고 기도하였고, 욕심대로 타인을 침해하여 빼앗으려고 하였다. 이것은 곧 사람을 절제하게 만들 수 있는 규범을 필요로 하게 되었으며, 이리하여 예가 생겨나게 된 것이다.

예의 기원은 결국 사람들 무리의 계약이며, 후배에 대한 선배의 가르침이고, 또 씨족 수령인 성인이 만든 계율이었다. 이밖에도 갖가지 각종 요소가 병존되었을는지도 모르나 이것은 이미 살펴볼 수가 없다. 그러나 이 점은 긴요하지 않으며, 진정 중요하면서도 긍정적인 것은 예가 생겨나게 된 까닭이 완전히 문명 발전의 필요에 의하여 나온 것이라는 점이다. 순자(荀子)는 다음과 같이 말하고 있다.

사람은 태어나면서부터 욕구를 갖게 되었다. 욕구가 생겨도 얻을 수가 없으면 구하지 않을 수가 없었다. 구하여도 용량에 한계가 나누어져 있지 않으므로 싸우지 않을 수가 없었다. 싸우면 어지럽고, 어지러우면 궁핍하게 된다. 선왕께서는 그 어지러움을 미워하였으므로 예의를 제정하여 이를 나누어 놓았으며, 사람들이 원하는 것을 양육하여 사람들이 구하는 것을 주었다. 욕구로 하여금 반드시 물질에 궁하지 않도록 하고, 물질은 반드시 욕구에 다하지 않도록 하였다. 이 둘이 서로 갖고 있는 장점에서 예가 생겨나게 되었다.

人生而有欲, 欲而不得, 則不能無求. 求而無度量分界, 則不能不爭. 爭則亂, 亂則窮. 先王惡其亂也, 故制禮儀以分之, 以養人之欲, 給人之求. 使欲必不窮於物, 物必不屈於欲, 兩者相持而長, 是禮之所起也.（《荀子 · 禮論》）

순자의 관점은 의심할 여지 없이 근본적으로 예의 실재적인 의미를 파악하고 있다. 예는 사람의 행위를 제약하는 데 사용되었다. 그것은 사람의 주관적인 욕구와 객관적인 현실 사이의 모순을 조절하였으며, 양자 사이로 하여금 인류 사회 존재의 평형 상태를 유지할 수 있도록 하였다. 이것은 바로 예의 시작이 사회의 안정된 구조의 요구에 응하여 생겨나게 되었다는 말이 된다.

사람이 태어나면서부터 고요한 것은 하늘의 성품이다. 물질에 느끼어 움직이는 것은 성품의 욕구이다. 물질에 마음의 지모가 응접한 연후에야 여기에서 좋고 나쁘다는 구별이 생기게 된다. 안에서 좋아하고 싫어하는 것을 절제하지 못하고, 지혜가 밖에서 유혹을 받게 되면 내심에서 반성하여 그 충동을 제지할 수가 없게 되어 하늘의 이치가 멸하게 된다. 대저 물질이 사람에게 무궁하게 느껴지고, 사람의 좋고 싫어함에 절제가 없으면서 물질이 이르면 사람이 물질에 동화되게 마련이다. 사람이 물질에 동화되는 것은 하늘의 이치를 없애고 사람의 욕심에 궁한 것이다. 이에 인륜에 어긋나고, 나라에 반역하며, 속이고 거짓된 마음이 있게 되며, 방종하고 기강을 어지럽히는 일이 생겨나게 된다. 이런 연유로 강한 자가 약한 자를 위협하게 되고, 다수가 소수를 못살게 군다. 지혜로운 자가 어리석게 되고 용기 있는 사람이 겁쟁이와 같게 되며, 병이 들었어도 돌봄을 받지 못하게 되며, 자식 없는 늙은이·부모 없는 고아·지아비 없는 과부는 의지할 곳을 얻지 못하니, 이것이 대란의 도이다. 이런 연유로 선왕이 예악을 제정하여 사람들이 이를 지키도록 하였다.

人生而靜, 天之性也. 感於物而動, 性之欲也. 物至知知, 然後好惡形焉. 好惡無節於內, 知誘於外, 不能反躬, 天理滅矣. 夫物之感人無窮, 而人之好惡無節, 則是物至而人化物也. 人化物也者, 滅天理而窮人欲者也. 於是有悖逆詐僞之心, 有淫佚作亂之事. 是故强者脅弱, 衆者暴寡, 知者作愚, 勇者若怯, 疾病不養, 老幼孤獨不得其所, 此大亂之道也. 是故先王之制禮樂, 人爲之節.(《禮記·樂記》)

천지자연의 동화에서 살아 있는 모든 것들이 서로 다투던 암흑 시대에, 인류는 막 자연계에서 분리되어 나와 털도 뽑지 않고 피도 씻지 않고 먹던 원시인의 무리에서 장유와 남녀의 윤리 질서가 생기게 되었으며, 서로 합작하고 서로 돕는 군체 의식이 시작되면서 예는 그 특유의 방식으로 인류 자신이 보류하고 있던 동물적인 본능들을 절제하게 되었고,

고삐 없이 날뛰는 자연적인 욕구를 절제하게 되었다. 이는 당연히 일종의 문명이며, 또한 이제 막 형성된 무리 사회를 유지하기 위한 필요 수단이었다.

사람의 군체와 동물의 군체가 조직 형식상에 있어서 최초로 구별되는 것은, 바로 사람에게는 혈연 관계를 유대로 하는 씨족과 가정이 있다는 것이다. 이런 씨족 사회는, 혈연 씨족의 선조가 자연히 이런 씨족의 형성과 발전에 중요한 의미를 갖추고 있다. 그리하여 사람들의 관념 속에 자연히 조상 숭배가 형성되게 되었다.

선조 외에도 다시 위로 거슬러 올라가면, 천지자연은 인류 생활을 지배하는 물질적인 힘을 갖고 있으므로, 천지자연에 대한 숭배는 인류 사회의 원시적인 관념 중에서 가장 빠른 정신적인 기탁처를 구성하고 있다. 천지자연의 숭배와 조상 숭배가 결합하여, 신과 조상의 영혼의 의지가 곧 인류 활동의 절대적인 명령을 이루고 있다. 이로 인하여 예는 그 기원에서부터 시작하여 가장 빠른 형식이 제사였다. 즉 천지자연과 조상의 혼령에 대한 제사이다. 우리는 중국의 고대 상형문자인 '예(禮)'라는 의미를 가지고 있는 자형(字形) 중에서 그 최초의 함축된 의미를 찾아볼 수가 있다. 《설문해자說文解字》에 "예는 시행한다는 이(履)이다. 그러므로 신을 섬겨 복이 이르도록 하는 것이다. 시(示)를 따르고 풍(豊)을 따른다〔禮, 履也. 所以事神致福也, 從示從豊〕"라고 하였다. 그 중에서 '풍(豊)'은 예를 행하는 기구이다. 《설문》 중에서 "풍(豊)은 예를 행하는 기물〔豊, 行禮之器也〕"이라고 하였으며, 고문의 풍(豊)은 '豐' 으로 '豆' (고기를 담는 용기) 위에 제물이 놓여져 있으니, 이를 신령에게 바치는 것이다. 이것이 바로 제사이며, 목적은 신령에 대한 숭경(崇敬)을 표시하고 아울러 보우를 구하는 것이다. 사회의 유기체적 구성이 나날이 번잡해지면서 사람과 자연·사람과 사람 사이의 관계는 각 방면에서 각기 층차에 따라서 전개되었으며, 예(禮)는 단지 조상과 귀신을 제사 지내는 형식만으로는 이미 사회 생활의 각종 관계 중에서 사람의 행위를 절제할 수 있다는 목적에 도달할 수 없게 되었다. 이리하여 예는 단순하게 귀신을 섬기는 영역에서 사람을 섬기는 영역으로 건너뛰게 되었으며, 형식상에 있어서도 제사에서 진일보하여 길(吉)·흉(凶)·빈(賓)·군(軍)·가(嘉) 등의 갖가지 의제(儀制)로 확충되었으며, 그것은 사회 생활에 전면적으로 간여하기 시작하게 되었다.

중국 고대의 예의 제도는 유형상 다섯 가지로 분류할 수 있다. 즉 길례(吉禮)·흉례(凶禮)·빈례(賓禮)·군례(軍禮)·가례(嘉禮)이며, 이를 합칭하여 '오례(五禮)'라 하고 그 중에서 길례를 머리로 삼는다. 길례는 제사를 지내는 의례이다. 무릇 예에서 "제사보다 중요한 것은 없다〔莫重于祭〕"(《禮記·祭統》)고 하였다. 그러므로 제사는 예의 근본이 된다. "공자가 말하기를, 예란 선왕께서 하늘의 도를 이어받아 사람의 정을 다스리는 것이다. ……그러므로 무릇 예란 반드시 하늘에다 근본을 두고 땅을 본받으며, 귀신에게 베풀어 상(喪)·제(祭)·사(射)·어(御)·관혼(冠婚)·조빙(朝聘)의 목적에 달하는 것"(《禮記·禮運》)이라고 하였다. 제사는 천신(天神)·지기(地祇)·인귀(人鬼)에게 제사 지내는 것을 포괄하고 있다. 경건한 숭배로 천신과 지기에게 풍우가 순조롭고 오곡의 풍성한 수확을 거두도록 빌었다. 그리고 조상의 망령에게 복을 내려 주고 자손이 끊이지 않고 이어지기를 바랐으며, 정치를 통하여 사람이 화합하기를 구했다. 이로 인하여 이런 종류의 제사 의식은 곧 국가의 가장 중요한 전례(典禮)가 되었다. 길례인 제사를 제외하고도 그밖의 예의 형식은 모두 사회 생활에 관하여 어떤 구체적인 내용과 관계를 갖고 있다. 흉례는 죽음에 대한 조문과 재액에 대한 위로와 지원을 포함하고 있으며, 빈례는 조회(朝會) 등과 같은 사회 교제 중의 의식이고, 군례는 정벌 등과 같은 군사 행동 과정 중의 주요 사항을 포괄하면서 무력의 협조를 받아서 추진해 나가는 국가의 중요한 활동을 필요로 한다. 가례는 사람들의 일상 생활 중에서 혼례·관례와 같이 경하하는 연회에 왕래하는 예의 형식이다.

통틀어 말하면, '오례'의 범위는 기본적으로 중국 고대의 모든 사회 생활의 각 영역을 포용하고 있다. 그것은 일종의 규범이 되었으며, 크게는 국가의 중요한 활동에 이르고, 작게는 개인 일상 생활의 모든 사회 생활 속까지 미치면서 전면적으로 사람의 행위를 제약하는 작용을 하고 있다. 이런 작용은 장시간을 경과하면서 안정적으로 발전된 후에 그 형식상에 서는 어떤 변화가 있었던지를 막론하고, 혹은 존재 여부를 떠나서 그 영 향은 오히려 그 자체의 존재보다도 더 긴 시간까지 파급되고 있다. 그것 은 이미 멀리 형식의 범주를 초월하여 상당히 안정적인 정신적 내용을 구 비한 것으로 변하게 되었다.

2. 예의 제도(禮儀制度)와 예악(禮樂)의 교화

중국의 문명사에 있어서 예의 제도는, 그것이 역사에 기재된 때부터 시 작하여 상당히 완비된 형식으로 세상 사람들의 면전에 모습을 드러내고 있다. 현재까지 발견된 중국의 가장 오래 된 문자인 은허(殷墟) 갑골복사 (甲骨卜辭) 중에는 허다한 제사의 명칭과 전례에 관한 것이 들어 있다. 이 것으로 본다면, 은대(殷代)에 이미 계통적인 제사 의식이 있었다는 사실 을 알 수가 있다. 주대(周代)에 이르러 예의 제도는 이미 상당히 완비될 정도로 발전해 있다. 춘추 전국 시대에 씌어진 《주례周禮》와 《의례儀禮》 (《예기禮記》 포함)는 상당히 상세하게 주대의 예의 제도를 기술하고 있다.

상고 시대, 국가가 형성된 시초에 예의 제도는 바로 정치 제도와 합하 여 일체가 되었다. 이러한 특징이 가장 명확하게 《주례》라는 책 속에 표 현되고 있다. 《주례》의 원명은 《주관周官》으로, 천지와 사계절의 순서에 따라서 국가의 예의와 정무를 관장하는 각 관직을 6관(六官)으로 나누고 있다. 즉 천관(天官)·지관(地官)·춘관(春官)·하관(夏官)·추관(秋官)·동관(冬官)이다. 그 중 천관은 총재(塚宰)를 수장으로 한다. 천관은 하늘을 본따서 만물을 통괄하므로 6관에 소속된 일체의 관직을 통솔하면서 천하의 정무를 장악하여 다스리고, 군왕을 보좌하여 국가를 관리한다. 지관의 사도(司徒)가 그 다음으로 나라의 교화·토지와 부역과 세금 등을 주관하며, 군왕을 보좌하여 천하를 안무한다. 춘관의 종백(宗伯)은 세번째로 국가의 예의·종묘제사 등을 관장하고, 군왕을 보좌하여 상하 존비의 화순(和順)과 질서를 세운다. 하관의 사마(司馬)는 네번째로 국가의 군무(軍務)를 장악하여 군대를 통솔하고, 군왕을 보좌하여 천하의 난을 평정한다. 추관의 사구(司寇)가 다섯번째로 국가의 소송·형벌 등과 같은 사법 사무를 주관하면서 군왕을 보좌하여 강제성을 띤 사회 질서를 건립한다. 동관의 사공(司空)은 여섯번째로 수공업의 제조와 공사와 건축을 주관한다. (원서의 본편은 망실되었으며, 후인이 당시 수공업 기술을 기록한 저작 《고공기考工記》를 보충해 넣었다.) 그러므로 《주관》 6편은 비교적 완전하게 주대 각 방면의 제도에 관한 내용을 기술하고 있다. 이들 제도는 어느 한 영역을 섭급하고 있는가를 막론하고 모두 처음부터 끝까지 예의 기본 정신으로 꿰뚫고 있으니, 즉 천지 인륜과 상하 존비의 우주 질서이다.

내용상에서 예는 시종 상하 윤리의 존비 등급을 규정하여 사회 제도의 기본적인 표준으로 삼고 있다. 형식상에서는 예라는 특수한 상징 방식으로 각종 전례 의식의 과정을 규정하고 있다. 중국 예의 제도의 완비 정도가 가장 돌출되게 표현되고 있는 것이 바로 이 점이다.

《의례》와 《예기》(《주례》와 합하여 '삼례(三禮)' 라고 일컫는다) 가운데 예의 형식의 갖가지 세절(細節)에 관한 규정을 상세히 기재하고 있다. 《의례》는 17편이다. 그 중에서 '사관례(士冠禮)' 는 나이 스물이 되어 관을 쓸 때(성인례)의 진설·의식·과정·치사 등을 언급하고 있다. '혼례(婚禮)' 는 남녀의 성혼을 말하고 있으며, 납채(納采)·문명(問名)·납길(納吉)·납징(納徵)·청기(請期)에서 친영(親迎)에 이르는 의례 형식을 기술하고 있다. '사상견례(士相見禮)' 는 선비가 처음으로 만날 적에 예물을 가지고 방문하는 것과 상대의 방문에 답례로 예방하는 예절을 소개하고 있다. '사상례(士喪禮)'·'기석(旣夕)'의 내용은 일반 귀족을 위하여 돌아가신 부모의 죽음에서 초빈에 이르는 과정의 예절이다. '사우례(士虞禮)'는 장사 후 안혼(安魂)의 예를 말하고 있다. '특생궤식례(特牲饋食禮)'·'소뢰궤식례(少牢饋食禮)'·'유사철(有司徹)'은 일반 귀족과 경대부가 조상의 사당에 제사 지내는 예를 규정하고 있다. '향음주(鄕飮酒)'의 내용은 기층 행정 조직을 위하여 현인을 존중하고 노인을 봉양하는 음주 의식을 담고 있다. '향사례(鄕射禮)'는 제후와 대부가 활쏘기 시합에 참가할 적의 의식 순서를 소개하고 있다. '연례(燕禮)'는 제후와 대부의 연회에 대한 예를 규정하고 있다. '대사례(大射禮)'는 군주가 주지하는 활쏘기 시합의 예절에 관한 내용이다. '빙례(聘禮)'는 제후국 사이의 외교적인 왕래에 관한 예의를 말하고 있다. '공식대부례(公食大夫禮)'는 나라의 임금이 초청하여 온 사신에 대한 예절을 소개하고 있다. '근례(覲禮)'는 제후가 천자를 조현(朝見)하는 예이다. '상복(喪服)'의 내용은 사자의 친소(親疏) 관계를 근거로 하여 산 사람의 상복과 복기(服期)를 규정하고 있다. 이 17편은 기본적으로 당시 사회 생활 중의 갖가지 중요한 예의 활동을 포괄하고 있으며, 아울러 명확하게 그 구체적인 정도를 규정하고 있다.

《예기》는 《주례》와 《의례》의 기초 위에서 예의 제도의 형식에 대한 규정을 이론적으로 해석 설명하고 있으며, 아울러 《의례》에 대하여 진일보하여 보충해 주고 있다. 구체적으로 일상 생활 속에서 일어나는 일들이다. 예를 들면 조정에서는 군주를 섬기고, 집에서는 부모를 섬기며, 문을 나서서는 친구를 사귀는 갖가지 활동 중의 예절을 말하고 있다. 심지어는 특별한 상황하에서 부딪치게 되는 예의 문제들도 상세하게 기술하고 있다. 예를 들면 "아들에게 첩이 둘 있는데, 부모가 그 중 하나를 귀여워하고 자식이 다른 하나를 사랑한다"면 어떻게 해야 하는가, "군왕이 승하하고 세자가 태어나면 이를 어찌해야 하는가" 등과 같은 것이 수두룩하다.

이것으로 본다면, 중국 고대 예의 제도의 완비와 복잡한 정도는 세계

각국 문명사에서 그 유례가 드문 것이다. 중국 고대의 학자들이 필생의 정력을 소모하면서 머리가 하얗게 세도록 연구해도 예의 전부를 파악하기란 어려운 일이었다. 공자처럼 예를 잘 아는 사람조차도 태묘(太廟)에 가서는 모두 "매사를 물어보았다〔每事問〕"고 하였다. 이것이 비록 공자의 겸양에서 나왔다고 할지라도 예의 절도가 얼마나 번잡한가를 알 수 있다. 참으로 "넉넉하고도 크구나! 예의 삼백, 위의 삼천이니, 그 사람을 기다린 연후에 행하라〔優優大哉! 禮儀三百, 威儀三千, 待其人而後行〕"(《中庸》)고 말할 수 있다.

중국 고대의 예의 제도는 이와 같이 상세한 형식으로 규정하고 있는 가운데 일종의 심미적인 예술 정신을 함축하고 있다. 융중한 제사에서, 성대한 조회에서, 애도를 다하는 상장에서, 장중하고도 즐겁고 유쾌한 혼례와 관례 의식 속에서 모종의 예술 심미적인 분위기를 띠지 않은 것이 없다. 예의는 시작되면서 바로 감관(感官)의 유열성(愉悅性)이라는 형식을 띠고 표현해 내었다. 제사는 바로 신을 기쁘게 하고, 귀신을 기쁘도록 만들어 귀신의 환심을 구하려고 한 것이다. 이로 인하여 예와 악은 그들이 처음 시작될 시기에 바로 풀어질 수 없는 인연을 맺고 있다.

중국 고대의 '악(樂)'은, 결코 단순하게 음악을 가리키는 것이 아니라 음악·무용·시가 등과 같은 조기의 표연 예술(表演藝術)을 포괄한 총칭이다. 고대에서 중대한 예전 의식(禮典儀式)은 모두 중요한 항목인 악이 빠질 수가 없었다. 만일 예가 사람들의 경건하고 공경하는 마음을 표현해 내고 있다고 말한다면, 악은 바로 이런 심정을 표현해 내는 외표(外表)적인 의용(儀容)을 빌린 것이다. "예로서는 그 뜻을 말하고, 악으로는 그 소리를 화합하게 한다〔禮以道其志, 樂以和其聲〕"(《禮記·樂記》)고 하였다. 상고의 성현은 예를 제정함과 동시에 악을 만들어 둘 다 동등하게 중요한 위치에 두었다. 예악(禮樂)은 둘이 결합하여 중국 고대 정치 문화의 특수한 범주를 구성하고 있다.

《예기禮記·악기樂記》는 예와 악이 공통된 문화적 근원을 갖고 있다는 점을 명확하게 천술하고 있다.

　악의 본질은 동화에 있으며, 예의 본질은 구별에 있다. 동화하기에 사람들로 하여금 서로 친근하게 만들어 주고, 구별하기에 사람들로 하여금 서로 존경하도록 해준다. 그러나 과분하게 악을 강조하다 보면 쉽게 휩쓸려 가게 되고, 과분하게 예를 강조하면 사람들 사이에 간격이 생겨 친하지 않게 된다. 그러므로 정감에 합치하면서 이런 감정을 예의로 드러내도록 하는 것이 예악의 일이다. 예의가 서게 되면 귀천이 같아지게 되고, 악과 문(文)이 같아지면 상하가 화합하게 된다. ……성대한 음악은 천지와 동화하고, 융중한 예는 천지와 질서를 같이한다. 화합하기 때문에 만물이 그 본성을 잃지 않게 되며, 질서가 있으므로 하늘과 땅에 제사를 지낸다. 밝은 곳에는 예악이 있고, 어두운 곳에는 귀신이 있다. 이와 같아서 세상 사람들로 하여금 서로 공경하고 서로 사랑하게 한다. ……악은 천지의 화합이고, 예는 천지의 질서이다. 화합하므로 만물을 모두 화생(化生)할 수 있으며, 질서가 있으므로 만물이 모두 구별이 있게 되었다. 악은 사람의 소리에 근본을 두고 자연히 만들어졌으며, 예는 필요에 의하여 인위적으로 만들게 되었다. ……천지를 밝힌 연후에야 능히 예악이 흥할 수 있다.

　樂者爲同, 禮者爲異. 同則相親, 異則相敬. 樂勝則流, 禮勝則離. 合情飾貌者, 禮樂之事也. 禮儀立則貴賤等矣, 樂文同則上下和矣. ……大樂與天地同和, 大禮與天地同節. 和故百物不失, 節故祀天祭地. 明則有禮樂, 幽則有鬼神. 如此, 則四海之內合敬同愛矣. ……樂者天地之和, 禮者天地之序也. 和故百物皆化, 序故群物皆別, 樂由天作, 禮以地制, ……明於天地, 然後能興禮樂也.(《禮記·樂記》)

　예의 본질은 상하 귀천의 존비 등급을 구별하는 데 있으며, 악의 정신은 각종 등급과 무리 사이의 관계를 조절하는 데 있다. 등급이 분명하면 사람들은 각기 공경하는 바가 있게 되며, 관계가 화순하면 사람들은 서로 친하고 서로 사랑하게 되니 예악이 구비되면 천하가 크게 다스려지게 된다. 이렇게 천지에 근본을 둔 예악 관계 속에 중국 상고의 인도주의의 기본적인 특징이 농축되어 있다. 즉 이미 엄격한 등급과 존비가 있으면서 또 상호 사이의 친화가 있다. 이런 관계를 일종의 관념적인 출발점으로 삼고 있으며, 중국 고대의 정치 사상 중에서 줄곧 통치적 지위를 차지하고 있다. 그리고 이런 통치 사상이 장기적으로 연속될 수 있었던 까닭은, 또 예악의 교화에 그 근원을 돌려야 할 것이다. 중국 고대를 대표하는 정통 사상의 성현과 철인들은 하나도 예악 교화의 작용을 중시하지 않은 사람이 없다.

사람의 행위를 절제하는 작용으로 본다면, 예는 일종의 외재적인 규정이다. 그것은 상하 등급과 순서에 따라서 사람들이 응당 이행하여야 할 사회의 의무를 규정하고 있으며, 사람들이 활동하는 행동 범위를 제한하고 있다. 악은 예술적인 형식을 통하여 이런 예의 규정을 사람들 내심에서 우러나오는 자각 의식으로 바꿔 주고 있다. 음악은 본래 사람의 정감을 표현해 주는 방식이기 때문이다.

음악이 시작된 것은 사람의 마음에서 생겨난 것이다. 사람의 마음이 움직이는 것은 외물의 자극을 받았기 때문이다. 사람 마음이 외물의 자극을 받고 반응하므로 소리에 형체를 둔다. 소리가 서로 응하므로 변화가 생겨나게 된다. 변하여 격조(格調)를 이루게 되면, 이를 일러 음(音)이라고 한다. 소리의 배열에 악기와 방패·도끼·깃털·얼룩소의 꼬리로 장식한 기 등을 배합한 것을 악(樂)이라 한다.

凡音之起, 由人心生也. 人心之動, 物使之然也. 感於物而動, 故形於聲, 聲相應,故生變, 變成方謂之音. 比音而樂之及干戚羽旄謂之樂.(《禮記·樂記》)

이곳에서 말하는 악이란 명확하게 원시 예술의 특징을 띠고 있다. 소위 간(干)·척(戚)·우(羽)·모(旄)란, 방패·도끼·깃털·얼룩소의 꼬리로 장식한 기로서 모두 원시 무용 중에 사용되는 기물이다. 문명의 발전에 따라서 이런 유형의 무용은 점차 변화되어 무무(武舞; 방패와 도끼)와 문무(文舞; 깃털과 얼룩소의 꼬리로 장식한 기)라는 두 가지 유형이 되었다. 그러나 그들은 이미 원시적인 예술에서 왔으므로 당연히, 또한 사람들의 자연 감정의 본능을 띠고 펼쳐지지 않을 수가 없었다. 이로 인하여 선왕들은 악을 지을 적에 갖가지 악무(樂舞)가 사람의 서로 다른 정감과 의지에서는 서로 다른 작용을 한다는 사실을 고려하지 않을 수가 없었으므로, 신중하게 이를 택하여야 했다. 그러므로 예의 형식에 대하여 명확하게 규정함과 동시에 악의 형식에 대해서도 명확한 규정을 해야만 했다.

중국의 예악 제도는 2천여 년에 달하는 봉건 사회 중에 계속 연용되어 왔으며, 비록 시대가 다르면 다시 고치기도 하고 빼기도 하고 보태기도 하였으나, 이것은 단지 형식상이었을 뿐이다. 그 본질적인 정신상에 있어서는 도리어 조금의 변화도 없었다. 그것은 국가를 움직여 나가는 전장 제도(典章制度)와 관념 양식이었으며, 그 작용은 이미 멀리 단순한 정치적 범위를 벗어나고 있었다. 예악의 교화는 중국 민족 문화의 전승 과정 중에 고정적인 형식을 이루게 되었다. 중국 고대에서 관념 형태의 문화 구조들, 예를 들면 정치 법률·철학 사상·윤리 도덕·문학 예술 등은 이 기본적인 선이 그 안을 꿰뚫고 있다.

3. 예(禮)와 중국의 민족 정신

중국의 민족 정신은 그 특유한 자태로 세상에 모습을 드러내고는 상당히 안정된 형식으로 허다한 세기를 연속된 후, 사람들이 각 방면에서 그 내재된 문화 요인을 연구하기 시작하였다. 필자는 이 중에서 가장 중요한 점은 응당 예의 정신으로 귀결되어야 한다고 생각한다. 중국은 예의 제도의 완비와 예악 교화의 깊이라는 점에서 세계 어떤 국가나 민족을 막론하고 일찍이 없었던 일이었다.

예의 정신은 중국 고대 사회 제도와 사회 의식의 각 방면·각 층차 중에서 모두 결정적인 영향을 구비하고 있다. 그 강렬함과 지구적인 정도에 있어서는 멀리 서방 민족의 종교 감정을 뛰어넘고 있다. 예악 교화는 예로 하여금 중국 민족의 일종의 자각 의식을 변하게 하였으며, 심지어는 잠재의식 속으로 스며 들어가도록 하였다. 중국 민족 정신은 바로 일종의 예의 정신이다.

정치 사상 중에 정치는 덕으로 하고 인(仁)으로 하는 '왕도(王道),' 상존하비의 뛰어넘을 수 없는 삼엄한 등급과 '수신제가치국평천하(修身齊家治國平天下)'라는 세상을 제도하는 등등이 모두 예의 본질적인 요의이며, 동시에 또한 치국의 근본 방침이기도 하였다.

중국 고대의 법률 사상과 예의 제도는 모두 직접적인 연원 관계를 갖고 있으며, 예는 바로 최초의 법이었다. 상고 사회에서 법률의 제정은 그 기본적인 근거가 바로 예의 내용으로 규정되고 있다. 이후 각 왕조에서 헌장과 법전을 수정하면서 또한 예를 근거로 삼지 않은 것이 없었다.

윤리 도덕은 더욱 말할 필요가 없다. '윤(倫)'이란 바로 등급의 무리 사이의 순서이며, '이(理)'란 바로 이런 등급과 순서에서 준수해야 할 규율이다. 이 정의로 말하면, 중국 고대의 윤리 도덕은 바로 예교(禮敎) 자체이다. 충효와 남녀 강상(綱常)의 가르침은 바로 중국 윤리—예의 근본이다. 중국은 예를 중시하는 국가임과 동시에 또한 바로 윤리를 중시하는 국가이니, 이 둘은 본래 바로 일체이다.

철학 사상은 민족 정신의 정수이다. 그리고 중국 철학은 근본적인 특징상 바로 일종의 윤리철학이며, 주요하게 탐구하는 것은 사회를 구성하고 있는 인륜 관계 및 이런 인륜 관계와 '천리(天理)'의 대응이다. 유가철학의 주류가 되는 중국 철학 사상 인륜 관계 중에 예의 정신이 자연스럽게 포함되며, 또한 철학의 기본 요소가 되고 있다.

　원시 의식의 표상인 종교와 신화 속에서 중국 민족은 창세 통일신의 숭배를 중시하지 않고 있으며, 현실적으로 천지자연과 문화 발원의 선조에 착안하고 있고, 자연의 은사와 인적인 혈연에 착안하고 있다. 이로 인하여 중국 민족은 종교 감정이 아주 적으며, 그리고 제사를 포함하여 내적으로 하나의 계열인 예의 제도 속에서 그 현실적인 정신을 표현하고 있다.

　문학 예술 방면에서 중국 민족은 심미적인 관념이 결핍되지 않은 민족이다. 다만 이런 심미 관념은 '선(善)'이라는 현실적이고 이성적인 내용을 그 기본 표준으로 삼고 있다. 선을 미로 삼는 것은 중국 심미 관념의 근본 특징이다. 그러나 이런 '선'은 그 본질적인 의미상에서 다시 예의 정신에 의하여 경계가 정해지고 있다. 그러므로 예교 문명을 근본으로 삼는 관념과 작품은 줄곧 중국 고대 예술의 중요한 경향이 되고 있다. 아울러 악과 예의 직접적인 연계로 인하여 예술은 왕왕 예를 위해 봉사하는 도구가 되고 있다.

　중국의 민풍과 민속은 비록 사회 의식의 계통적인 형태는 아니나, 그것은 자각 의식과 잠재 의식의 경계점 위에 자리하고 있다. 그러나 그 또한 보편적인 하층 사회 구조와 생활 방식의 각 방면에서 예의 정신 작용을 구현하고 있다. 전통적인 명절을 포함하여 민간 오락 및 친구와의 사귐 중에서 표현되고 있는 민족 성격은, 중국이라는 이 예의의 나라에서는 전통적인 교화의 특색을 띠지 않는 것이 없다.

　이를 총괄하면 중국의 민족 정신은 고층의 의식 형태이든, 아니면 심층적인 사회 심리이든지를 막론하고, 또는 상층의 왕공 귀족이든 하층의 평민 백성이든지를 막론하고 모두 예의 정신을 가장 보편적이며 가장 현저한 특색으로 삼고 있다. 중국에서 각 사회 계층은 모두 자기의 예를 가지고 있으며, 사람마다 모두 필수적으로 예가 허락하는 범위 안에서 자기의 행위를 제한하고 있다. 그리고 각종 관념 형태 또한 예라는 이 하나의 핵심을 둘러싸고서 전개되고 운행된다. 이것은 중국 종법제의 사회 관

계로 결정되는 것임과 동시에, 또한 중국 예의 제도와 예악 교화 자체의
완비 정도로 말미암아 조성되고 있다. 이로 인하여 우리는 중국 민족이 예
의 민족 가운데 하나이며, 중국의 민족 정신은 예의 정신이라고 여긴다.

4. 예악(禮樂)과 중국의 정치

　예의 정신은 중국 민족 정신의 각 방면에서 표현되고 있으며, 그리고
그 표층 구조는 또한 서로 다른 정도상에서 중국 정치와 내재적인 관계
를 가지고 있다. 이들 관계의 전개는, 또 예란 이 하나의 중심을 고리로
둘러싸고 있지 않는 것이 하나도 없다.
　중국의 봉건 정치는 본질상 일종의 등급 정치로 상하 존비의 등급 질
서의 유지와 보호를 치세의 근본으로 삼고 있다. 그리고 이런 등급 질서
자체 또한 바로 예의 본질적인 규범이다. 예의 본질은 바로 '구별'이다.
군신과 부자·형제·남녀의 구별이 있은 연후에야 비로소 '공경'이 있게
된다. 아랫사람은 윗사람을 공경하고, 비천한 사람은 존귀한 사람을 공경
하여야만 비로소 백성들이 서로 다투지를 않게 되어 천하가 태평하다. 이
로 인하여 중국의 정치는 바로 일종의 예의 정치라고 말할 수 있다.

　예로 국가를 바르게 하는 것은 저울로 경중을 다는 것과 같으며, 먹줄
로 굽고 곧은 것을 바로 하고, 그림쇠로 네모와 원을 그리는 것과 같다.
……그러므로 종묘 안에서는 경건하여야 하고, 조정에 들어가서는 귀천에
따라 자리가 있고, 가정에서는 부자가 서로 친하고 형제가 서로 화목하여
야 하며, 고을 안에서는 장유의 질서가 있게 마련이다. 공자가 말하기를,
"위에서 편안하게 백성을 다스리는 것으로는 예보다 뛰어난 것이 없다"

하였으니, 이를 말하는 것이다.

> 禮之於正國也, 猶衡之於輕重也, 繩墨之於曲直也, 規거之於方圓也. ……
> 故以奉宗廟則敬. 以入朝廷, 則貴賤有位. 以處家室, 則父子親, 兄弟和. 以
> 處鄉里, 則長幼有序. 孔子曰, "上治民, 莫善於禮." 此之謂也.(《禮記·經解》)

예는 국가를 다스리는 근본 방법이고 표준이다. 예가 있고서 비로소 상하의 구별이 있게 되며, 사람들로 하여금 일상 활동 속에서 각기 자기 위치를 지키고 참월(僭越)하지 못하도록 해준다. 이것이 바로 위에서 편안하게 백성을 다스리는 방법이다.

상고 사회에서 중국은 예치(禮治)를 정치의 근본으로 삼고 있다. 춘추 전국 시기에는 예치(禮治)와 법치(法治)의 다툼이 있었다. 그러나 뒤에 오면서 유가가 존귀해지면서 예치의 사상은 마침내 절대적인 통치 지위를 얻게 되었으며, 아울러 줄곧 20여 세기를 연속하여 내려오게 되었다. 당연히 예로 다스린다고 하여 법이 없다는 것은 아니며, 예는 법을 통치하고 있다. 법률의 제정은 반드시 예를 근거로 삼고 있으며, 이것은 중국 정치가 다른 국가의 정치와 구별되는 중요한 특징이다. 고대 서방 국가의 법은 유대교의 '모세의 십계명'과 기독교의 《성경》 중에서 어떤 사상 근거를 얻고 있으며, 이슬람 세계의 법은 《코란》이 바로 법률이다. 그리고 중국의 법은 천지 인륜의 자연 질서와 선조의 유훈에서 나오고 있다. 이런 현실적인 자연 질서와 선조의 유훈을 대표하는 것이 바로 예이다.

중국 고대의 예는 시작되면서부터 바로 정치를 위하여 봉사하고 있다. 비록 예의 제도가 이와 같이 복잡하고 번다하다고는 하나, 그 기본 정신은 도리어 하나로 이를 꿰뚫고 있으니, 바로 구별과 인륜의 등급이다.

그러므로 조근(朝覲)의 예는 군신의 의를 밝히는 데 쓰이며, 빙문(聘問)의 예는 제후로 하여금 서로 존경하는 데 쓰인다. 상제(喪祭)의 예는 신하된 자와 자식된 자의 은정을 밝히는 것이며, 향음주(鄕飮酒)의 예는 장유의 순서를 밝히는 것이고, 혼인의 예는 남녀의 구별을 밝히는 것이다. 무릇 예란 화란(禍亂)이 발생하는 원인을 금하는 데 있으니, 바로 제방으로 홍수의 범람을 막는 것과 같다.

故朝觀之禮, 所以明君臣之義也. 聘問之禮, 所以使諸侯相尊敬也. 喪祭之禮, 所以明臣子之恩也. 鄕飮酒之禮, 所以明長幼之序也. 婚姻之禮, 所以明男女之別也. 夫禮禁亂之所由生, 猶坊止水之所自來也.(《禮記·經解》)

제도가 이처럼 완비된 까닭과 목적은, 이들 형상적인 것들을 통하여 심미 의미를 띠고 있는 의식으로 인심을 감화하여 화란이 발생하지 않도록 방지하는 데 있다. 제방이 물을 막는 것과 마찬가지로 사람들이 위를 범하여 난을 일으키는 것을 방지하려고 하였다. 예가 중점을 두는 것은 바로 사람의 내심에 대한 작용이며, 행위의 규범을 사람의 내심의 자각으로 변화시킨다. 이것은 중국 정치 중에서 예치와 법치가 다툰 초점이다.

예는 사회 정치의 기점을 개인의 내심 수양 위에 놓고 있으며, 이를 천하의 난을 다스리는 근본으로 여긴다. 하층민인 피통치자에 대하여 말한다면, 예를 닦는다는 것은 윗사람을 범하여 난을 일으키지 않는 것이다. 상층부인 통치자로 말한다면, 제일 먼저 개인을 수양하고 난 연후에 비로소 집을 다스리고 나아가 나라를 다스려 천하를 평안하게 하는 것이다. 그러나 이런 개인의 내심 수양은 정도면에서 거의 모두 예를 빌려 표현해 내어야 했으며, 이는 심미적인 형식을 띠지 않을 수가 없게 된다. 한 방면은 각종 형식의 의전(儀典)이며, 한 방면은 예와 밀접하게 서로 관련된 악이다. 여기에서 악 또한 강렬한 정치 색채를 띠게 된다.

무릇 음이란 사람의 마음에서 생겨나는 것이다. 악이란 윤리를 통하여 나오는 것이다. ……오직 군자만이 능히 악을 알 수가 있다. 이런 연유로 소리를 살피므로 음을 알 수가 있고, 음을 살피므로 악을 알 수 있으며, 악을 살피므로 정치를 알 수가 있으니, 그리고 나서 다스리는 도리를 갖추게 된다. …… 악을 알면 거의 예를 이해할 수 있게 된다. 예와 악을 모두 이해하게 되면 이를 일러 덕이 있다고 하며, 덕이란 바로 마음으로 얻는 것이다.

凡音者, 生於人心者也. 樂者, 通倫理者也. ……唯君子爲能知樂. 是故審聲以知音, 審音以知樂, 審樂以知政, 而治道備矣. ……知樂則幾於禮矣. 禮樂皆得, 謂之有德, 德者得也.(《禮記 · 樂記》)

고대의 명군(明君)과 성현은 모두 예악이 미치는 사회 정치 중의 작용을 이해하고 있었으며, 단지 예와 악을 겸비해야 비로소 천하를 얻어 다스릴 수 있다고 여겼다. 공자는 "예에 통달하고 악에 통달하지 못하면 이를 일러 메말랐다고 하고, 악에는 통달하면서 예에 통달하지 못하면 이를 일러 치우쳤다고 한다[達於禮而不達於樂, 謂之素, 達於樂而不達於禮, 謂之偏]"(《禮記 · 中尼閑居》)라고 하였다. 단지 예의 외재적 규정만이 있다고 한다면, 건조한 설교에 빠져 버릴 수밖에 없으니 이를 '소(素)'라고 한다. 반드시 거기에다 사람들이 즐겁게 받아들일 수 있는 미적인 외형(즉 '악')을 씌워 주어야만, 비로소 사람의 마음을 감화시킬 수 있는 작용을 할 수 있게 된다. 그러나 아름다움만 추구하다 보면, 또 예의 본래 의미에서 벗어나 치우치게 된다. 이로 인하여 이 둘 사이에는 서로 조화를 이룰 수 있는 협조적인 관계가 성립되어야 한다. 이런 관계가 바로 지나치게 가혹하지도 않고, 또 지나치게 방종하지도 않은 '중용(中庸)'이 된다. 예악 교화의 정치 작용 방식이라는 이 점에서, 다시 한 번 중국 상고 사회의 인도 정신을 구현하고 있다.

이런 연유로 악이 융성하다고 하여 가장 듣기 좋은 소리는 아니다. 성대한 향연의 예를 갖추었다고 하여 지극한 맛을 강구한 것은 아니다. ……이런 연유로 선왕께서 예와 악을 제정하신 것이다. 그것은 사람들의 입과 배와 귀와 눈의 욕망을 만족시키려는 데 있는 것이 아니라, 장차 예

악으로 백성들을 교화하여 좋고 나쁜 것을 분별하여 바르게 인도(人道)를
회복하려는 것이다.

　是故樂之隆, 非極音也. 食饗之禮, 非致味也. ……是故先王之制禮樂也,
非以極口腹耳目之欲也, 將以敎民平好惡而反人道之正也.(《禮記·樂記》)

중국의 예악 제도와 정치 관계 중에서 악의 작용은 예의 추진과 실행을
보조하는 것뿐만 아니라, 아울러 그 교화라는 자체 또한 정치를 저울질
하는 표준이 되고 있다. 음악이란 사람의 내심의 감정을 표현해 내고 있
는 것이기 때문에 한 나라의 음악을 보면 곧 그 나라의 민심을 알 수가 있
게 되며, 한 나라의 민심을 알게 되면 곧 그 나라의 정치를 알게 된다.

　무릇 음(音)이란 사람의 마음에서 생겨나는 것이다. 마음속에서 감정이
움직이면 소리로 표현되게 마련이니, 소리가 문文을 이루면 이를 일러 음
이라고 한다. 이런 연유로 치세(治世)의 음은 편안하고 즐거우며, 그 정치
는 화평하다. 난세의 음은 원망하고 노여우며, 그 정치는 어그러져 있다.
망국의 음은 비애에 차 있고 처량하며, 그 백성은 곤궁하게 마련이다. 성
음(聲音)의 도는 정치와 통하게 된다.

　凡音者, 生人心者也, 情動於中故形於聲, 聲成文謂之音. 是故治世之音安
以樂, 其政和. 亂世之音怨以怒, 其政乖. 亡國之音哀以思, 其民困. 聲音之
道, 與政通矣.(《禮記·樂記》)

그러므로 옛 천자들은 자주 각 제후국에 전문적인 관원들을 파견하여
그 음악을 살펴보도록 하였으며, 이것으로 그 나라의 민풍과 국정을 이
해하여 정치와 교화의 근거로 삼았었다. 《시경詩經》 중의 '국풍(國風)' 부
분은 이렇듯 "태사에게 시를 진술하도록 명하여 민풍을 살폈다〔命大師陳
詩以觀民風〕"(《禮記·王制》)고 한 데서 나온 것이다. 그러나 사람들의 감
정과 의향을 표현해 내고 있는 민간의 시가와 상층 사회에서 존숭하고 있

던 예악은 근본적으로 다르다. 이로 인하여 예악의 교화는 곧 이들처럼 정통적으로 받아들여지지 않는 원시 감정을 규범화시키는 데 사용되었다. 조정 악관의 직책은 바로 여기에 있었다. 비록 이런 악관 제도가 진한(秦漢)의 악부(樂府) 이후에는 점차 총체적으로 예의 제도를 책임진 예관(禮官)으로 대체되었으나, 선왕이 예악을 제정한 본래의 취지는 정치 문화의 한 계열인 전장 제도 속에서 연속되어 내려왔다.

총체적으로 보면, 중국의 고대 사회에서 정치 체제는 예의 기본 정신에 따라서 설치된 것이다. 세상을 다스리는 법전은 예의 규범에 따라서 제정되었으며, 그리고 민족 정신의 각 방면에서 구현되고 있는 예의 내용은 서로 다른 정도상에서 사회 정치에 영향을 미치지 않는 것이 하나도 없다. 이런 예의 정치는 바로 중국 정치가 서양의 정치와는 다른 하나의 중요한 특징이 되고 있다.

제2장
정치 체제의 문화적 배경

1. 국가와 가정

'조(祖)'와 '종(宗)'

중국의 국가 정치는 가정의 정치에서 기원하였다고 말할 수 있다. 최초의 문화적인 근원으로 본다면 '나라'는 본래 '가정'에 기원을 두고 있다. 국가의 기원은 혈연 관계에 의하여 조성된 인류의 군체에 기원하고 있으며, 이것은 인류 문명 국가의 기원 가운데 보편적인 현상이다. 그러나 중국에서의 국가에 대한 가정은, 그 기원이나 혹은 발전 과정 중의 작용면이나를 막론하고 모두 서양의 국가들보다 훨씬 강렬하고 중요한 문화적 의미를 가지고 있다.

소위 '조(祖)'와 '종(宗)'은, 실제로는 바로 가족에서 발전하여 국가가 된 혈연적인 근거이다. 상고 사회에서 통일 국가는 아직 고정적인 강역(疆域)을 이루지 못하였다. '천자(天子)'가 통치하는 지구는 바로 모든 중국 민족의 활동 범위였으며, '천하'를 통칭하고 있다. 이리하여 왕은 곧 자기의 형제와 친구를 각지에 제후로 봉하여 각자 한 지역을 통치하게 하였으니, 이것이 바로 '나라'이다. 천자의 지위는 세습되었으며, 직계 혈연인 적장자(嫡長子)가 계승하였다. 제후국의 왕위 또한 세습되었으며, 직계 혈연의 적장자에 의하여 계승되었다. 이처럼 분봉을 받은 한 나라의 군주는 한 가족(천자의 가족)에서 분리되어 나와 한 분지(分支)를 이룬 가족의 '조(祖)'를 형성하게 되었다. 이성(異姓)으로 분봉을 받은 제후 또한 가족의 '조'가 되었다. 그들의 계승자는 바로 '종'이다. "별자(別子; 서자)는 조가 되고, 별자의 후예는 종이 되며, 그리고 별자의 아들을 계승하면 소종(小宗)이 된다〔別子爲祖, 繼別爲宗, 繼禰者爲小宗〕"(《禮記 · 喪服

小記)고 하였다. 청대(淸代) 학자 진호(陳澔)의 해석에 의하면 "별자에는 세 종류가 있다. 하나는 제후 적자의 아우로 정통 적자와는 구별된다. 두 번째는 다른 성의 공자로 타국에서 와 본국에서 오지 않은 사람과는 구별된다. 세번째는 서성(庶姓)에서 시작하여 그 나라의 경대부가 되어, 벼슬을 하지 않은 사람과는 구별이 되는 자를 모두 별자라고 칭한다. 조(祖)란 별의 후세로 시조가 된다〔別子有三, 一是諸侯適子之弟, 別於正適. 二是異姓公子來自他國, 別於本國不來者. 三是庶姓之起於是邦爲卿大夫, 以別於不仕者, 皆稱別子. 爲祖者, 別與後世爲始祖也〕"(《禮記集說》)고 하였다. 증공(曾鞏)은 《공족의公族議》에서 "천자의 적자가 세계를 계승하여 천자가 되고, 그밖의 다른 아들들(별자)은 대개 제후가 된다. 제후의 적자는 세계를 계승하여 제후가 되고, 그 별자들은 각기 그 나라의 경대부가 된다〔天子之適子繼世以爲天子, 其別子皆爲諸侯. 諸侯之適子繼世以爲諸侯, 其別子各爲其國之卿大夫〕"고 하였다. 여기에서 말하는 '적자(適子)'는 바로 적장자(適長子)이다. 적자는 직접 지위를 계승하고, 별자는 분봉된다. 그리고 '나라'는 바로 이들 별자들의 가족 영지이다. 이들 별자들은 이 한 분지(分支) 가족의 조(祖)이며, 동시에 또한 한 국가의 조(祖)가 된다. 이리하여 조종(祖宗)은 본래 단순한 혈연 관계상의 개념이면서 강렬한 정치적 색채를 띠고 있다.

선진 시기에 한 나라의 분봉은 혈연 관계의 친소에 근거하기도 하고, 다른 한편으로는 본인의 공덕에 의하여 결정되기도 하였다. 그러나 이 점은 혈연 관계에 의하여 분봉받은 것에 비하여 더욱 원시적인 의미를 구비하고 있다. 주대(周代)의 엄격한 분봉제 이전에 사람들은, 그 조종(祖宗)에 대한 평가는 주로 그 사람이 자기 종족에게 끼친 공적을 근거로 삼았다.

유우씨는 황제에게 체제(禘祭)를 지냈으며, 곡에게는 교제를 지냈고, 전욱을 조로 삼았으며, 요를 종으로 삼았다. 하후씨 역시 황제에게 체제를 지내고 곤에게 교제를 지냈으며, 전욱을 조로 삼고, 우를 종으로 삼았다. 은

나라 사람들은 곡에게 체제를 지내고 명에게 교제를 지냈으며, 설을 조로 삼고, 탕을 종으로 삼았다. 주나라 사람들은 곡에게 체제를 지내고 직에게 교제를 지냈으며, 문왕을 조로 삼고, 무왕을 종으로 삼았다.

有虞氏禘黃帝而郊嚳, 祖顓頊而宗堯. 夏后氏亦禘黃帝而郊鯀, 祖顓頊而宗禹, 殷人禘嚳而郊冥, 祖契而宗湯, 周人禘嚳而郊稷, 祖文王而宗武王.(《禮記 · 祭法》)

여기에서 볼 수 있는 것은 유우씨 · 하후씨 · 은족 · 주족이 받들고 제사 지냈던 조종은, 비록 어떤 사람은 결코 그들의 직접적인 선조는 아니지만 그들 모두 씨족과 나라의 창립과 발전에 공덕이 있는 인물들이다.《예기 · 제법》의 주에서는 조광윤(趙匡胤)의 해석을 인용하여 "무릇 조란 창업하여 세세로 전한 데에서 나오고 있다. 종이란 덕이 높아 존숭받아서 그 묘를 옮기지 않는 것이다. ……조란 조(祖)에 공이 있고, 종이란 종(宗)에 덕이 있어서 그 묘를 세세로 허물지 않는 것이다〔凡祖者, 創業傳世之所自來也. 宗者, 德高而可尊, 其廟不遷也. ……祖者, 祖有功, 宗者, 宗有德, 其廟世世不毁也〕"라고 하였다. 여기에서 '조' 와 '종' 이란 관념 가운데 사회 정치 관계의 의의가 심지어는 혈연 관계의 의미를 넘어서고 있다. 이런 관념은 후세에 사회정치성의 예의 제도 중에서 고정되어 내려오게 된다.

한대 이래로 내려오면서 중국의 통일 왕조는, 각 왕조의 어느 한 황제가 죽은 후에는 모두 그의 본왕조에 대한 공훈과 업적 및 계승 관계를 근거로 하여 모조(某祖) · 모종(某宗)이라는 묘호(廟號)를 붙였다. 예를 들면 이연(李淵)은 당조(唐朝)를 개창하여 고조(高祖)라 하였으며, 뒤를 계승하여 태종(太宗) · 고종(高宗) 등이 있다. 조광윤(趙匡胤)은 송조(宋朝)를 건립하여 태조(太祖)라 칭하였으며, 그후는 태종(太宗) · 인종(仁宗) 등이 있다. 원대(元代)는 칭기즈 칸이 건국하여 태조라 칭하였으며, 후에 쿠빌라이는 다시 세조(世祖)라 칭하였으니, 이것은 그가 국호를 원(元)이라 하고 송을 멸하고 원제국을 통일하였기 때문이다. 명대는 주원장(朱元璋)이 건국하여 태조라 칭하였으며, 그후 주태(朱棣)는 다시 성조(成祖)라 칭하였는데, 그가 본래는 연왕(燕王)으로 봉해졌었기 때문이다. 그러나 정난(靖亂)의 역(役)에서 변란을 평정하는 데 공을 세우고 북경으로 천도하여 다시 명 왕조를 재건하였다. 청대의 누르하치는 건국하여 태조라 칭하였으며, 이후 순치제(順治帝)는 산해관을 넘어 중원을 평정하고 대청을 세웠기 때문에 세조(世祖)라 칭하였다. 이후에 강희제(康熙帝)를 다시 성조(聖祖)라 칭하였으니, 왜냐하면 그는 삼번(三藩)의 난을 평정하여 청나라로 하여금 여전히 중국을 통일하도록 하여 "비록 수성(守城)이라고 하나 사실은 창업과 같다"고 보았기 때문이다. 이렇듯 '조'라 칭하는 것은 모두 대업을 개창한 선성(先聖)이다. '조'라는 이 개념 자체는 바로 후인의 선조에 대한 공업을 기린다는 의미를 포함하고 있다.

'종' 자의 본래 의미는 '조묘(祖廟)'이다. 《설문해자》에 "종이란 조상의 사당을 존숭하는 것〔宗, 尊祖廟也〕"이라고 하였으며, 후인들은 사당을 세워 선조를 제사 지냈다. "종묘의 예는 바로 자기의 선조를 제사 지내는 예〔宗廟之禮, 所以祀乎其先也〕"(《中庸》)라고 하였다. "종묘를 만들어 귀신을 이곳에 배향한다〔爲之宗廟, 以鬼享之〕"(《孝經·喪親》)고 하였으며, 형병(邢昺)의 소(疏)에 "종묘란 바로 《예기·제법》에 '천자에서 선비에 이르기까지 모두 종묘가 있다'고 하였다. ……옛 해석에 '종(宗)이란 존(尊)이고, 묘(廟)는 모(貌)이다. 종묘에 제사를 지낸다는 말은 선조의 존귀한 모습을 뵙는 것'이라고 하였다." '종'이란 관념이 표현해 내고 있는 것은 바로 후세의 전세에 대한 계승 관계이다. 그러므로 동성동족을 '종족(宗族)'이라 일컫는다. "아버지의 일가가 종족이 된다〔父之黨爲宗族〕"(《爾雅·釋親》)고 하였다. 세(世)를 계승하는 적자는 일가 형제들이 모두 존중하며, '종자(宗子)'라고 부른다. 형제에서 분가해 나간 가족을 '종지(宗支)'라고 하며, 종족의 제사·예의 및 갖가지 종족의 사무를 보는 관원을 '종백(宗伯)'·'종인(宗人)'·'종정(宗正)' 등으로 부른다. 소위 '종법제(宗法制)'는 바로 이런 계열의 사회 관계와 예의 제도를 통하여 구현된 것이다.

종법 관계를 근거로 규정된 예의 제도는 각종 전례 의식 가운데 모두 존비의 등급과 원근 및 친소 관계의 기본 정신으로 표현되고 있다.

백세(百世)가 지나도 옮기지 않는 종이 있으며, 5세가 지나면 옮기는 종이 있다. 백세가 지나도 옮기지 않는 것은 별자의 후예이다. 종은 그 별자를 계승하여 나온 자이니, 백세가 지나도 옮기지 않는 것이다. 종은 그 고조를 계승한 자로 5세가 지나면 옮기게 된다. 조를 존경하므로 종을 공경하게 된다. 종을 공경한다는 것은 조를 존경한다는 뜻이다.

有百世不遷之宗, 有五世則遷之宗. 百世不遷者, 別子之後也. 宗其繼別子之所自出者, 百世不遷者也. 宗其繼高祖者, 五世則遷者也. 尊祖故敬宗, 敬宗, 尊祖之義也.(《禮記·大傳》)

서자가 그 조를 제사하지 않는 것은 그 종을 밝히는 것이다.

庶子不祭祖者, 明其宗也.(《禮記·喪服小記》)

지자(支子)는 제사를 지내지 않으며, 제사를 지낼 적에는 반드시 종자에게 고해야 한다.

支子不祭, 祭必告於宗子.(《禮記·曲禮下》)

개국하여 종족을 세운 태조에 대해서 사람들은 영세불망하므로 그 사당은 백세가 지나도 옮기지 않는다. 현실적인 인륜 관계에 있어서도 고조 이하의 선조에 대해서는 혈연 관계가 소원해지기 때문에 그 사당은 5세만 되면 옮기게 된다. 단지 종자만이 비로소 조상을 제사 지낼 수 있으며, 가족의 정종 계승 관계를 이용하여 제도적인 형식으로 고정되어 내려오게 되었다. 그러므로 이들은 모두 하나의 공통된 뜻을 구현하고 있으니, 즉 사람들이 '조'와 '종'의 관념을 결합하였을 때에는 자연히 국가 정치와 가족의 혈연이 함께 연결되어 분할할 수 없는 유기체를 구성한 것이다. 이 유기체가 바로 중국 종법성 정치 체제의 역사적이고 문화적인 배경이다. 이런 역사적 · 문화적 배경은 그에 상응하는 예의 제도 형식이 있게 된 후에, 곧 중국 종법 정치의 근본적인 특징을 형성하게 되었다.

수(修) · 제(齊) · 치(治) · 평(平)

《상서尙書 · 요전堯典》 가운데 "옛날 제왕이신 요임금을 살펴보면 방훈이라고 불리었다. 요임금은 매사에 조심하고 공경하였으며, 밝게 통달하고 문아하였으며, 사려가 깊고 온화하며 진실로 공경하고 겸양할 수 있었다. 그의 광휘가 사방으로 비쳐 상하에 두루 미치었다. 요임금은 크나큰 덕을 밝히시어 구족을 화목하게 융합시키셨다. 구족이 이미 화목해지니, 백성이 밝게 판별하게 되었다. 백성이 모두 밝게 판별하게 되자, 천하의 각 나라가 서로 돕고 화목하게 되었다〔曰若稽古帝堯, 曰放勛欽明文思安安, 允恭克讓, 光被四表, 格於上下, 克明俊德以親九族. 九族旣睦, 平章百姓. 百姓昭明, 協和萬邦〕"라고 하였다. 요임금이 후세에 상고의 성왕으로 받들어지고 있는 주요한 까닭은, 그의 치세에 대한 공적에 있는 것이 아니라 세상을 다스린 그의 덕행에 있다. 역사에 전하기를, 요임금은 선양제(禪讓制)를 창시하여 중국 고대 덕정(德政)의 최고가는 이상이 되었다. '선양'이 일종의 제도가 되었으나, 가족의 종법제가 발전되어 완비된 이후에는 이미 그 존재 가치를 잃어버리게 되었다. 그러나 요임금이 선양을 하였다는 이 행위 자체는 도리어 종법 통치자가 덕행으로 수양해야 할 이상적인 전범이 되었다.

'조종'의 관념은 문화 심리상으로 혈연 관계와 정치 관계가 결합하여 예의 제도상에 표현된 것으로, 즉 '가정(家政)'과 국정(國政)이 결합하여 국가를 다스리는 정무가 개인의 수양이라는 점에서 출발하고 있다. 자기 몸을 닦고 가정을 다스리게 된 후, 나아가 국가를 다스리고 천하를 평안하게 한다는 이것이 바로 예교 정치의 기본 방법이다. 당년에 요가 왕위를 순(舜)에게 선양한 원인이 바로 여기에 있다. 요임금 자신의 아들 단주(丹朱)는 불초하였으며, 순은 가정을 잘 다스리고 있다 하여 칭찬이 자자했다. 순의 아버지와 어머니는 순을 미워하여 누차 해치려 하였다. 이런 가정에서 순은 효로써 가정을 화목하게 하였으므로, 사악(四岳)은 이를 이유로 요임금에게 그를 추천하였다. 단지 집안을 잘 다스릴 수 있어야, 비로소 능히 국가를 잘 다스릴 수 있다. 이것은 집에서 발전하여 나라가 된 종법 사회로 말한다면 완전히 순조롭게 이치가 부합되고 있다. 지금에 와서도 인사에서 이 점이 고려되고 있음을 볼 수 있으니, 여기에서도 옛 전통의 흔적을 엿볼 수가 있다. 중국에서 '관리는 백성의 부모'라는 이 자체가 바로 내재적인 문화적 근거가 되고 있다.

　가정 혈연 관계의 종법이 더 나아가 국가의 종법이 되고 있다. 가정에서는 부모·형제·남녀의 존비 관계를 알아야 국가에서 군신·상하의 존비 관계를 알게 된다. 개인마다 단지 자기의 인생을 살아 나가면서 이 근본적인 도리를 알아야 비로소 국가를 다스릴 수 있는 도리를 이해할 수 있게 된다.

　사람의 자식됨을 알고 난 연후에야 사람의 부모가 될 수 있다. 다른 사람의 신하되는 도리를 알고 난 연후에야 다른 사람의 임금이 될 수 있다. 사람 섬기는 도리를 안 연후에야 다른 사람을 부릴 수가 있게 된다. …… 부자·군신·장유의 도리를 체득하면 나라를 다스릴 수가 있게 된다.
　知爲人子, 然後可以爲人父. 知爲人臣, 然後可以爲人君. 知事人, 然後可以使人. ……父子君臣長幼之道得而國治.(《禮記·文王世子》)

　예의 근본 정신은 상하존비의 등급 관계를 구별하는 데 있다. 상하 관계의 안정된 질서를 유지하는 것은 종법제 국가 정치의 근본 도이다. 세자(적장자)가 대를 잇는 가족의 혈연 관계를 근거로 하여 세워진 종법제 국가는, 그 나라 조정의 군신·상하의 순서가 우선 먼저 가족 내부의 부자·형제·장유의 순서에서부터 오고 있다. 주(周) 무왕(武王)이 죽자 성왕(成王)이 즉위하였다. 성왕은 나이가 어려 무지하였기 때문에 장유와 상하의 관계를 이해하지 못하였으므로, 정치를 섭정하고 있던 주공(周公) 단(旦)은 자기의 아들인 백금(伯禽)으로 하여금 조석으로 성왕과 함께 지내도록 하였다. 그리고 성왕에게 잘못이 있으면 주공은 곧 백금을 매로 다스려 성왕을 경계하였다. 이런 일상 생활의 현실 관계 속에서 성왕에게 '세자의 법'을 가르쳤다. 주공은 또한 친히 예를 제정하고 음악을 만들어, 이런 상하 질서를 제도적인 형식으로 고정시켰다. 이것이 오늘날 우리가 볼 수 있는 중국 역사상 가장 완비된 전장 제도인 《주례周禮》이다.

《주례》는 예악과 형정(刑政)이라는 각 방면에서 모두 가정과 국가의 치세법칙을 구현하고 있다. 이 법칙을 간단하게 개괄하면 바로 자기 몸을 닦고 집을 다스리고, 나아가 국가를 다스리고 천하를 평안하게 한다는 것이다. 그것은 후세에 2천여 년을 이어져 내려온 유가의 정치 사상 중에서 예치를 국가의 근본 방침으로 삼도록 하였으며, 또한 유가에서 학문을 닦고 가르침을 세우는 기본 종지가 되도록 하였다.

대학의 도는 자신이 본래부터 가지고 있는 밝은 덕을 밝히는 데 있으며, 사람마다 모두 자기처럼 새롭게 하여 지극한 선의 경지에 도달하려는 데 있다. ……사물에는 본말이 있고, 일에는 시작과 끝이 있으니, 본말과 시종의 선후를 알면 대학의 도에 가까워지게 된다. 옛날에 밝은 덕을 천하에 밝히려고 하는 사람은 먼저 자기의 나라를 다스렸으며, 자기 나라를 다스리고자 하는 사람은 먼저 그 집을 다스렸으며, 그 집안을 다스리고자 하는 사람은 먼저 자신의 몸을 닦았다. ……자신을 잘 수양한 연후에 집을 잘 다스릴 수 있으며, 집안을 잘 다스린 연후에 나라도 다스릴 수 있고, 나라를 잘 다스린 연후에야 천하를 태평하게 할 수 있다. 천자에서부터 서민에 이르기까지 전부 자기 몸의 수양을 근본으로 삼는다.

大學之道, 在明明德, 在親民, 在止於至善. ……物有本末, 事有終始, 知所先後,則近道矣. 古之欲明明德於天下者, 先治其國, 欲治其國者, 先齊其家, 欲齊其家者,先修其身. ……身修而後家齊, 家齊以後國治, 國治而後天下平. 自天子以至於庶人, 壹是皆以修身爲本.(《大學》)

단지 사물의 본말과 시종의 선후 관계를 명백하게 하고 나서야 비로소 이런 기본적인 치세(治世)의 도를 파악할 수가 있다. 유가에서 학문을 세워 가르치려고 하는 의미 또한 바로 사람들로 하여금 이런 치세의 도를 이해하도록 하는 데 있다. 전설에 의하면, 상고 삼대(三代)에 이 도리를 위한 교육 체제가 이미 상당히 완비되었다고 한다. 왕궁의 국도에서부터 저자거리에 이르기까지 두루 학교를 세웠다. 학교는 소학과 대학의 두 종류로 나누어졌다. 8세에 소학에 들어가는데 "이곳에서는 물 뿌리며 청소하고, 응대하며, 나아가고 들어오는 예절과 예악·활쏘기와 말타기·글과 숫자와 같은 것을 가르쳤다〔敎之以灑掃應對進退之節, 禮樂射御書數之文〕." 그리고 만 15세가 된 귀족의 자제와 '일반 백성 중 우수한 인재' 는 모두 대학에 입학하였으며, 이곳에서는 "이치를 탐구하고 마음을 바르게 하며, 자신을 수양하고 다른 사람을 다스리는 도리를 가르쳤다〔敎之以窮理正心修己治人之道〕."(朱熹의 《四書章句集注·大學章句序》) 이런 학교 체제는 종법 사회 정치의 필요에 의한 것이며, 또한 예악 교화의 실현 수단이었다.

춘추 전국 시대에는 사회가 동요하고 예악이 붕괴되었다. 선왕이 제정한 교육 방침 또한 폐기되었으며, 학술 사상과 교학(敎學)의 권력은 관부에서 민간으로 넘어갔다. 갖가지 사조가 스스로 문호를 세우고 학생을 모아 학문을 강의하였으며, 백가(百家)가 다투어 학설을 주장했다. 예교의 통일 천하가 무너지자, 각종 '비례(非禮)'의 사상이 일시에 성행하였다. 수신제가의 가르침은 조종(祖宗)의 예법은 팽개쳐 버리고, 단지 현실적인 효과만을 고려하는 통치자들에 의하여 버려졌다. 공자를 대표로 하는 유가는, 이런 학파가 난립하고 사상이 자유로운 문화적 분위기 속에서 힘들게 몸부림쳐서야 비로소 몸을 세울 만한 자리를 얻을 수가 있었다. 그들은 선왕 예교의 사회 이상을 회복하려고 하였으나 도처에서 벽에 부딪치게 되었다. 이것은 참으로 예교의 불행한 시기였으며, 후세의 유가 학자들이 이 시기를 생각하면서 매번 마음 아프게 여기며 중국 민족의 대불행이었다고 여긴 시기였다.

한왕조(漢王朝)가 통일을 실현하면서 유가 사상을 홀로 존숭하자, 예는 다시 한 번 역사의 권좌에 등장하게 되었다. 수신제가치국평천하의 가르침은 다시 한 번 국가 교육의 근본이 되었으며, 이후의 역사 속에서 그것은 사상 교육 중의 통치 지위가 더 이상 흔들린 적이 없었다.

중국의 '봉건'과 그리스의 도시

서로 다른 국가의 역사는 단지 비교 중에서 비로소 그 개성과 특징을 드러낼 수가 있다. 사회 제도·사회 관계 아니면 문화 자체를 막론하고 우리는 그 기원을 거슬러 올라갈 때, 그들이 형성 과정 중에 받은 지역적인 영향을 발견하지 않을 수가 없다. 동시에 또한 사람들이 서로 다른 지역 권층 속에서 어떻게 자기에게 적합한 사회 구조와 형식을 찾고 건립했는지를 발견할 수가 있다. 중국과 그리스는 두 종류의 전형적인 지역 조건 아래에서 형성된 두 종류의 전형적인 사회 구조 형식을 형성하고 있다.

중국 역사상 주왕조(周王朝)가 제후를 봉했을 연대는 바야흐로 그리스 각 지역의 도시가 여기저기 세워지고 있을 때였다. 인류 역사의 동일한 시기에 동서양 양쪽에서 특수한 사회 구조 형식인 봉건제와 도시제가 형성되고 있었던 것이다.

소위 '봉건(封建)'이란 바로 제후를 분봉(分封)하여 국가를 세우는 것이며, 이것은 그 원시적인 의미이다. 분봉제는 가족의 혈연 관계를 기초로 하여 세워진 것이다. 은대(殷代)에 이미 시작되었으나 아주 엄밀하지는 못했다. 왜냐하면 은대의 왕위 계승 관계는 아버지가 죽으면 아들이 계승하고, 형이 죽으면 동생이 계승하기도 하여 서로 혼합되었으므로 적계(嫡系)가 아주 엄격하지 않았기 때문에 형제의 아들간에 왕위를 다투는 일이 때때로 발생하였다. 중정(中丁)에서 무을(武乙)에 이르는 9세의 난은 바로 이런 혼란한 계승 관계에서 일어난 것이다. 은대의 분봉은 일반적으로 단지 왕의 자손에 국한되었다. "적자손이 분봉을 받아 나라로 성을 삼으니, 은씨(殷氏)·내씨(來氏)·송씨(宋氏)·공동씨(空桐氏)·치씨(稚氏)·북은씨(北殷氏)·목이씨(目夷氏)가 있었다."(《史記·殷本紀》) 주대는 상왕조의 경험을 교훈삼아 엄격하게 적장자 계위제를 실행하였으며, 아울러 분봉을 진일보 확대하였다. 왕의 형제와 자손 모두 봉지를 얻었다. 주대 초기에 무왕·주공·성왕은 선후로 71국을 세웠으며, 그 중 형제가 15인이고, 동성이 40인이었다. 크게 동성의 제후를 봉함과 동시에, 여전히 적지 않은 이성 제후를 봉하였다. 제후는 또 자기 국가를 많은 소국과 채읍(采邑)으로 나누어 동성이나 혹은 이성의 경대부를 봉하였다. 분봉자와 피봉자 사이는 일종의 순수한 종법 관계였다. 천자는 피봉된 제후에 대해서 말하면 종주(宗主)이고, 각국의 제후는 모두 천자를 대종자(大宗子)로 받들었다. 대국의 제후는 피봉된 소국과 채읍의 경대부에 대하여 말하면 종주였고, 각 경대부는 제후를 종자라 칭하였다. 주대는 엄격하게 동성불혼제를 실행하였다. 이렇게 하여 피봉자 사이에는 동성은 모두 형제이고, 이성은 대다수가 외척이었다. 이로 인하여 이성의 피봉자는 비록 직계 혈친이 아니라고는 해도, 도리어 대부분이 가족의 관계로 연결되어 일가 천하라는 복잡한 그물망을 구성하고 있다. 서주(西周)의 이러한 분봉제는 후세에 심원한 영향을 미쳤다. 예를 들면 한고조(漢高祖) 유방(劉邦)과 명태조(明太祖) 주원장(朱元璋) 등은 모두 크게 동성의 왕을 봉하였다. 이것은 이러한 전통의 계승일 뿐만 아니라, 더욱 중요한 것은 종법 사회 관계의 심리를 계승한 것이다.

중국과는 달리 그리스는 시작부터가 하나의 분산된 사회였다. 호메로스 시대에 형성된 그리스 각족의 분포 범위는 이후 몇 세기 동안 커다란 변동이 없었다. 고대 그리스 국가 형식의 도시는 바로 이들 분포된 범위 내에서 하나하나 성장하게 되었다. 아이오니아인이 세운 디비스·테베 등의 도시와 이오니아인이 세운 미리도·이프스·카시스·아테네 등의 도시, 도리아인이 세운 스파르타·아커스·티린스 등의 도시가 있다. 수많은 도시들이 그리스 반도와 모든 에게해 지구에 분포되었고, 그들은 정치상으로 각자 독립하였으며 경제상으로도 각기 뛰어난 점을 가지고 있었다. 도시 사이에는 항상 서로 전쟁과 쟁탈이 벌어졌다. 각 도시의 사회 조직의 형식 또한 서로 달랐으나, 다만 정치적으로는 대체적으로 일치되는 점이 있었다. 즉 원시 의미를 띤 귀족민주제와 군사민주제를 그 정치 구조의 기본 형식으로 삼고 있다. 원래 씨족의 귀족으로 구성된 원로회의제는 국왕의 권력을 제한하였으며, 가족의 영향은 여러 씨족으로 구성된 사회 전체 속에 녹아 들어갔다. 하층 민중의 희망과 요구들 또한 '참주 정치(僭主政治)'와 사회 개혁들을 통하여 실현될 수 있었다.

중국에서 나라는 어느 가족을 주체로 하여 연면히 번연(繁衍)되어 나오게 되었으나, 그리스는 국가를 정점으로 삼는 도시로서 한 지역 범위 내의 여러 씨족의 연합체였다. 중국과 그리스는 각자 서로 다른 조건하에서 자기에 적합한 역사적인 위치를 찾게 되었다. 우리가 이런 역사적인 조건을 거슬러 올라가면 어렵지 않게 이 두 종류의 사회 구조를 형성하도록 한 문화적 원인을 발견할 수 있다. 중국은 아열대의 큰강(장강·황하) 유역에 자리하고 있어서, 토지가 비옥하며 기후가 온난하여 농작물이 생장하기에는 이상적인 환경이었으므로 농업이 사회 생산의 기본 형식이 되었다. 이런 지리적 조건하에서 일가 일호의 소범위 사회 조직으로도 생존의 필요를 충족시킬 수 있었다. 이로 인하여 농업이 일정한 정도로 발전되자, 남자의 노동력을 주체로 한 부계가장제가 기본적인 사회 생산 조직으로 형성되었다. 유리한 자연 조건에 의지하여 인구가 신속하게 불어났으며, 또한 생존 문제의 위협과 도전을 받지 않게 되었다. 그리고 이렇게 가족을 생산 단위로 삼는 사회의 구조와 형식이 장기적으로 안정 되게 되었다.

그리스는 도리어 완전히 이와는 달랐다. 그리스 반도는 산이 많아서 척 박한 토지는 종횡으로 교차된 산맥으로 분할되어 작은 평지를 이루고 있 다. 다른 특징은, 그리스 반도는 삼면의 바다로 둘러싸여 있으며 지형이 복잡하고 바다와 육지가 교차하며, 해안선이 들쭉날쭉 굴곡이 심하였다. 이런 지리적인 환경 아래에서 단지 농업에만 의존해서는 자급자족을 할 수가 없었다. 그러나 항해는 도리어 그리스인에게 상업 교류의 편리함을 가져다 주었기 때문에 상공업의 발전이 곧 사회 생존의 필수가 되어 버 렸다. 인구의 증가에 따라서 생활 필수품의 압력이 나날이 엄중해지게 되자, 그리스의 각 도시에서는 서로 다른 조치를 취하게 되었다. 커린스 와 카시스 같은 도시는 해외 식민지를 경영하였으며, 스파르타와 같은 도 시는 인근 도시를 공격하여 약탈로 토지의 요구를 만족시켰고, 아테네 같은 도시는 수공업을 발전시켜 진일보하게 대외 무역을 확충하였다. 이 런 추세는 모두 씨족성의 농업 경제와는 위배된다. 이런 사회 생활의 조 건 아래에서는 가족이 사회에 대해서는 이미 아주 중요한 의미를 갖지 않으며, 가족 관계의 박약이 가져온 결과로 가장식 정치통치제가 쇠락하 고 민주제가 흥기하게 되었다.

그리스는 그 특정적인 역사 조건 아래에서 자기 생존에 적합한 사회의 조직 형식을 찾게 되었다. 바로 엥겔스가 아테네 국가의 성질을 평하면 서 "그런 주요한 특징으로 이미 형성된 국가는 어떻게든 아테네인에게 새로운 사회 상황에 적합하도록 재화·상업과 공업을 신속하게 번영시 킨 것이 그 증거이다"고 하였다. 사회 제도에 적합한 사회 생활이라는 이 점 위에서는 고대 중국 또한 그것에 적당한 사회 조직의 형식을 찾을 수 가 있었다. 그러나 이런 선택 후의 결과는 그리스나 중국이나를 막론하고, 그 역사적인 작용은 도리어 3천 년 후의 오늘에 이르러서야 진정으로 드러나게 되었다.

경제와 초경제

　중국의 정치는 일종의 가족식 종법 정치이다. 그것에 의지하여 건립된 기초가 경제이며, 또한 일종의 가족식 종법 경제(宗法經濟)이다. 농업을 입국의 근본으로 삼고 있는 중국에서는 토지의 분배 형식이 가장 기본적인 경제 형식이다. 중국 고대의 토지소유제는 엄격하게 종법 관계에 따라서 분배된 종주(宗主) 소유제이다. 천하의 토지는 전부 천자의 소유로 돌아가니 "넓은 하늘 아래 왕의 땅이 아닌 것이 없으며, 땅의 바닷가까지 왕의 신하 아닌 사람이 없다〔溥天之下, 莫非王土, 率土之濱, 莫非王臣〕"(《詩經 · 小雅 · 北山篇》)고 하였다. 천자는 토지를 제후에게 봉하여 주고, 제후는 천자를 대종자(大宗子)라고 일컫는다. 제후는 다시 토지를 경대부에게 봉하여 주고, 경대부는 제후를 종자라고 일컫는다. 경대부는 다시 토지를 서민에게 나누어 주고, 서민은 경대부를 종자라고 일컫는다. 서민은 토지에 봉해진 자를 호주라 칭하며, 호주 또한 장자에게 계승된다. 그밖의 다른 자식들은 여부(餘夫)라 일컬으며, 혹은 호주에게 작은 토지를 분배받거나 혹은 따로 생계를 도모하게 된다. 위에서 아래에 이르기까지 한 계단 한 계단 종법에 따라 분배된다. 분봉자는 아래 단계의 피봉자에게는 모두 종주이며, 토지를 접수하여 세금을 징수할 권리를 가지고 있다. 토지에 피봉(被封)된 자는 분봉자에게 납세와 복역의 의무를 갖게 된다. 이것은 종법식 봉건 토지소유제의 기본 형식이다.
　그러나 이런 종법 경제 형식 중에서 표현되어 나온 사여(賜予)와 피사여(被賜予) 사이의 권력과 의무 관계가 중국 사회의 사람 사이 관계의 전부는 아니다. 만일 순수한 경제 관계에 따른다면, 이 양자 사이에는 단지

세금을 징수하고 부역을 시키는 권력과 납세와 복역의 의무만이 있게 된
다. 이를 제외하면 더 이상 다른 권력과 의무의 관계가 없어야 된다. 그
러나 실제 생활 속에서는 경제를 뛰어넘는 관계가 자주 경제 관계보다 더
욱 큰 권위를 갖게 된다. 이른바 "임금이 신하에게 죽으라고 하면 신하는
죽지 않을 수가 없으며, 아버지가 아들에게 죽으라고 하면 아들은 죽지
않을 수가 없다." 이것이 바로 경제를 뛰어넘는 권위의 극단적인 표현이
다. 경제 관계에 따르면, 가장 심한 처벌이라 해도 토지를 몰수하고 작위
를 박탈하는 권력을 갖는 것이며, 생명을 빼앗을 권력은 없게 된다. 이와
같이 사람이 다른 사람의 생명을 박탈할 수 있는 것은 단지 노예주와 그
의 소유물인 노예 사이에서나 이러한 관계가 성립된다. 중국의 모든 봉
건 사회에서 장기간 존재하게 된 그 근원을 탐구하면, 다시 예의 정신 위
에서 찾지 않을 수가 없게 된다. 예에서 받들고 있는 혈연 관계의 상하
인륜은 바로 이런 종법 제도 중에서 경제를 초월하여 강제성을 띨 수 있
는 최초의 원인이 된다. 정치 형식이 가정에서 국가로 나아가면서 경제
관계를 초월하는 권력과 의무 또한 가정에서 국가로 나아가게 된다. 아
버지의 아들에 대한 혈연적인 경제권력이 임금과 신하라는 순수한 정치
적 권력으로 변화되어 나가게 되었으며, 자식이 아버지에 대한 혈연적인
경제 의무가 신하가 임금에게 바쳐야 하는 순수한 정치적 의무로 변화되
어 나가게 되었다.

　　공자가 "옛날 주공이 섭정하면서 잠시 천자의 위에서 천하를 다스렸다.
그리고 세자의 법을 자기 아들인 백금에게 베풀어 성왕을 선하게 하였다"
고 말하였다. 내가 이 말을 듣고 말하기를, 사람의 신하가 되어 자기 목숨
을 바친다 해도 임금에게 이익이 있다고 하면 이를 하는데, 하물며 자기
몸을 버리지 않고도 임금에게 이로움이 있지 않은가?
　　仲尼曰: "昔者周公攝政, 踐阼而治. 抗世子之法於伯禽, 所以善成王也."
聞之曰: 爲之臣者, 殺其身有益於君則爲之. 況於其身以善其君乎?(《禮記 ·

文王世子》)

임금에게 이로운 일체의 일들은 신하가 응당 다하여야 할 의무이다. 중국 고대에 군왕이 신하에게 내리는 것은 토지와 작록에 반드시 감은할 뿐 아니라, 어떤 처벌을 내리거나 심지어 죽음을 내려도 황제의 은혜에 감사했다. 이런 종법성의 초경제 관계 중에 어떤 정확과 착오의 원칙적인 표준이 없었으며, 유일한 원칙은 바로 위에서 아래에 대한 절대 권력이었다. 위에 있는 사람은 영원히 '정확'한데, 그 이유는 그에게 권력이 있기 때문이다. 이런 경제를 초월한 강제는, 비록 법률 조문 중에 명확한 규정이 없다고 하더라도 다만 예교의 정신 원칙이 되어, 그것은 이미 사람들의 자각 의식의 중요한 내용이 되어 버렸다.

나무가 쓰러져도 원숭이 새끼들은 흩어지지 않는다

중국인은 극히 집을 중시한다. 왜냐하면 사회 경제 형태와 정치 관계 중에서 집은 하나하나가 모두 중대한 작용을 하기 때문이다. 이런 관계를 기초로 하여 세워진 예 또한 집안을 다스리는 일을 사회 정치의 시작으로 여긴다. 그리고 이런 치가(治家)에서 치국(治國)에 이르는 완전한 예의제도는, 다시 문화심리적 심층 구조 위에서 집에 대한 관념을 진일보하게 공고히 하고 발전시켰다.

중국의 속담에 "나무가 쓰러지면 원숭이 새끼들이 흩어진다"는 말이 있다. 이 말이 가리키고 있는 것은 한 집의 주인인 가장이 세상을 뜨거나 혹은 난을 만났을 때, 이 가족의 집단은 곧 주축을 잃어버리게 된다는 것이다. 이것은 일종의 공고한 질서의 파괴를 의미하고 있다. 봉건 사회에서 이런 종법 질서의 파괴는 사람들이 가장 두려워하는 일이 발생된 것이며, 상층부의 통치자에서 하층의 서민에 이르기까지 모두 이와 같았다. 장기적인 생활로 인하여 비교적 안정된 사회 관계 속에서 사람들은 이미 완전히 그것을 받아들이게 되었으며, 그것에 습관이 되어 버렸다. 그리고 이렇게 이미 이루어진 현실 관계가 파괴되었을 때, 사람들은 당장 재난이 임박한 듯 벌벌 떨게 되었다. 이런 관념은 중국의 문예 작품 속에서도 자주 드러나고 있다. 파진〔巴金〕의 소설 《가家》 중의 영감마님은 자기의 봉건 대가정의 통일성을 유지해 나가는 일을 끝까지 잊지 않고 생각하다가, 죽음을 앞에 두고 한 마지막 한 마디가 "이 가정이 흩어지면 안 된다"는 것이었다. 조설근(曹雪芹)의 《홍루몽紅樓夢》은 "나무가 쓰러지면 원숭이의 새끼들이 흩어진다"와 "나는 새가 각기 숲으로 깃든다"는 말처럼 가정이 깨져 흩어지는 광경을 무한히 애처롭게 그리고 있다. 현재에 이르기까지 "가정은 흩어질 수 없다"는 관념을 중국의 현실 생활 속에서 찾아볼 수가 있다.

종법 사회 안에서는 종주 개인의 생사와 존망이 왕왕 모든 가족, 혹은 국가의 성쇠와 관계를 맺고 있다. 그러므로 가장이나 임금이 자연의 규율에 따라 사망할 적에도 사람들은 일종의 대화(大禍)가 임박한 것 같은 공포감을 느끼고, 피통치자들은 통치자를 잃어버렸을 때처럼 당황한다. 이런 원인에서 중국의 상장(喪葬) 예의 중에 포함된 정신 내용은 실제적으로 다음과 같은 두 가지 면을 포함하고 있다. 하나는 과거에 대한 회념과 은혜이며, 다른 하나는 현실적인 두려움과 걱정이다. 대들보가 무너져 내리는 무서운 일이 때때로 통치를 받는 데 습관이 되어 버린 사람들의 심중을 감싸 묶어 놓고 있다. 이리하여 선조의 사당을 세우고, 선조의 신위를 세워 죽은 사람이 산 사람을 통치하는 데 사용하는 것은 바로 기존 질서를 유지하기 위해서는 필수적이었다. 이렇게 상하 양방면의 공통된 요구는 곧 공통된 조상 숭배를 기초로 한 내향 통일성과 응집력을 형성한다. 선조가 돌아가신 뒤에 자손들은 여전히 그 영혼 주위를 둘러싸고 '나무가 쓰러져도 원숭이 새끼들이' 흩어지지 않는 것처럼 일종의 정신적인 힘으로 전체적인 통일성을 유지하고 있다.

통일성과 원래 있던 질서의 안정성은 중국 사회 발전의 중요한 특징이다. 그리고 이런 사회의 통일성과 안정성의 중요한 기초의 하나가 바로 사회를 구성하고 있는 기본 단위인 가정의 통일성과 안정성이다.

가정의 안정과 가족 관계의 안정은 중국과 서양 국가가 사회의 기본 구조상에서 서로 다른 점이다. 현재 서양의 국가는 가정 관계의 위기가 이미 보편적인 사회 문제가 되고 있다. 혼인의 형식에 있어서, 노인의 봉양·아이들의 양육 등의 방면에서 거의 전 사회적으로 가정의 해체에 부딪치고 있는 것 같다. 이런 문제에 대하여 서양 국가의 사회학자들은 견해가 각기 일치하지 않고 있다. 어떤 사람은 환영하고 찬성하기도 하고, 어떤 사람은 비관하고 반대하기도 하면서 서로 쟁론이 끊이지 않고 있다. 이와 비교하면 동양의 세계, 더욱이 중국 사회의 가정은 안정되어 있어 서양인들로 하여금 감탄을 금치 못하게 하고 있다. 그러나 반드시 보아야 할 면은, 중국의 가정 관계의 안정은 가정이 사회 생산 단위인 소농 경제의 문화적 기초 위에서 세워진 것이며, 아울러 또 예의 정신에 의하여 공고해진 것이다. 이런 안정성은 확실히 사람들 사이의 관계에 사람들로 하여금 흠모하게 만드는 좋은 점도 있으나, 그것은 생산 관계의 장기적인 안정과 경제 발전이 장기적으로 장애를 받는다는 대가를 치러야 한다. 가정과 가족의 안정에서 사회·국가의 안정에 이르기까지, 나아가 역사의 안정에 이르기까지 정체라는 것은 고대 중국의 일대 비극이라고 말하지 않을 수 없다.

분가 이야기 속에 담긴 의미

중국의 민간에는 형제의 분가에 관한 이야기가 수없이 많다. 구체적인 내용은 비록 일치하지 않으나, 보편적인 경향과 이야기 발전의 실마리는 모두 대체적으로 일치하고 있다. 즉 형제 2인이 분가하였으나 형이 어질지 못하여 재산을 독차지하였으며, 동생은 충후하고 성실하여 부당한 대우를 참고 견뎌낸다. 그러나 최후의 결과는 형이 재산을 탕진하고 파산하며, 동생은 성공하고 재물을 많이 모은다는 이야기이다. 이런 유형의 이야기는 셀 수 없을 정도로 많으며, 심지어는 후대로 가면서 권선징악적인 가정 교육의 필수적 재료가 되고 있다. 그러나 실제적으로는 이런 간단한 표상(表象) 뒷면에 더욱 심층적인 문화 심리가 숨겨져 있다. 즉 현실의 점유 제도와 분배 제도의 불만과 선조에 대한 존경과 숭배이다.

종법 예의 제도 중에서 본래는 단지 장자만이 계승할 권리를 갖게 되고, 서자는 단지 장자에 의하여 분봉을 받을 수가 있다. 장자가 봉하든 봉하지 않든 이것은 완전히 그의 자유와 권력이다. 이것은 똑같이 혈연 관계를 갖고 있는 형제로 말한다면 극도로 크나큰 불평등이다. 다만 예로 규정된 이런 불평등은 혈연 관계에 따른 것이다. 사람들은 비록 불만을 가지고 있어도 도리어 예를 감히 거스를 수 없었다. 그리하여 형이 동생에게 재산을 나누어 주지 않으면 어질지 못하고 의롭지 못한 패도적인 행위로 여기게 되었다. 이런 것은 정치적 형식으로 표시하지 않으면서 제도에 대한 이의를 내보이는 데 사용하였다.

다른 한편으로 동생이 갖은 어려움을 견뎌내고 창업을 한 데 대한 포상은 실제적으로는 선조의 업적에 대한 긍정이다. "별자가 조가 된다(別子爲祖)"고 하여 형은 부업(父業)을 계승하는 세자이고, 동생은 이 가정의 둥치에서 뻗어 나온 줄기이다. 이 별자는 가정 중에서 분리되어 나와 새로운 분지를 이룬 가정의 선조가 되며, 재산의 계승 없이 어려운 조건 아래에서 새로운 사업을 세워야 한다. 분가에 관한 이야기는 바로 이런 별자가 창업을 이룬 찬송이며, 그 의미 속에 내포하고 있는 것은 명확하게 조상 숭배의 정신적 내용을 띠고 있다.

이상 두 방면에서 우리는 "별자(別子)는 조(祖)가 되고, 별자를 이으면 종(宗)이 된다"의 내재적인 모순을 볼 수가 있다. 동포형제 중의 관계가 이와 같이 불평등하고, 형이 아우에 대하여 이렇게 큰 권력을 가진다는 것은 단지 천생적인 행운이며, 이는 그가 장자이기 때문이다. 그러나 동생이 새로운 사업을 개창한 별자는 그가 새로운 한 세계(世系)의 조종(祖宗)이 되어 후대에 또 지상의 권위를 갖게 되며, 이것은 또한 현실적인 평등이다. 예의 규정 중에서 이런 평등과 불평등의 모순은 바로 현실 생활 속의 평등과 불평등의 모순을 반영하고 있으며, 예의 작용은 바로 이런 모순을 조화하여 공동으로 준수해야 할 의식과 행위의 규범 속에 이르게 되며, 위배할 수 없는 상하의 인륜이 된다.

2. 예(禮)의 권위

법치(法治)와 예치(禮治)

춘추 전국 시기는 예가 수난과 액운을 당한 시기였다. 학술 사상에서는 백가쟁명(百家爭鳴)이 있었을 뿐 아니라, 근본적인 치세 방법상에서도 선왕의 예로써 나라를 다스린다는 방침 또한 공전의 도전을 받게 되었다. 조종의 예치 정신을 위배한 변법(變法)이 각국에서 계속 발생하였다. 유가에서는 조종을 높이 받들어 선왕의 도는 변할 수 없다고 여겼으나, 법가는 현실을 중시하고 천하에는 변하지 않는 이치가 없다고 하였다. 유가와 법가 양가의 예치와 법치에 관한 논쟁은 근본적인 문제에서부터 전개되었다. 어떻게 말하든 이 문제에 있어서 법가는 충분한 논거를 가지고 있었다.

전대에는 가르침이 서로 달랐는데 옛법이란 무엇인가? 제왕은 서로 다시 돌아오지 않는데 어찌하여 예는 순환한다고 하는가? 복희와 신농씨는 가르치기만 하고 죽이지는 않았으며, 황제와 요순은 죽여도 노여워하지 않았다. 문왕과 무왕에 이르러서는 각기 당시에 맞도록 법을 세웠고, 일에 따라서 예를 제정했다. 예법은 때에 따라서 정해지며, 법령의 제정도 각기 그 마땅함에 순응하였다. 병갑과 무기를 갖추어 각기 그 쓰임에 편하도록 하였다. 그러므로 세상을 다스리는 데는 도가 하나가 아니며, 나라를 편하게 하는 데는 반드시 옛것을 필요로 하지 않는다. 탕왕과 무왕은 왕이 되어 옛것을 따르지 않고도 흥하였다. 상나라와 하나라의 멸망은 예를 바꾸지 않았어도 망하였다. 그런즉 옛것에 어긋난다고 하여 반드시 잘못된 것은 아니며, 예를 따른다고 하여 모두 옳은 것은 아니다.

前世不同敎, 何古之法? 帝王不相復, 何禮之循? 伏羲神農, 敎而不誅, 黃帝堯舜, 誅而不怒. 及至文武, 各當時而立法, 因事而制禮. 禮法因時而定, 制令各順其宜. 兵甲器備, 各便其用. 故曰: 治世不一道, 便國不必法古. 湯武之王也, 不循古而興. 商夏之滅也, 不易禮而亡. 然則反古者未必可非, 循禮者未足多是也.(《商君書 · 更法》)

이로써 성인은 옛것 닦기를 기약하지 않고, 흔히 할 수 있는 것은 법으로 하지 않았다. 세상 일을 논한 것이 이로 인하여 갖추어지게 되었다.

是以聖人不期修古, 不法常可, 論世之事, 因爲之備.(《韓非子 · 五蠹》)

역사적 각도에서든, 아니면 현실적인 각도에서 출발하든지를 막론하고 이론상에 있어서 불변(不變)과 변(變)의 싸움은 결코 실제적인 의미를 갖추고 있지 않다. 왜냐하면 '변(變)'은 어떤 사람이든 모두 진부한 옛 규율을 바꿀 수가 있으며, 이 점은 누구나가 볼 수 있는 것이다. 관건은 현실적인 시각이 다르다는 데 착안하여야 한다. 사회의 현실에서 어떤 요구가 제기되었으나, 원래부터 있던 방법은 이미 통행이 되지 않을 때 변화는 필연적인 조류이다. 그리고 변화가 완성된 후에는, 불변의 이론은 다시 현실에서 안정적으로 질서를 유지해 나가는 훌륭한 처방이다.

　현실을 중시하고 현실에 봉사한다는 점에서 실제로 유가와 법가는 서로 통하고 있다. 서로 다른 것은 유가는 원래 있던 현실을 유지하려는 것이고, 법가는 바야흐로 찾아오려고 하는 새로운 현실을 중시한다는 것이다. 그리고 이런 현실은 왕왕 잠시적인 것이다. 이런 새로운 현실이 이미 형성된 후에 사람들은 다시 불변의 이론으로 그것의 존재를 유지해 나갈 필요를 느낀다. 이 점에서 유가는 다시 더욱 우세를 지키고 있다. 그러므로 변란이 그 사명을 완성하고 나서 사회가 다시 통일되었을 적에는 유가 사상이 다시 통치 의식을 갖게 된다. 아울러 이런 통치 의식의 과분한 강화는 중국 사회로 하여금 불변 상태의 시간을 유지하는 것이 서양을 멀리 초과하게 하고 있다. 변화와 혁신의 사상은, 중국 역사상에서 모두 현실적인 압력을 받는 상황 아래에서 실용주의의 태도로서 그것을 취하여 잠시 한 번 사용하였다. 중국의 옛사람들은 종래 선조의 생각을 깨끗하게 버린 적이 없었다.

　유가 사상이 다시 통치 지위에 돌아왔기 때문에 예치와 법치의 쟁론은 최후에 예치의 승리로 끝을 맺게 되었다. 예치는 중국 봉건 사회에서 근본적인 통치 방식이 되었다. 이것은 단지 "조종의 법은 변할 수 없다"는 교훈 때문만이 아니라, 더욱 중요한 것은 유가 예치 사상 중의 덕정(德政)·인정(仁政)의 관념이 법가의 가혹한 형법으로 다스리는 통치 수단보다는 중국 상고 인도주의의 기본 정신에 더욱 부합되기 때문이다. 예치의 '친한 사람은 친하게 대하고, 존귀한 사람은 존귀하게 여기는' 윤리 원칙은 가족 혈연의 자연 관계 중의 추론에서 온 것이다. 이것과 서로 비교하면, 법치의 가혹함은 인정에 가깝지 않은 것이 명확하게 드러난다. 가족 종법제의 중국 봉건 사회 안에서 예치는 당연히 더욱 사회 현실에 부합되고 있다.

　우리가 중국의 사회·정치 구조의 표상과 형식에 주의할 때, 곧 예치와 법치는 근본적인 의미상에서 서로 대립되지 않는다는 것을 발견하게 된다. 상고 시대에 법 자체는 바로 예 속에 포함되었으며, 예의 계열인 전장 제도는 모두 법적인 작용을 구비하고 있다. 광의로 말하면 예 자체 또한 일종의 법이며, 바로 조종의 법이다. 주대에 세상을 다스린 법은 바로 예(禮)와 형(刑)의 두 부분이었다. 봉건 사회의 전성기와 후기인 송·원·명·청에 이르기까지 예와 법의 관계는 모두 아주 긴밀하였다. 우선 먼저 입법의 기본 원칙은 바로 예이었다. 법률 조문의 제정은 예를 근거로 삼았으며, 약간의 예의 제도는 직접 법률 형식으로 변하고 있다.

법가 사상 중에 법을 중요시하는 것을 제외하고 달리 중요한 방면은 바로 '술(術),' 즉 통치의 기술을 중히 여기는 것이다. 전기 법가 중에 상앙(商鞅)이 법을 중하게 여기고 형벌을 숭상하여 진(秦)을 다스리는 요령으로 삼았으며, 신불해(申不害)의 '술'은 현자를 임용하여 다스리는 술로서 한(韓)을 다스리는 방략으로 삼았다. 후에 와서 한비가 집대성하여 법을 말하고 술을 말하였다. 신불해의 '술'에 있어서 중요한 면은 현자를 임용하는 용인방면(用人方面)에 있으며, 한비(韓非)의 술은 이미 일종의 모략의 술로 발전하고 있다. 이후에 다시 진일보하여 권세와 이익을 쟁탈하는 가운데 음모와 수단을 가리지 않는 술로 확대되었다.

만일 법의 방침이 본질에 있어서는 결코 예의 원칙을 위배하지 않는다고 한다면, '술'의 수단은 즉 어떻게 말하든지 예의 정신과는 위배되는 길로 치닫고 있다. 그러나 중국 역사상에서 무엇인가를 하나라도 이루어 놓은 황제들은 거의 이런 도에 정통했었다. 그들은 예와 법으로 공개적으로 상궤를 벗어난 행위를 규제할 수 있으며, 술로는 내재적인 위협을 없앨 수 있다는 사실을 알고 있었다. 이로 인하여 어느 의미상에서는 중국의 통치자들이 밖으로는 유가를, 안으로는 법을 사용하였다는 말은 근거가 있는 것이다.

가례와 국례

중국이 이미 예치를 근본으로 삼고 있기 때문에 예의 제도의 완비는 당연한 일이었다. 집을 다스리는 데는 집의 예가 있으며, 나라를 다스리는 데는 나라의 예가 있다. 이 둘은 이미 외재적인 구별이 있으며, 또 내재적인 연계가 있다. 이것은 중국 정치 문화 통치 가운데 가장 특색을 구비한 내용 중 하나이다.

중국의 '집'과 '나라' 사이의 특수한 관계로 말미암아 나라를 다스리는 예는 먼저 집을 다스리는 예로부터 시작된다. 고대의 길(吉)·흉(凶)·군(軍)·빈(賓)·가(嘉)의 5례 가운데 군례를 제외하면 나머지 4례는 모두 동시에 가례와 국례의 내용을 포함하고 있다.

"무릇 사람을 다스리는 도는 예보다 급한 것이 없다. 예에는 5경이 있으며, 제사보다 중요한 것이 없다[凡治人之道, 莫急於禮. 禮有五經, 莫重於祭]."(《禮記·祭統》) 제사는 예의 시초이며 발단이다. 이후의 모든 예의 제도 중에서 가례나 국례를 막론하고 제사는 줄곧 가장 융중한 의식이었다. 제사의 범위는 천지와 선조를 포함하고 있다. 그 중에서 제천(祭天)·제사직(祭社稷)·제산천임택(祭山川林澤)은 상고 시대의 자연 숭배에서 비롯되었으며, 사람과 자연의 관계를 표현해 내고 있다. 인륜 관계를 표현해 내고 있는 선조의 제사는 원시 씨족의 '가례'에서 시작되었다. 종법제 국가가 세워진 이후에 세습 왕조의 조상에 대한 제사는 이런 의미의 가례가 직접적으로 국례로 변한 것이다. 황실의 조상은 국가의 선조로 바뀌었으며, 혈연 관계는 정치 관계로 바뀌게 되었다. 중국에서 황실의 전례 자체는 바로 국가의 중대한 정치 활동이며, 극히 중요한 현실적 의미를 지니고 있다.

치가(治家)에서 나아가 치국(治國)에 이르는 예치는 근본적으로 말하면 일종의 혈연 정치이다. 가족 혈연 중의 부자형제 관계는 국가 정치 중의

군신상하 관계의 근본이다. 예의 제도의 모든 규정과 해석 중에서 순서
의 배열은 항상 부자형제를 군신 관계의 앞에다 놓고 있다.

천지의 제사, 종묘의 일, 부자의 도, 군신의 의가 윤리이다.
天地之祭, 宗廟之事, 父子之道, 君臣之義, 倫也.(《禮記·禮器》)

부자·군신·장유의 도를 얻으면 나라를 다스린다.
父子君臣長幼之道得而國治.(《禮記·文王世子》)

임금으로 말하면 세자에 대해서는 친한즉 부자 관계이며, 존귀함으로 말
하면 군신의 관계이다. 아버지의 친함이 있고, 임금의 존귀함이 있은 연후
에야 천하에 군림하여 백성을 사랑할 수가 있다.
君之於世子也, 親則父也, 尊則君也. 有父之系, 有君之尊, 然後兼天下而
有之.(《禮記·文王世子》)

태부와 소부를 세워 세자를 교육시키는 것은 부자와 군신의 도를 알게
하고자 함이다.
立太傅少傅以養之, 欲其知父子君臣之道也.(《禮記·文王世子》)

혈연 관계의 자연 질서에 근거하여 가례가 변해서 국례가 된 것은 규
율적으로 합하여 현실이 된 것이다. 예의 제도가 완비된 이후에 국례와
가례의 구별은 내용과 형식의 각 방면에서 표현되어 나오게 되었다. 내
용상에서 국례는 가례에 비하여 포괄하는 범위가 크다. 가례는 일반적으
로 단지 조상의 제사와 빈객·혼례·관례·상장례 등이다. 국례는 가례를
포함할 뿐만 아니라, 동시에 가례에서 갖추지 못하는 내용을 포함하고
있다. 우선 먼저 황실의 가례는 바로 국례이며, 황제의 관혼상제의 예는
모두 국가의 대전이다. 이밖에도 제후의 조회·분봉·군대의 사열·수렵

과 친경(親耕) 등 또한 국가의 중요한 예의이다.

예의 제도 중에서 가장 의미 있고, 가장 특색을 구비하고 있는 것은 예의 형식이며, 더욱이 그것은 엄격한 등급으로 구별되는 외재적 규정으로 나타나고 있다.

1) 제사(祭祀)

"천자의 종묘는 7이다. 소묘(昭廟)가 3이고 목묘(穆廟)가 3이며, 그리고 태조의 묘까지 모두 7이다. 제후의 종묘는 5이니 소묘가 2이고 목묘가 2이며, 태조의 묘까지 모두 5이다. 대부의 종묘는 3이니 소묘 하나와 목묘 하나, 그리고 태조의 묘까지 3이다. 선비의 종묘는 하나이며, 서인은 적자의 집에서 제사를 지낸다〔天子七廟, 三昭三穆, 與太祖之廟而七. 諸侯五廟, 二昭二穆, 與太祖之廟而五. 大夫三廟, 一昭一穆, 與太祖之廟而三. 士一廟, 庶人祭於寢〕."(《禮記·王制》)

"천자는 천지에 제사를 지내고, 제후는 사직에 제사를 지내며, 대부는 5사에 제사를 지낸다〔天子祭天地, 諸侯祭社稷, 大夫祭五祀〕."(《禮記·王制》)

"천자는 사직에 태뢰로 제사를 지내고, 제후는 사직에 소뢰로 제사를 지낸다〔天子社稷太牢, 諸侯社稷少牢〕."(《禮記·王制》)

2) 제기(祭器)

"천자의 음식은 26그릇이 오르고, 공작은 16, 제후는 12, 상대부는 8, 하대부는 6그릇이 오른다. 제후가 문을 나서면 7명의 부관이 먼저 나서 말을 전하는데 그 초대하는 빈객에 7석의 음식으로 대접하며, 대부는 다섯 명의 부관에 5석의 음식으로 대접한다. 천자의 좌석은 5중이고, 제후의 좌석은 3중이며, 대부는 2중이다〔天子之豆二十有六, 諸公十有六, 諸侯十有二, 上大夫八, 下大夫六. 諸侯七介七牢, 大夫五介五牢. 天子之席五重, 諸侯之席三重, 大夫再重〕."(《禮記·禮器》)

3) 상장(喪葬)

"천자가 붕어하면 7개월에 장사를 지내고, 항목(抗木; 관목 위에 가설하는 나무)과 인(茵; 관목 아래에 까는 풀로 엮은 자리)이 각기 5층이고, 화포삽이 8중이다. 제후는 5개월에 장사를 지내고, 항목과 인이 3중이며, 화포삽이 6중이다. 대부는 3개월에 장사를 지내고, 항목과 인은 2중이며 화포삽은 4중이다〔天子崩, 七月而葬, 五重八翣. 諸侯五月而葬, 三重六翣. 大夫三月而葬, 再重四翣〕."(《禮記·禮器》)

4) 복식(服飾)

천자의 예복은 수를 놓은 용포이고, 제후는 보의(黼衣; 반흑반백(半黑半白)으로 자루가 없는 도끼 모양을 수놓은 예복)를 입고, 대부는 불의(黻衣; 반흑반청(半黑半靑)으로 '己'자 두 개를 서로 반대로 한 모양을 수놓은 예복)를 입고, 선비는 단지 위는 검고 아래는 엷은 적색으로 된 옷을 입는다. 천자의 관은 빨강과 녹색으로 된 주옥을 12줄로 꿰어 늘이고, 제후는 9줄, 상대부는 7줄, 하대부는 5줄, 선비는 3줄을 늘인다〔天子龍袞, 諸侯黼, 大夫黻, 士玄衣纁裳. 天子之冕朱綠藻, 十有二旒, 諸侯九, 上大夫七, 下大夫五, 士三〕."(《禮記·禮器》)

이와 같은 구별이 수없이 많다. 크게는 의장의 규모에서 궁실과 기물의 양에 이르고, 작게는 진퇴와 복식·동작에 이르기까지 모두 엄격하고 상세한 등급의 규정이 있다. 이른바 '예의의 나라'라는 말이 명실상부하다고 말할 수 있다. 이와 같이 상세한 예의 제도는 세계의 다른 민족과 국가의 역사에서는 극히 드문 일이었다.

중국 고대의 예의 제도는 그 조목이 이처럼 상세하고 번잡하였으나, 그 형식이 어떻게 변하든지 상관 없이 그것은 시종 가장 근본적인 원칙 정신인 종법 정신을 벗어나지 않고 있다.

'가법(家法)'의 권위성

중국의 현실 생활과 문학 작품 속에서 사람들은 항상 '가법'이라는 명사를 듣게 된다. 그리고 가법을 대표하는 물건은 글로 된 법전이나, 혹은 어떤 문서가 아니라 바로 몽둥이이다. 가정의 구성원이 말을 듣지 않았을 때, 가장은 곧 이 몽둥이를 사용하여 '가법'으로 다스린다. 이것은 사람들로 하여금 '파시스'를 연상하게 해준다. '파시스'의 원뜻은 중간에 도끼가 달려 있는 몽둥으로, 그것은 폭력과 권위를 상징하고 있다. 전제 사회에서 권위와 폭력은 왕왕 병행되고 있다. 가족 종법제의 중국에서는 혈연 관계의 원칙에 의하여 사람의 행위가 규범에 벗어났을 적에는 윗사람이 아랫사람에게 지상의 권위를 행사하고 있다. 몽둥이를 가법으로 삼는 것은 그 자체에 원시적인 문화 의미를 구비하고 있다. 그것은 실제로 아버지의 지팡이에서 비롯되고 있다. 중국 고대의 '부(父)'자는 'δ'로 쓰고 있다. 그 중에서 '彐'는 바로 손이며, 위에 뻗어 나온 'ㅣ'는 지팡이이다.《설문해자》에 "우(又)는 손이고, 상형이다. 손가락을 세 개 그린 것은 손을 폈을 때 대략 세 개로 표시한 것〔又(彐), 手也, 象形. 三指者, 手之列多略不過三也〕"이라고 하였으며, "부(父)는 법칙이다. 가장은 가솔을 가르치는 자이다. 우(又)를 따르고 지팡이를 들었다〔父(δ), 矩也, 家長率敎者. 從又擧杖〕"고 하였다. 여기에서 우리는 명확하게 가법이 몽둥이가 된 내력을 알 수가 있다. 부친은 몽둥이를 들고 자식들에게 교훈을 주는 한 집안의 어른이며, 그는 바로 자식들에게 행위의 준칙이 되고 있다.

이상의 사실에서 가법의 권위가 실제로는 바로 가장의 권위라는 사실을 알 수가 있다. 그리고 몽둥이로 대표되는 것도 실제로는 가법이 아니라 가장의 권력 그 자체이다.《예기禮記 · 왕제王制》가운데 "50에는 집에서 지팡이를 짚으며, 60에는 마을에서 지팡이를 짚을 수 있고, 70에는 나라에서 지팡이를 짚을 수 있으며, 80에는 조정에서 지팡이를 짚을 수가 있다”고 하였다. 진호(陳澔)는 주에서 “지팡이는 쇠약해진 몸을 부축하는 것이다. 50에 쇠약해지기 시작하므로 지팡이를 짚으며, 50이 되지 않은 사람은 지팡이를 짚을 수 없다”고 하였다. 여기에서 진호의 해석은 그 요체를 얻지 못하였다. 만일 지팡이의 작용이 단지 쇠약한 몸을 부축하는 데 있다고 한다면 명확하게 연령의 한계를 밝힐 필요가 없으며, 아울러 근본적으로 예에다 규정지을 필요가 없을 것이다. 진호 자신이 해석한 “50이 되지 않으면 지팡이를 짚을 수 없다”고 한 말과 쇠약한 몸을 부축한다고 한 말은 서로 모순이 되고 있다. 만 50이 되었다고 하여 반드시 쇠약한 것은 아니며, 만 50이 되지 않았다고 하여 몸이 쇠약해지지 않는 것도 아니다. 《예기》 가운데의 이 규정은 더욱 심각한 의미를 함축하고 있음이 분명하다. 그것은 지팡이를 짚는 형식으로 일종의 권력의 연령 한계를 규정한 것이다. 이 연령 한계 자체가 의미 있는 것이다. 왜냐하면 부친이 되어 일반적으로 50세가 되어서야 비로소 진정한 가장이 되며, 이전에는 여전히 조부가 세상에 살아 있는 경우가 많으므로 그에게는 가장의 권력이 없게 된다. 그러나 만일 지팡이를 짚을 연령이 되면 조부가 여전히 세상에 살아 계신다고 해도, 그때는 조부가 이미 쇠약해져 집안의 권력을 잡기가 어려우므로 집을 다스리는 권력을 이미 세상을 잘 알게 된 나이에 도달한 아들에게 주게 된다. 아울러 이때의 조부는 이미 더욱 큰 권력을 갖고 있으니, 마을에서 나라에서 조정에서 지팡이를 짚을 수 있는 대접을 받게 된다. 집에서 마을에서 나라에서 조정에서 지팡이를 짚는다는 것은, 바로 연령이 많아짐에 따라서 권력의 범위 또한 끊임없이 확대된다는 것을 의미한다.

중국 봉건 사회의 이러한 권력과 연령의 관계는 원시 사회의 유풍이다. 소위 ‘장로(長老)’는 바로 씨족 사회의 수령이다. 그 자신이 부락 안에서 권위를 지니고 있기 때문에, 그가 몸에 지니고 다니는 물건 또한 부락의 구성원들이 숭배하는 물건으로 하나의 ‘터부(Taboo; 즉 금기)’이다. 문화의 근원을 거슬러 올라가 보면, 세계의 허다한 민족과 국가의 군왕이 가지고 있는 '권장(權杖)'은 모두 여기에서 온 것이다. 당연히 이 물건이 원래의 소유자를 떠나 또 다른 소유자의 수중에 들어갈 때는, 그것이 대표하는 권력 또한 이에 따라 새로운 소유자의 수중으로 옮겨가게 된다. 국왕의 권장이 '가법'의 몽둥이가 되었으며, 로마제국의 관원이 순시를 나설 때 가지고 다니는 '파시스'나 중국의 흠차대신이 순시할 때 휴대하는 '상방보검' 등은 모두 이런 유형에 속한다.

'가법'의 실제 성질로 본다면, 그것은 결코 관념 형태의 명문 규정은 아니며 권력의 실체이다. 그것은 가규(家規)이고 가교(家敎)이며, 혹은 가장 본인이 의지의 집행자이고 보호자이며, 가정 '법관'의 작용을 한다. 현실 생활 중에서 실제로는 존재하지 않으면서 법률적인 성질을 구비한 가법은 권위를 상징하는 법관이며, 가정에서 지켜야 할 관념을 집행하고 가장의 독재를 보호하고 있다.

종법제 사회에서 가장의 권위는 위에서 부여한 권력의 보호를 받고 있으며, 가장으로 하여금 그의 관할 범위 안에서는 강제적으로 가장의 의지를 추진해 나갈 수 있도록 해준다. 가장이 어느 한 사회 조직이나 지방의 영도자가 되었을 때는 이와 같이 강력하게 개인의 의지를 집행하는 가장의 권위가, 또 사회의 조직이나 지방을 영도하는 권위로 바뀌게 된다. 이런 상황은 직관적인 종법제가 소멸된 후에도 여전히 상당히 보편적으로 중국 사회 속에 존재하고 있다.

예(禮)의 법률적 지위

중국 종법 사회에서는 예를 치국의 근본으로 삼고 있으며, 법은 예의 보조가 된다. 예는 입법의 근거가 되며, 법은 예에 대한 강화이다. 명확한 법률 조문으로 예의 이런 지상의 지위를 확정하였을 때, 예는 곧 국가의 헌법이 된다.

한대에서부터 시작하여 예를 근본으로 삼고 형벌을 보조 수단으로 삼는 입법 사상은 이미 상당히 명확해지게 되었다.

성왕이 천하를 다스리니, ……작위와 녹으로 그 덕을 기르고, 형벌로 악을 위협하였으므로 백성들은 그 예의 마땅함을 알게 되어 윗사람을 범하는 것을 부끄럽게 여겼다. 무왕이 대의를 행하여 잔적을 평정하고, 주공이 예악을 만들어 이를 글로 만드니 성왕과 강왕의 융성함에 이르러 감옥이 40여 년 동안 텅 비었다. 이 또한 교화가 스며들고 인의가 흘러 나간 것이니 피부만이 상한 것을 본받은 게 아니었다.

聖王之治天下也, ……爵祿以養其德, 刑罰以威其惡, 故民曉其禮誼而恥犯其上. 武王行大誼, 平殘賊, 周公作禮樂以文之, 至於成康之隆, 囹圄空虛四十餘年, 此亦敎化之漸而仁誼之流, 非獨傷肌膚之效也.(《漢書·董仲舒傳》)

한무제가 "홀로 유술을 존숭한다[獨尊儒術]"는 주장을 제기한 이래로 한대의 이러한 입법 사상이 줄곧 전해져 내려와 대대로 연속되었다. 봉건 시대의 전성기에 가장 완비된 법전인 《당률唐律》 중에는 명확하게 입법의 근본이 "오직 예를 법도로 삼는다[一準乎禮]"고 지적하고 있다. 당이후의 각 왕조는 다시 당을 준칙으로 삼아 줄곧 내려와 마지막 봉건 시대의 법전인 《대청률大淸律》까지 와서 그치게 되었다. 예의 권위는 불문율에서 나아가 성문(成文)이 되었으며, 예의 형식은 교화에서 나아가 강제에 이르게 되었다. 중국 고대의 이러한 예제 문화(禮制文化)가 법제 문화(法制文化)로 침투되는 과정이 바로 종법제의 가족 혈연 관계에서 국가 정치 형식의 완비에 이르는 과정이었다.

주대에는 예(禮)와 형(刑)은 서로 분리된 두 종류의 치세 수단이었다. 예는 교화를 주로 하고, 형은 징벌을 주로 하였다. "예에서 버리는 것을 형에서 취하였으며, 예가 나가면 형이 들어온다[禮之所去, 刑之所取, 出禮

則入刑)"(《後漢書 · 陳寵傳》)고 하였다. 한위(漢魏) 이후에 유학자들이 관장하여 법률을 제정하게 되자, 전에는 예의 범위에 속했던 규정들을 형률 조문에 넣기 시작하였다. (예를 들면 주례(周禮) 중의 '팔벽(八辟)'은 이때에는 형률 중의 '팔의(八議)'로 변하였다.) 이것은 '예로써 법률로 들어가는' 발전 과정이다. 당대에 이르러 이 과정의 기본이 완성되고 있다. 수당(隋唐)의 법률 규정 중에는 사면을 받을 수 없는 '십악(十惡)'이 있다. 그것은 모반(謀反) · 모대역(謀大逆) · 모반(謀叛) · 모악역(謀惡逆) · 부도(不道) · 대불경(大不敬) · 불효(不孝) · 불목(不睦) · 불의(不義) · 내란(內亂)이다. 이 십악 중에서 모반(謀反) · 모대역(謀大逆) · 모반(謀叛) · 대불경(大不敬)이 국가의 정치와 통치의 율령에 미치는 것을 제외하고, 그 나머지는 모두 직접 강상(綱常)과 윤리의 법률 규정이며 그 대부분이 가족 내부의 윤리 관계에 대한 문제이다. 이것으로 본다면, 예의 제도의 변천에서 온 중국의 법률 제도 중에서 가족 윤리를 국가 정치와 동등한 지위에 놓은 것은 국법이 도리어 '가법'이 된 것 같다.

　입법 사상이 예의 기본 정신에 근원을 두고 있기 때문에 예의 상하 등급과 혈연 관계의 종지가 봉건 법전 중에서 공개적으로 명확하게 인가를 받고 있다. 예 중에는 다음과 같은 규정이 있다.

　"형벌은 상대부에게 가하지 않는다〔刑不上大夫〕."(《禮記 · 曲禮上》) "5등급의 형벌을 제정하였으며, 반드시 천륜 관계를 고려하였다〔凡制五刑, 必卽天倫〕" "무릇 5등급의 죄 안에 대한 형벌을 내릴 적에는 반드시 부자의 정과 군신의 의에 대한 사항을 고려하여야 한다. 그리고 경중의 층차를 의론하고, 자세하게 그 죄행의 얕고 깊음의 분량을 조사하여 이를 구분한다〔凡聽五刑之訟, 必原父子之親, 立君臣之義以權之. 意論輕重之序, 塡測淺深之量以別之〕."(《禮記 · 王制》) 이미 예의 정신이 이와 같았으니, 법률 중에도 이와 상응하는 규정이 있게 되었다. 이리하여 '팔의(八議)'와 '관당(官當)'의 법률 조문이 나오게 되었다. '팔의' 란 여덟 종류의 사람이 범죄를 저질렀을 때 너그러이 용서받을 수 있는 특권이다. 그 중에는 '의

친(議親; 황제의 친척)'·'의고(議故; 황제의 오랜 벗)'·'의귀(議貴; 상층 관료)'·'의빈(議賓; 전조(前朝)의 통치자 및 그 후대)' 등이다. 소위 '관당' 이란 관직의 품계로 형을 삭감하는 것이다. 이러한 '팔의'와 '관당'은 위진에서부터 시작하여 명청의 법률에 이르기까지 모두 명확한 규정이 있었다. 법률상의 이러한 불평등이 이처럼 공개적으로 명확하게 규정된 것은, 이것이 근본적으로 예의 원칙 정신에 부합되기 때문이다. 그리고 예는 또 근본적으로 중국 종법제 사회의 현실과 부합되고 있다. 이런 특징은 이미 종법제가 폐지된 오늘에도 일종의 문화적 심리로 남아서, 여전히 불시에 사법 과정에서 나타나곤 한다.

선진의 법가를 대표하는 상앙(商鞅)은 '대공무사(大公無私)'한 변법의 실천가라고 할 수 있다. 그는 전기 법가의 "형에는 등급이 없다"는 입법 원칙을 발전시켜 "형벌을 상대부에게는 가하지 않는다"는 전통을 타파하고자 하였다. 그러나 구체적으로 법을 실천하는 과정 속에서는 부득불 양보하지 않을 수가 없었다.

태자가 법을 범하자, 상앙은 "법이 행하여지지 않으면 위에서부터 이를 범하게 된다"고 말하였다. 그러나 태자에게 법을 적용하려 하니, 태자는 임금의 후사이므로 형벌을 시행할 수가 없었다. 그러므로 태자의 스승인 공자 건에게 형을 가하고, 태자의 사공(師公)인 손가에게 묵형을 가하였다.

太子犯法. 衛鞅曰: "法之不行, 自上犯之." 將法太子. 太子, 君嗣也, 不可施刑. 刑其傅公子虔, 黥其師公孫賈.(《史記·商君列傳》)

태자가 법을 어겼으나, 그는 임금의 후사이므로 형벌을 내릴 수가 없었다. 그리하여 그의 스승을 징벌하였다. 장자는 종법 사회에서 함부로 다룰 수 없는 존재인데 하물며 임금의 후계자이니 더욱 건드릴 수가 없다. 종법 제도 아래에서는 법의 정신과 서로 위배된다고 해도 예의 각도에서 보면 또 정리에 합치되고 있으므로, 이런 일들은 법을 진정으로 실행할 수 없도록 만들고 있다. 민간에 널리 전송(傳頌)되고 있는 포공(包公)이 법을 집행하는 전설들은 단지 아름다운 바람이나 이상일 뿐 현실 속에서는 존재하기가 어렵다. "태자가 법을 어기면 서민과 같이 죄를 준다"는 것은 희극에 불과할 뿐이다.

예는 중국 봉건 사회에서 어느 왕조이든 모두 헌법의 작용을 하고 있다. 그러나 집행 방식에 있어서는 예와 법이 아주 크게 다르다. 예의 정신과 어떤 구체적인 법규는 일종의 내재적인 모순을 가지고 있다. 이러한 모순은 법률의 제정과 실시 과정 중에 허다한 곤란을 만들어 주고 있다. 법률의 제정에 있어서도 예의 제도가 완비되었기 때문에 법규는 이에 상응하여 간단해진다. 중국은 대대로 예제(禮制)가 상세하고 법규는 간략하며, 구체적인 집행 과정 중에서 법은 또 곳곳에서 모두 예에 굴복하고 있다. 이로 인하여 예치(禮治)는 현실적인 기초 위에서 또 인치(人治)에 극히 유리한 존재 조건을 제공해 주고 있다. 예치의 요체는 혈연 관계와 상하존비로서 바로 인치의 사상적 근거가 된다. 기본적인 특징으로 말한다면 예치가 바로 인치이다.

3. 체제와 직능

집권과 통일

예에서 말하기를 "하늘에는 두 해가 없으며, 땅에는 두 왕이 없고, 나라에는 두 임금이 없으며, 집에는 두 어른이 없으니, 하나로서 이를 다스린다〔天無二日, 土無二王, 國無二君, 家無二尊, 以一治之也〕"(《禮記·喪服四制》)고 하였다.

예교의 사상과 통일의 정신은 원칙상으로 일치하고 있다. 중국 봉건 사회에서 정치의 통일은 사상의 통일을 가져왔고, 사상 통일의 중심이 되는 규범은 바로 예였다. 중국의 역사를 살펴보면, 사람들은 그 중에서 하나의 규율을 발견할 수가 있다. 즉 상고 삼대에서 명청 말기에 이르기까지 통일되고 안정된 시기일수록 예악이 흥성했으며, 동란의 연대일수록 예악이 붕괴되고 제도가 흥하지 못하였다.

그러나 예악의 붕괴가 사회의 동란을 가져왔는지, 아니면 사회의 동란이 예악의 쇠퇴를 가져왔는지를 살펴보면 이 점은 도리어 절대적이 아니다. 왜냐하면 사회동란의 원인은 다종다양하며, 그리고 예악의 흥쇠와 그것은 상부상조하고 있기 때문이다. 그러나 다음과 같은 점은 긍정할 수 있다. 예의 제도 중에서 친친존존(親親尊尊)의 원칙은 혈연 종법 관계의 내부를 통일하는 중요한 정신적 보장이 되고 있다. 중국 상고 시대의 통치자는 이미 이 중요한 문제를 의식하고 있다. 주족(周族)과 은족(殷族)은 동일한 선조에서 나오지 않았다. 주족은 서쪽에서 은족은 동쪽에서 발원하고 있으나, 사기에는 도리어 그들의 먼 조상이 제곡(帝嚳)이라 일컫고 있다. 어느 부족을 정복하거나 혹은 다른 한 부족을 합병하였을 때에는, 혈연상의 차이는 왕왕 둘을 융합하여 통일된 사회 공동체를 만드는 데 장애가 되고 있다. 그러므로 혈연적으로 하나의 통일된 기초를 찾는 것이 필요하게 된다.

그러나 실제상으로 혈연 관계는 결코 현실적인 통치를 대체할 수가 없다. 주 무왕이 상을 멸한 이후에도 여전히 상(商) 주왕(紂王)의 아들 무경(武庚)을 제후로 삼아 은상의 유민을 통치하는 데 사용하였으며, 동시에 또 자기의 형제인 관숙(管叔)·채숙(蔡叔)·곽숙(霍叔)을 각기 상 지방에 거주시켜 무경을 감시하도록 하였다. 이런 방법은 바로 혈연 관계를 사용하여 통치를 유지하려는 고려에서 나온 것이다. 그러나 무왕이 세상을 뜨고 성왕이 어린 나이로 즉위하여 무왕의 형제인 주공 단이 섭정을 하자, 관·채·곽 삼숙(三叔)은 똑같이 불만을 가지고 무경을 따라 주에 반란을 일으켰다.

중국 역사상 통일 왕조가 형성된 후에는, 어느 왕조이든 어떤 방식을 채용하여 통일을 유지하느냐 하는 것이 건국 후의 첫째가는 관건이었다. 진나라가 통일한 후에 지나치게 분봉을 하여 나라가 분열되었다는 교훈을 거울삼아 중앙 집권의 군현제로 바꾸었으며, 처음으로 혈연의 친소로 분봉하는 통치 방식을 타파하였다. 그러나 중국은 필경 종법 사회였으므로 그것은 종법식의 통치 방식을 벗어날 수가 없었으며, 혈연의 친소는 여전히 국가 통일의 심리적 기초가 되었다. 유방이 한왕실을 세웠을 때에는 아직 무력으로 각 제후를 통치할 수가 없었다. 그러자 각종 수단을 사용하여 그들을 없앴으며, 이와 동시에 동성의 왕을 봉하여 자기의 친족을 제후로 봉하였다. 그러나 친족이라고 하여 결코 친화하지 않았으므로 이들 동성 왕들의 세력이 일정한 정도에 도달하게 되면 다시 군웅으로 활거하기 시작하였으므로, 유방은 부득이 다시 그들을 없애거나 약화시켜 중앙 집권을 강화하여야만 했다. 이와 마찬가지로 명나라초에도 주원장이 그의 20여 자손을 각지에 제후로 봉하였다가 끝내는 '정난의 역〔靖難之役〕'을 일으키고 말았다.

가족의 혈통 관념이 중국에서는 그 뿌리가 아주 깊으며, 그 영향이 심원하여 오늘에까지 미치고 있다. 그 근원을 찾아보면 여전히 종법 사회의 구조와 종법 심리의 작용에 있다. 이로 인하여 역사상 계속 친족이 친화하지 않는 일이 발생하였으나, 종법 통치자는 여전히 이것을 통일 유지의 중요한 수단으로 여겼다. 이러한 기초 위에서 다시 현능한 사람을 선발하여 통치의 보조 수단으로 삼았다. 또한 정치 구조는 예의 원칙 중에서 친친(親親)을 근본으로 삼는 표현이며, 그리고 현능한 자를 필요의 보충 수단으로 삼았다.

봉건 통치자의 입장에서 보면 이성(異姓), 더욱이 권세를 가지고 있는 이성은 집권 통치의 위협이 되고 있다. 그러나 권세 있고 위신을 갖춘 이성은 또 일국의 공신들이었다. 이로 인하여 국가가 안정된 후에는 공신을 죽이는 깃이 중국 역사상 하나의 극히 보편적인 현상이 되어 버렸다. 중국 역사상 허다한 개국의 황제들은 모두 잔혹하게 공이 있는 신하를 살해하여, 그들이 과대한 권세와 지나치게 높은 위신으로 황권의 위협이 되는 일이 없도록 방지하였다. 이 점에서 당태종은 중국 역사상 공신을 후대한 개명된 황제라고 할 수 있다. 그는 자기가 몸소 겪은 경험 속에서 친족이라고 하여 반드시 친화하지 않는다는 도리를 깨달았으니, 그는 자기의 왕위를 자기 형제와 피비린내나는 싸움 속에서 얻었기 때문이다. 가령 그렇다 해도, 그 또한 여전히 종법 사회의 특유한 문화 심리를 벗어날 수는 없었다. 그는 영을 내려 《씨족지氏族志》를 편찬케 하고 2백여 성을 수록하여 세계(世系)를 고증하였으며, 아울러 사족 출신이 아닌 공신을 사족으로 편입시켰고, 가족 출신으로 충현(忠賢)을 선발하는 근거를 삼았다. 이것은 단지 황친을 봉하는 방법보다는 비록 진보했다고 하여도, 여전히 혈통을 중시하는 것은 본질적으로 조금도 바뀌지 않았다.

만일 가족의 혈연 관계가 통일을 유지하는 심리 기초가 된다고 하면, 권력의 집중은 바로 이러한 통일의 사회적 보장이다. 예의 제도는 시작되자마자 바로 이러한 통일 정신과 일치되고 있으며, 그것은 세계(世系)의 친화와 단결을 요구할 뿐만 아니라 통치 권력의 집중을 요구하고 있다. "예악과 정벌은 천자에게서 나온다"는 것은 바로 "천하에 도가 행하여지는 것"이며, "예악이 제후에게서 나오면" "천하에 도가 행하여지지 않는 것"으로 예가 무너지고 정치가 어지러운 것으로 여겼다.

천하는 "글을 같이 쓰고, 수레의 자국이 같으며, 행동은 윤리를 같이한다"는 말은 봉건 국가의 행정 통일을 요구하고 있을 뿐 아니라, 또한 봉건 사회와 문화를 대표하고 있는 예의 통일을 요구하고 있다. 예의 전장 제도는 바로 국가의 정치 제도이며, 그리고 이런 국가 조정의 입법권은 천자 개인이 홀로 향수하고 있다.

천하의 임금을 천자라고 한다. 제후를 조회하고 직책을 나누어 파견하며, 정사를 돌보고 공이 있는 자를 임용하니, 나 일인이라고 자칭한다.

君天下曰天子. 朝諸侯分職, 授政任功, 曰子一人.(《禮記·曲禮下》)

천자가 아니면 예의 시비를 논하지 않고 법도를 만들 수가 없으며, 문자를 교정할 수가 없다. 지금 천하가 통일되어 수레의 자국이 서로 같고, 문자가 서로 같으며, 행위의 법도가 서로 같다. 비록 천자의 자리에 올랐다 해도 성인의 덕이 없으면 감히 예악을 제정하지 않으며, 비록 성인의 덕을 지니고 있다고 해도 천자의 위에 오르지 않으면 또한 예악을 제정하지 않는다.

非天子不議禮, 不制度, 不考文. 今天下車同軌, 書同文, 行同倫. 雖有其位, 苟無其德, 不敢作禮樂焉, 雖有其德, 苟無其位, 亦不敢作禮樂焉.(《中庸》)

예의 제도의 규정은 바로 정치 권한의 규정이다. 이로 인하여 예를 벗어나는 어떤 행위를 하면 바로 월권 행위를 하는 것이다. 그러므로 공자는 계씨(季氏)가 천자의 예악인 팔일무(八佾舞)를 자기 집의 정원에서 추도록 한 행위를 두고 "이를 참을 수 있다면 무엇을 참지 못하랴[是可忍也, 孰不可忍也]"(《論語·八佾》)고 한탄하였다.

안정되고 통일된 어느 집권왕조와 서로 비교해도, 춘추 시기는 경쟁이 충만한 생기발랄한 시기였다. 각국은 경쟁적으로 변법을 채용하여 부국강병을 도모했으며, 동시에 또 예악의 형식으로 자신의 권위를 확립하려 하였고, 아울러 천자를 멸시하였다. 계손씨는 자기 집에서 팔일무를 추었으며, 제환공(齊桓公)은 "제후의 집안에 불을 밝히는 나무가 1백 개에 이르렀다[庭燎之百]." 대부인 조부자(趙父子)는 집에서 "(제후를 영접하는 악장인) 사하의 음악[肆夏之樂]"을 연주하였으며, 노(魯)나라의 삼환(三桓)은 사가(私家)에 공묘(公廟)를 세웠다. 이들은 모두 천자의 예악에 대한 참월이었다. 이들 참월 행위는 실질적인 의미에서 예악의 형식 자체를 뛰어넘어 이미 현실 정치 속에서 통치 중심에 대한 위협이었다. 이로 인하여 개인이 이미 정해진 범위 밖을 뛰어넘어 발전하면 살신의 화를 초래하게 되었다. 이것은 예의 제도에서는 명분이 분명한 일이었으며 당연한 이치였다. "대부가 강하면 임금이 그를 죽이는 것은 의〔大夫强而君殺之, 義也〕"(《禮記·郊特牲》)였다. 제나라의 공손무지(公孫無知)와 노나라의 삼환 등은 모두 강성하여 피살당하였으며, 중국 역사상 군권 절대성의 선하를 열었다. 이것으로 본다면, 후세에 법가에서 나온 권신을 모살하는 것은 사실 예제의 통일 정신 가운데 이미 현실적이고 심리적인 기초를 이루고 있었다.

중국의 예제 문화 중에 정치상의 통일과 집권은 이미 완전하게 유기적으로 결합하였으며, 이 둘은 현실적인 종법 관계와 국가 정치의 구조 속에서 분리할 수 없는 두 부분이 되었다. 집권과 통일의 결합은 종법 사회의 종법 정치에서 필연적인 형식이었다.

국가대전(國家大典)

예치를 근본으로 삼는 중국에서는 예의 형식을 집행하는 것은 국가의 직권이었으며, 가정이나 국가나 조정의 중대한 사무는 모두 예의 형식 아래에서 진행되었다. 어느 하나의 예의 형식이라도 모두 이에 상응하는 정치 내용을 포함하고 있다.

"예에는 오경이 있으며, 제사보다 중요한 것은 없다〔禮有五經, 莫重於祭〕"고 하였다. 제사는 중국 역사상 어떤 왕조에서나 모두 가장 융중한 전례 의식의 하나였다. 그것은 중국이 종법제 농업 국가를 입국의 근본으로 삼고 있음을 표명하고 있다. 우월한 자연지리 조건과 선조의 휘황한 업적은 국가 정치의 자연적인 기초와 역사적인 기초가 되고 있다. 소위 천지에 제사를 지내고, 사직에 제사를 지내며, 일월성신의 제사, 산천의 제사, 선조의 제사가 모두 이런 입국의 기초에 대한 기구 아닌 것이 없다.

우리는 중국의 이러한 장중한 전례와 그리스인의 똑같이 장중한 신전의 예배와 서로 비교해 보면 어렵지 않게 이 두 문화의 심리적 뿌리를 살펴볼 수가 있다. 똑같이 종교성의 형식을 띠고 있으나, 중국의 제사와 그리스의 제사는 도리어 두 가지 완전히 서로 다른 정신적 내용을 표현하고 있다. 제사의 대상에 있어서도 중국의 제사는 자연의 통치를 상징하는 천신(天神)·지기(地祇)와 사회의 통치를 상징하는 조종과 선왕이나, 그리스인의 제사는 도시의 보호자를 상징하는 신들이다. 제사의 형식에 있어서도 중국은 최고 통치자나 혹은 가장 개인의 숭배이나, 그리스는 온 국민의 성대한 축제일이었다. 그리고 중국의 제사는 장엄한 공양이지만, 그리스인의 제사는 문예 연출과 체육 경기 등의 오락 활동을 포함하고 있다. 정신 내용에 있어서도 중국의 제사는 현실적이고 정치적인 통치의 필요였으며, 그리스의 제사는 민족 정신의 고무를 표현하고 있으며 그리 명확한 정치적 의도는 없었다.

중국에서 예의 형식의 직접적인 정치적 의미는 또한 제사의 예의에서 표현되고 있을 뿐 아니라, 그밖의 국가 전례 중에서도 똑같이 사회정치적인 정신적 내함을 기탁하고 있다.

> 흉례로는 나라의 우환을 애도하고 구조하며, ……빈례로는 다른 나라들과 화친하게 한다. ……군례로는 제후국들로 하여금 그 제도를 통일하여 서로 경쟁하지 않도록 한다. ……가례로는 만백성을 친화한다.
> 以凶禮哀邦國之優. ……以賓禮親邦國. ……以軍禮同邦國. ……以嘉禮親萬民.(《周禮·春官宗伯》)

길례(제사)는 천신·지기·인귀의 경모를 표시하며, 이것으로 국가 정치의 근본을 삼는다. 흉례는 망자를 애도하고 천재와 인재를 위로하고도와 사회의 위기가 닥쳤을 때 사람들의 심리적 안정을 보장한다. 빈례는 제후와 백관을 조회하며, 일상 업무를 처리하여 통치자의 권위를 유지하고 보호한다. 군례로는 군대를 출정시켜 정벌을 하고, 왕후의 수렵과 국가의 노역으로 통치자의 강력한 의지를 표현해 내고 있다. 가례로는 주인과 빈객의 연회와 활쏘기, 남녀의 혼인으로 화평하고 안정된 사회 질서를 유지하는 데 사용한다. 이러한 각종 예의 형식을 통하여 사회와 정치의 통일이라는 목적을 표현해 내는 방법으로 유가 정치 문화 중의 인도 정신을 표현해 내고 있다. 이른바 "교외에서 상제에게 제사를 올리는 것은 가장 경건한 일이며, 종묘의 제사는 인(仁)을 지극히 표현하는 것이고, 상례는 충(忠)을 지극히 표현하는 것이다. 죽은 사람과 함께 명기(明器)를 부장하는 것은 산 사람과 실물을 순장하지 않으므로 인(仁)의 지극함이다. 빈객에게 폐백을 사용하는 것은 의(義)의 지극함이다. 그러므로 군자가 인의의 도를 살피고자 하면 예가 그 근본이 된다〔祀帝於郊, 敬之至也. 宗廟之祭, 仁之至也. 喪禮, 忠之至也. 備服器, 仁之至也. 賓客之用幣, 義之至也. 故君子欲觀仁義之道, 禮其本也〕"(《禮記 · 禮器》)고 하였다. 즉 이 말은 인의(仁義)의 도가 모두 예를 행하는 데서 구현되어 나온다는 것이다.

전례 의식 자체가 일종의 중요한 국가의 정무가 되었으며, 예악의 성쇠 또한 국가 조정을 저울질하는 하나의 표준이 되었다. 정치 권력의 소유자가 예를 행하는 일을 주관할 수 없으면, 또한 그는 정치를 다스리는 표준이 될 수가 없었다. "임금의 나이를 물으면, 나이가 장성하였다면 능히 종묘 사직의 일을 주관할 수 있다고 대답하며, 나이가 어리면 아직 종묘 사직의 일을 주관하지 못한다고 대답하여야 한다〔問國君之年, 長曰能從宗廟社稷之事矣, 幼曰未能從宗廟社稷之事也〕"고 하였다. 완전한 예악 제도가 형성된 후에는 예의 형식과 규범은 바로 군왕이 정치와 교화를 펴는 필수 과정이 되고 있다. 주공이 성왕을 가르친 이래로 역대의 군왕이 어려서 즉위하면, 모두 조정의 예관이나 가신이 예악과 문식(文飾)을 가르쳐 임금의 위의(威儀)와 나라의 위의를 상실하지 않도록 하였다.

예관(禮官)의 직능

이미 전례 의식이 국가 정무의 중요한 내용이 되었으므로 전문적으로 전례를 집행하는 인원 또한 국가의 중요한 관직이 되었다. 주대부터 춘관(春官)을 설치한 이래로 청말에 이르기까지 계속 매왕조마다 모두 전문적이며 방대한 규모의 예를 관장하는 관직이 있었으며, 아울러 상당히 높은 정치적 지위를 가지고 있었다. 이것 또한 국가 정치 가운데 예의 중요성을 설명해 주고 있다.

《주례》 중에는 주대에 전문적으로 종묘의 제사 등을 관장하는 예의의 직관(즉 춘관종백(春官宗伯))은, 대종백을 수장으로 하여 대종백·소종백에서 종인(宗人)·가종인(家宗人)에 이르기까지 모두 69종을 기재하고 있다. 각종 전례 중의 상세한 갖가지 의식·순서·기물·희생을 모두 전문적인 인원이 관리하고 있다. 진(秦) 이후에는 봉상(奉常; 한대에는 태상(太常)이라 일컬었으며, 이후 각 대마다 칭호가 하나가 아니었다)을 설치하였으며, 조정의 구경(九卿) 중 하나로서 전적으로 종묘의 제사와 예의를 관장하였다. 동시에 천상과 역법을 관장하는 태사령(太史令), 의료를 관장하는 태의령(太醫令), 교육을 관장하는 경학박사(經學博士) 등은 모두 봉상의 아래에 두었다.관제의 변경에 따라서 진한의 구경은 수당의 육부(六部)에 의하여 대체되었다. 육부 중에서 아주 중요한 부서 가운데 하나가 바로 예부였다. 예부는 예의와 제사는 물론 학교의 교육과 과거를 주관하였다.

예의 작용은 예의 형식 자체만이 아니었으며, 예관의 직책 또한 의식 자체를 주지하는 것만이 아니었다. 예치 사상이 국가 치란의 근본인 교화에 있다고 보았으며, 교화는 바로 예악의 기능이라고 여겼다. 이로 인하여 예악의 교화는 바로 조정의 예관이 당연히 수행하여야 할 직책 범위에 속하였다. 중국은 고대에서부터 소학·대학, 혹은 박사의 경학 전

수는 물론 과거를 통하여 선비를 선발하는 것 또한 모두 예교로 덕을 밝히는 것을 그 근본 종지로 삼고 있었다. 교육의 체제에서 교육의 목적에 이르기까지 모두 예의 범위 안으로 귀납되고 있다.

종법과 예치의 중국에서는 어떤 사람의 행위나 모두 필수적으로 예의 제재를 받아야 했으며, 천자라고 해도 예외가 아니었다. 예에 위배되면 곧 종법 전통 사회와 문화의 패역을 의미하였다. 이로 인하여 예관은 현실 제도 속에서 여전히 일종의 사회를 감독할 직권을 갖게 되었다.

태사는 일체의 예의와 문서를 관장하며, 피해야 할 날짜·이름·일식·월식·지진 등과 같은 재난을 기록하여 천자에게 올려야 한다. 천자는 심신을 재계하고 그 간함을 받아들여야 한다.

大史典禮, 執簡記, 奏諱惡. 天子齋戒受諫.(《禮記 · 王制》)

태사는 나라의 육전을 관장하며, 각 나라의 문서를 수납한다. 팔법(八法)을 관장하여 관부를 다스린 문서를 수납하고, 팔칙(八則)을 관장하여 성과 고을을 다스린 문서를 수납한다. 소송이 있으면 법에 의하여 이를 판결하며, 법에 어긋나면 적당한 형벌을 내린다. ……제사의 책임을 지고 있는 관리들과 예서(禮書)를 읽고, 예의를 예습하며, 제사를 지내는 날에는 예서를 가지고 제사에 참여하는 사람들의 자리를 정해 주며, 제사에 대한 분쟁이 있으면 예법에 따라 처단한다.

大史掌建邦之六典, 以逆邦國之治. 掌法以逆官府之治, 掌則以逆都鄙之治. 凡辨法者考焉, 不信者刑之. ……與群執事讀禮書而協事. 祭之日, 執書以次位常, 辨事者考焉, 不信者誅之.(《周禮 · 春官宗伯》)

여기에서 예관의 직책을 가지고 있는 태사가 손에 예서를 든 집법관으로 변하였다. 천자가 예에 어긋나는 행동을 하면 그의 가르침을 받아야 하며, 관리나 백성이 예를 위배하면 엄한 징벌을 받아야 한다. 예는 최고의 권위를 가지고 있으며, 예관은 바로 이런 권위의 집행자였고, 예를 위반하는 것은 위법이었다.

이렇듯 중국의 국가 정치 구조 속에는 군대와 법정을 제외하고도, 무형 가운데 의식 형태를 재판하는 기구와 폭력을 제약하는 층차가 하나 더 있었다.

가신(家臣)과 조신(朝臣)

중국의 사회와 정치 구조 속에서 집에서 국가로의 침투 과정은, 국가 권력 구조 가운데 가신에서 조신으로의 변천 과정이다. 집안사람이 정치에 참여하는 것을 중국은 역사 이래로 방지하고 또 방지하였으나, 결국에는 방지해도 방지할 수 없는 현실 문제가 되었다. 이것은 그 자체적인 사회 기초에서 결정된 것이다. 즉 종법 제도하의 집은 국가에 대하여 결정적인 작용을 하고 있다.

중국 봉건 사회의 국가 권력 구조 중에서 일반적으로 황제를 제외하고는 최고 권력의 소유자는 바로 재상이다. 당연히 재상의 명칭과 형식은 각 왕조별로 달랐으나, 그 실질적인 면은 모두 같았다. 즉 국가 행정과 사무의 주관자였다. 그러나 재상의 직무가 최초에는 가신에 근원을 두고 있으며, 군왕과 경대부의 집안 사무를 총괄하는 자를 모두 '재(宰)'라고 일컬었다. 은대에서 '재'는 전적으로 집안의 일과 가노(家奴)를 관리하였으며, 그는 바로 가노의 우두머리였다. 주대에 이르러 '재'는 왕실의 모든 사무를 관장하는 최고 수령으로 바뀌었다. 《주례周禮·천관총재天官 冢宰》에 "오직 왕만이 도성을 세우고, 방향을 분별하여 궁실의 위치를 정하며, 성과 교외의 강역을 나누고, 관직을 나누어 설치하여 천하의 백성들을 바르게 다스린다. 이리하여 천관 총재를 세워 그의 부서를 거느려 천하의 정무를 관장해서 왕이 천하를 통치하도록 돕는다〔惟王建國, 辨方

正位, 體國經野,設官分職, 以爲民報. 乃立天官冢宰, 使帥其屬而掌邦治, 以佐王均邦國)"고 하였다. 천관에는 62품계의 관직이 있으며, 황실의 모든 구체적인 사무를 총괄하고 있다. 동시에 《주례》에서는 모든 국가의 정무를 크게 여섯 부서로 나누고 있다. 즉 천관총재(天官冢宰)·지관사도(地官司徒)·춘관종백(春官宗伯)·하관사마(夏官司馬)·추관사구(秋官司寇)와 동관사공(冬官司空)이다. 이 여섯 부서의 관직은 또 천관의 수장인 대재(大宰)가 통솔하고 있다. 이와 같이 황실의 가무(家務)를 총관하는 것이 완전히 국가의 정무를 총관하는 것으로 변하였다.

이러한 변화는 필연적인 추세라고 말할 수 있다. 왜냐하면 종법 관계 중에서 형성된 나라는 본래 집에 근원을 두고 있으며, 국가를 다스리는 방침상에서도 또 수신제가치국평천하(修身齊家治國平天下)를 단계로 삼고 있어 사회 심리의 준비가 되고 있다. 군왕의 선조는 바로 국가의 선조이며, 군왕의 집은 일국의 세계대가(世系大家)이고, 군왕의 가무(家務)는 국가의 중요한 정무이다. 이것으로 보면 군왕의 가신이 국가의 조신으로 바뀌게 되었다는 것은 충분한 근거가 있다.

진한(秦漢)의 통일 이후에 실행한 구경제(九卿制)는, 재(宰)를 수반으로 삼는 가신의 조직이 진일보 확대되어 비교적 완전한 국가 기구를 형성하고 있다. 구경제의 중요한 특징은 군왕의 가사와 국사가 나누어져 있지 않고, 정치 사무와 궁정 사무가 혼합되어 있다는 것이다. 구경 중에서 황실의 재물과 궁정 사무를 주관하는 소부(少府)는 가장 중요한 정부의 부서가 되었다. 국가 정무의 중심이 되는 상서대(尙書臺; 문서의 수발과 조령(詔令)의 기초 등을 관장)·중상시(中常侍; 황제의 고문)·부절대(符節臺; 부절과 옥새의 보관)·어사대(御史臺; 불법을 감찰하고 상주문을 접수) 등이 모두 소부에 속해 있다. 위진(魏晉) 이후에는 상서대가 소부 중에서 독립해 나와 하나의 전문적인 기구를 형성하여 재상의 직책을 대신하게 되었다. 그러나 이 상서 기구 또한 황실의 사무를 주관하는 가신이 발전된 것이다.

주희(朱熹)는 《시경詩經》 주해에서 "대개 재(宰)에 속하며 겸하여 육관을 총관하니, 위치는 낮으면서 권세는 중하다〔蓋以宰屬而兼恩六官, 位卑而權重也〕"고 하였다. 이것은 주대의 총재가 가신에서 조신으로 변한 초기의 상황이다. 가신은 본래 집안의 노비에 속하였으며 지위가 비천하였다. 그러나 국가의 행정과 제도 중에서 재상 및 후대의 상서 등이 국가 행정을 처리하게 되었을 때는 더 이상 가노의 지위가 아니었으며, 왕조의 중신으로 더 이상 비천하지 않았다. 재상이 가신의 조직에서 분리되어 나온 후에도, 주희가 말한 것처럼 '지위는 낮고 권세는 중한' 현상은 여전히 자취가 끊이지 않고 계속 존재하였다. 어느 때는 심지어 더욱 엄중하기도 하였다. 가장 돌출된 것은 환관(宦官)이 전권을 휘두른 역사적 사실이다.

환관이 어느 때 생겨났는지는 명문으로 살펴볼 수 없으나, 적어도 《시경》과 《주례》 가운데 그 기록이 보인다. 이들은 시인(寺人)·혼(昏)·탁(椓)·내소신(內小臣)·혼인(閽人) 등이다.

"군자를 뵙지 못하고, 먼저 시인에게 통보를 드리도록 하였다〔未見君子, 寺人之令〕."(《詩經·秦風·車隣》) "내소신이 왕후의 명을 맡는다. …… 내수는 왕의 명령을 안팎으로 전달하는 일을 맡는다〔內小臣掌王后之命. ……內竪掌內外之通令〕"·"혼인의 직무는 왕궁의 중문을 지켜 문의 통행을 금한다〔閽人掌守王宮之中門之禁〕"·"시인은 왕의 나인과 왕궁의 여자 노비를 경계하는 일을 관장한다〔寺人掌王之內人及女宮之戒令〕."(《周禮·天官冢宰》)

이들 기록은 모두 최초의 환관은 바로 궁내에서 명령을 전달하고 궁문을 지키며, 기거를 시봉하는 형벌을 받은 사람들이라는 것을 설명해 주고 있다. 그들은 비록 지위가 비천한 가노이나, 국왕이나 왕후를 가까이에서 모시기 때문에 최고 통치자와 가장 밀접하고 직접적인 관계를 갖고 있다. 그들이 혹은 군왕의 영향을 통하여 조정에 영향을 끼치기도 하고, 혹은 군왕의 총애를 받아 직접 극도로 큰 정치 권력이나 심지어는 군사 권력을 갖기도 하였다. 중국 역사상에서 환관이 전권을 휘둘러 정치를 어지럽힌 현상이 누누이 발생한 것은 이들 가신의 실제 권력이 크게 조신(朝臣)을 뛰어넘었기 때문이었다.

종법 사회의 권력 구조 중에서 '친신(親信)'은 통상 중요한 정치적 힘을 가지고 있었다. 친하고 신임하는 친소 관계로 권력의 관계를 결정하는 것은 이런 친소 관계가 본래 바로 예의 원칙에 부합하기 때문이다. 이러한 원칙의 정신은, 또 집이 국가의 근본이 되고 가장식의 개인 독재가 되는 객관적인 현실 기초가 되고 있다. 이로 인하여 친신을 임용하는 것은 정리에 합치되는 일이며, 아울러 명분이 정당하게 된다.

풍족한 자연과 지리적 조건 아래에서 형성된 자급자족의 농업 경제는 중국 봉건 사회의 객관적인 기초가 되며, 이러한 기초의 안정성 때문에 인류 역사상 가장 원시적인 혈연 관계의 뿌리가 중국에서는 철저하게 뽑혀질 수가 없었다. 그리고 집의 관계는 여전히 이러한 기초 위에서 세워진 나라 관계에 대한 축소판이었다.

중국에서는 원시적 가족 관계와 완전한 의미상의 국가 정치 관계가 혼합하여 하나의 중국 고대 정치 체제의 기본적인 사회 배경이 되고 있다. 동시에 또 중국의 정치가 다른 나라의 정치와는 다른 중요한 특징의 하나가 되고 있다.

이러한 정치 관계는 사회 의식과 사회 심리 위에서 예의 정신으로 고정되어 내려오게 되었다. 예의 혈연과 친소의 본래 취지는 근본적으로 종법 사회의 구조적 현실과 부합하고 있다. 예치를 얻음으로써 중국이 장기적으로 연속하여 굳건하게 뿌리를 내리게 되었다는 그 자체가 객관적인 근거가 된다. 이렇게 객관적인 현실과는 서로 부합되지만, 사회의 발전과는 어긋나는 치세의 방침은 중국으로 하여금 침중한 대가를 지불하도록 하였다.

제3장

민족 정신의 정수

1. 윤리화된 철학

문명의 지역성

지역 자체는 결코 문화적인 의미를 갖추고 있지 않으나 그것은 문화 성장의 토양이 되며, 문화 성장과 발전의 작용을 아주 쉽게 드러내 보이고 있다. 문화의 특이성이나 보편성이나를 막론하고 각종 문화는 그 표상에 지역성을 띠지 않은 것이 하나도 없다. 한 민족이 자신의 문화를 창조할 때, 객관적인 조건이 어떤 작용을 일으키는지는 결코 생각하지 않는다. 그리고 이런 문화의 승계자들은 천백년 후에 자신의 문화 속에서 어떤 결함을 의식하게 되었다고 해도, 그들은 이미 습관이 되어 고칠 수 없는 위치에 처해 있다. 미국의 문화인류학자 로저 키싱(Roger M. Keesing)은, 그가 지은 《현대 문화인류학 개요》에서 이렇게 피력하였다.

여기서 '문화' 란, 한 단어를 사용하여 한 민족의 생활 방식이 의존하고 있는 공통된 관념 체계를 가리킨다. 즉 그 민족의 개념적 설계나 혹은 공통된 의미 체계이다. 이러한 정의 아래에서 '문화' 라는 한 단어는 인류 학습의 일을 가리키며, 인류가 만들거나 제조하는 사물이 아니다. 구디나프(Goodenough)가 말하기를, 이러한 지식은 "어느 표준들로 결정된 것이 어떻다, ……어떤 것을 할 수 있다, ……어떻다고 깨닫는다, ……마땅히 어떻게 해야 한다, ……그리고 응당 어떻게 대응된다" 등이다.

여기서 말하는 문화는 결코 인류가 창조한 문명 자체를 가리키는 것이 아니며, 인류가 환경에 적응하는 능력을 가리킨다. 아울러 이 정의 자체의 정확성 문제를 고려하지 않으나, 다만 그것은 적어도 문화 기원의 문제에서 문화의 토양이 되는 환경 조건의 중요한 작용을 말하고 있다. 확실하게 문화는 일정한 지역의 환경 속에서 생겨나고 있으며, 사람은 이런 지역 환경의 적응이 이미 동물적 본능에서 오고 있으며, 동시에 또 문화 기원의 필연적 첩경이기도 하다. 상고 시대로 거슬러 올라가면, 우리는 지역 특성에 따라서 세계 문명의 발원을 두 가지 유형으로 귀납할 수 있다. 하나는 내륙 문명이고, 다른 하나는 해양 문명이다. 이집트 · 서아시아 · 인도 · 중국은 모두 내륙 문명에 속하며, 에게해 및 그리스는 해양 문명에 속한다. 이 두 유형의 문명은 명확한 지역적 차별을 갖고 있다. 내륙 문명은 모두 큰강 유역에서 발원하고 있다. (이집트는 나일 강에서 발원하였으며, 서아시아는 유프라테스 강과 티그리스 강에서, 인도는 갠지스 강과 인더스 강, 중국은 장강과 황하에서 발원하고 있다.) 이들 지방은 대부분이 토지가 비옥하고 강우량이 충분하며 기후가 온화하다. 농업을 입국의 기초로 삼는 데는 그 충분한 보장을 해주고 있다. 그리고 에게 해의 크레타 · 메시니 및 뒤에 오는 그리스와 같은 문명 지역은 거의가 모두 섬과 산지로 조성되어 있다. 그리스 경내의 토지는 척박하고 산이 많아서 농업이 발전하기에는 부적합하다. 그러나 그곳에는 세계에서 가장 굴곡이 심한 해안선이 있으며, 섬들이 아주 많다. 그리스는 북부 지역을 제외하고는 거의 바다에서 50킬로미터 이상을 벗어나는 지방이 없다. 그리스인은 유한한 농업 지역 외에는 생존 문제를 해결하기 위해서 단지 수공업이나 항해 무역과 해외의 식민지밖에 없었다. 가장 전형적인 의미에서 중국의 문화와 그리스의 문화를 비교해 보면, 우리는 두 문화가 완전히 다른 지역적 조건 아래에서 두 민족이 자아 설계한 성취를 발견할 수가 있다. 여기에서 로저 키싱이 말한 '학습'은 극히 중요한 문화적 의미를 갖추고 있다. 중국인은 우월한 자연 조건 아래에서 가정을 단위로 하는 자급자족의 농업 생산을 하고 있으며, 그들은 어떻게 하면 이와 같이 안정적인 생산과 생활 방식을 유지할 수 있는지를 학습하게 되었다.

그리스인은 생존을 위해서 끊임없이 투쟁해야 했으므로, 그들은 어떻게 하면 외계로 나가 재화를 획득하고 사람과 사람 사이에 경쟁할 수 있는지를 학습하게 되었다. 중국인은 어떻게 하면 유지해 나갈 수 있는지를 생각하였으며, 그리스인은 어떻게 하면 진취적일지를 생각하였다. 그리하여 민족 정신의 정수인 철학은 그 사고 대상의 차이에 따라서 두 가지 근본적으로 서로 다른 풍격과 유형을 형성하게 되었다. 중국 철학이 중점을 두는 것은 현실 인륜의 사회 관계였으며, 그리스 철학은 자연의 인식과 자연을 개조하는 지식과 능력에 중점을 두게 되었다.

서양의 철학자와 중국의 철학자

비록 아시아 대륙에서 기원한 중국 문명과 지중해에서 기원한 그리스 문명이 지역적인 특이성을 띠고 있다고는 하나, 각자 민족 정신을 총결하는 사상의 도로에서는 도리어 거의 동시에 발전하게 되었다. 기원전 5,6세기에 그리스와 중국은 모두 자신의 문명에 대하여 이성을 총결한 철학 시대로 진입하게 되었으며, 각자 자기의 문화적인 기초 위에서 완전히 서로 다른 철학 체계를 형성하게 되었다. 그리스인은 자연과 항쟁할 필요성에서 힘을 다하여 자연의 규율을 탐색하게 되었으며, 철학은 모든 지식을 총괄하여 자연과학과 긴밀히 결합하기 시작하였고, 심지어는 바로 자연의 지식 자체가 되어 버렸다. 중국에서는 자연의 두터운 은혜로 말미암아 사람들은 생존을 위하여 과도한 정력을 소비할 필요가 없었으므로, 주의력을 사회 관계의 유지와 사회 진화의 방식에 집중하게 되었다. 그러므로 중국 철학은 시작부터 바로 사회 관계와 직접 상관된 정치적이고 윤리적인 철학이 되었다.

그리스의 철학자들이 서재 안에서 수학을 연역하고 물리를 실험하며, 학원 속에서 세계의 본원 문제에 관하여 논쟁할 때, 중국의 철인들은 널리 제자를 모으고 사방으로 유세를 다니면서 제후들에게 그들의 정치적 주장을 역설하고 있었다. 이 광활한 철학의 테두리 속에서 동양의 철학자와 서양의 철학자 들은 각자 그가 처한 무대 위에서 서로 다른 배역을 연출하고 있었다.

서양인의 지혜와 지식을 숭상하는 철인 정신은 유구한 역사와 전통을 갖고 있다. 그리스의 유명한 철학가이며 밀레토스(Miletos)학파의 창시자인 탈레스(Thales)는 동시에 천문학자이며 수학자이기도 하였다. 탈레스뿐만이 아니라 그리스 철학의 대표적인 인물들은 대다수가 철학자이면서 과학자였다. 그들은 철학을 연구함과 동시에 자연과학을 연구하였다. 이러한 이론 체계 속에서 철학과 과학이 하나로 융합되었다. 세계의 본질을 탐색하기 위해서는 반드시 과학적인 연구를 하여야 했으며, 그리고 세계 본질의 탐색 그 자체는 또 인류의 지식 체계를 세우는 데 기본적인 것이었다. 여기에서 과학은 바로 철학이고, 철학 또한 과학이었다. 탈레스에서부터 조기의 그리스 철학가들은 모두 자연을 연구의 대상으로 삼았다. 아낙시만드로스(Anaximandros)·아낙시메네스(Anaximenes)·헤라클레이토스(Herakleitos)·파르메니데스(Parmenides)·아낙사고라스(Anaxagoras)·엠페도클레스(Empedokles) 등의 중요한 철학 저술은 모두 《자연론》이었다. 이와 같이 많은 철학가들의 저술 명제가 서로 같았으므로, 특정한 문화 정신을 구현하였다고 말하지 않을 수가 없었다. 수학으로 철학을 해석한 피타고라스(Pythagoras)는 물론이고, '백과전서식의 학자' 인 데모크리토스(Demokritos) 혹은 고대에 '가장 박학한 인물' 이었던 아리스토텔레스(Aristoteles)는 모두 철학을 객관적인 세계를 탐색하는 모든 과학과 긴밀하게 결합한 이론의 대표자였다. 이렇게 자연의 근본을 탐색하는 철학 정신은 계속 후세의 유럽 철학에 의하여 계승되고 있다. 영국 경험주의의 베이컨(Bacon), 프랑스 이성주의의 데카르트(Descartes), 독일의 라이프니츠(Leibniz)에서 현대 과학철학의 아인슈타인(Einstein) 등에 이르기까지 자연계의 철학을 탐구하는 가운데 적극적인 진취적 정신을 표현하지 않은 것이 없다.

　사람과 자연과의 관계에 관한 문제에서 서양인은 자연을 사람과 대립적인 것으로 파악하고, 인간 자신의 이익에서 출발하여 자연을 연구하였다. 중국인은 자연을 인류 이익의 보호자로 파악하고, 인간의 이익에서 출발하여 자연의 은사를 기구하였다. 이로 인하여 예에 미치는 범위 안에서 자연 또한 숭배의 대상으로 삼았다. "……무릇 일월성신에 이르기까지 백성들이 우러러보는 것이다. 산림과 내·골짜기·구릉은 백성이 재화를 취하여 사용한다. 이런 족속이 아니면 제사를 지내지 않는다〔……及夫日月星辰, 民所瞻仰也. 山林川谷丘陵, 民所取材用也. 非此族也, 不在祝典〕"(《禮記·祭法》)고 하였다. 서양 사람들은 인간에 대한 자연의 항쟁과 취득을 중요시 하였으나, 중국인은 인간의 자연에 대한 순응과 애호를 중시하였다. 《예기》 가운데 자연계에서 물질을 취하여 사용할 적에는 인간에 대한 자연의 은사를 애석하게 여기도록 규정하고 있다. 만약 이러한 은사를 진귀하게 여기지 않고 단지 획득하려고만 하는 것은 "하늘이 내린 물질을 파괴하는 것"이라고 하였다. 어떤 의미에서 말한다면, 중국인의 자연에 대한 견해는 서양인과는 근본적으로 다르다고 할 수 있다. 서양인은 재원의 개척을 중시하는 반면, 중국인은 재원의 절약을 중시하였다. 이러한 것들이 문명 사회의 지식 구조에 차이를 가져오게 되었다. 서양 철학은 자연철학이며, 중국 철학은 도덕철학이다.

　서양의 철학자들은 인류의 자연에 대한 성취를 총결하여 인류과학 영역의 '선지자'를 이루었으며, 중국의 철학자들은 사회의 규율을 총결하여 정치 사상과 윤리 도덕 영역의 성현을 이루어 냈다. 중국 철학은 선진의 제자백가에서 시작하여 한대의 경학·위진의 현학·수당의 불학·송명의 이학을 거쳐 청대의 경학에 이르기까지, 형식은 각기 다르나 모두 천명을 인생·사회 정치와 결합하는 것을 그 탐구의 주요 내용으로 삼고 있다. 중국의 철인 또한 자기의 철학 관점을 직접 사회와 인생에 사용하거나, 혹은 송덕을 노래하고 칭송하여 현실적인 통치에 어떤 이론적인 근거를 제공하려 하였으며, 혹은 시대의 폐단을 풍자하고 조정의 정치를 평하기도 하였으며, 혹은 이상과 현실의 모순 속에서 인생의 의미를 사색하면서 정신적인 해탈을 찾았다.

중국 역사상의 철학가 중에서 실험과 과학적인 연구로 자연의 규율을 탐구하고자 한 사람은 극소수였다. '천명'이나 '원기' 혹은 '음양오행'은 모두 일종의 천지운행에 대한 직관적인 파악이었다. 공자는 춘추 시대에 예악이 붕괴되어 분열된 상태에 불만을 갖고 서주의 예의 제도를 회복하여 통일되고 흥성한 이상적인 왕국의 회복을 희망하였으며, 아울러 그 이상을 실현하기 위하여 제자를 모아 학문을 강의하고 제후들에게 유세를 하였다. 묵자(墨子)는 "한결같이 서로 사랑하고, 사귐에 서로 이익이 있다[兼相愛, 交相利]"는 평민주의의 사회 이상으로 제자들을 이끌고 분주하게 떠돌며 노고를 사양하지 않았다. 상앙은 직접 한 나라의 군주를 섬기면서 계통적인 사회 개혁의 주장을 펼쳤다. 공자·맹자, 그리고 묵자·상앙 모두가 사상가이고 이상가였으며, 동시에 또 사회 개혁의 실천가였다. 이렇게 직접적으로 사회 현실에 관여하는 경향은 후세 중국 철인의 주체적인 풍격의 특징이 되고 있다. 중국 고대의 철학가들은 저서로 자신의 학설을 세웠으며, 치세의 주장을 내세워 직접 벼슬길에 나아가 자기의 학설을 경세치용으로 삼았다.

만일 서양의 철학자들이 자연의 개조에 중점을 두고 필생을 인간과 자연의 현실 관계를 탐색하는 데 쏟았다고 한다면, 중국의 철학자들은 사회의 개조와 인간의 개조에 중점을 두고 인생의 목적과 사람과 사람 사이의 화해 관계를 추구하는 데 마음을 쏟았다. 이것은 동서양의 서로 다른 민족 정신과 이런 기초 위에서 형성된 두 종류의 이성적인 사고였다.

현실적 이성

중국 철학은 본질적으로 말하여 일종의 현실 정치적인 윤리철학이며, 표현 형태상에서 가장 근본적인 특징은 '경세치용'이며, 이론과 학설은 실제적인 사회의 이익과 효율을 찾는 데 힘썼다. 이런 특징은 보편적인 문화 관념으로 표현되고 있으니, 즉 실제적이며 현실적인 이성 정신을 중시하는 데 있다.

중국인의 정신 세계 속에는 개인의 감성적인 요구를 실현하려는 주관적인 힘이 적다. 중국인은 결코 감성적인 욕구가 없는 것이 아니라, 이러한 감성적인 욕구가 강대한 사회화된 이성에 제약을 받아 질식되어 버렸다. 가령 예를 들면 미국인과 중국인이 동시에 어떤 일을 하려고 생각하였다면, 미국인은 다른 것을 생각하지 않고 우선 먼저 행동에 옮기고 나서 말을 한다. 그는 "차가 산 앞에 이르러도 반드시 길이 있다"는 말처럼 행동 자체에다 의미를 두고 이를 신봉한다. 그러나 중국인은 우선 먼저 이 행동의 현실적인 조건과 가능성을 생각하고, 그것이 장래 가져올 영향과 결과를 고려한 연후에 다시 신중하게 행동에 옮긴다. 그들은 "만에 하나라도 실패해서는 안 된다"는 안전성을 신봉한다. 이것이 바로 현실적인 이성 정신의 구현이다. 일종의 사유 방식에 있어서도 중국인의 이성 정신은 효과적이고 특별한 관심에 대하여 표현된다. 이런 사유 방식은 그 문화의 근원을 거슬러 올라가면 여전히 일종의 현실적인 자연 조건이 의식 속에서 반영된 것이다. 중국인은 현존하는 조건의 우월함으로 말미암아 보수적이 되었으며, 주도면밀하게 고려하지 않은 행동이 현재의 화해 구조를 파괴할까 두려우므로 조심하고 근신한다.

조심하고 근신하는 행위 방식은 장기적인 실천 과정 중에 이성적 사고의 심리적 습관이 되어 버렸다. 그것은 신앙적인 형식으로 자기의 의식 형태 속에서 자리를 차지하게 되었다. 이러한 역사 과정의 기본은 예악 문화가 전반적으로 흥기한 주대에 완성되었다. 은나라 사람은 천명을 믿고 귀신을 공경하였으며, 사회의 치란과 길흉화복을 모두 이런 초자연적인 신비한 힘에 기탁하였다. 주나라 사람들은 천명과 귀신의 보우에 대하여 회의를 품게 되었으며, 실제적인 '유물주의' 사상에 착안하게 되었다. 그들은 이지적으로 사회의 치란(治亂)이 결코 귀신의 역량에 있지 않으며, 실질적인 인륜에 있다는 것에 주의하게 되었다. 전면적인 예의제도의 제정은 단지 천지와 조상의 이름을 빌려 현실적인 윤리 관계를 유지하는 데 불과하였으며, 실제적인 착안점은 현실 세계에 두었지 신비한 세계에 두지 않았다. 예의 정신 또한 바로 이러한 현실적이고 이성적인 정신이다.

예의 제도 중에서 구현된 이러한 현실적 이성이 장기적으로 연속할 수 있었던 까닭은, 한편으로 예 그 자체가 종법 가장제인 농업 사회 구조에 부합하였으며, 다른 한편으로는 실제적인 '유물주의'의 합리성에 중점을 두었기 때문이다. 중국의 현실적이고 이성적인 존재 의미는 바로 헤겔(Hegel)의 유명한 명제인 "현실적인 것은 모두 합리적이며, 합리적인 것은 모두 현실적이다"라는 말과 같다. 중국의 현실적이고 이성적인 정신 자체의 현실성은 바로 그것이 규율에 합하여 생겨났고, 규율에 합하여 존재했다는 것이다. 또한 헤겔이 말한 "현실성은 그 전개 과정 속에서 필연성을 표명하고 있다"는 것이다. 역사적인 현상에서 우리는 그 이해득실을 살펴보기 전에 우선 먼저 필수적으로 그 산생과 존재의 객관적인 필연성을 살펴야 한다.

그러나 필연성의 역량은 아주 큰 것 같으나, 이러한 현실적이고 이성적인 정신에서는 단지 눈앞의 실제적인 이익만을 보는 실용주의로 바뀌게 된다. 사회 사업 중에서 중국인은 이상주의적인 개척 정신이 적고, 근신하고 조심하면서 자기의 성취를 지키고 조심조심 어떤 변화가 생길 가능성을 방지하고 있다. 과학 연구에서도 중국인은 실용적인 발명과 창조를 중시하며, 이론적인 연구를 경시하고 있다. 인류가 자연을 정복하는 역사에서도 중국인은 각양각색의 발명과 창조를 자랑하고 있으나, 서양인은 각종 공식과 정리를 발견한 것에 우월감을 가진다. 중국은 뛰어난 장인들이 많으나, 서양은 과학의 거인들이 많다. 인류 발전이라는 먼 안목에서 보면 현실적인 이성은 일종의 역사적인 타성으로 변하고 있다.

이로 인하여 역사 발전 중에 비록 합리적인 이성 정신이 존재하였다고 해도, 우리가 그 국한성을 의식했을 때는 그것을 일종의 주요한 사유 방식으로 삼아 반드시 자기의 형식과 내용을 고쳐야 하며, 헤겔이 "현실적인 것이 모두 합리적"이라고 한 이 보수적인 명제 중의 변증법적 성질 또한 드러나게 된다. 그것은 엥겔스(Engels)가 바로 다음과 같이 분석하였다.

똑같이 발전 과정 속에서 이전의 모든 현실적인 것은 전부 비현실적인 것이 되어 자신의 필연성, 자기 존재의 권리, 자신의 합리성을 모두 상실하게 된다. ……이렇게 나가면 헤겔의 이 명제는, 헤겔의 변증법 자체로 말미암아 자신의 반면으로 전화된다. 인류의 역사 영역 중에서 현실적인 것은 시간이 지남에 따라서 모두 비합리적인 것이 되며, 그 본성에 따라서 말하면 이미 비합리적인 것은 시작부터 비합리성을 포함하고 있다. 사람들의 머릿속에 합리적인 것은 모두 현실적인 것이 되어야 하며, 그것과 현존하는 것, 표면적인 현실과는 얼마나 모순이 있는지는 관여하지 않는다. 헤겔의 사유 방식의 모든 규칙에 따르면, 현실적인 것은 모두 합리적이라는 이 명제는 곧 "현존하는 것은 모두 응당 없어져야 할 것"이라는 다른 하나의 명제로 바뀌게 된다.

헤겔의 이 명제의 변증적 성질은 사회 생활 중의 일체 현상, 각종 성문·불문의 제도에 적용되며 똑같이 정신 현상의 사유 방식에도 적용된다. 현실 이성이 인류 발전에서 자연과 사회의 역사 속에서 자신의 위치를 생각했을 때부터 시작하여, 이미 그것은 통치 지위를 차지한 사유 방식의 현실적인 합리성을 잃어버리고 있다.

‘윤(倫)’과 ‘이(理)’

현실적인 이성이 중국인의 현실 사고 중에서 철학적인 윤리 정신으로 표현되고 있다. 중국인의 세계관 중에서 천지자연은 바로 자연으로 과다한 철학적 정력을 낭비할 필요가 없었다. 만일 자연 본원에 관한 이성적인 사고가 필요하다고 한다면, 단지 이것으로 현실적인 사회 질서의 합리성을 증명하는 것이었다. 중국 철학의 모든 정력은 거의 사회 정치와 인륜 관계를 연구하는 데 사용되고 있다.

중국 철학의 중요한 특징 가운데 하나는 이론과 실천의 긴밀한 결합인 ‘지행합일(知行合一)’이다. ‘지’는 자연의 천도(天道)와 사회의 인도(人道)에 대한 탐구이다. 자연의 천도는 실제로는 단지 사회의 인도에 대한 주석과 설명일 뿐이며, 하물며 현실적으로 말하면 “천도는 멀고 인도는 가깝다〔天道遠, 人道邇〕”(《左傳·昭公十八年》)고 하였다. 중국에서 사회 현실과는 서로 상관이 없는 현담이나 철리가 아니면 어떤 것이나 모두 사회에서 입지를 마련하기가 어려우며, 더욱이 통치 지위를 차지할 수 있는 사상 체계를 이룰 수가 없다. 자연의 천도에 대한 연구는 멀리 사회 인생에 대한 실제와 접합한 탐구와는 같지 않았다. 이로 인하여 중국 철학 중의 ‘지(知)’는 실제로는 주로 사회 인도의 지이며, 사회에 대한 역사에 대한 인생에 대한 파악과 깨달음이다. 중국 철학 중의 ‘행(行)’은 실제로 사회의 윤리 관계에 대한 인생의 밟아 나아갈 길이다. 이런 인생의 실천 중에서 사람들이 알아야 하는 것은 바로 인륜의 도리이다.

《설문》 가운데 “윤이란 무리이다. ……혹은 도라고도 한다〔倫, 輩也. ……一曰道也〕”고 해석하였다. 그것은 상하존비의 등급과 순서이며, 또 사람들이 사회 행위에서 의존해야 할 기본적인 준칙이다. 이른바 ‘도’란 바로 법칙과 규율이다. 소위 천도·인도라고 하는 것은 또 천륜이고 인륜이다. 여기에서 ‘윤’이란 자연과 사회적 존재의 근거와 운행의 법칙으로 변하였다.

'이(理)'는 중국 철학 중에서 극히 중요한 범주 가운데 하나이다. 본체론의 의미에서 그것과 '도'는 똑같이 중요한 가치를 갖고 있다. 그것 또한 일종의 존재의 규율과 법칙이다. 도와 다른 것은, 단지 도는 비교적 객관적인 자연 속성에 편중하고 있으나 이는 정신적인 의미에 편중하고 있으며, 일종의 정신적인 실체라는 것이다. 이학가인 주희(朱熹)는 우주 사이와 천지만물에 이가 두루 돌지 않는 것이 없다고 하였다. 형이상학적인 이(理)와 형이하학적인 기(氣)가 서로 결합하여 세계만물을 만들고 있다.

사람이 태어난 까닭은 이와 기가 합하여졌을 따름이다. ……천지의 성품을 논하면 전적으로 이를 가리켜 말하는 것이고, 기질의 성품을 논하면 이와 기를 섞어서 말하는 것이다. 이런 기가 있지 않으면서도 이미 이런 성품이 있으며, 기가 있지 않아도 성품은 도리어 항상 존재하고 있다. 비록 그것이 기 속에 있으나, 기는 스스로 기이고 성은 스스로 성이어서 서로 뒤섞이지 않는다. 물체의 몸에 두루 퍼진 것으로 논한다면 있지 않은 곳이 없으며, 또 기의 정밀하고 조잡함을 논하지 않으면 이 이는 있지 않은 곳이 없다.

人之所以生, 理氣合而已. ……論天地之性, 則專指理言. 論氣質之性, 則理與氣雜而言之. 未有此氣, 已有此性, 氣有不存, 而性却常在. 雖其方在氣中, 然氣自是氣, 性自是性, 亦不相夾雜. 至論其遍體於物, 無處不在, 則又不論氣之精粗, 莫不有是理.(朱熹《朱子語類 · 四》)

이렇게 개념상으로 보면, '윤'과 '이'의 결합은 자연과 사회의 정신적인 본체를 구성하고 있다. 그것으로 말미암아 화해와 운행의 우주 질서를 규정하고 있다. 이러한 윤리 정신의 철학적인 해석은 이미 중국 종법 사회의 현실 존재와 부합하고 있으며, 또 종법 통치의 현실적인 필요에 부합하므로, 따라서 예교는 바로 이러한 윤리철학 정신의 구체적인 구현이다.

《예기·대학》은 사람들이 사람의 도를 가르칠 때, 이러한 철학의 윤리 정신은 한 걸음 더 나아가 인생 수양의 지행합일로 변화되었다.

옛날에 밝은 덕을 천하에 밝히고자 하는 사람은 먼저 자기의 나라를 잘 다스렸다. 자기 나라를 잘 다스리고자 하는 사람은 먼저 자기 가정을 잘 다스렸으며, 그 가정을 다스리고자 하는 사람은 먼저 자기의 몸을 잘 수양한다. 자기의 몸을 수양하고자 하면 먼저 자기 마음을 바르게 하며, 자기 마음을 바르게 하고자 하면 먼저 자기 마음속의 뜻을 성실히 한다. 자기 뜻을 성실히 하려면 먼저 자기의 지식을 지극히 하여야 한다. 자기 지식을 지극히 하려면 먼저 모든 사물의 진리를 궁리해 내야 한다. 모든 사물의 진리를 궁리하여 밝힌 연후에는 지식이 극진해진다. 지식이 극진해진 연후에 자기 마음에서 발하는 의념이 자연히 성실해지게 된다. 자기 뜻이 성실해진 연후에 마음이 바르게 되고, 마음이 바르게 된 연후에 자기 몸의 수양이 잘 된다. 자기 몸의 수양이 잘 된 후에는 가정도 잘 다스려지게 되며, 가정이 잘 다스려진 연후에는 나라도 잘 다스려지게 된다. 나라가 잘 다스려진 후에는 천하가 태평하게 된다. 천자에서부터 평민에 이르기까지 모두가 자기 몸의 수양을 근본으로 삼는다.

古之欲明明德於天下者, 先治其國; 欲治其國者, 先齊其家; 欲齊其家者, 先修其身; 欲修其身者, 先正其心; 欲正其心者, 先誠其意; 欲誠其意者, 先致其知; 致知在格物. 格物而後知至, 知至而後意誠, 意誠而後心正, 心正而後身修, 身修而後家齊, 家齊而後國治, 國治而後天下平. 自天子以至於庶人, 壹是皆以修身爲本.(朱熹《四書章句集注·大學章句》)

이 중에서 말하는 '격물치지(格物致知)'는 바로 직접 몸으로 겪으면서 사물의 이치를 궁리하여 아는 것이다. 이것은 표면적으로는 천지성명의 이치를 구하는 것이나 실제로는 사회와 인생의 이치인 '치지(致知)'를 구하는 것이며, 그 근원의 끝은 바로 현실 윤리 관계에 대한 이성적인 파악이다. 그리고 자신의 수양인 수신은 바로 이러한 현실적인 윤리 관계의 자아실천이다.

이러한 지행합일의 윤리와 철학 정신은 다시 한 번 중국 철학과 서양 철학의 인식 영역 중의 차이를 드러내고 있다. 서양 철학의 인식 대상은 사람과 상대적인 객체이다. 고대의 자연철학, 중세기의 신학, 아니면 근대의 과학철학 모두 이와 같다. 우주자연이든지 자연을 대표하는 신이든지 그들은 모두 사람과 상대적인 객체이다. 연구의 대상은 객체이고, 연구의 목적은 바로 주체인 자신이 된다. 그러나 중국 철학의 연구 대상은 사람 자신 및 사람 자신이 처한 사회 관계에 있다. 연구의 대상은 주체이고, 연구의 목적은 주체를 위하여 사회 관계에 순응하는 객체이다. 이로 인하여 인식론 가운데 서양 철학은 표면상은 객체의 철학이나, 실질상으로는 주체의 철학이다. 중국 철학은 상반되게 표면상으로는 주체적 철학이나, 실질상으로는 객체의 철학이다. 이런 객체의 철학은 현실 속에서 개인의 주관적인 욕구를 억압하는 것으로 표현되며, 그리고 사회 전체의 객관적인 규정성에 복종하기를 요구하고 있다. 이 점에서 예교에서 구현되고 있는 것은 바로 이러한 이성적 정신이다. 예교에서는 사람들의 극기와 순종을 요구하며, 그리고 극기와 순종의 객관적인 근거는 바로 자연의 본체와 사회의 본체인 '윤(倫)'과 '이(理)'이다.

'덕(德)'의 이상

중국 민족 정신의 주류는 유가의 이성주의 철학이며, 유가철학의 객관적인 본체는 바로 현실적인 윤리이다. 그리고 현실적인 윤리 정신의 최고 이상은 바로 '덕'이다. 인·의·예·지·신 등 유가철학의 이성적인 규범은 모두 '덕'의 이상으로 귀결할 수 있다.

대학의 도는 자신이 본래부터 가지고 있는 밝은 덕을 밝히는 데 있으며,
백성을 새롭게 하는 데 있으며, 지극한 선에 도달하는 데 있다.
大學之道, 在明明德, 在親民, 在止於至善.(《大學》)

주희는 다음과 같이 해석하고 있다. "대학이란 대인의 학문이다. 명이
란 이를 밝힌다는 것이다. 명덕이란 사람이 하늘에서 얻은 것으로 허령
불매(虛靈不昧)하고 모든 이치를 갖추고 있어 만사에 응하는 것이다. 다
만 품수받은 기에서 구속되고, 사람의 욕심에 가리워 때로 혼미해진다.
그러나 그 본체의 밝음은 일찍이 쉰 적이 없었다. 그러므로 학자는 당연
히 그 나온 곳으로 말미암아서 이를 밝혀 나가 처음의 밝음을 회복하는
것이다."(《四書章句集注 · 大學章句》) '덕'은 본래 하늘에서 얻은 것으로
"모든 이치를 갖추고 있어 만사에 응하는" 정신의 본체이다. 그러나 사
람들은 왕왕 자신이 "품수받은 기에 구속되고, 사람의 욕심에 가리워" 밝
지를 못한다. '명명덕' 이란 바로 학습을 통하여 이러한 정신적 본체의 광
휘가 다시 나타나도록 하는 것이다. 유가의 철학 사상과 정치 사상 중에
서 덕의 정신과 이상은 예를 통하여 직접 현실적인 정치 이상으로 전화
되고 있다. "정치는 덕으로 한다"는 것은 중국 정치 이상의 근본이다. 유
가의 이상 사회 정치 가운데 '인정(仁政)'은 바로 덕의 구체적인 구현이
다. 예로써 나라를 다스리는 정치 체제 중에서 친한 사람을 친히 하고,
존귀한 사람을 존귀하게 여기며, 현능한 사람을 현능하게 여기는 원칙은
모두 상승되어 '덕' 의 이상이 되었다. "조는 조에 공이 있고, 종은 종에
덕이 있다〔祖者祖有功, 宗者宗有德〕"고 하였다. 개창한 위대한 업적을 이
루면 후세에 조종으로 받들어지게 되며, 모두 공덕이 혁혁한 위인들이다.

성왕께서 제사 지내는 법을 제정하였으니, 그 원칙은 백성에게 공이 있
으면 그를 제사 지내고, 공무로 열심히 일을 하다 죽으면 제사 지낸다. 나
라의 안정을 위해 노고를 아끼지 않았으면 제사를 지내고, 큰 재난을 방

지하였으면 제사를 지내며, 대환란을 막았으면 제사를 지낸다. ……제곡은 시간을 안배하여 백성들로 하여금 일을 하고 휴식할 수 있도록 하였으며, 요는 상벌을 공평하게 하고 의로써 세상을 마쳤다. 순은 나라를 위하여 열심히 일을 하다 창오의 들에서 세상을 떴고, 곤은 홍수를 막다가 죽음을 당하였으며, 우는 곤의 착오를 수정하여 치수에 성공하였다. 황제는 만물의 이름을 바르게 하고 백성들의 신분과 직업을 나누어 분업과 합작을 하도록 하였으며, 전욱은 이를 수정할 수 있었다. 설은 사도의 관직으로 백성들을 교육하였으며, 탕은 너그럽게 백성을 다스리고 학정에서 구해냈다. 문왕은 문으로써 다스리고, 무왕은 무로 공을 세워 백성의 재난을 없애 주었다. 이들은 모두 그 공로가 백성들에게 미친 사람들이다.

夫聖王之制祭祀也, 法施於民則祀之; 以死勤事則祀之; 以勞定國則祀之; 能御大災則祀之; 能捍大患則祀之. ……帝嚳能序星辰以著衆; 堯能賞, 均刑法, 以義終; 舜勤衆事而野死; 鯀鄣鴻水而殛死; 禹能修鯀之功; 黃帝正名百物以明民共財; 顓頊能修之; 契爲司徒而民成; 湯以寬治民而除其虐; 文王以文治; 武王以武功, 去民之災, 此皆有功烈於民者也.(《禮記·祭法》)

이들처럼 공덕이 백성들에게 미친 성왕은 모두 예로써 제사를 지내고 숭배하였다. 여기에서 공과 덕은 효과와 동기이고 객관과 주관이 유기적으로 결합하여 하나가 되었다. 그러나 유가의 이상 중에서 객관적인 효과와 주관적인 동기를 서로 비교하면, 더욱 중요한 것은 여전히 주관적인 동기이다. 현능한 자를 뽑아 선양하여 "의로써 세상을 마쳤다"고 한 요임금, 백성을 위하여 부지런히 일하다가 밖에 나가 들판에서 죽은 순, 홍수를 다스리면서 세 번이나 집 앞을 지나면서도 집에 들어가지 않았다고 하는 우, 너그러움으로 백성을 다스리고 폭정을 몰아내 태평한 시대를 열었다고 하는 상의 탕, 예악을 제정한 주공 등은 덕으로 이름난 성현이며 모든 봉건 시대를 통틀어 가장 숭배받은 전형적인 인물이다.

중국 민족은 예를 중히 여기는 민족이며, 동시에 또 덕을 중히 여기는 민족이다. 왜냐하면 중국의 예 자체에는 덕의 요소를 포함하고 있기 때문이다. 유가의 덕치 사상은 바로 중국 사회의 친한 사람을 친히 대하고 존귀한 사람을 존귀하게 대하며, 화목하고 온후한 종법 사회의 구조 위에 있다. 그것은 한편으로 이런 온화한 사회 관계에서 온화한 사회 이상을 구현하는 것이고, 또 이런 종법 관계 중에서 민주 정신이 결핍되었다는 반영이기도 하다. '덕'은 일종의 이상이며, 일종의 통치자에 대하여 바라는 기대이다. 중국인의 최대 바람은 바로 영명한 통치자이고 인덕(仁德)이 있고 관후한 황상이었다.

덕의 이상은 두 방면으로 말할 수 있다. 평민 백성으로 말하면 덕은 위에서 아래에 대한 인애(仁愛)이고, 통치자로 말하면 덕은 아래에서 위에 대한 충성과 순종이었다. 이로 인하여 덕의 이상 중에서 표현되어 나온 현실적인 이성 정신은, 덕 자체가 바로 사회 정치의 안정과 사회 관계의 화순(和順)을 의미하고 있다. 이 또한 중국 도덕철학의 기본적인 종지이다. 경쟁이 아주 적은 종법제 농업 사회의 중국에서 덕은 사회 관계를 유지하고 조정하는 기본 수단이었다. 여기에서 예는 일종의 '온화'한 규범이고, 덕은 이런 규범에 대한 주관적인 자각의 실시였다. 그러므로 통치자가 보면 덕의 효과를 많이 말할 필요가 없으며, 단순히 덕의 주관적인 동기에 의존하여 추진해 나가는 것이 곧 사회의 복음을 이룰 수가 있었다. 이른바 '덕은 얻는 것'이라고 하였으며, 덕이 있으면 천하를 얻을 수 있다고 하였다.

유가 이상 중의 성왕은 자신의 덕을 천하에 펼쳤을 뿐 아니라, 동시에 또 모든 통치 계층이 아랫사람을 위하여 덕으로 자신을 규범화할 수 있었다. 예의 제도 중에서 "상대부에게는 형을 가하지 않는다〔刑不上大夫〕"의 본래의 의미는, 바로 군왕이 사람을 쓰는 덕이다. 당의 공영달(孔穎達)은 《예기정의禮記正義》에서 이렇게 해석하고 있다. "'상대부에게 형벌을 가하지 않는다'고 한 것은, 5형 3천 조목을 제정하면서 대부의 범죄 조목을 만들지 않았다. 그 까닭은, 대부는 반드시 덕이 있는 사람을 쓰기 때문이다. 만약 형벌을 내려야 한다면 군왕이 현능함을 알지 못한 것이다. ……모두 대부 이상에게 형벌을 가하지 않는 것이 아니며, 죄가 있으면 팔의(八議)로 그 경중을 논의한다”고 하였다. 이른바 “형벌을 받은 사람은 군왕의 측근에 두지 않는다〔刑人不在君側〕”(《禮記·曲禮上》)는 말 또한 바로 이러한 의미이다. 영명한 군왕은 반드시 가까이에 덕이 있는 사람을 두기 때문이다. 법가처럼 순수하게 논공으로 작위를 받는 것과는 달리 유가에서 더욱 중시하는 것은 덕으로 작위를 받는 것이다. “옛날 명군은 덕이 있으면 작위를 주고 공이 있으면 녹을 주었다〔古者明君爵有德而祿有功〕.”(《禮記·祭統》) 덕은 정치 이상 중에서 숭고한 지위에 있기 때문에 중국에서는 직위의 고하를 막론하고 “덕망이 높고 중하다”고 하여 왕왕 실제 권력의 상징이 되었다.

예악의 제도 가운데 현능한 사람을 현능하게 여기는 것은 친한 사람을 친히 하는 것과 마찬가지로 모두 예의 기본 원칙 중 하나가 되었다. 그러나 예의 종법제가 문화의 기초가 되었기 때문에 친한 사람을 임용하고 어진 사람을 숭상하는 것은 해결할 수 없는 모순이 되었다. 이 모순은 자주 덕의 이상을 환상으로 바꾸어 버렸다. 이런 주관적인 원망은 단지 예악의 교화에 의지하고, 개인의 자각적인 수행으로 실현되었으며, 객관적인 제약성이 없었다. 어떤 사람의 권력의 지위는 그와 상급자의 친소(親疏) 관계나 혹은 과거의 덕행으로 결정되고 있다. 그리고 일단 상급자에 의하여 권력을 받게 되면 곧 바뀔 수 없는 사실이 되어 버리며, 계속 백성에게 덕을 베푸는지는 논하지 않는다. 그 덕행을 재는 유일한 표준은 상급자에 대한 충성과 순종이었다. 이렇게 내려오면서 덕의 사회 이상은 바로 종법제의 사회 현실 속에서 말살되고 말았다.

2. 조상 숭배와 천명 사상

중국의 '천(天)'과 서양의 '신(神)'

중국의 민족 정신과 서양의 민족 정신의 차이는, 철학 본체론의 탐토 속에서 '천'과 '신'의 두 개념이 갖고 있는 내함이 다른 것에서 표현되고 있다. 서양 철학 중에서 신은 만물을 창조하는 우주의 본원이며, 신성한 정신적 본체이다. 신은 일종의 객관적인 존재로 간주되며, 인간과는 상대되는 객관적인 역량을 갖고 있다고 여긴다. 조물주인 신은 모든 서양 철학 중에서 결코 아주 중요하지는 않다. 엄격하게 말하면, 그것은 단지 기독교의 신학 중에서 하나의 통치적 지위를 차지하고 있는 본체이다. 이와 비교하면, 아래의 '천'의 개념은 모든 중국 철학 속에서 도리어 절대적으로 중요한 지위를 차지하고 있다. 중국의 고대 철학 속에서 제자백가가 '천'의 문제를 말하고 있으며, 모두 '천'을 우주자연과 인류 사회의 최고 본체로 간주하고 있다.

공자는 천이 인류의 운명을 주재하고 있다고 여겼다. 그는 귀신의 괴이함은 믿지 않았으나, 도리어 천명은 굳게 믿었다.

> 군자는 세 가지를 두려워해야 한다. 천명을 두려워해야 하고, 대인을 두려워해야 하며, 성인의 말씀을 두려워해야 한다.
>
> 君子有三畏, 畏天命, 畏大人, 畏聖人之言.(《論語 · 季氏》)

> 천명을 알지 못하면 군자라고 할 수 없다.
>
> 不知命, 無以爲君子.(《論語 · 堯曰》)

공자는 자기의 인생 경험을 토대로 "30에는 입신을 하고, 40에는 미혹되지 않았으며, 50에는 천명을 알았다〔三十而立, 四十而不惑, 五十知天命〕"(《論語 · 爲政》)고 하였다.

묵자는 하늘은 사람을 사랑한다고 여겼다. 따라서 하늘은 사람의 이익을 위하여 세간의 만물을 조작한다고 하였다.

내가 하늘이 사람을 사랑함이 두텁다는 것을 아는 까닭이 있다. 일월성신이 서로 갈마들며 이를 비추고, 사시 춘하추동을 정하여 이를 기강으로 삼는다. 우레를 치고 눈과 서리 · 비와 이슬을 내려 오곡과 마사를 자라게 하여, 백성들로 하여금 이를 얻어 재물로 이용하게 한다. 산천과 계곡을 늘어 놓고 온갖 일을 널리 펴 백성이 선한지의 여부를 관장하게 하며, 왕공후백(王公侯伯)을 위하여 현능한 자는 상을 주고 포악한 자는 벌을 준다. 금목과 조수를 주어 오곡과 마사에 종사하게 하며, 백성의 의식을 위한 재물로 삼게 한다.

且吾所以知天之愛民之厚者有矣, 曰; 以磨爲日月星辰以昭道之, 制爲四時春夏秋冬以紀綱之, 雷降雪霜雨露以長遂五穀麻絲, 使民得而財利之. 列爲山川溪谷, 播賦百事以臨司民之善否. 爲王公侯伯, 使之賞賢而罰暴. 賦金木鳥獸, 從事乎五穀麻絲, 以爲民衣食之財.(《墨子 · 天志中》)

한대의 대유학자인 동중서(董仲舒)는 하늘을 인애의리(仁愛義利)를 행하는 최고의 근본 원천이라고 여겼다.

인의 아름다움은 하늘에 있다. 하늘은 인(仁)이다. 하늘은 만물을 덮어 기르고, 이를 화육하고 양육하여 이룬다. 일이 이루어져도 공을 자기에게 두지 않고, 마치면 다시 시작한다. 하늘의 뜻을 살피면 인을 극진히 하여 다함이 없다. ……하늘은 항상 사랑과 이익으로 뜻을 삼고, 잘 기르는 것으로 일을 삼으니 춘하추동은 모두 그 쓰임이다.

仁之美者在於天. 天, 仁也. 天覆育萬物, 旣化而化之, 有養而成之. 事功
無己, 終而復始, 凡擧歸之以奉人. 察於天之意, 無窮極之仁也. ……天常以
愛利爲意, 以養長爲事, 春夏秋冬, 皆其用也.(《春秋繁露·王道三通》)

이와는 상반된 관점은 하늘이 자연의 주재자로서 어떤 주관적 의지도
갖고 있지 않다고 여기는 것이다. 노자는 하늘은 바로 자연의 법칙으로
선도 없고 악도 없으며, 인자하지도 않고 의롭지도 않다고 하였으며, "천
지는 인자하지 않으니, 만물을 짚으로 만든 개처럼 여긴다〔天地不仁, 以
萬物爲芻狗〕"(《老子·上篇》)고 하였다. 장자는 천지자연의 운행은 조금도
목적을 갖고 있지 않으며, 자연히 그러한 것으로 부득이 닫고 열리는 조
화 능력〔機緘〕을 가졌을 뿐이라고 하였다. 순자는 "하늘의 운행은 항상
변함이 없으니, 요임금이 성인이라 하여 살려두고, 걸이 폭군이라고 하여
죽이지 않는다〔天行有常, 不爲堯存, 不爲桀亡〕"(《荀子·天論》)고 하였으
며, 한대의 왕충(王充)은 "천지의 기가 합하여 만물이 스스로 생겨났으
니, 부부가 기를 합하여 자식이 태어난 것과 같다〔天地合氣, 萬物自生, 猶
夫婦合氣, 子自生矣〕"(《論衡·自然》)라고 하였다.

'천'의 각종 설과 이론을 개괄하면 두 종류로 나누지 않을 수 없다. 하
나는 '자연(自然)의 천'이고, 다른 하나는 '의리(義理)의 천'이다. 그러나
어느 학파든 더욱 근본적 문제인 이성적 철학 사고 중의 '천'의 실제 존
재성의 문제에 관해서는 회의를 하지 않았다. 이 개념의 문제에서 다시
중국 철학과 서양 철학의 인식론상에서 서로 다른 특징을 표현하고 있다.
서양 철학은 추리를 중요시하고, 중국 철학은 깨달음을 중요시한다. 서
양 철학 중에서 천의 개념을 중요시하지 않은 것은, 그들이 천보다 더욱
높은 층차를 추구한 데 있다. 어떤 사람은 우주자연의 최종 물질의 구성
이라고 하였으며, 어떤 사람은 천지만물의 최종적인 주재자인 하늘이라
고 하였다. 가령 신학 중에서 토론한 "천당의 장미꽃에는 가시가 있는
가?"·"바늘 끝에는 천사가 몇 명이나 설 수 있을까?"와 같은 황당한 문

제에서도 또한 서양 철학 중에 근원을 찾으려는 탐색 정신을 표현하고 있다. 중국의 철학 속에서는 비록 '오행(五行)'과 '원기(元氣)' 등의 물질 본체에 대한 탐구가 있다고는 하나, 필경은 주류가 아니었다. 그리고 하나라도 포함하지 않은 것이 없는 '천'으로 자연 현실의 일체 사물의 궁극적인 근본 원천을 개괄하고 있다. 일반적으로 말하면 중국 철학이 추구한 '천' 또한 더 이상 계속 나아가지 않았다.

'천'의 개념은 직관적인 오성을 갖추고 있으며, 동시에 전체성을 구비하고 있다. 자연과 사회를 하나의 전체로 보고 인류 사회와 우주자연의 통일에 중점을 두었다. 유가와 묵가는 천이 인의를 행한다고 인식하였으며, 이로 인하여 인류 사회 또한 인의를 행하여야 한다고 여겼다. 도가는 천도는 인위적으로 하는 것이 없으므로 인류 사회 또한 인위적으로 하려고 해서는 안 된다고 하였다. 이와 같이 철학의 본체론상에서 우리는 또한 번 민족 정신의 문화 토양으로 돌아가고 있다. 서양 철학은 자연을 인간의 대립면 위에 놓고 있으며, 인간의 자연에 대한 항쟁 정신을 표현해내고 있다. 중국 철학은 천과 인의 합일을 중시하고, 인간이 자연에 순응하는 종법제 농업 사회의 특징을 표현하고 있다. 비록 또한 순자가 "인간은 하늘을 이기도록 정해져 있다"는 구호를 외쳤으나, 필경은 아주 드문 일이라 주류를 형성하지 못하였다. '천인합일'은 결코 간단한 유심주의 철학의 명제가 아니라, 인간과 자연에 대한 관계의 중국 문화 심리를 보편적으로 반영하고 있다.

이로 인하여 중국 철학은 깨달음을 중시하고 서양 철학은 추리를 중시하는 차이성을 드러내고 있으며, 이 점은 결코 중국인의 '나태'와 '진취적이지 못한 정신'을 표명하지 않고 있다. 서양인의 자연에 대한 항쟁과 중국인의 자연에 대한 순응의 차이성 자체와 마찬가지로, 그것은 일정한 지역적 조건하에서 생겨나게 되었으며 서로 다른 문화의 토양 위에서 자연히 생겨난 것이다.

'천'의 관념이 중국 민족의 의식 가운데 중요한 의미를 갖게 된 까닭은 한편으로는 그것의 객관적인 문화 기초에 있고, 다른 한편으로는 그것이 중국 문화 심리의 특징인 현실적인 이성에 적합하다는 데 있다. '천'이 이미 자연과 사회를 통일하게 되자, 특별히 사회의 연구를 중요시한 중국 철학은 곧 자연스럽게 그것을 철학 사고의 객관적인 본체로 삼게 되었다. 중국 철학 중의 이러한 통일성은 서양 철학이 구비하지 못한 것이다. 그것은 인류 사회를 자연계의 연속으로 보고, 본체론의 의미에서 사회의 발전 규율을 연구하였다. 비록 발현된 규율이 결코 정확하지 않다고는 하나, 이런 방법 자체는 도리어 중국 철학 중에서 가장 귀중한 특징이다.

중국 민족 의식 중의 '천'은 결코 농후한 신비 색채가 없으며, 이와는 반대로 도리어 강렬한 현실적 이성 정신을 표현하고 있다. 그것과 사회 윤리가 직접 서로 관련이 있고, 종법제의 조종(祖宗) 관념과 직접적인 관계가 있기 때문이다. 중국인은 특별히 조상을 숭배하며, 그리고 이러한 조종 관념 중의 혈연적인 유대는 바로 하늘이 부여한 것이다. 종법제의 중국 사회에서 혈연 관계의 자연적인 속성은 직접 현실적인 윤리 관계의 사회적인 속성으로 바뀌고 있다. 인간의 최고 통치자는 하늘의 아들이며, 사회의 인륜 또한 바로 자연적인 천륜이다. 천은 자연과 사회를 하나로 통일하고 있다.

천과 조종이 중국 민족의 의식 속에서 동등하게 중요한 지위와 작용을 갖고 있으므로, 예악 문화의 표현 형식에 있어서 제천(祭天)과 제조(祭祖)는 예의 중에서 가장 중요한 두 종류의 형식을 이루고 있다. 제천이 가장 융중하며 1년에 한 번씩 제사를 지내고, 조상에 대한 제사는 가장 빈번하여 1년 사계절과 집이나 나라의 큰일에는 시시로 제사를 지내야 한다. 그 의의는 천이 조상보다 먼저이며, 가장 원시적인 본체이나 현실과는 비교적 멀리 떨어졌으며, 조상은 천보다 더욱 현실적이고 가장 직접적인 사회적 효과를 갖추고 있다는 데 있다.

생식 숭배의 의의

도리에 따라 말하면, 가족의 혈연 관계와 혈연의 계승을 극히 중시하는 종법 사회에서는 응당 생식 문제를 사회 존재의 우선 과제로 놓고 있다. 그러나 생식 문제 중에는 일종의 극단적인 개인의 생리 욕망인 성욕의 향락성을 띠고 있다. 이 또한 바로 예에서 절제해야 하는 것이며, 따라서 사회 심리면에서 가장 첨예한 내재적 모순을 구성하고 있다.

중국 고대에 생식 숭배가 있었는지에 관한 문제는 학술계에서 많은 논쟁을 불러일으켰다. 쟁론의 기초는 실물의 고증에 있다. 그러나 실물의 고증은 다음과 같은 곤란에 부딪치게 된다. 장기간 예교 사상에 속박되어 왔던 한민족에게는 공개적으로 성 숭배의 상징물을 세상에 남겨 놓는다는 것이 불가능했다. 단지 변방의 소수 민족 지구에서 여전히 이러한 유적들을 찾아볼 수가 있다. 예를 들면 사천의 서부에 거주하고 있는 마준인(摩峻人)은 천연적인 종유석을 숭배하며 이를 '구목노(久木魯)'라 일컫는데, 이것은 석조(石祖; 남성 생식기의 상징)이다. 다른 지방에서도 목조(木祖)·도조(陶祖)가 발견되고 있다. 운남 험천의 아협백(阿夾白)과 사천 광원현의 동문에서는 여음석(女陰石; 여성 생식기의 상징) 등이 발견되고 있다. 한족이 거주하는 지역에서는 도리어 이런 물건을 찾아볼 수가 없다. 곽말약(郭沫若)은 중국의 음양팔괘 가운데 양효(—)와 음효(--)를 남성 생식기와 여성 생식기의 상징이라고 하였다. 이 설의 근거가 충분한지는 아직 확정하기가 어렵다.

그러나 생식기 숭배가 있었는지 없었는지는 결코 중요하지 않다. 왜냐하면 생식 숭배는 반드시 생식기 숭배로 표현되는 것은 아니기 때문이다. 이론상으로 말하면, 어떤 민족의 원시 시대나 모두 생식 숭배가 있었다. 이것은 두 가지 원인에서 나오게 되었다. 하나는 종의 번성이라는 객관적인 수요에서이고, 두번째는 인식의 국한으로 말미암아 생겨나게 된 생식 문제에 대한 신비감에서였다.

　유물주의 관점을 근거로 하면, 역사 중의 결정적인 인소는 결국 직접 생활의 생산과 재생산이다. 다만 생산 자체는 또 두 종류가 있다. 하나는 생활의 자료 즉 음식물·의복·주거 및 이것을 위한 필수적인 도구의 생산이고, 다른 하나는 인류 자신의 생산 즉 종의 번식이다.(엥겔스 《가정, 사유제와 국가의 기원》 제1판 서문)

원시 인류의 인식 수준으로 보면 첫째는 주로 자신의 노동에 의존하여 물질을 획득하는 것이고, 둘째는 주로 자연의 은사에 의존하는 것으로, 후자는 더욱 용이하게 숭배의 대상이 되었다. 사실 생식 숭배는 세계 고대 민족 중에서 보편적으로 존재했던 현상이었으며, 그 관건은 생식 숭배의 방식이었다. 이것은 고대의 어느 한 민족의 특정한 문화 심리를 연구하는 중요한 문제이다.

원시 시대에는 인류의 생식 숭배와 조상 숭배가 자주 함께 결합하고 있다. 당시 부녀자들의 경제 생활 중의 지위와 난혼(亂婚)이 가져온 "자기 어미는 알고 있으나, 자기 아비는 모른다"는 객관적인 현상으로 말미암아 조상 숭배는 대다수가 여성 시조신의 숭배로 표현되고 있다. 세계의 허다한 민족의 원시 신화 속에서 창세신은 대다수가 여신이며, 이 여신들은 초인적인 능력을 갖고 만물과 인류를 창조하였다. 사람들은 조상 숭배 중에서 여신을 뭇신의 우두머리로 올려 놓고 있다. 이들은 모두 상고 시대 모계제 사회의 흔적이다. 경제와 정치에서 여시조는 그녀의 자손들을 거느리고 사회의 실체인 씨족을 이루었으며, 그녀는 선조가 되고 또 생육의 신이 되었다.

원시인은 인식 수준의 제한으로 말미암아 결코 생육이 이성간에 결합하여 생긴 결과라는 것을 알지 못하였다. 바로 스칼 페럭이 《가정진화론》에서 몽매 시대에 살던 사람들은 "가령 그가 성교의 작용을 알고 있었거

나, 혹은 성교에 대하여 많건 적건 모호한 개념이 있었다 하더라도, 그
또한 임신이 실제로는 성교에서 결정된다는 것을 절대 알지 못하였다"고
한 말과 같다. 바로 이렇기 때문에 사람들은 항상 임신과 출산을 자연의
신비한 은혜라고 보았으며, 이것은 여시조와 모종의 자연 사물 혹은 토
템 대상과의 접촉으로 생긴 결과라고 생각하게 되었다. 고대 전설 중의
갖가지 감생 신화(感生神話)는 바로 이러한 관념의 구체적인 표현이다. 중
국 고대 신화 중에 여절(女節)이 꿈에 큰 별을 접하고 소호(少昊)를 낳았
으며, 여지(女志)가 신의 구슬인 여의이(如薏苡)를 머금고 우를 낳았고, 여
구(女枢)가 북두칠성의 일곱째 별과 감응하여 전욱을 낳았으며, 여등(女
登)이 신룡과 감응하여 염제를 낳았다는 전설들은 모두 이런 유형에 속
한다.

　중국 고대 신화 중에 가장 예술적인 색채를 갖추고 있으며, 아울러 가
장 널리 퍼져 있는 신화는 여와(女媧)에 대한 이야기이다. 전하는 말로 여
와는 일생 동안 세 가지 큰일을 하였다. 하나는 흙을 빚어 사람을 만든 것
이고, 두번째는 돌을 달구어 하늘을 기운 것이며, 세번째는 생황(笙簧)을
만들었다는 것이다. 이 3대 공적 중에서 두 가지는 생식 숭배와 상관이
있다. 흙을 빚어 인간을 만들었다는 것은 인류의 기원이고, 생황을 만들
었다는 것은 생식의 은유이다. 이치에 따라 말하면 옷으로 몸을 가리지
못하고, 배불리 먹지도 못하였던 원시 시대에 악기를 제작하였다는 것은
있을 수 없는 일처럼 보인다. 그러나 이 여와가 사람을 만들어 낸 이후에
그들에게 아흥을 돋우기 위하여 악기를 만들도록 하였다는 것은 표면적
으로 상리에 위배되는 것 같다. 청나라 사람 장주(張澍)가 《세본世本》을
주해하면서 말하기를 "《박아博雅》에서 《세본》을 인용하여 '여와가 생황
을 만들었다. 생(笙)이란 생(生)이다. 만물이 땅을 뚫고 자라나는 것을 본
뜨고 있으며, 바가지로 이것을 만들고 그 가운데가 비어 황을 받아들인
다' ……《당악지唐樂志》에는 '여와가 생을 만들었으며, 관을 바가지 위
에 나열하고 황을 그 가운데 받아들였다' 고 하였다." 오대(五代) 후당(後

唐)의 마호(馬鎬)는 《중화고금주中華古今注》 가운데 "상고에는 음악의 화합을 알지 못하였는데 홀로 생황을 만든 뜻은 어디에 있는가? 답하여 말하기를 '여와는 복희의 누이동생으로 인간이 나면서 그 음악을 만들어 발생을 본뜨고 있다' 고 하였다." 여기에서 "바가지로 이것을 만든다"·"바가지 위에 관을 늘어 놓고 황을 그 가운데 받아들인다"는 성교를 은유한 것이다. 동시에 또 여와와 그의 오빠인 복희는 함께 호로박 속에 들어가 홍수를 피하고, 남매가 결혼하여 다시 인류를 만들어 내었다는 전설과 여와가 혼인 제도를 만들었다는 전설 등이 있다. 이들을 연관시켜 살펴보면 그 의미는 이미 상당히 명확해지고 있다. 이른바 "여와가 생황을 만들었다"는 전설은 흡사 중국 고대의 생식 숭배에 대한 증거인 듯하다.

당연히 "여와가 생황을 만들었다"는 전설은 사람들의 인식 수준이 이미 상당히 발전된 후세에 생겨난 것이며, 사람들은 이미 성관계가 생식 중에 결정적인 작용을 한다는 것을 의식하게 되었다. 아울러 이지적으로 남녀 교합의 즐거움을 느끼게 되었다. 이로 인하여 악기로 이것을 은유하였으니, 악(樂)이란 즐겁다는 뜻으로도 쓰이고 있다.

종법제 농업 사회에서 생식은 극히 중요한 의미를 갖고 있다. "일을 할 수 있는 장정이 많은 것"은 가정과 국가의 흥성에 첫째가는 조건이며, 또한 종법제 중에 혈연이 연속되어야 하는 기초가 되고 있다. 그러나 사람의 생식 생활 중에 향락성의 성본능은 또 인간의 욕구를 절제하는 예교의 종지와는 첨예하게 대립되었다. 이런 모순이 중국 고대의 생식 숭배에 특수한 형식을 가져오게 하였다. 즉 생식 숭배는 완전히 조상 숭배의 궤도에 들어가게 되었으며, 생식 활동 중의 원초적인 자연 속성은 현실적인 사회 속성 속에 묻혀 버리게 되었다. 심지어는 완전히 성관계 중의 자연 본능을 부정하게 되었으며, 단지 사회적인 의미만을 승인하게 되었다. 예교 관념 중에서 성의 의미는 바로 후사를 위한 것이지 색을 위한 것이 아니었다.

후사를 잇는 일은 가정이 사회의 주체가 되는 종법 사회에서는 가장 큰 일이었다. "불효에는 세 가지가 있으며, 후사가 없는 것이 가장 크다"
고 하였으며, 공자는 인도주의 입장에서 용(俑)을 만들어 순장하는 것을
심히 미워하여 "처음에 용을 만든 사람은 그 후사가 없을 것이다〔始作俑
者, 其無後乎!〕"라고 하였다. 공자 같은 성인이 사람을 욕하는 데 사용한
가장 심한 말이 바로 이 말이다. 중국에서 자손이 끊긴다는 것은 대단한
일이며, 손이 끊긴다고 말하는 것은 가장 심한 욕이었다.

　종족의 번성은 국가의 정치에서 지극히 중요한 일이었다. 이런 현실적
이고 객관적인 필요에 의하여 엄격하게 등급으로 인륜의 예를 구분하였
으며, 이 문제에 있어서도 또한 이에 상응하는 민주성을 표현하고 있다.
《예기》 중에는 공자가 노(魯) 애공(哀公)의 물음에 답한 말이 실려 있다.

　　이전에 하(夏)·상(商)·주(周) 삼대의 현명한 군주는 반드시 처자를 중
히 공경하였으니, 여기에 도리가 있다. 처란 종묘를 봉사하는 주체이니 감
히 공경하지 않을 수 있겠는가? 자식이란 대를 잇는 자이니 감히 공경하
지 않을 수 있겠는가? 그러므로 군자는 공경하지 않음이 없다. 그리고 자
신을 공경하는 것은 더욱 중요하다. 자신은 전대와 후대를 이어 주는 가지
이니 공경하지 않을 수 있겠는가? 만일 자신을 공경하지 않으면 혈통을
상하는 것과 같다. 혈통이 상하면 근본이 상하는 것이며, 근본이 상하면 가
지 또한 따라서 없어지게 된다. ……그러므로 임금이 이 셋을 공경하면 곧
천하가 모두 이를 따르게 된다. 이것이 바로 태왕(주의 선조인 고공단부(古
公亶父))이 실행한 도이며, 이와 같이 하면 국가 안에서 이를 따르지 않는
자가 없게 된다.

　　昔三代明王之政, 必敬其妻子也有道. 妻也者, 親之主也, 敢不敬與? 子也
者, 親之後也, 敢不敬與? 君子無不敬也. 敬身爲大. 身也者, 親之枝也, 敢不
敬與? 不能敬身, 是傷其親. 傷其親, 是傷其本. 傷其本, 枝從而亡. ……君
行此三者, 則愶乎天下矣, 大王之道也, 如此則國家順矣.《禮記·哀公問》)

아내를 공경하고, 자식을 공경하고, 자신을 공경하는 것은 모두 생식 숭배가 조종의 사업을 계승하는 현실 이성 속으로 스며 들어간 것이다.

중국인의 이성 정신 중에는 생식 숭배를 조상 숭배라는 광대한 관념 체계 속으로 스며들게 하였을 뿐만 아니라, '천인합일'의 철학 정신으로 말미암아 다시 생식 숭배를 우주 본체의 철학 사고 속으로 융합하였다. 남녀의 교합으로 후대가 생기는 것과 음양이 서로 배합하여 만물을 생하게 하는 것은 동일한 우주의 규율이었다. 남녀와 음양은 동등한 성질의 철학이다. 《주역周易·계사전繫辭傳》에는 이렇게 실려 있다.

강유가 서로 교차하고 마찰하며 팔괘가 고동치고 움직인다. 이리하여 우레와 벽력으로 두드리고, 바람과 비로 윤택하게 하며, 해와 달이 운행하여 더운 계절과 추운 계절이 순환한다. 건의 도는 남자를 이루고, 곤의 도는 여자를 이룬다.
剛柔相摩, 八卦相蕩, 鼓之以雷霆, 潤之以風雨. 日月運行, 一寒一暑. 乾道成男, 坤道成女.

천지 사이에는 음양의 기운이 가득 차 있어 만물을 생성한다. 암컷과 수컷이 교합하여 만물을 생성한다.
天地絪縕, 萬物化醇. 男女媾精, 萬物化生.

천지에서 가장 크나큰 덕은 쉬지 않고 생성하는 것이다.
天地之大德曰生.

천지건곤 사이의 음양이 흐르고 변하여 만물을 생성하니, 인류 사회의 남녀가 결합하여 자손이 끊이지 않고 이어지는 것과 하나의 통일된 철학의 명제를 이루고 있다. 이렇게 나와 중국의 생식 숭배는 이미 멀리 신앙의 범위를 뛰어넘고 있으며, 또한 조상 숭배라는 사회적 이성 속에 포용

될 수 있었을 뿐 아니라, 그것은 승화되어 최고의 철학적 이성이 되었다.

'화로' 의 권위

화로는 가족 혹은 가정의 중심이다. 왜냐하면 원시 씨족 사회나 혹은 농업 사회의 가정이나를 막론하고 사람들은 흔히 불을 둘러싸고 앉아서 가족의 일을 토론하였다. 이곳은 사람들이 모여 의논을 하는 곳이며, 또 가장이 가족을 소집하여 명령을 내리는 곳이기도 하다. 오랜 생활 속에서 습속으로 정해지게 되어 이곳은 무형중에 권위의 상징이 되어 버렸다. 원시 씨족 사회에서는 공사(公社)의 권위였으며, 종법 사회에서는 선조와 가장의 권위였다.

화로의 종교적 의미는 결코 '불' 자체에 있는 것이 아니라, 화로 옆에서 진행되는 사회적인 활동이었다. 그것의 상징적인 권위 때문에 이곳은 씨족 사회에서 조상 숭배가 이루어진 최초의 장소가 되었다. 세계의 허다한 민족들의 상고 시대 고문화의 고고발굴 중에서 보편적으로 발견되는 현상은 바로 나체 여신상이다. 예를 들면 오스트레일리아의 윌렌도프, 프랑스의 라우셀, 이탈리아의 라 마드레인, 소련의 코젠키 등에서 모두 발견되고 있다. 비록 각지의 여신상들이 풍격은 다르지만 공통된 하나의 특징은 여성의 특징이 발달되었고, 유방이 풍만하며, 복부와 엉덩이가 풍만하고, 심지어는 심할 정도로 과장되기도 하였다. 그리고 오관과 수족은 도리어 극히 간략하거나 심지어는 생략해 버리기도 하였다. 남자의 상이 발견된 곳은 극히 적다. 이것은 분명히 여성 생식 숭배의 흔적들이다. 어떤 유럽 학자들은 오리나시안(**Aurignacian**) 문화기의 여성 조각상들이 관상용의 순수한 색정적 동기에서 만들어졌다고도 하나, 이 설은 근거가 부족하다. 그리고 여성 시조신의 숭배라고 하는 설이 더욱 믿을 만하다. 그 이유는 체형상의 특징뿐만 아니라(생식력의 상징), 의미 있는 것은 이처럼 많은 여인상이 모두 화로 근처에서 발견되고 있다는 것이다. 이 점은 극히 중요하다.

다른 사람들의 견해는 비교적 취할 만하며, 아울러 이미 발견된 사례와 부합되고 있다. 그들의 견해에 근거하면 오리나시안 문화기의 여인상은 불의 주재자였다. 이런 유형의 여러 신상들은 바로 가정—씨족 숭배의 대상이었다. 그런 유적은 근대의 많은 민족에게도 남아 있으며, 시베리아 지구는 더욱 심하다. 이것으로 보면 이들 여인상은 모계 씨족 숭배 초기 형태의 잔존물이다.(소련 토카리에프의 《세계 각민족 역사상의 종교》)

다시 문제를 설명할 수 있는 것은, 원래 이 방면에서는 공백이었던 중국에서 근년에 들어와 이와 유사한 고고발굴이 있었다는 것이다. 요령(遼寧)의 홍산 문화(紅山文化) 유적 중에서 여신 조각상이 발견되었다. 이 여신상은 나체 임신부였다. 이들 조각상의 제1차 발굴은 조각 예술 사상의 의의를 갖추고 있을 뿐만 아니라, 그것은 중국 문명 발전사를 5천 년 전으로 거슬러 올라가고 있다. 게다가 확실한 실물로 중국 조기 씨족 사회의 생식 숭배와 여성 시조신 숭배의 존재를 증명할 수 있게 되었다.
씨족의 여성 조상은 가족의 화로 옆에 집중해 있다. 이 자체는 화로의 신성을 설명해 주고 있다. 중국에서 씨족 사회가 종법 사회로 넘어가는 과도기에 가정 관계가 안정되어 가고, 숭배의 형식 또한 이에 상응하여 고정되었다. 원시적인 화로는 점차 가정 구성원이 거주하는 건축물 중의 방으로 변천되었으며, 나아가 독립적으로 가묘를 세우게 되었다. '당(堂)'은 중국에서 이미 한 칸의 간단한 방이었으며, 가족의 대표이고, 가장 권위의 상징이 되었다. 그것은 완전히 원시 화로의 지위를 대신하게 되었다.
'당'의 지위는 극히 숭고하였으며, 그것은 가정의 대표가 되었다. 부친은 '영당(令堂)'이라 칭하였으며, 동종(同宗)의 친족을 '당방(堂房; 당형제·당자매 등)'이라 칭하였다. 그리고 남방의 속어 중에는 아내를 '당객

(堂客)'이라고 부르는데, 본가에 들어온 외인이라는 뜻이다. 당옥(堂屋; 정방, 한 집안의 중심이 되는 안방)은 한 가정 혹은 가족 모두가 받드는 조종의 신위가 모셔진 곳이다. 제사나 혹은 그밖의 예의인 관혼상장·빈객의 접대 및 가족 구성원의 소집과 같은 집체적인 활동이 이곳에서 이루어지고 있다. 당의 지위 및 그 함축된 의미는 아주 명확하며, 그것은 조상 숭배의 연속이다. 여기에서 현실적인 통치권을 행사하는 가장은 조종의 권력을 대표하고 있으며, 조종의 권위를 빌려 현실적인 윤리 질서를 유지한다.

조상의 권위가 있는 곳은 집에서는 당옥이고, 국가에서는 천자의 종묘와 명당(明堂)이다. 명당은 천자가 정치와 교화를 밝히는 곳이다. 조회·제사·경상(慶賞)·선사(選士) 등의 활동이 모두 이곳에서 이루어지고 있다. 일체 중대사는 모두 반드시 조종에게 고하여 "감히 전횡을 하지 않는다"는 것을 보여야 한다. 그것은 똑같이 조종의 권위를 빌려 상하 관계를 유지하는 것이다.

명당이란 제후의 존비를 밝히는 것이다. ……무왕이 붕어하고, 성왕이 유약하니, 주공이 천자의 자리를 대신하여 천하를 다스렸다. 6년간 명당에서 제후를 조회하고, 예악을 제정하였으며, 도량형을 반포하니 천하가 크게 복종하였다.
明堂也者, 明諸侯之尊卑也. ……武王崩, 成王幼弱, 周公踐天子之位以治天下. 六年朝諸侯於明堂. 制禮作樂頒度量, 而天下大服.(《禮記·明堂位》)

주공이 나이 어린 성왕을 대신하여 권력을 행사하면서 명당에서 정사를 다스린 까닭은, 바로 조종의 권위로 사람들을 복종시킬 수 있었기 때문이다.

조상 숭배의 관념은 세계의 많은 민족 중에 모두 존재하고 있으나, 실제 사상 내용은 각기 다르다. 인도인의 조상 숭배는 순수하게 일종의 신령 보우에서 나온 종교적인 기구였다. 그들은 죽은 선조는 바로 후세의 보호신이 된다고 믿었으며, 조상에 대한 숭배는 단지 이러한 신령의 보우를 기구하는 것이다. 《리그베다》의 찬가 한 수는 이렇게 노래하고 있다.

먼 조상, 가까운 조상에게 경배드립니다. 명부에 평안히 사시며, 기꺼이 흙 속에 몸을 누이신 조상께 경배드립니다……. 아, 쑥대 위의 조상이시여, 저희 권속을 살펴 주시기 바라나이다. 저희가 번제(燔祭)를 올리니 삼가 흠향하옵소서. 자손들을 보우하여 복을 주시옵고, 사악함과 재액을 물리쳐 주시기를 비옵니다.

그리스인의 조상 숭배는 순수하게 가족의 명계에 관한 일을 숭배하는 것이다. 그들은 어떤 사람이나 모두 사후에는 '하데스' 라는 유명 세계로 가야 한다고 믿었다. 그리고 영혼이 명부 중에서 겪어야 하는 화복과 고락은 산 사람이 그에게 받드는 공양으로 결정된다고 믿었다. 만일 잘 안장하지 않고 제사를 잘 올리지 못하면 사자는 명계에서 고통을 겪게 된다고 여겼다. 호메로스(Homeros)의 서사시 《일리아스 *Ilias*》 중에는, 불요불굴의 위대한 영웅인 헥토르가 죽기 전에 그의 적이었던 아킬레우스에게 한 유일한 부탁은, 그의 시체에 폭행을 가하지 말라는 것이었다. 연로한 국왕 프리아모스가 적을 방문하여 많은 돈을 지불하고 아들의 시체를 가지고 돌아가도록 허락받고 있다. 펠로폰네소스 전쟁 후기에 아테네의 장령들이 전사한 병사들을 잘 안장하지 않았다가, 이 소식이 알려지자 사형을 당하였다. 명계의 일을 숭배하는 것은 순전히 산 사람의 죽은 사람에 대한 의무였다. 명계의 일을 숭배하는 것은 망자의 자녀와 후예들이 도의상 어찌할 수 없는 일이었다. 이것은 그리스 가정에서 씨족 종교의 주체를 이루고 있다.

인도인과 그리스인의 조상 숭배는 모두 일종의 순수한 종교 신앙에서 기원하고 있으며, 중국인의 조상 숭배는 현실적 이성의 고려에서 나오고 있다. 비록 보우를 기구하고 명부의 일을 숭배한다는 의미도 있으나, 더욱 중요한 것은 조상의 공업에 대한 경앙이며, 심지어는 지상의 권위를 빌려 현실적인 통치를 유지하려는 것이었다. 세계상의 많은 민족의 조상 숭배는 단지 선조를 신령으로 받들어 올리고, 현실 속에서 후계자들은 다시 선조의 권력과 위치를 계승하여 선조와의 동일성을 표현하고 있다. 그리고 중국의 조상 숭배 중에는 선조의 권위는 대체할 수 없는 높은 존재이며, 선조와의 차별성을 표현하고 있다. 또한 조상은 하나의 '금기'를 구성하고 있다.

하늘·땅·임금·조종·스승

중국의 일반 백성들이 사당이나 혹은 집안에서 받들고 있는 신주의 위패 위에는 위에서 아래로 내려가면서 '천(天)·지(地)·군(君)·친(親)·사(師)'라는 큰 글자가 두드러지게 나타난다. 그것은 사람들이 제사로 받드는 대상이며, 또 중국인의 세계관 중에 우주 자연에서 사회 인생에 이르는 윤상(倫常)의 순서이다. 그것은 예에서 베푸는 대상 위에다 중국인이 근본을 잊지 않고, 조상을 잊지 않고, 뿌리를 잊지 않고 있다고 하는 최고의 이성적인 요구이다. 여기에서 천지는 만물의 근본이며, 친(조종)은 인륜의 근본이고, 임금과 스승은 사회의 정치와 교화의 근본이다. 순자가 "예에는 세 가지 근본이 있다"고 한 것은 바로 이 셋을 가리키는 것이다. 하늘은 최고의 본체이고 만물의 시초이다. 땅은 만물을 이어받아 이를 발육하니 현실적인 존재의 뿌리가 된다. 예의 종지는 바로 이렇게 인류와 자연의 근본에 대한 은덕에 감사드리는 것이다. 이른바 "근본에 보답하고 시초로 돌아간다〔報本反始〕"는 바로 이 뜻이다.

사(社)의 제사는 대지의 신을 존중하는 것이다. 땅은 만물을 기를 수 있고, 하늘은 일월성신을 드리운다. 인류는 땅에서 필요한 물건을 취하고, 하늘에서는 법칙을 취한다. 이에 하늘을 존경하고 땅을 친애한다. 그러므로 사람들에게 완전한 보답을 하도록 가르친다. 집안에는 중류(방의 중앙으로 토신을 제사 지내는 곳)가 있고, 나라에는 사직이 있어 근본을 나타내고 있다. 오직 사제(社祭)를 거행해야만 마을에서 성장한 사람은 모두 참가하고, 오직 사제(社祭)로 수렵을 거행해야만 그 나라의 국민이 모두 나오게 된다. 오직 사제에만 각 '구승(丘乘)' 구역의 사람들은 그 고장에서 생산한 물건을 제사에 올리니, 이는 대지가 사람들을 양육한 근본에 보답하고 자기가 태어난 땅으로 돌아간다는 행위이다.

社所以神地之道也. 地載萬物, 天垂象. 取財於地, 取法於天, 是以尊天而親地也, 故教民美報焉. 家主中霤而國主社, 示本也. 唯爲社事, 單出里. 唯爲社田, 國人畢作. 唯社丘乘共粢盛, 所以報本反始也.《禮記·郊特牲》

왜냐하면 땅은 이 사회에 사용되는 물질을 제고하여 사회의 기초가 된다. 그러므로 반드시 존중하여야 할 대상이다. 이른바 '중류'와 '사'는 토지의 신이다. 집에서 토지신에게 지내는 제사를 '중류'라 하고, 나라의 제사를 '사'라고 한다. 사의 신에게 지내는 제사에는 가(家)·이(里)·구(丘)·승(乘)의 각급 사회 조직이 반드시 힘을 다하여 협조를 해야 한다.

만물은 하늘에 근본을 두고 있다. 사람은 조상에 근본을 두고 있으므로 상제에게 배향을 하는 것이다. 교(郊)의 제사는 크게 근본에 보답하고 시초로 돌아가려는 것이다.

萬物本乎天. 人本乎祖, 此所以配上帝也. 郊之祭也, 大報本反始也.《禮記·郊特牲》

땅이 진실로 중요하다고 하지만 하늘은 한 단계 더 높다. 땅이 비록 '근본'이라고는 하나 하늘은 한 단계 더 높은 '근본'이다. 그러므로 여기에서 땅의 제사를 칭하여 '보본반시(報本反始)'라고 하며, 하늘의 제사를 칭하여 '대보본반시(大報本反始)'라고 한다. 만물이 비록 땅에서 양육되나, 그것은 반드시 "하늘에서 법을 취해야 한다." 하늘은 자연의 최초 본체인 동시에 또 자연의 변천 규율이 된다. 종법제의 중국 농업 사회에서 이미 가족의 혈연을 중시하고 있으니, 당연히 또 혈연 관계의 최초 본원을 중시하여야 하며, 아울러 반드시 예로써 이런 자연의 근원에 대한 존숭을 표현해 내어야 한다. 소위 '보본반시'에서 "보(報)란 이를 예로서 보답하는 것이고, 반(反)이란 이를 마음으로 좇는 것이다." '본(本)'이란 중국인의 세계관에서 극히 중요한 것이다. 현실 생활의 각 방면이나 갖가지 사상 중에서 어떤 물건이나 일단 '근본'이라고 칭해지는 것은 더할 나위 없이 숭고한 지위를 갖게 된다. 그리고 그밖에 근본이 되지 않는 일체의 것들은 중시를 받지 못하거나 심지어는 억압을 받게 된다. "근본을 존숭하고 말에서 그친다"는 것은 일종의 보편적인 사유 방식이 되어 버렸다. 중국인의 입장에서 보면 단지 '근본'을 잡아야 하며, 그밖에 '말단'이 되는 것은 돌보지 않아도 자연히 이루어지는 것이다. 이른바 "대강을 드러내면 세목은 저절로 환하여지게 된다〔綱擧目張〕"는 것이 바로 이런 뜻이다.

만물은 하늘에 근본을 두고 사람은 조상에 근본을 둔다. 그리고 조상은 또 근원을 천지 건곤의 음양의 교감에 두고 있다. 《예기 · 예운》중에 "그러므로 사람은 천지의 덕과 음양의 교합이고, 귀신의 회합이며, 오행의 빼어난 기운이다〔故人者, 其天地之德, 陰陽之交, 鬼神之會, 五行之秀氣也〕" · "사람은 천지의 마음이고, 오행의 단서이며, 음식의 맛을 추구하고 소리를 분별하며 옷에 색채를 쓰는 동물〔人者, 天地之心也, 五行之端也, 食味別聲被色而生者也〕"이라고 하였다. 천지가 서로 교합하여 만물을 화육하였으며, 사람은 그 중의 정화이고, 오행이 만들어 낸 자연의 만물 중에서 가장 고귀한 동물이다. 동중서는 사람과 천지의 관계를 이렇게 논술하였다.

천지인은 만물의 근본이다. 하늘은 이를 생하고, 땅은 이를 양육하며, 사람은 이를 이룬다. 하늘은 이를 효제(孝悌)로 생하며, 땅은 이를 의식으로 기르며, 사람은 이를 예악으로 이룬다. 이 셋은 서로 수족이 되며, 합하여 몸을 이루니 하나라도 없어서는 안 된다.

天地人, 萬物之本也. 天生之, 地養之, 人成之. 天生之以孝悌, 地養之以衣食, 人成之以禮樂. 三者相爲手足, 合以成體, 不可一無也.(《春秋繁露 · 玄元神》)

천 · 지 · 인 사이의 자연적인 순서는 바로 현실적인 사회 윤리 질서의 기초이며 근원이다. 그리고 '천 · 지 · 군 · 친 · 사'의 신주 위패는 바로 이런 윤리 순서의 상징적인 표시를 증명하고 있다. 원시적이고 종교적인 대상의 숭배는 일종의 현실적인 관계의 숭배로 변하게 되었다. 소위 '관계 숭배'는 단지 높이 있는 어떤 대상의 숭배일 뿐 아니라, 상하 사이의 절대적인 관계 자체의 숭배이기도 하다.

천 · 지 · 군 · 친 · 사의 위패에서 받드는 대상 중에서 혈연이나 정치적인 자연 윤리를 벗어난 대상은 바로 사(師)이다. 스승은 가족의 혈연 관계에 기원을 둔 친소 관계가 아니며, 또 종법제 정치 중에서의 권력 관계도 아니다. 그러나 도리어 종법 예교의 필수품이다. 중국에서 스승은 단지 지식을 전수하는 사람이 아닐 뿐 아니라, 더욱 중요한 직책은 자신의 실천으로 세상 사람을 교화시키는 것이다. 자신의 덕행으로 세상 사람들의 사표가 되어야 한다. 이 점 자체는 종법 사회에서 예악의 교화라는 객관적인 필요에 의하여 결정되고 있다. 소위 "풍속을 바르게 가르치려고 하면 예를 갖추지 않을 수 없으며, 행정 사무를 배우거나 스승을 섬기는 데는 예가 아니면 친할 수 없다〔敎訓正俗非禮不備, 宦學事師非禮不親〕"(《禮記 · 曲禮上》)라는 말이 바로 이 뜻이다.

중국에서 이처럼 번잡한 예의 규정을 다른 사람에게 전수하고 가르쳐 주어 인도하지 않으면 열매를 맺을 수가 없다. "만일 빠르고 느린 박자를 배우지 않으면 비파를 잘 탄주할 수 없으며, 비유를 배우지 않으면 시를 잘 지을 수 없다. 물 뿌리고 청소하고 응대하는 것과 같이 잡다한 일을 배우지 않으면 예를 잘 행할 수 없다. 이런 자질구레한 일에서 흥취를 일으킬 수 없으면 학문의 즐거움을 일으킬 수가 없다. 그러므로 군자는 배움에 있어서 이를 마음에 새겨두고 밖으로 표현하며, 쉬거나 놀 적에도 잊지 않도록 해야 한다〔不學操縵不能安弦, 不學博衣不能安詩, 不學雜服不能安禮, 不興其藝不能樂學, 故君子之於學也, 藏焉, 修焉, 息焉, 游焉〕."(《禮記·學記》) 그리고 공자가 "도에 뜻을 두고, 덕에 근거하며, 인에 의지하고 예에서 노닌다〔志於道, 据於德, 依於仁, 游於藝〕"고 한 말에서 앞의 세 가지는 뜻이 향하는 바를 말한 것이고, 뒤의 한 가지는 학문에 종사하며 도덕과 문장을 닦는 수단이다. 고대 중국에서는 극히 교육을 중시하여 아래에서 위에 이르기까지 모두 이에 상응하는 교육 기구가 있었다. "집에는 숙(塾)을 두었으며, 5백 호로 이루어진 당(黨)에는 상(庠)을 두었고, 1만 2천5백 호로 이루어진 술(術)에는 서(序)를 두었으며, 나라에는 학(學)을 두었다〔家有塾, 黨有庠, 術有序, 國有學〕."(《禮記·學記》) 천자인 황상에 이르러도 태사(太師)·태부(太傅) 등이 있었다. "군자가 민속을 교화시키려고 하면 반드시 학문으로 시작해야 한다. 옥은 쪼지 않으면 그릇을 만들 수가 없고, 사람은 배우지 않으면 도를 알지 못한다. 이런 연유로 옛날 왕은 나라를 세우면 학문을 가르치는 것을 먼저 하였다〔君子如欲化民成俗, 其必由學乎. 玉不琢不成器, 人不學不知道〕."(《禮記·學記》) 그리고 가르치는 내용은 예악을 근본으로 삼고 있다.

만일 임군·조종은 자연 윤리의 계승자라고 한다면, 스승은 바로 예악 교화의 전승자이다. 이로 인하여 스승 또한 임금·부모와 마찬가지로 예교 사회에서 숭배의 대상이 되었다. "무릇 학문의 도에 있어서 가장 어려운 것은 스승을 존경하는 것이다. 스승을 존경한 연후에야 도를 존중할 수 있으며, 도를 존중한 연후에야 백성들이 학문을 공경할 줄 알게 된다. ……스승이 되었을 때는 신하가 아니다. 대학의 예에 비록 천자에게 강의를 할 때에는 신하의 예로 북면한 자리에 위치할 필요가 없다고 하였으니, 이것은 스승에 대한 존경의 표시이다〔凡學之道嚴師爲難, 師嚴然後道尊, 道尊然後民知敬學. ……當其爲師, 則弗臣也. 大學之禮, 雖詔於天子無北面, 所以尊師也〕."(《禮記 · 學記》) 북쪽에 앉아 얼굴을 남쪽으로 향하며, 얼굴을 북쪽으로 향하는 것은 신하의 위치이다. 그러나 천자의 스승이 되면 비록 천자가 불러도 신하의 위치에 처할 필요가 없으니, 그 위치가 숭고함을 알 수가 있다. '대성지성선사(大成至聖先師)'라고 불리는 공자는 후세의 천자에서 서민에 이르기까지 모두 받들고 있다. 국가에서 설립한 모든 학교는 반드시 공자의 사당을 설립하였다. 예에서 규정하기를 "처음 학교를 세우려고 하면 반드시 선성선사를 안치하여야 한다〔凡始立學者, 必設奠於先聖先師〕"(《禮記 · 文王世子》)고 하였다. 이것은 종법제 예의의 제사 중에서 유일한 예외이다. 왜냐하면 공자는 개국을 하고 대업을 세운 군왕도 아니고, 또 어느 집의 조종도 아니기 때문이다. 그러나 그는 덕을 세우고 예를 밝혀 천하를 교화시킨 성인이다. 한대의 금문경학파는 다시 명실상부하게 공자를 칭하여 하늘의 명을 받은 '소왕(素王)'이라고 하였다.

그러나 진정한 비극은 도리어 여기에 있다. 국가의 정치와 교화에 대하여 이처럼 공이 있는 스승(공자를 포함하여)이 숭배를 받았다고는 하나, 이것은 단지 하나의 정신적인 우상에 지나지 않았을 뿐이다. 실제적인 사회 생활 속에서는 정치상에서 권력이 없었고, 경제적으로는 이익이 없었다. '스승'이라는 사회 계층의 존재는 그들 자신으로 본다면 일종의 '덕'의 신앙을 구가하는 것이었고, 일반 백성의 입장에서 보면 정신적으로 그들을 교육시킨 은혜에 감격하는 것이다. 통치자의 입장에서 보면 그들은 단지 이용당하는 도구였으며, 가장 유용하게 사람의 마음을 수양하고 다스리는 도구였다. 중국의 '스승'이라는 비극적인 지위는, 바로 위패상의 지위와 마찬가지로 사람들에게 깊이 생각해 보도록 해주고 있다. 사람마다 모두 가장이 될 수 있으나, 사람마다 모두 스승이 될 수 있는 것은 아니었다. 그러나 스승은 도리어 가장의 아래에 자리하고 있다.

덕으로 하늘과 더불어 짝을 이룬다

'덕'이라는 관념은, 중국에서 일종의 사회적인 이상일 뿐 아니라 조상 숭배라는 원시적인 의상 중에서 특수한 의미를 갖고 있다.

선조는 하늘에 근원을 두고 있으며, 하늘 자체는 덕성을 갖고 있다. 하늘의 덕은 바로 만물을 화생하는 크나큰 은혜가 있다. 《역경·계사하》에 "하늘과 땅의 크나큰 덕은 만물을 생육하는 데 있다〔天地之大德日生〕"고 하였다. 동중서는 "하늘의 덕은 베푸는 것이고, 땅의 덕은 화육하는 것이다. ……하늘의 기는 위에 있고, 땅의 기는 아래에 있다. ……그러므로 기보다 정미한 것은 없고, 땅보다 부유한 것은 없으며, 하늘만한 신은 없다〔天德施, 地德化. ……天氣上, 地氣下. ……故莫精於氣, 莫富於地, 莫神於天〕"(《春秋繁露·人副天數》)고 하였다. 선조에 대한 숭배와 하늘에 대한 숭배는 모두 생식 의미와 합하여 하나가 되고 있다.

중니는 멀리 요와 순의 도를 조술하고, 가까이로는 문왕과 무왕을 법으로 삼았다. 위로는 천시(天時)의 운행에 순응하고, 아래로는 수와 토의 생성의 이치와 합하였다. 예를 들면 천지는 싣지 않음이 하나도 없고 뒤덮지 않음이 하나도 없다. ……만물을 아울러 기르면서도 서로 해를 입히지 않고, 도가 함께 행하여져도 서로 어긋남이 없다. 작은 덕은 내가 흐르는 것과 같이 쉼이 없고, 큰 덕은 돈후하게 화육하니, 이것이 천지가 크나크다는 도리이다.

오직 천하의 지극한 성인은…… 하늘과 같이 넓고 크며, 연못과 같이 그윽하고 깊다. ……혈기를 가진 자로 존경하고 친애하지 않는 자가 없으므로 덕이 하늘과 짝한다고 말한다.

仲尼祖述堯舜, 憲章文武, 上律天時, 下襲水土. 辟如天地之無不持載. ……萬物并育而不相害, 道并行而不相悖, 小德川流, 大德敦化, 此天地之所以爲大也.

唯天下至聖…… 溥博如天, 淵泉如淵. ……凡有血氣者, 莫不尊親, 故曰配天.(《中庸》)

하늘은 덕이 있으므로 사람들이 숭배하는 대상이 되었다. 그리고 인간의 군왕과 조종이 천지와 함께 사람들의 존숭을 받으려고 하면, 반드시 자기의 덕행으로 천하를 밝게 비춰야 사람들의 충심어린 추대를 받을 수가 있다. 이 점은 예의 정신 중에서 통치자의 덕행에 대한 요구이며, 제도 자체로는 통치자의 행위를 약속할 수 없을 때 신앙의 형식을 사용하여 그에게 작으나마 심리적인 압력을 주고 있다.

공자께서 말하기를 "순임금은 대효라고 할 수 있다. 그의 덕은 성인이라 할 수 있고, 존귀하기로는 천자가 되었으며, 부유하기로는 사해의 안을 갖고 있다. 대대로 종묘에서 이를 제사 지내며 자자손손이 영구히 제사를 끊이지 않는다"고 하였다. 그러므로 큰 덕을 갖고 있는 사람은 반드시 존귀한 자리를 얻게 되며, 반드시 두터운 녹을 얻고, 반드시 훌륭한 이름을 얻게 되고, 반드시 장수하게 된다. ……시에 "선량하고 즐거운 군자께서 밝고 환한 덕을 가지셨네. 백성에게 적합하고 백성에게 유익하니, 하늘이 내리신 복록을 받으셨다. 하늘에서 보우하고, 하늘에서 중대한 사명을 내리셨다"고 하였다. 그러므로 큰 덕이 있는 사람은 반드시 천명을 받게 된다.

子曰: "舜其大孝也與! 德爲聖人, 尊爲天子, 富有四海之內, 宗廟饗之, 子孫保之." 故大德必得其位, 必得其祿, 必得其名, 必得其壽. ……詩曰: "嘉樂君子, 憲憲令德. 宜民宜人, 受祿於天. 保佑命之, 自天申之." 故大德者受命.(《中庸》)

이것은 이미 앞서간 성인이 후세의 계승자에 대한 가르침이며, 또한 일반 백성들의 통치자에 대한 기대와 바람이었다. 그러나 이런 훈계와 이런 바람, 이런 신앙식의 심리적 압력이 결국 통치자에게 얼마나 크나큰 작용을 하는지는 완전히 통치자 자신에 의하여 결정되었다. 그들은 혹 사후의 명예의 중요성을 믿기도 하였고, 혹은 생전의 환락만이 유일한 현실이라고 믿기도 하였다. 이렇게 되어 "덕으로 하늘과 더불어 짝을 이룬다"는 사회 신앙 또한 단지 상당히 제한적인 사람들 속에서 작용을 하게 되었다. 중국 역사상에서 비록 현명한 군주가 없지는 않았으나, 더욱 많은 것은 여전히 잔혹한 폭군이나 우매한 군주들이었다.

예의 제도 가운데 하나의 중요한 내용은 '익호(謚號)'였다. 이른바 '익호'란 제왕의 후비·문무백관·대유학자, 혹은 충의로 이름을 날린 사람의 사후에 조정이나 사가에서 봉하여 주는 특수한 칭호이다. 익호는 사자의 평생 사적과 공로·덕행으로 결정되고 있다. 익(謚)자는 미(美)·평(平)·악(惡)의 세 종류로 나뉘며, 후인의 사자에 대한 포(褒)·연(憐)·폄(貶)의 서로 다른 감정을 표현해 내고 있다. 만약 사자가 일생 동안 성덕으로 현명하고 공훈이 탁월하면 소(昭)·공(恭)·장(莊)·경(敬)·열(烈) 등의 아름다운 익호를 부여한다. 만약 사자가 생전에 어리석고 포악했으면 혼(昏)·폭(暴)·양(煬) 등의 악한 익호를 부여하고, 사자가 평생 평범하여 뜻이 없었거나 요절했으면 회(懷)·도(悼)·애(哀)·민(閔) 등의 평범한 익호를 부여했다. 그러나 중국인이 조상을 존경하는 연고로, 역사상에서 죽은 군주에게 진정으로 악한 익호를 쓴 것은 극히 적어서 왕조가 바뀐 황제가 아니면 대부분이 그러하였다.

예교에서 익법(謚法)의 규정은 의심할 여지 없이 조상 숭배 중의 "덕으로 하늘과 짝한다"는 신앙이 서로 결합한 일종의 제도이다. 당나라 사람 왕언위(王彦威)는 "옛 성왕이 익법을 만든 뜻은, 선악을 드러내어 선은 권하고 악은 징계한다는 뜻에서였다. 한 글자의 포상은 고관의 직위를 하사 받는 것보다 나으며, 깎아내리는 말의 치욕은 저자거리에서 형을 받는 것보다 심하였다. 이것이 국가의 전례가 되니, 폐하의 선을 권하고 악을 징계하는 권력"(《贈太保於頔諡議》)이라고 하였다. 익법은 비록 일종의 제도였으나, 그것은 결코 진정으로 효과 있는 현실적인 제도가 되지 못하였다. 그것의 약속력 또한 단지 관념과 신앙의 범위 안으로 제한되었다. 그러나 실제 생활 가운데 덕의 신앙은 왕왕 현실적인 향락의 유혹을 이기지 못하였다.

3. 유학(儒學)의 연원

'유(儒)'의 정신

중국 예교 사상의 주체는 유가의 사상이다. 예에 부합된 중국 종법제 사회 구조의 현실적인 수요로 말미암아 유가는 중국 사상의 정종이 되었다. 유가 사상 또한 중국 종법제 사회 통치 사상의 정종이 되었기 때문에 예의 정신 또한 유학의 정신이 되었다.

'유(儒)'는 그 산생에서부터 예와 불가분의 관계를 갖게 되었다. 최초의 유는 결코 일종의 학설이나 학파가 아니라 직업이었다. 《설문해자》에 "유란 부드럽다는 유(柔)이다. 술사의 칭호이다〔儒, 柔也, 術士之稱〕"라고 하였다. 이른바 '술사'란 바로 초기의 무(巫)·사(史)·축(祝)·복(卜)에서 분류되어 나온 지식인들이었다. 그들은 전문적으로 귀족의 집에서 예의를 책임지고 관장하였으며, 예를 안다는 것으로 이름이 났다. 그들은 예의의 사무를 관장하였을 뿐만 아니라 예를 가지고 사람들을 가르쳤다. 이른바 "도술로 사람을 가르치는 자〔有道術以敎人者〕"(《十三經注疏·周禮·太宰注》)·"향리에서 도의로 사람을 가르치는 자〔鄕里敎人以道義者〕"

《十三經注疏·周禮·大司徒注》)가 모두 이런 유형에 속한다. 이로 인하여 '유'의 직업은 바로 일종의 예의 직업이었다. 이렇게 예를 집행하는 술사가 뒤에 와서 전문적으로 예악을 가르치는 학자로 변하였다. 공자는 바로 이런 유형의 학문을 다스리고 제자를 받아 공개적으로 의리의 학을 교수하는 첫번째 사람이었다. 그의 제자들은 그의 사업을 계승하거나, 혹은 예의 제도로 정치에 종사하거나, 혹은 예악의 문장으로 사람들을 가르쳐 선진 시기의 두드러진 학파의 하나인 유가학파를 형성하였다. 중국에서 예악 문화의 전면적인 발전과 예의 정신의 전면적인 형성이라는 역사적인 과정에서 유가는 결정적인 역량을 갖게 되었다.

유가는 정리에 통달하고 대의를 깊이 밝히는 사상의 품덕으로 중국 민족의 이성 정신의 정수를 이루게 되었다. 다만 그것은 과분하게 겸양하고 온화한 행위의 풍격으로 인하여 다시 중국 민족의 성격 중에서 치명적인 약점을 이루게 하였다. 《설문》에서 절묘하게 유학의 유가 부드럽다는 유(柔)라고 해석하였다. 소위 유아한 풍도, 이해할 수 있는 관대한 도량, 또 이해하여 쟁취하려고 하지 않는 명철보신(明哲保身)이다. 중국 문자 중의 '유(儒)' 자체가 바로 유순하고 유약하다는 뜻이며, 심지어는 나약하고 겁이 많다는 '유(懦)'와 통용되기도 한다. 《순자·수신修身》 중에 "구차하고 비겁하게 몸을 돌려 벗어났다는 투유전탈(偸儒轉脫)"이라는 말에 관해, 양경(楊倞)은 주에서 "유(儒)는 또한 유약하고 겁낸다"는 말이라고 하였다.

유의 '유약'은 결코 진정한 유약이 아니며, 표면적인 편안함과 태평으로 내심의 굳은 신앙을 가리고 있는 것이다. 그러나 신앙의 강인함은 도리어 적극적으로 외부에 항쟁하는 수단으로 실현되지 않았으며, 그리고 자신의 고상한 정신으로 다른 사람을 감화시키기를 기대하였다. 소위 "부드러움으로 강함을 이긴다는 이유승강(以柔勝剛)"과 "슬픔에 찬 군대는 반드시 이긴다는 애병필승(哀兵必勝)"이라는 말이 바로 이런 보편적인 심리를 대표하고 있다. 무훈(武訓)은 바로 이런 심리가 극단적으로 발전된 전형이다. 그는 사업을 이루고 학문을 이루기 위해서는 자신의 모욕을 두려워하지 않고 욕을 참고 견뎌낸다. 인도의 국부인 간디(Gandhi)는 유가 문화의 훈도를 깊이 받았으며, 중국 유가 예교의 군자다운 풍모와 인도 불교의 자비 정신을 결합하여 재삼 재사 평화적인 방식으로 식민 통치자의 미친 듯한 폭력에 대항하였다. 이런 유약한 수단과 굳건하여 꺾이지 않는 정신으로 자기의 목표를 향해 정진하였다. 부드러움으로 강함을 이긴다는 정신은 동방 문화 중의 불가와 유가 사상에서 공통되는 요소이다. 그들은 모두 사람의 동물적인 잔인은 모종의 고상한 정신에 의하여 감화될 수 있다고 믿는다. 유의 정신 중에서 가장 귀한 곳은 바로 내가 행하고 뜻을 잃어도 바꾸지를 않으며, 자신의 수양으로 천지와 짝을 하여 사람들을 감화시키는 개인의 품격이다. 이런 숭고한 품덕과 뜻은 왕왕 그 수단의 연약성으로 말미암아 잔혹한 사회 현실 속에 인몰되어 버렸다. 중국의 지식인은 유(儒)의 후대로 그들은 선유(先儒)의 우수한 점과 약점을 계승하였으며, 이로 인해 그 운명은 공자 이래로 결코 커다란 변화가 없었다.

유학자의 풍도

유학은 예교 정신의 대표이며, 유학자는 진선진미(盡善盡美)한 예악 문화의 구현자들이다. 그들의 정치적 이상, 품덕의 지향, 행동거지, 대인 관계와 처세는 모두 예악 문화의 특징을 표현하지 않는 것이 없다. 《예기 禮記·유행儒行》 중에는 유자의 품행과 풍도를 묘사하고 있다. 이곳에서는 그들의 사회 정치적인 경향이 어떠한지는 말하지 않고, 단순히 행동거지의 풍격에서 전형적인 유가 행위의 특징을 대표하고 있으며, 동시에 또 이것은 전형적인 예의 특징이 되기도 한다.

유자는 자리 위에 진기한 보배를 늘어 놓고 제후의 초빙을 기다리는 것과 같이, 밤낮으로 학문을 연구하고 다른 사람의 가르침을 기다린다. 마음에는 충신(忠信)을 품고 다른 사람의 추천을 기다리고, 싫증내지 않고 힘써 행하며 다른 사람이 뽑아 주기를 기다리니, 그들이 입신을 해서도 항상 이와 같이 한다. 유자의 의관은 중도에 맞으며, 동작은 근신해야 한다. ……유자의 용모는 이와 같아야 한다. 유자는 평소의 기거와 행동이 엄숙하고 근면하며, 앉고 일어서는 데 모두 공경해야 한다. 말에는 반드시 믿음이 있어야 하고, 행위는 반드시 바르고 어긋나지 않는다. 길을 가는 데는 험하고 평탄한 이익을 따지지 않으며, 여름이나 겨울에는 춥고 따뜻함을 따지지 않는다. ……유자는 금과 옥을 보배로 여기지 않고 충신을 보배로 여긴다. 토지를 바라지 않고 의리에 몸을 세운다. 많은 축재를 바라지 않으며, 학문을 많이 하여 문장으로 부유함을 얻는다. ……유자는 친함으로 사귈 수는 있으나 위협으로 대할 수는 없으며, 가까이는 할 수 있으나 협박할 수는 없고, 죽일 수는 있으나 모욕을 줄 수는 없다. 그 거처는 아주 소박하고, 음식은 아주 간단하다. 과실이 있으면 다른 사람이 완곡하게 뜻을 표시할 수는 있으나 일일이 지적할 수는 없으니, 그 강하고 굳셈이 이와 같다. 유자는 충신(忠信)으로 갑주를 삼고, 예의로 방패를 삼는다. 인(仁)을 이고 행동하며, 의를 가슴에 안고 처신한다. 비록 포악한 정치를 만난다 해도 거처를 바꾸지 않는다. ……비록 몸은 위태롭게 할 수 있으나, 절대 그의 뜻을 빼앗을 수는 없다. 비록 일상 생활에 곤란을 겪어도 끝까지 그의 뜻을 펼치며 항상 백성들의 고통을 잊지 않으니, 유자가 근심하고 걱정하는 것이 이와 같다. 유자는 널리 배워 궁하지 않고, 독실하게 행동하며 권태로워하지 않는다. ……공적을 살피고 누적된 사실로 현자를 추천하여 그가 임용되도록 하며, 그 보답을 기대하지 않는다. 임금이 그 뜻을 얻으면 국가의 이익을 바라며, 개인의 부귀를 탐하지 않는다. 현자를 추천하고 능한 자를 끌어 쓰는 것이 이와 같다.

儒有席上之珍以待聘; 夙夜强學以待問; 懷忠信以待擧; 力行以待取. 其自

立有如此者. 儒有衣冠中, 動作愼……其容貌有如此者. 儒有居處齊難. 其坐
起恭敬, 言必先信, 行必中正, 道塗不爭險易之利, 冬夏不爭陰陽之和. ……
儒有不寶金至, 而忠信以爲寶. 不祈土地, 立義以爲土地; 不祈多積, 多文以
爲富. ……儒有可親而不可劫也; 可近而不可迫也; 可殺而不可辱也. 其居處
不淫; 其飮食不溽; 其過失可微辨而不可面數也. 其剛毅有如此者. 儒有忠信
以爲甲胄; 禮義以爲干櫓. 戴仁而行, 抱義而處. 雖有暴政, 不更其所. ……
身可危也, 而志不可奪也. 雖危起居, 竟信其志. 猶將不忘百姓之病也, 其憂
思有如此者. 儒有博學而不窮, 篤行而不倦. ……程功積事, 推賢而進達之,
不望其報. 君得其志, 苟利國家, 不求富貴, 其擧竪援能有如此者.

이 말은 당연히 이상화되어 공자 등과 같은 극소수의 성현을 제외하고
는 할 수 있는 사람이 극히 적었다. 전하는 바에 따르면 이 말은, 노나라
의 애공이 공자의 복식이 특이하고 의용이 단정하며 모든 면에서 범속
한 사람과 달랐으므로, 공자에게 유자의 행동에 대하여 물었기 때문에
공자가 이에 답한 것이라고 한다. 후세의 어떤 학자들은 이것이 공자가
한 말이라는 것에 의심을 품고 있다. 그 이유는 이와 같이 과대한 언사 자
체는 공자가 갖추고 있는 유가 예교의 겸손한 정신 같지가 않기 때문이
라 한다.

그러나 그것이 이상화되었거나 혹은 그 뜻이 과장되었던지를 막론하
고, 그것이 공자의 말에서 나온 것이든지 아니든지를 막론하고, 유자들
개개인이 이들 요구에 달할 수 있는지의 여부를 막론하고, 그것은 도리어
진실되게 학식과 이치에 통달했던 중국 지식인의 총체적인 형상을 그려
내고 있으며, 또한 성현께서 후세 학자들에 대한 도덕적 교훈과 이상적
인 요구를 담고 있다. 동시에 또한 장차 중국 지식인이 자신이 처한 불공
평한 사회적 지위에 대한 항쟁을 보여 줄 수 있다. 전하는 말에는 노의
애공이 공자에게 이 말을 들은 후에는 언행을 삼가고, 더 이상 지식인에
게 태만하지 않았다고 한다.

중국의 인도주의와 서양의 인도주의

유가철학의 최고 가는 이상의 범주는 '덕'과 '인'이며, 최고의 정치 이상은 '덕(德)의 정치'와 '인(仁)의 정치'이다. 유가철학 중에서 '덕'과 '인' 자체는 모두 본체적인 의미를 갖고 있다. 천지건곤은 본래 바로 인의 도덕이다.

공자의 사상 가운데 '인'에 관한 많은 논술이 있으며, '애인(愛人)'과 '애친(愛親),' "효하고 공경하는 것은 사람됨의 근본이다〔孝悌也者, 其爲人之本與〕"·"공경하고 너그러우며, 믿음이 있고 부지런하며 은혜로워야 한다는 이 다섯 가지 덕목을 행할 수 있으면 천하가 어질 것이다〔恭寬信敏惠, 能行五者於天下爲仁矣〕"·"백성에게 널리 베풀어 사람들을 구제해 낸다〔博施於民而能濟衆〕"·"자기가 서려고 하거든 다른 사람을 서도록 해 주고, 자기가 올라가려고 하거든 다른 사람을 올라가게 하라〔己欲立而人, 己欲達而達人〕"·"자기를 극복하고 예로 돌아가는 것을 인이라 한다〔克己復禮爲仁〕" 등과 같이 《논어》 전체를 통하여 인을 말하지 않은 곳이 거의 없다. 공자가 창립한 유가철학은 바로 '인학(仁學)'이라고 말할 수 있다. 우리는 공자의 논술 속에서 확정적으로 '인'의 정의를 개괄해 낼 방법이 없으며, 또 개괄해 낼 필요도 없다. 바로 송대의 유학자가 "인이란 완전한 덕을 일컫는 것"이라고 한 말처럼, 그것은 유가에서 예악 교화에 관한 모든 품덕과 수양의 근원이 된다. 맹자는 공자의 말을 인용하여 그 사상을 총결하면서 "도는 둘이니, 인(仁)과 불인(不仁)일 따름"이라고 하였다. '인'은 중국 고대 인도주의의 개괄적인 명제였다.

중국의 '인'과 서양의 인도주의가 다른 것은 우선 먼저 그들이 생겨난 문화적 근원이다. 서양의 '인도주의'가 정식으로 제출된 것은 문예부흥 이후이나, 중국의 인은 도리어 옛부터 있어 왔다. 서양의 인도주의는 중세기의 신권 통치 아래에서 사람들이 인간의 존엄성 회복을 요구하였으며, 개성의 해방을 요구하고 혁명 구호를 외쳤다. 중국의 인은 종법 사회의 온정이 맥맥이 이어지고 있는 가정 관계 중에서 본래부터 있어 왔던 사상을 기초로 하고 있다. 예에서 요구하고 있는 친한 사람을 친히 여기고, 존귀한 사람을 존귀하게 여기는 종법 관계는 본래부터 인의 요소를 포함하고 있었다.

서양의 인도주의는 강렬한 개성의 자유라는 민주 의식을 띠고 있으며, 중국의 인도주의인 인 자체에는 가장의 전제(專制)를 특징으로 삼고 있다. 고대 그리스의 철학가들이 인도주의라는 문제에 대하여 과도하게 입을 놀려 토론하지 않았던 것은 필요성이 없었기 때문이었다. 민주 제도 아래에서 자유인의 개성은 충분히 발휘될 수 있었으며, 몸의 자유를 잃어버린 노예에게는 제도적인 규정으로 말미암아 이론상의 탐구를 필요로 하지 않았다. 그리스인의 신앙 중에서 인간과 신의 권력은 평등하였으며, 신은 단지 인간의 역량보다 더욱 컸을 따름이었다. 신이 바로 인간이고, 신과 인간의 형체와 성이 같았으며, 자연적인 관계에서도 한 사람 한 사람이 평등한 위치에서 경쟁을 하였다. 이 모든 것은 그리스인이 있는 그곳에서는 인도주의를 하나의 사회 규범이나, 혹은 도덕적인 이상으로 제출할 필요 없이 인성(人性)을 자유롭게 발전시킬 수 있었다. 단지 중세기의 신권이 인권을 잔혹하게 압제한 이후에 사람들은 격렬하게 인도주의의 혁명기치를 내걸게 되었다. 중국에서는 주대부터 시작하여 크게 인도주의를 선전하여 왔다. 선진의 제자백가 중에서 양대 '현학(顯學)'은 모두 인도주의를 그들의 종지로 삼아 유가는 '인'을 제창하고, 묵가는 '겸애'를 선양하였다. 이와 같았던 까닭은 아랫사람의 사회적인 지위의 동정에서 나온 것이 아니라, 가장 종법제 사회의 문화적인 기초 중에서 존재에 대한 반인도적인 전제성으로 말미암아서였다. 빠지고 적은 것이 귀하다고 여겼으므로 크게 제창할 필요를 느끼게 되었다. 중국의 인도주의는 종법 관계의 사회 중에서 현실적인 모순을 형성하게 되었다. 한 방면으로 인은 친족에 근본을 두고 있다. 《설문해자》에 "인(仁)은 친(親)"이라고 하였으니, 가족 혈연 관계 위에서 서로 친하고 서로 사랑하였으며, 가정의 사회화에 따라서 동시에 이런 혈연 관계의 친애가 사회의 친화로 확대되었다. "나의 노인을 노인으로 존경하는 것에서 다른 사람의 노인에게로 미치고, 나의 어린아이를 어린아이로 사랑하는 것에서 다른 사람의 어린아이를 사랑하는 데로 미친다"는 것처럼 가족 내부의 존경과 사랑이 사회로 뻗어 나간다. 다른 일면에서는 서로 친하고 서로 사랑하는 동시에, 또 엄격한 상하 등급의 구분을 유지하여야만 했다. 친한 사람을 친히 여기는 것과 아울러 중한 것은 존귀한 사람을 존귀하게 여기는 것이다. 임금은 임금다워야 하고, 신하는 신하다워야 하며, 아버지는 아버지다워야 하고, 아들은 아들다워야 한다는 윤리 관계는 결코 위배할 수가 없었다. 윗사람은 아랫사람에 대하여 절대적인 권위를 갖고 있다. 이렇게 나가다 보니 소위 인이란 바로 임금은 어질어야 하고, 신하는 충성스러워야 하며, 아버지는 자애스러워야 하고, 아들은 효를 다해야 한다는 상호간의 의무 관계가 일종의 이상적인 도덕적 요구가 되어 버렸다. 이것은 '인'과 '예' 사이의 모순이며, 또한 인과 예 자체의 내부적인 모순이었다. 공자의 사상 중에서 이런 모순이 분명하게 드러나고 있다. "사람이 어질지를 못하면 어떻게 예로 절제할 수 있단 말인가? 사람이 어질지를 못하면 악으로 어떻게 할 수 있단 말인가?〔人而不仁, 如禮何? 人而不仁, 如樂何?〕"(《論語 · 八佾》) 여기에서 인은 예의 기초가 되고 있다. "자기를 극복하고 예로 되돌아가는 것이 인이다〔克己復禮爲仁〕"(《論語 · 顔淵》)라고 하였으니, 여기에서 예는 또 인의 기초가 되고 있다. 그러나 인을 행하는 강령은 "예가 아니면 보지를 말고, 예가 아니면 듣지를 말며, 예가 아니면 말하지를 말고, 예가 아니면 행동하지를 말라〔非禮勿視, 非禮勿聽, 非禮勿言, 非禮勿動〕"(《論語 · 顔淵》)고 하였다.

서양과 중국에서 인도주의의 형성 과정과 발전 과정을 종합하여 보면, 관념 형태에 있어서 서양의 인도주의는 일종의 세계관이고, 중국의 인도주의는 일종의 도덕적 규범이다. 개인의 권력과 의무의 관계에 있어서 서양의 인도주의가 강조하는 것은 권력이며(사람은 태어나면서부터 평등하며, 하늘에서 그 인권을 부여받았다), 중국의 인도주의가 강조하는 것은 의무이다. (위에서 아래에게 친애를 보이고, 아래에서 위에게 충성과 순종을 보인다.) 역대 유가에서 비판한 가혹한 정치와 폭정은, 통치자가 불인(不仁)하고 불의(不義)하고 친덕애민(親德愛民)의 도덕적인 의무를 다하지 못한 것이다.

공자 · 맹자에서 정자 · 주자에 이르기까지

선진의 공구(孔丘) · 맹가(孟軻)와 송대의 정호(程顥) · 정이(程頤) · 주희(朱熹)는 유가 예교 사상 발전의 두 단계를 대표하고 있다. 관념 형태의 예교 사상에서 이론의 심도나 아니면 사회 형태의 현실적인 예교의 실천이나를 막론하고, 이 두 시기는 모두 명확하게 단계적인 특징을 표현하고 있다.

비록 주대부터 시작하여 완비된 예의 제도가 있었다고 하나, 공자 · 맹자가 생활한 시대는 사회적으로 동요되고 불안하여 예가 전면적으로 실행되기는 어려웠다. 예 자체가 바로 통일된 질서를 유지하는 수단이나, 이 시기에는 근본적으로 이런 질서가 없었다. 하물며 각 나라가 서로 맹주가 되려고 다투었으며, 예를 참람하는 일이 누누이 발생하였어도 어쩔 수가 없었다. 예교는 공전의 신앙적 위기를 맞고 있었다. 비록 공자를 대표로 하는 유가가 분주히 소리쳐 외쳤으나 국면을 만회할 수가 없었다. 진왕조가 천하를 통일하였으나 예교를 믿지 아니하고 법가를 중시하였다. 한대에는 비록 유가를 홀로 존숭하였으나 진의 분서갱유 이후의 전적을 정리하느라 바빴다. 전력을 기울여 선진 경적의 고문과 금문을 고증하였으며, 과다하게 예교의 현실적인 의미를 돌볼 힘이 없었다. 비록 동중서가 삼강오상을 제기하여 예교가 새로운 단계로 진입하는 표지가 되었다고는 하나, 전면적인 각도에서 보면 한대는 필경 예교가 동란을 거친 후의 회복 시기였다고 할 수 있다. 한 이후의 위진 남북조는 또 한 차례 대혼란기에 접어들었으므로 예는 자연히 실행되기가 어려웠다. 수당이 다시 통일을 하였으나, 이때는 불교가 크게 홍성하였다. 동시에 당대에서는 외래 문화를 흡수하는 개방 정책을 실시하였으므로, 예로 하여금 절대적인 정신적 통치를 점유하지 못하도록 하였다. 송대에 이르러서야 비로소 다시 전면적으로 사람 마음속으로 예가 깊이 파고 들어간 예의 통치 시기로 진입하게 되었다.

만일 주대는 중국 예악 문화가 정식으로 형성된 시기라고 한다면, 송대는 그것이 깊이 들어간 이론의 논증 시기라고 할 수 있다. 공·맹의 학설은 단지 사회 정치·윤리 도덕의 규범적인 토론에 한정되었다. 즉 예를 일종의 도덕 규범으로 삼아 사람들에게 예의 방식에 따라 일을 행하기를 요구하였으며, 그것은 '인학(仁學)'의 도덕적인 설교를 표현하고 있다. 동중서의 삼강오상은 음양오행을 덧붙이고, 참위미신의 신학적인 색채를 띠어 예교를 일종의 종교 신앙으로 바꾸고 있다. 그리고 송대의 정·주 이학은 유·도·불 삼가 철학의 정화를 결합하여, 예교에 대하여 전에 없었던 박대정심한 철학적 논증을 진행하여 예를 천지와 인륜의 최고 철학적 본체인 이(理)로 변화시켰다. 이학(理學)은 도가철학과 불교철학 중의 현담과 사변을 유학에 끌어들여 유학으로 하여금 더욱 철리화시켰다. 이와 동시에 또한 예를 더욱 본체화시키고 절대화시켜 진정으로 지상의 권위를 갖도록 하였다.

이학은 전적으로 '의리(義理)'·'성명(性命)'을 말하고 있으며, 예교의 강상이 바로 '천리(天理)'라고 여겼고, 인성 중의 선한 '기질'은 바로 이런 하늘의 이성을 부여받은 것이라고 여겼다. 정이는 "성은 곧 이이며, 이른바 이성이 이것이다. 천하의 이치는 원래부터 선하지 않은 것이 없다〔性卽理也, 所謂理性是也. 天下之理, 原其所自, 未有不善〕"(《語錄·二二上》)고 하였으며, 주희는 "하늘이 낳은 사람은 인의예지의 이치를 타고 났으

니 어찌 선하지 않겠는가?〔天之生此人, 無不與之以仁義禮智之理, 亦何嘗
有不善〕(《玉山講義》)·"성은 실리(實理)로서 인의예지가 모두 갖추어져
있다〔性是實理, 仁義禮智皆具〕"(《朱子語類·五》)고 하였다. 하늘의 이치는
선한 것이나, 사람의 성명이 받고 태어난 기질은 맑고 탁하고 어둡고 밝
은 청탁혼명(淸濁昏明)의 구분이 있다. 사람이 이를 겸하여 태어났으므로
선도 있고 악도 있으며, 이성도 있고 욕구도 있다. 만약 진정으로 성명의
본체로 복귀하고자 하면 반드시 "천리를 보존하고 인욕을 멸해야 한다
〔存天理, 滅人欲〕."이것이 이학 사상의 마지막 결론이었다. 그러나 바로
이 결론으로 중국의 예교는 하나의 잔혹한 최고봉을 향하여 나아가게 되
었다.

　　공자와 맹자의 유가 예교 사상 가운데 얼마간 인도적이고 민주적인 색
채가 여전히 들어 있었다. 덕을 숭상하고 인을 친애하며 백성은 귀하고
임금은 가볍다 등등이다. 충효의절(忠孝義節) 등의 예교 규범 또한 지나치
게 엄격하지 않았다. 송대에 이르러 "천리를 보존하고 인욕을 멸한다"는
가르침은 예교를 조금도 인성이 없는 극단으로 몰고 갔다. 충효와 절의
같은 각종 예의 규범이 극히 엄격하였으며, 게다가 "굶어죽는 일은 극히
사소하나, 절의를 잃어버리는 일은 극히 크다〔餓死事極小, 失節事極大〕"
(《二程遺書》卷二十二)는 것처럼 절대화된 예교의 선전 또한 이미 극히 보
편적으로 사람의 마음속에 깊이 파고 들어갔다. 사람들의 사상과 언행은
인성을 위반하는 극단적인 예교 속에서 제한되었다. 후세에 "사람을 잡
아 먹는 예교"라고 말한 것이 바로 이 시기에 시작되었다. 당연히 충효절
의에 관한 예교의 선전은 송대 이후의 민족 모순 중에서 자주 굽힐 줄 모
르는 강인한 절개를 보이도록 하였다. 그러나 일반적인 사회 생활 속에
서 그것은 인성의 말살이며, 자유로운 개성의 제한이었다. 중국은 재삼
재사 인성을 비판하였으니, 여기에는 이미 심후한 역사적 전통을 갖고 있
었다.

　　천리와 인욕의 관계에서 만일 선진의 예교가 단지 인성에 대한 절제였

다고 하면, 송대 이후의 예교는 인성에 대한 완전한 말살과 부정이었다. 봉건적인 금욕주의는 동서양에서 서로 다른 형식으로 표현되었다. 서양은 종교적인 금욕주의이고, 중국은 이성적인 금욕주의였다. 기독교에서는 인류의 조상인 아담과 이브가 '원죄'를 범하였으므로, 그들의 자손은 반드시 선으로 속죄를 하여야 한다. 중국의 예교는 천지와 조상은 선하며, 자손 후대는 단지 금욕과 선으로만이 그 유지를 계승할 수 있다고 여긴다. 선조의 '불선'은 자손이 '선'으로 상쇄해야 하고, 조상의 '선'은 자손이 '선'으로 계승해야 한다. 출발점은 다르나 귀결점은 서로 같다. 양자가 드러내 보이는 서로 다른 정신은 하나는 종교 감정에서 출발한 것이고, 하나는 현실적인 이성에서 출발한 것이다.

유자(儒者)와 지자(智者)

그리스 철학 중에는 지자파(智者派)가 있으며, 중국 철학 중에는 유가가 있다. 지자파는 그리스 철학의 모든 특징을 대표할 수 없으며, 심지어는 가장 주요한 특징을 대표할 수도 없었다. 그러나 이런 이름은 도리어 그리스 철학 중의 총체적인 풍격을 대표한다. 모든 풍격에서 보면 그리스 철학가 및 후대의 서양 철학가는 모두 '지자'였으며, 중국 역사상의 철학가는 대부분이 '유자'였다. 지자와 유자는 풍격상에서 다르나 대체적으로 몇 가지 방면을 표현하고 있다. 지자는 지식을 중요시하고 유자는 수양을 중요시하며, 지자는 자연을 중요시하고 유자는 사회를 중요시한다. 지자는 사변을 중요시하고 유자는 사고와 근거를 중요시하며, 지자는 새로운 탐구를 중요시하는데 유자는 옛것을 지키는 것을 중요시하고, 지자는 외향적인데 유자는 내향적이다. 당연히 이런 구별은 총체적인 풍격의 특징으로 말한 것이며 절대적인 표준은 아니다. 그리고 개인마다 모두 반드시 이런 것은 아니다. 중국에 지자가 없었던 것이 아니고, 서양에 결코 유자가 없었던 것은 아니다.

지자와 유자의 구별은 그들 각자가 소속한 문화적인 구조 양식으로 결정된다. 그리고 그들 자신은 이런 문화양식의 산아이고, 또 이런 문화 양식을 대표하고 있다. 인류의 역사상에서 어떠한 한 국가나 어떤 한 민족, 어떤 시대나 지식인은 모두 그런 특정 문화의 전범(典範)을 구현하고 있다. 그들은 구문화를 개조하고, 신문화를 접수하는 선진적인 대표이다. 그러나 또 전통 문화의 질곡을 가장 심하게 받는 전형이다.

서양의 지자는 고대 그리스인과 대립적인 문화 형태 아래에서 그들의 지식을 구하고 개방적인 진취 정신을 형성하였다. 중국의 유자는 집을 본체로 삼는 종법 식의 사회 문화 분위기 속에서 예와 덕을 중시하는 품격상의 특징을 형성하였다. 중국 문화에 깊이 뿌리박고 있는 전통은 사회 현실에서 사상과 학술의 영역으로 진입하는 것이며, 다시 사상과 학술의 영역에서 사회 현실 속으로 돌아오는 것이다. 이것은 다시 중국의 사회와 정치 중에서 용인(用人)의 기본 방침을 형성하였으며, 덕이 있는 사람과 재주 있는 사람 사이에서 덕이 있는 사람을 선택하는 데 편중하게 되었으며, 심지어는 그 재능이 어떤지는 따지지 않기도 하였다.

중국의 예의 제도 중에서 공덕과 현양(賢良)을 논하여 관직을 받도록 규정하였으며, 재능에 따라 선비를 취하지 않았다. 진정으로 현능한 사람을 등용한 것은 춘추 전국 시기의 예악이 붕괴될 때였으며, 그것은 각국이 개혁과 진취의 수용에 순응하기 위해서였다. 수당 이후의 과거 제도는 비록 재주로 선발하였으나, 이 재능은 시부문채의 언사와 유가경전의 숙지 정도 및 어떻게 예교로 정치를 다스려야 하는가의 방략이었다. 결국 그 근원으로 돌아가면 일종의 예악 교화의 개인적인 수양이었다. 이런 제도는 중국 지식인이 정치의 길로 나가도록 규정하였으며, 동시에 또 정치 제도의 장기적인 연속을 위하여 충분한 예비 역량을 제공하였다.

4. 예(禮)의 반란

'무위(無爲)'의 정치적 함의

유가철학은 중국의 사회 사상 중에서 적극적인 인세(人世)의 경향을 대표하고 있으며, 도가철학은 중국 역사상에서 처음으로 소극적인 출세(出世)의 초현실 관념을 대표하고 있다. 유가는 종법 관계의 유호자이며 예교의 주창자이고, 도가는 종법 윤리를 멸시하는 예교의 반란자였다.

도가철학 가운데 최고의 사회적인 이상과 인생의 이상은 '무위(無爲),' 즉 자연에 맡겨 인위적으로 하려 하지 않는 것이다. 도가철학의 최고 범주는 '도'로서, 본체이고 또한 규율이다. 그리고 '도' 자체가 준수하는 법칙은 바로 '자연,' 즉 자연히 그러한 것이다.

> 사람은 땅을 본받으며, 땅은 하늘을 본받고, 하늘은 도를 본받으며, 도는 자연을 본받는다.
> 人法地, 地法天, 天法道, 道法自然. 《老子 · 上篇》

> 도는 항상 하지 않으면서도 하지 않는 것이 없다.
> 道常無爲而無不爲. 《老子 · 上篇》

이미 우주만물의 근본인 도는, 스스로 그러한 자연으로 인위적으로 하려 하지 않는 무위이며, 도에서 법을 취하고 도에서 생겨난 천 · 지 · 인 또한 응당 자연이며 무위이다. 이 점은 도가와 유가의 근본적인 구별이다. 유가철학의 최고 가는 본체는 하늘이고, 하늘에서 본받는 원칙은 덕이다. 덕은 작위적이고, 그것은 개인 수양의 규범이며, 또한 사회 현실에 대한 적극적인 관여이다. 그 목적은 명확하며, 덕과 덕 차체에서 규정하고 있는 예로서 사회를 다스리려는 것이다. 그것은 통치자에게 자기의 성인성덕의 빛으로 천하를 뒤덮어 만민을 통치하기를 요구한다. 그것은 상하 각방면에서 예로 자기를 속박하고, 공동으로 본래부터 있던 윤리와 질서를 유지하려고 한다. 하늘은 목적이 있으며, 예는 바로 이 목적을 추진하고 보호 유지하는 자이다.

도가는 유가의 도덕 규범과는 반대로 움직였다. 천도는 본래 인의의 도덕이 없으며 순전히 자연에 맡겨 화생되었다고 여긴다. 그것은 인위적으로 하지 않으면서도 하지 않는 것이 없다. 노자는 사람의 도덕적 훈계는 바로 무덕(無德)의 결과라고 한다.

뛰어난 덕은 덕이 있다고 여기지를 않으니, 이로써 덕이 있는 것이다. 하덕은 덕을 잃지 않으려고 하므로 덕이 없는 것이다. ……그러므로 도를 잃어버린 연후에 덕이 생겼으며, 덕을 잃어버린 연후에 인이 생겨났다. 인을 잃어버린 연후에 의가 생겨나게 되었고, 의를 잃어버린 연후에 예가 생겨나게 되었다.

上德不德, 是以有德. 不德不失德, 是以無德. ……故失道而後德, 失德而後仁, 失仁而後義, 失義而後禮.《老子·下篇》

무릇 예라고 하는 것은 충신이 엷어진 데에서 생겨나게 되었으며, 자연의 질서를 어지럽히는 첫 단계이다. 선각자는 도로 꾸미는 자이며 어리석음의 시초이다.

夫禮者, 忠信之薄而亂之首. 前識者, 道之華而愚之始.《老子·下篇》

이로써 대장부는 그 후한 데 처하고 박함에 머물지 않으며, 그 실함에 처하고 겉만 화려한 데 머물지 않는다. 그러므로 저것을 버리고 이것을 취한다.

是以大丈夫處其厚不居其薄, 處其實而不居其華, 故去彼取此.(《老子·下篇》)

　지상의 덕은 바로 '덕이 없는 부덕(不德)'이며, 표면상으로 덕을 말하지 않아야 비로소 진정한 덕이 있게 된다. 곳곳에서 덕을 말하는 것은 실제로는 덕이 없기 때문이다. 가장 높으며 말하지 않는 덕은 도를 얻게 된다. 바로 도를 잃어버렸기 때문에 덕을 말하고 인을 말하고 의를 말하며, 예를 말하게 된다. 인의예지는 모두 자연의 법칙을 위반하는 강제성을 띠고 있다. 그들은 진정으로 화란(禍亂)과 어리석음의 근원이다. 진정으로 천하를 크게 다스리고자 하면, 단지 지혜를 버리고 성인을 끊고 청정하며 무위해야 한다. 그러므로 진정으로 천하를 다스리려는 성인은 바로 "무위의 일에 처하며, 말하지 않는 가르침을 행하여야 한다〔處無爲之事, 行不言之敎〕."(《老子·上篇》) "이로써 성인의 다스림은 백성의 마음을 비게 하고, 배를 차게 하며, 그 뜻을 약화시키고, 뼈를 튼튼하게 한다. 항상 백성들로 하여금 앎도 없고 욕심도 없게 하며, 지혜를 가진 자들로 하여금 감히 하지 못하도록 한다. 그러므로 인위적으로 다스리려고 하지 않아도 다스려지지 않음이 없게 된다〔是以聖人之治, 虛其心, 實其腹, 弱其志, 强其骨. 常使民無知無欲, 使夫智者不敢爲也. 爲無爲, 則無不治〕."(《老子·上篇》)
　만일 유가의 풍도가 겉으로 드러나는 온화와 겸손이 빼앗을 수 없는 내심의 뜻과 결합하여 밖으로는 부드럽고 안으로 강하다고 한다면, 도가는 겉으로는 소요하고 자재하며 내심의 맑은 마음과 과욕이 서로 통일되어 철저하게 '유약'하다고 할 수 있다. 《여씨춘추》에 "노자는 부드러움을 귀히 여긴다〔老聃貴柔〕"고 하였으며, 노자 자신도 "갔다가 되돌아오는 것이 도의 움직임이며, 약한 것이 강한 것을 이기는 것은 도의 쓰임이다〔反者道之動, 弱者道至用〕"(《老子·下篇》)라고 하였다. 그러나 이런 유약은 그 본뜻이 바로 유약 자체에 있는 것은 아니다. 바로 무위의 끝마침은 하지 않음이 없는 무불위(無不爲), 다스리지 않음이 없는 무불치(無不治)

이며, 유약함은 끝내 강함을 이긴다.

천하에서 가장 부드러운 것은 천하에서 가장 견고한 것을 이긴다.
天下之至柔, 馳騁天下之至堅.(《老子 · 下篇》)

천하에서 물보다 부드러운 것은 없으며, 굳세고 강한 것을 공격하는 데
는 물보다 뛰어난 것이 없다. ……약한 것이 강한 것을 이기고, 부드러운
것이 굳센 것을 이긴다는 것을 천하에 알지 못하는 사람이 없으나 이를 실
행하지 못하고 있다.
天下莫柔弱於水, 而攻堅强者莫之能先. ……弱之勝强, 柔之勝剛, 天下莫
不知, 莫能行.(《老子 · 下篇》)

노자는 인생에서 가장 부드럽고 약한 것은 영아보다 뛰어난 것이 없다
고 하였다. 영아처럼 그렇게 아는 것도 없고 욕심도 없으면 두려워하는
것도 없으며, 하지 않는 것이 없는 사람이야말로 비로소 진정으로 지극
한 덕을 지닌 성자라고 하였다.

기를 전일하게 하고 지극히 부드러우면 능히 영아처럼 될 수 있는가?
專氣致柔, 能嬰兒乎?(《老子 · 上篇》)

덕을 후하게 머금은 사람은 갓난아기에게 비유될 수 있다. 이런 사람은
독한 벌도 쏘지를 않고, 독사도 물지를 않으며, 맹수도 할퀴지 않고, 독수
리도 낚아채지를 않는다. 몸의 뼈가 약하고 근육이 부드러워도 손으로 잡
는 힘은 세다. 암수의 교합을 몰라도 생식기가 일어나는 것은 정기가 지극
한 증거이다. 종일토록 울어도 목이 쉬지 않는 것은 화기가 지극해서이다.
含德之厚, 比於赤子. 蜂蠆虺蛇不螫, 猛獸不据, 攫鳥不搏. 骨弱筋柔而握
固, 未知牝牡之合而陰作, 精之至也. 終日號而不嗄, 和之至也.(《老子 · 下篇》)

자연의 본능은 하지 없는 것이 없으므로, 본능을 마음대로 구사하는 것은 사람들에게 사회와 문화가 만들어 낸 심리적인 장애를 제거하는 가장 뛰어난 수단이다. 노자는 자연적인 인성과 사회 문화 심리 사이의 어떤 충돌을 깨달은 것 같다. 가령 이와 같이 심층적인 철리를 개괄하기가 불가능하다고 하여도, 적어도 노자는 이미 상당히 정심하게 물질이 궁극에 달하면 반드시 되돌아온다는 모순의 규율을 의식하였을 것이다. 아울러 그것을 인심의 규범과 사회를 다스리는 이치에 사용하여 구체적으로 분석하였다. 이를 하려고 하면 할수록 일을 망치게 된다. 이와 반대로 주관적인 관여를 하지 않으면 도리어 자연히 이루어지게 된다. "하려고 하는 자는 일을 망치게 되고, 잡으려 하는 자는 이를 잃게 된다. 그러므로 성인은 인위적으로 하지 않으므로 실패하지 않고, 잡으려고 하지 않으므로 잃지도 않는다〔爲者敗之, 執者失之. 是以聖人無爲故無敗, 無執故無失〕"《老子·下篇》)고 하였으니, 이것이 그의 치세방침이다.

그러나 도가의 이러한 무위로 다스린다는 정치 이상은 단지 이상에 불과할 뿐이다. 문화의 현실적인 존재는 사회의 영향에 대하여(적극적이든 소극적이든) 단순히 어떤 철학 관념에 의하여 없어질 수 있는 것이 아니다. 어떤 사람은 한대초에 정부에서 청렴하고 백성에게 너그러운 정책을 쓴 것은, 통치자가 황노지술(黃老之術)을 존귀하게 여겨 도가의 무위 사상의 영향을 받은 결과라고 하였다. 그러나 실제로는 결코 그렇지가 않다. 한대 초에 통치자가 황노지술을 존귀하게 여긴 것은 그것을 일종의 양생술로 여겼기 때문이다. 사회 정치 중의 청렴과 너그러움은 결코 무위에서 나온 사상적인 지도가 아니라, 진말의 대란 뒤에 전 사회적인 극도의 빈곤이라는 현실적인 필요에서 나온 것이다. 당시에는 황제의 마차에도 똑같은 빛깔의 네 마리 준마를 매기가 어려웠으며, 장상과 대신들도 우마차를 타고 다녔었다. 이러한 객관적인 조건 아래에서 만약 백성들을 쉬게 하지 않으면 원기를 회복할 수가 없어 장차 사회 통치자의 대환이 되었다. 이렇게 백성을 중히 여기는 인자한 정치는 또한 유가가 받드는 이상이었다. 사회와 정치 방면에서 한초의 통치자는 인위적이었다. 한의 고조 유방은 나라를 평정한 후에 소하(蕭何)에게는 율령을 정하도록 하였고, 한신(韓信)에게는 군법을 정하게 하였으며, 숙손통(叔孫通)에게는 예의를 정하고, 장창(張蒼)에게는 역법과 도량형 등을 정하도록 하였다. 그러나 근본적인 방침에서는 관대한 정책을 폈으며, 그 결과 확실히 노자의 무위로 다스린다는 정신에 들어맞고 있다. 이 점이 후세 정치에도 의미를 갖추고 있으나, 통치는 갈수록 엄밀해지고 사회는 갈수록 그 반대로 나가게 되었다. 노자의 편면성은 단지 물질이 지극하면 반드시 돌아오게 된다는 명제를 극단적으로 발전시켰을 따름이다.

위진(魏晉)의 현풍(玄風)

노장철학은 철리가 심오하고 현실과는 동떨어져 있다는 것이 그 학파의 풍격이고 특징이다. 위진 시기에 이르러 이런 학파의 풍격은 일종의 사회적인 학술적 기풍으로 변하게 되었다. 위진철학의 주류는 현학이다. 소위 현자(玄者)는 현묘하고 심오하며, 멀리 현실과 동떨어져 철리를 말하는 것이다.

사회의 상황으로 보면, 이 시기는 춘추 전국 시대 이후로 다시 한 번 예악 제도가 액운을 만난 시기이다. 통일된 한제국은 누차 민족간의 모순으로 갈등이 있었고, 한편으로는 신하가 왕위를 찬탈하고 제후가 할거하였다. 온 사회가 분산과 동란 속에 처하게 되었다. 만일 춘추 전국의 동란이 실제적으로 일종의 사회 정치 구조의 변혁이라고 한다면, 위진 시기의 동란은 진정한 동란이었다. 춘추 시기의 학자들은 제후들을 위해 일하면서 자기의 정치적 포부를 실현하고자 하였으나, 위진 시기의 학자들은 완전히 따라야 할 곳이 없었으므로 철리와 현담은 가장 좋은 도피처였다. 비록 어떤 사람은 조정의 정치를 논하기도 하였으나 화를 당하기만 하였다. 이로 인하여 정치와는 관련이 없는 청담이 더욱 성행하게 되었다.

위진의 현학은 도가학파의 무위 정신을 계승하였으며, 아울러 철학적으로 그것을 극치에 이르도록 발전시켰다. 정치 사상의 '무위'를 철학적 본체인 '무'로 발전시켰다. 현학의 영수격인 인물 하안(何晏)은 그의 《무위론無爲論》에서 이렇게 피력하였다.

천지만물은 모두 무위를 근본으로 삼고 있다. 무라는 것은 사람이 아직 알지 못하는 도리를 깨달아 이를 실지로 시행하여 성공하는 것이니, 무는 나아가 있지 않은 곳이 없다. 음양에 의지하여 화생하고 만물에 의지하여 형체를 이루며, 현자는 이에 의지하여 덕을 이루고, 불초한 자는 이에 의지하여 몸을 빼낸다. 그러므로 무의 쓰임이 되는 것은 작위가 없어도 귀하다.

天地萬物皆以無爲爲本. 無也者, 開物成務, 無往不存者也. 陰陽恃以化生, 萬物恃以成形, 賢者恃以成德, 不肖者恃以免身. 故無之爲用, 無爵而貴矣.

왕필(王弼)은 무위를 근본으로 삼는 철학 사상을 사용하여 노자의 말을 주해하였으며, 심지어는 그것으로 유가의 경전인 《주역》을 주해하였고, '무'의 본체적인 의미를 극히 중시하였다. 그는 《노자주》에서 이렇게 언급하고 있다.

무를 쓰임으로 삼으니, 싣지 않음이 없다. 그러므로 사물은 여기에서 무이니, 사물이 없으면 경계가 없다. 있음은 그 생을 면하기에는 충분치가 못하다. 그러므로 천지가 비록 넓다고 하나 무로 마음을 삼고, 성왕이 비록 크다고 하나 텅빈 허(虛)로 주인을 삼는다.

以無爲用, 則莫不載也. 故物, 無焉, 則無物不經. 有焉, 則不足以免其生. 是以天地雖廣, 以無爲心. 聖王雖大, 以虛爲主.

《주역·복괘復卦·단전주彖傳注》에는 이렇게 실려 있다.

> 천지의 근본으로 마음을 삼는다. ……그런즉 천지가 비록 크다고 하고,
> 만물이 부유하며, 우레가 움직이고 바람이 불어 만물이 변화하여 이루어져
> 도 적막하여 무에 이르게 되면 이것이 그 근본이다.
> 天地以本爲心者也. ……然則天地雖大, 富有萬物, 雷動風行, 運化萬變,
> 寂然至無, 是其本矣.

'무'의 관념은, 그런 특정한 사회적 조건 아래에서 일종의 현실도피라
는 심리적 경향을 표현해 내고 있다. 상하 존비의 예교 관념은, 공명과 이
록(利祿)의 현실적 추구는 모두 의의가 없는 공허로 보았다. 그것은 자신
의 운명을 장악할 수 없는 사회 현실 속에서의 해탈이며, 또한 자신의 운
명에 대한 일종의 연약한 항쟁이었다. 당시의 사회 학술 사조와 사회 심
리의 기타 방면을 연계해 보면 더욱 좋은 설명을 얻을 수가 있다.

한대에 성행한 유가의 경학은, 이때에 이미 사양길에 접어들어 한 모금
의 숨결만 남겨 놓고 있었다. 심지어는 모종의 순수한 통치의 필요에 빠
져 위학(僞學)으로 고증하기도 하였다. 왕필(王弼)은 현학으로 경을 해석
하고, 유가의 인의예지의 도덕 설교를 자유로운 현학의 철학 궤도에 집어
넣고 다시 유가학설에 일대 타격을 가하였다. 위진의 경학은 이미 일가일
종(一家一宗)이라는 정통의 자리가 타파되어 사상의 자유로운 경지에 들
어가게 되었다.

다른 한편에서는 동한 때 들어온 불교가 이때에 크게 성하였다. 불교
는 종교로서는 최고 통치자에서부터 평민 백성에 이르기까지 보편적으
로 믿고 존숭하였으며, 철학으로서는 현학과 방법은 달라도 효과는 같았
다. 불교는 '공(空)'을 말하고 현학은 '무(無)'를 말하고 있으므로, 현학에
서 불학을 받아들여 참작하는 데 사용하였다. 장잠(張湛)은 그의 《열자列
子》에서 《열자》의 종지가 "왕왕 불경과 서로 뒤섞였다"고 하였다. 그 기

본적인 관점은 소위 "모두 지극히 허무함을 종지로 삼고, 만물이 종래는 멸한다"는 것이었다. 청담가는 불학을 취하여 현리(玄理)를 확충하였으며, 전교자는 현학에 의지하여 자기의 교리를 퍼뜨렸다. 일찍이 불교를 전교하러 온 서역승 인엄(因嚴)은 청규한 규율을 지켜 사람들에게 '거지중'〔乞僧〕이라는 놀림을 당하였다. 이때 또한 그들은 현학에 붙어 현담과 불리(佛理)로 사회에서 현달하였다.

불교가 흥성함과 동시에 선진 도가의 철학 이론은 진일보하여 종교화되었다. 동한의 장도릉(張道陵)이 도교를 창시하면서 노자를 교조로 삼았다. 위진 때에 갈홍(葛洪)은 제일 처음 이론상으로 도교를 개괄하고, 도가의 철학과 연단양생의 신선방술을 결합하여 불로장생을 구하였다.

이와 같이 현학을 주류로 삼고 유·불·도·현의 4가가 다시 종합하고 다시 모순되는 상황에서, 위진 시기의 모든 학술 분위기와 사회 심리의 경향을 이루고 있다. 이러한 보편적인 사회 심리의 경향은 당시에 객관적인 필연이었다. 예교는 사람들을 억압하고, 현실에서는 사람들을 소침하게 하였으며, 현허한 철학과 양생의 도에서 사람들은 해탈의 길을 구하였다.

자연적인 사람과 사회적인 사람

중국 문화 관념이 발을 딛고 있는 터전은 자연에 대한 순응이다. 이 방면에서 유가와 도가는 동일한 길을 가고 있다. 서로 다른 것은, 단지 자연으로의 회귀라는 길에 도달한 정도이다. 유가는 부자가 서로 계승하는 혈연에서 그치고 있으며, 이런 자연적인 혈연을 기초로 하여 상존하비의 사회 질서를 세우고 있다. 도가는 계속 나아가 천지합일에 이르고 있다. 유가는 자연의 순응이라는 기초 위에서 사회 관계를 세우고 있다. 도가는 사회를 부정하고 완전히 회복하여 자연에 이른다는 것이다. 자연·사회·사람의 관계에서 유가와 도가는 근본적인 차이를 형성하고 있다.

　유가는 사람의 사회적인 속성을 중시하고, 사람이 비록 자연(天)에서 왔다고 하나 일단 사회를 구성하면 그는 사회와 뗄래야 뗄 수 없는 부분이 되어 버린다. 사람은 완전히 사회에 속해 있고, 사회 또한 사람을 떠날 수가 없다. 왜냐하면 사람은 사회 윤리 관계 속에서 아래와 위를 이어주는 고리이기 때문이다. 사회는 뿌리를 단절할 수 없으며, 사람 또한 뿌리를 단절할 수가 없다. 도가에서는 사람의 자연적인 속성을 중시하는데, 그것은 사람이 자연에서 왔으며 끝내는 자연으로 복귀한다고 여기기 때문이다. 사람은 자연을 이루는 부분이며, 심지어는 자연 자체이기도 하다. 이 방면에서 장자는 노자에 비하여 더욱 멀고 더욱 심원하다. 도가의 인생관은 장자에 이르러 대성되었다.

　장자의 최고 가는 인생의 이상은 "천지는 나와 더불어 함께 생겨났으며, 만물은 나와 하나가 되었다(天地與我并生, 而萬物與我爲一)"(《莊子·齊物論》)처럼 완전히 자연에 동화되는 것이다. 이처럼 "만물과 내가 하나가 된다"는 정신적인 경계는 바로 필수적으로 '좌망(坐忘),' 즉 사회와 인륜을 잊어버리고 천지자연을 잊어버리며, 심지어는 자기 자신조차도 잊어버려야 한다. 《장자莊子·대종사大宗師》 중에서 그는 공자와 그의 제자인 안회의 철리적인 대화를 통하여 자기의 관점을 천술하고 있다.

　안회가 공자를 뵙고 "내가 진보했습니다"라고 말하자, 중니가 "무엇을 얻었느냐?"고 물었다. 안회가 "저는 인의를 잊어버렸습니다"고 하자, "훌륭하다. 그러나 충분치는 않다"고 하였다. 며칠이 지나 다시 중니를 뵙고 "제가 진보했습니다"고 하자, "무엇을 얻었느냐"고 물었다. 안회가 "저는 예악을 잊어버렸습니다"고 하자, "훌륭하다. 그러나 충분치는 않다"고 하였다. 며칠이 지나 다시 중니를 뵙고 "제가 진보했습니다"고 하자, "무엇을 얻었느냐"고 물었다. 안회가 "저는 좌망을 할 수 있습니다"라고 하자, 중니가 놀라면서 "무엇을 좌망이라고 하느냐"고 물었다. 안회는 "사지를 벗어 버리고, 자신의 총명을 내던지고, 형체를 떠나며, 지혜를 내던져 버려 통하지 않는 것이 없는 대도와 서로 같이하니, 이를 좌망이라 합니다"라고 대답하였다.

顔回曰, 回益矣. 仲尼曰, 何謂也? 曰: 回忘仁義矣. 曰: 可矣, 猶未也! 陀日復見, 曰: 回益矣. 曰: 何謂也? 曰: 回忘禮樂矣. 曰: 可矣, 猶未也! 它日復見, 曰: 回益矣. 曰: 何謂也? 曰: 回坐忘矣. 仲尼蹴然曰: 何謂坐忘? 顔回曰: 墮肢體, 黜聰明, 離形去知, 同於大通. 此謂坐忘.

흥미 있는 것은 장자가 유가의 입을 빌려 유가와 대립적인 도가의 사상을 서술했다는 것이다. 안회가 공자에게 인의예악을 잊어버렸다고 하자 공자는 아주 기뻐하고 있다. 그리고 좌망을 말했을 때, 공자가 놀란 것은 유가 사상 중에는 불가사의한 일이기 때문이다. 유가에서 보면, 한 사회의 구성원이 된 사람은 인의예지의 사회적인 책임과 의무를 잊어버릴 수가 없다. 그러나 도가에서는 도리어 잊어버릴 수가 있다. 유가에서 보면 사람이 인의예지를 잊어버리면 금수와 다를 것이 없으나, 도가에서 보면 금수와 같아지는 일이 결코 나쁜 일이 아니며 사람은 본래 금수와 같았다. 여기에서 공자는 놀라고 두려워하는 우국우민의 실천가이고, 장자는 현실을 멸시하고 하늘 밖에서 노니는 사상가이다.

장자의 만물이 나와 같다는 사상은, 중국 고대 철학 중에서 자유로운 생명 의지의 가장 높은 구현이라 할 수 있다. 선진 철학 중에서 이와 유사한 사상은 이것 하나만이 아니다. 그 중에서 유명한 사람들로는 양주(楊朱)·자화자(子華子)·관윤(關尹)·열자(列子)·팽몽(彭蒙)·전병(田駢)·신도(愼到) 등이 있다. 그들은 모두 사회 예법의 제한을 뛰어넘었으며, 주체적인 생명을 천지자연과 병렬된 위치에 놓았다. 양주는 '위아(爲我)'로 내 머리카락을 하나 뽑아서 천하를 이롭게 한다 하여도 하지 않겠다고 하였으며, 자화자는 "삶을 온전하게 하는 것이 상이고, 생을 훼손하는 것이 그 다음이고, 죽는 것이 그 다음이며, 생을 쫓는 것이 하[全生爲上, 虧生次

之, 死次之, 追生爲下〕"(《呂氏春秋·貴生》)라고 하였다. 전병과 신도는 "온전히 하는 것이 귀하고〔貴齊〕"·"지식을 버리고 자기를 내버리며〔棄知去己〕"·"만물과 동화되는 것이 제일〔齊萬物以爲首〕"이라고 여겨, 만물과 동화되어 고하와 귀천의 구분이 하나도 없어야 한다고 했다. 이들은 모두 예교의 현실 정신에 대한 반동이다. 그 중에서도 양주의 관점은 가장 독특하여, 그는 조금도 숨기지 않고 곧바로 위아(爲我)와 이기(利己)를 언급하고 있다. 그는 중국 역사상 유일하게 '이기주의'를 말한 사상가였으며, 또한 선진 시기에 가장 철저하게 예교를 반대한 사상가였다. 맹자는 그를 '무군(無君)'이라고 비판했다. 그러나 그는 부여받은 천성을 온전하게 보존한다는 관점에서 실제로는 도가 사상과 동일한 유형에 속하고 있다. 즉 현실적인 사회 윤리를 멸시하고 개체의 자연적인 생명을 중시한다는 것이다.

도가 및 그와 동류의 사상은 생을 중히 여긴다는 하나의 공통된 특징이 있다. 그리고 장자는 생을 중히 여길 뿐 아니라 죽음도 중히 여긴다. 그의 관점에서는 생과 사는 똑같이 중요한 의미를 갖추고 있다. 그의 아내가 죽자, 장자는 슬퍼하지 않았을 뿐 아니라 "동이를 두드리며 노래를 불렀다." 그의 제자가 어찌 이와 같이 할 수 있느냐고 묻자, 그는 사람이 죽으면 바로 자연에 복귀하는 것이니 어찌 좋은 일이 아니냐고 대답하였다. 그가 깨달은 성인의 도는 생을 중히 여기는 데서 '외생(外生)'에 도달하여, 생사를 잊음으로 불생불사에 이르러 완전히 자연으로 변화하여 돌아가는 것이다. 장자는 도가 인생관의 최고 경계에 도달하였다. 뒤에 와서 위진의 현학가들은 도가 사상의 의발을 계승하였을 뿐 아니라, 또한 장자의 사람됨과 풍격을 계승하여 중국 역사상에서 사회 예법의 구속을 받지 않는 '자연인'들이 나오게 하였다.

중국 종법 사회의 현실적인 이성 중에서 자연적인 사람은 종래 모두 배척되었다. 유가는 비록 천을 중히 여기고 있으나, 이 천은 '의리의 천〔義理之天〕'이며, '자연의 천'이 아니었다. 사람의 자연적인 속성은, 모두 필수적으로 종법 윤리의 관계 속에 통솔을 받게 되었다. 개인의 자유의지는 사회에서 용납을 받지 못하였으며, 개성이 있다는 것은 일종의 결점으로 간주되었다. 왜냐하면 자연의 개성은 왕왕 사회의 전체성에 대한 대립물이었고, 가장에 대한 반동이었기 때문이다.

도가학설 중의 자연은 자유의 정신이며, 근본적으로 중국 종법 사회의 현실에서 위배되었으며, 또 종법 통치라는 현실적인 필요에도 위배되었다. 그러므로 도가 사상은 종래 사회에서 사상의 정종으로 추대받지 못하였다. 바로 《사기》 중에서 장자가 "그 말은 광대하고 심원하며 자유분방하여 구속을 받지 않았으므로 왕공대인들로부터 뛰어난 인물로 여겨질 수 없었다〔其言洸洋自恣以適己, 故自王公大人不能器之〕"(《史記 · 老莊申韓列傳》)고 하였다. 도가는 통치자가 취할 수 없었으므로, 그것은 단지 현실에 대하여 불만을 느끼거나 또는 현실적인 무능을 힘으로 삼는 자유 사상가들이 현실을 도피하는 정신적 왕국이 되었다.

중국의 낭만주의

우리가 유가와 도가를 전면적으로 비교해 볼 때, 어렵지 않게 그들의 현격한 차이를 살펴볼 수 있다. 사유 방식이든지 아니면 행위의 방식이든지, 아니면 정치적 관점이든지 심미적인 관점이든지를 막론하고 유가와 도가는 각기 선명한 풍격상의 특징을 갖고 있다. 유가는 현실주의이고 도가는 낭만주의이다.

장자는 구름처럼 세상을 떠돌아다니며 현묘한 사상으로 일대 철학의 새로운 풍조를 열었을 뿐만 아니라, 그는 깊은 철리를 담은 다채로운 문장으로 후세에 이름을 드날려 선진의 철학가 중에서 문학 사상 가장 영향력 있는 인물이 되었다. 장자의 사람됨은 자유롭게 소요하며, 신선처럼 표일하였다. 비록 생활은 곤궁하였으나, 사상은 도리어 구속됨이 없었다.

초위왕(楚威王)이 그를 재상으로 등용하려 했으나 이를 거절하였다. 그는 "차라리 더러운 시궁창 속에서 즐거이 노닐지언정 국가를 가진 자에게 구속 당하지는 않겠다"(《史記·老莊申韓列傳》)고 하였다. 장자는 중국 역사 상 전형적인 낭만주의 풍격의 대표자이다. 그는 현존하는 일체를 모두 허무하다고 보았으며, 현실을 멸시하며, 마음은 하늘보다 높았다. 사회의 인륜을 벗어나 사해 밖으로 노닐면서 생사의 번뇌에 속박당하지 않았다.

그들은 조물주와 함께 천지 사이를 노닐며, 일기(一氣)로 합하여 일체가 된다. 그들은 생을 군더더기로 붙은 혹처럼 보고, 죽음을 악창이 터져 버린 것처럼 보고 있다. 이와 같으니 또 어찌 생사의 구별을 알겠는가? 형체를 정신에 기탁한 이물로 보고 있으니, 어떤 형체에 기탁하든 모두 똑같다고 여긴다. 그들은 간담을 잊어버리고, 이목을 잊어버린다. 생사를 순환하는 왕복으로 보고 있어서 시작도 없고 끝도 없다. 망연히 티끌 세상 밖을 배회하며 인위적으로 하려 하지 않는 일 없음에 소요하고 있다.

彼方且與造物者爲人, 而游乎天地之一氣. 彼且以生爲附贅懸疣, 以死爲決𤺜潰癰. 夫若然者, 又惡知死生先後之所在? 假於異物, 托於同體. 忘其肝膽, 遺其耳目. 反覆始終, 不知端倪. 茫然彷徨乎塵垢之外, 逍遙乎無爲無業.(《莊子·大宗師》)

운기(雲氣)를 타고 나는 용을 몰며, 사해의 밖에서 노닌다.
乘雲氣, 御飛龍, 而游乎四海之外.(《莊子·逍遙游》)

이런 지인(至人)은 운기를 타고 일월을 몰며 사해의 밖에서 노닐고 있다. 생과 사의 변화는 그와 아무런 상관이 없으니, 하물며 이해의 구속이 있겠는가?
若然者, 乘雲氣, 騎日月, 而游乎四海之外. 死生無變於己, 而況利害之端乎?(《莊子·齊物論》)

이처럼 삶과 죽음을 알지 못하고 신선 같은 경계에 표일하니, 이는 후대 도교 신선의 시초적인 원형이다. 도교 중의 신선은 바로 이런 유형의 인물로 그들은 삶도 없고 죽음도 없으며, 구름을 타고 노닐면서 인간과 멀리 떨어져 있으나, 또 세상사를 깊이 알고 있고, 상하 윤리도 없으며 혼자 왕래를 한다. 이런 유형의 형상적인 특징은 장자의 풍격과 서로 합치된다. 장자는 결코 신선은 아니나 확실히 신선에 가까웠다. 만일 위진의 현학이 도가 사상의 연속이라고 한다면, 위진의 현사(賢士)는 장자를 계승한 사람들이다. 도가 사상과 노장의 풍격은 당시의 모든 사회적 분위기를 뒤덮고 있다. 이것은 '사람의 각성'이었고 '문화의 자각'이었다.(李澤厚《美的歷程》) 이와 같이 불안하고 동요하여 성명을 보존하기 어려운 시대에 사람들은 제일 먼저 생과 사의 문제를 중시하게 되었다. 조씨 부자의 건안(建安) 풍골은 비록 "열사는 늙어도 웅심은 없어지지 않는다〔烈士暮年, 壯心不已〕"는 강개함이 있었으며, 또 "술을 대하고 노래를 부르니 인생이란 무엇인가?〔對酒當歌, 人生幾何〕"(曹操)와 같은 애탄을 면하지 못하기도 한다. "사람이 태어나 한세상 사는 것은 아침의 이슬 방울 같다〔人生處一世, 去若朝露晞〕"(曹植)는 비관적인 사상은 모든 선비와 귀족·학자와 문인 사이에 퍼져 있었다. 그들은 주색에 탐닉하고, 시를 읊고 노래하며 사방을 운유하고 구속 없이 방탕하면서 유교의 예교를 세상 밖으로 내동댕이쳐 버렸다. 당시의 '죽림칠현(竹林七賢)'은 가장 유명한 전형적인 인물이었으며, 그들은 모두 유명한 재사였고 또한 "명교(名教)를 뛰어넘어 자연에 맡겼다." 어두운 현실 속에서 그들은 혹 포부를 갖고 있어도 펼치기가 어려웠거나, 혹은 강직하여 살신의 화를 당하기도 하였으며, 혹은 깨끗이 도망쳐 버리기도 하였다. 몸은 세상의 흐름에 맡겨 버리고 술과 글이 있는 낭만적인 기질이 그들을 함께 연결시키고 있다. 혜강(嵇康)은 풍자가 표일하고 박학하여 널리 통하였으며, 금슬과 서화에 뛰어나고 도인과 양생의 술을 좋아하였다. 완적(阮籍)은 술을 좋아하였으며 미친 듯이 가장하여 화를 피하였고, 완함(阮咸)은 항상 술에 취해 땅바닥에서 잠을 잤으며 비파를 튕겨 스스로 즐겼다. 유영(劉伶)은 사슴이 끄는 수레를 타고 술단지를 싣고 놀러다니면서 하인으로 하여금 삽을 지고 뒤따르게 하고, 내가 죽거든 이 자리에 나를 묻으라고 분부하였다.

위진의 명사들은 재기가 넘쳤으나 도리어 예의 법도에는 구속을 받지 않았다. 이로 인하여 그들은 중국 예악 문화상 철저하게 예교를 반대한 한 시대의 전형적인 인물이 되고 있다. 이들뿐만 아니라 위진 시기 전체가 모두 중국 역사상에서 반예교 문화의 시기라고 말할 수 있다. 유협(劉勰)은 《문심조룡文心雕龍·명시明詩》에서 "위나라 정시 연간에는 도를 밝혀 시에 선심(仙心)이 섞였다. 하안의 무리는 대부분 부화하고 얇았다〔正始明道, 詩雜仙心, 何晏之徒, 率多浮淺〕"고 하였다. 유협 자신도 도가의 영향을 받았다고는 하나 유가 사상 또한 아주 깊었다. "시에 선심이 섞였다"고 한 기질을 그 부화하고 얇은 무리로 보았으니, 이 또한 바로 예교 관념의 표현이다.

이 시기의 반예교 문화는 단지 인물적인 풍모와 재정(才情)·기질에 표현되었을 뿐만 아니라, 모든 사상계에서도 선진의 예를 위반하는 학설을 정리하고 천술하는 조류가 나타났다. 현학가들은 《노자》·《장자》를 주해하면서 그들의 학설을 발전시켰으며, 단지 단편적으로 남아 있던 열자·양주 또한 이 시기에 계통적으로 정리되어 책을 이루게 되었다. 장잠이 《열자列子·양주편楊朱篇》의 주해 중에서 자기의 사상을 이렇게 피력하였다. "성정의 지극함에 맡겨 환락과 즐거움을 다하면, 비록 가까운 시일 안에 명을 다한다 해도 또한 생의 즐거움을 다 얻은 것이다. ……명예를 애석히 여기고 예에 구속되어 안으로는 두려움과 근심·걱정이 가득 찼다가 죽음에 이른다면 오래 산다고 하여도 귀할 것이 없다〔任情極性, 窮歡盡娛, 雖近期促年, 且得盡當生之樂也. ……惜名拘禮, 內懷於矜懼憂苦以至死者, 長年遲期, 非所貴也〕." 이런 사상이 바로 위진 시기의 보편적인 사회 심리적 경향을 표현하고 있다.

제 4 장

원시 의식의 표상

1. 종교 감정과 현실 이성

서양의 종교관과 중국의 종교관

종교는 모든 민족의 역사에서 나타난 공통된 현상이지만 종교에 대한 태도는 서로 다르다. 이러한 서로 다른 태도로 인해 종교 내용이 변화하며, 종교가 민족 정신 중에 차지하는 비중과 작용이 결정된다. 그러나 종교를 대하는 태도 자체가 바로 문화의 특징을 조성하는 부분이며, 그것은 민족의 감정이나 바람을 표현할 뿐 아니라 민족의 심리와 사고 방식을 표현한다.

중국인과 서양인은 종교를 대하는 태도에 있어서 매우 다르다. 서양인들뿐만 아니라 전 세계의 모든 민족과 비교해 보아도 중국인처럼 종교를 멸시하는 태도를 가진 민족은 매우 드물다.

그리스인들은 자연과의 투쟁중에 신화가 주체가 되는 종교 관념을 건립했고, 유대인은 노역하는 고난중에 구세주의 신앙을 창립했다. 반면, 중국인은 천지조상이 후덕하게 내려 주는 은혜에 감사하고 덕을 생각하는 현실 숭배 정신을 형성했다.

서양 민족은 진정 종교 감정을 지닌 민족이다. 고대 그리스인과 유대인은 이러한 감정을 이용하여 확고한 심리적인 기초를 다지게 되었다. 그리스인은 힘과 미를 숭상하여 자연을 개척하면서 적극적이고 진취적이며 낙관적인 정신을 형성했고, 이로써 표현되는 것은 힘과 미를 상징하는 신들이었다. 이러한 신들과 관련 있는 전설·조각상 및 신전은 그리스인이 가장 숭배하는 것들이다. 헤겔은 그리스인의 종교가 '미의 종교'라고 하여 그리스 종교의 기본적인 특징을 말한 적이 있다. 그들은 신을 숭배하는 가운데 자신들의 정신적인 추구를 진솔하게 표현했다.

유대 민족은 세계의 민족 중 가장 심한 고난을 받은 민족으로 집을 잃고 이민족의 통치를 받으며 노예 생활을 강압받았다. 그럼에도 그들은 절망하지 않고 강한 의지력으로 자신들의 통일성을 유지했다. 그들이 창립한 유대교와 후대에 이것에서 변화된 기독교는 근본 성질상 '고난의 종교'라고 할 수 있다. 그들은 구세주의 강림을 희망으로 삼고 '주님'의 은혜에 대해 무한한 숭배와 존경심을 나타내고 있다. 후일 로마제국의 노예와 하층 빈민 가운데 광범위하게 전파된 기독교는 유대교 중의 내세 신앙을 완전히 계승했다. 기독교는 로마제국이 기독교를 박해·금지하다 이를 국교로 삼고, 또 그리스 종교가 나라와 함께 사라지게 되자 온 서양 세계에 만연하게 되었다.

그러나 유럽 문명의 발원지인 그리스의 종교이든, 후일 온 유럽에서 유행하게 된 기독교이든 두 종교는 경건한 신앙으로 존재한다는 것이다. 그 두 종교는 통치자에 의해 정치적으로 이용되는 것 외에 민족적이고 개체적인 문화 심리가 되어 현실과 분리된 정신적인 의지로 나타난다. 즉 현실의 객관적인 필요와는 별 관계가 없고 그저 정신적인 기탁일 뿐이다. 그것은 순수한 정신적인 기탁이기 때문에 서양 사람들은 현실의 물질 생활 이외에 정신 생활의 많은 부분을 종교에서 찾는다. 서양의 예술과 도덕 관념 가운데 종교는 매우 중요한 위치를 차지하고 있다. 풍부하고 다채로운 종교 이야기, 권선징악의 종교 계율 등은 사람들이 지향해야 할 정신적인 영역이다. 그래서 서양에서는 종교 신도이건 무신론자이건 모두 의식적으로나 무의식적으로 종교 중에서 자신이 필요로 하는 감정의 양분을 흡수하게 되는 것이다.

서양 민족과 비교한다면, 중국 민족은 종교 감정이 매우 메마른 민족이며 근본적으로 종교 감정이 없다고까지 말할 수 있다. 종교 감정이 없다는 것은 종교에 대한 태도를 말하는 것일 뿐, 종교가 존재하지 않는다는 말은 아니다. 중국인의 문화 심리는 현실적이고 이성적이어서 현실적인 필요에서 출발한 실용주의 정신으로 표현된다. 이전의 자연신 숭배와 토테미즘 숭배 등의 원시 종교를 제외하고, 예악 문화가 흥기된 이후의 비교적 계통적인 종교는 산생에서 현실에 운용되기까지 이성적이며 정신적인 세계에 의해 통합되어 왔다.

예악 문화는 종교성이 함유된 제사에서 기인한다. 그것은 원시적 희망의 징표일 뿐만 아니라 현실적 필요에서 시작된 것이다. 천지조상을 숭배하는 중에 은혜에 감사하는 것과 현실 윤리를 유지 보호하려는 결심을 동시에 표현해 냈다. 그러므로 자체에 현실적인 이성을 내포하고 있는 종교 관념은 사회가 발전함에 따라 직접적인 통치 의식으로 변화했다. 유가경전인 《주역》은 본래 고대 점술의 미신에서 생겨났다. 통치자는 그것을 이용하여 길흉화복을 점쳤고, 그 결과를 국가의 중대한 행정을 결정하는 현실 근거로 삼았다. 그리고 그것은 또한 신앙성의 관념 형태에서 음양오행의 정치철학 체계로 변화되었다. 도교의 창립은 중국인의 종교 관념 중의 실용주의 경향을 더욱 잘 나타내 주는 전형적인 범례이다. 최초의 '오두미도(五斗米道)'와 '태평도(太平道)'는 부적으로 병을 쫓아 버리는 법술에 불과했는데, 태평도의 창시자는 이것을 이용해 군중을 선동해서 거사를 행하는 정치 조직으로 삼았고, 상층 통치자는 불로장생을 추구하기 위해 필요한 물질을 충족했다. 불교는 중국 민간에서도 실용주의로 인한 불공평한 대우를 받게 되었다. 중국 속담에 "평소에는 향을 피우지도 않다가 일을 당해서는 부처의 다리를 끌어안는다〔平時不燒香, 臨事抱佛脚〕"는 말이 있다. 이것이 중국인이 불교를 대하는 보편적인 태도이다. 평소 부처를 눈에 두지도 않다가 복잡하고 번거로운 일을 당해서야 부처의 보살핌을 구한다는 것이다. 중생을 구제하는 여래불은 단순한 문제 해결사가 되었고, 대자대비한 관세음은 자손을 잇게 해주는 삼신할머니로 변모했다. 중국인은 자신이 필요할 때에는 신을 무엇으로도 변화시키는 매우 실제적인 사고의 소유자이며, 신이 나의 필요를 충족시킨다고 믿는다.

이렇게 해서, 중국인과 서양인이 전혀 다른 두 가지 심리 구조 중에 각자의 종교관을 형성했음을 알 수 있다. 서양인의 종교 감정은 직접적인 이익을 언급하지 않는, 일종의 순수한 정신적인 기탁이었다. 중국인은 종교를 현실적인 수요를 충족시키는 도구로 삼아서 명확하게 실제적인 현실 목적성을 가지고 있는 반면, 서양에서는 종교의 순수한 정신성으로 인해 신앙이 현실의 간섭을 받지 않고 일관성 있게 이어질 수 있었다. 사람들이 종교의 현실적인 목적성을 강조하면 할수록 그 자체의 위엄과 명망은 해를 입었다. 기독교가 유럽 중세기에 최고의 정치 권위를 누렸으나 사람들은 오히려 그것을 적으로 생각했다. 이러한 정치적 권위가 타도되어 원래의 순수한 정신 영역을 회복했을 때 사람들은 오히려 그것과 친근하게 되었고, 천당과 지옥의 신앙을 도덕 관념적인 자아 규범과 자각의식으로 삼았다. 중국에서는 종교 관념 중의 지나친 현실 목적성의 강조로 많은 현실적인 간섭을 받게 되었고, 이로 인해 신앙 역시 끝없는 위기와 직면하곤 했다. 설령 그것이 조상 숭배라는 중국 문화의 심층 심리이기는 하지만, 조상과 현실 사이에 모순이 발생했을 때 조상에 대한 신앙은 역시 정치적인 강력한 힘에 의지해서 유지되는 수밖에 없다.

'천(天)'과 '제(帝)'의 관념

조상 숭배는 중국 고대 종교 관념 중에 가장 긴 생명력을 가진 것이며, 그것은 종법제 농업 사회의 두터운 문화 기초에서 기인한다. 조상 숭배의 관념은 세계 절대다수의 민족 사상에 모두 나타난 바 있으나, 중국에서처럼 원시적 숭배가 현실적인 숭배로 변화되어 조상에 대한 존경심이 정치 통치의 최고 권위로 나타난 것은 극히 보기 드문 일이다. 중국에서 이러한 변화가 있기까지는 역사 과정이 있었으니, 은대(殷代)의 '제(帝)'의 관념에서 주대(周代)의 '천(天)'의 관념으로의 변화가 그것이다.

중국의 조상 숭배는 원시 사회에 이미 산생되었다. 그러나 은상(殷商) 시기까지 이러한 조상 숭배는 원시 여러 종교 관념의 일종으로 절대 통치의 지위를 점유하지는 않았고, 또 그렇다 할 현실적 의미도 별로 없었다. 단지, 조상이 자손을 번성시키는 힘을 많은 자연신의 역량 가운데 한 가지로 간주했을 뿐이다. 사회 구조가 산만한 형태인 원시 사회에서는 종교 신앙 역시 산만한 형태였다. 일월성신(日月星辰)·풍우뢰전(風雨雷電)·산천하류(山川河流)·귀신조상(鬼神祖上) 등의 다신 숭배가 공존했다. 은상 시대 정치가 통일되었으므로 이러한 사회 구조에 적응하기 위해 관념의 통일이 산생되었다. 상대는 비록 정치적으로 통일된 사회였으나, 그것은 인류 의식의 유년 시절을 계승했기 때문에 관념 형태상으로는 완전한 종교 사회였다. 사회 정치의 통일이 사상의 의식 영역에서 표현되었으니 그것은 바로 종교의 통일이었다. 이 시기에는 중국 상고 사회 종교 중 '제' 혹은 '상제(上帝)'로도 호칭되는 신을 존경하게 되었는데, 그는 자연의 여러 신의 우두머리인 동시에 인간사의 주관자이기도 했다.

은대 사람의 '상제'와 서양 기독교의 상제와는 다르다. 기독교의 상제는 통일된 신이며 또한 유일신인 반면, 은대 사람의 상제는 통일신이며 여러 신들을 통할한다. 기독교의 상제는 전지전능한 조물주인 반면, 은대 사람의 상제는 창조는 하지 않고 세계만물을 관리할 책임을 진다. 기독교의 상제는 인류를 창조했을 뿐 관리하지는 않으나, 은대 사람의 상제는 인류의 각종 일들을 구체적으로 주재한다. 은대가 중국 역사상 가장 종교를 중요시한 때였으나, 은대 사람의 상제 관념 중에는 오히려 중국 민족 문화의 뿌리 중 현실적인 이성 정신을 표현하고 있다. 중국인은 세계의 기원에 대해 별다른 흥미를 가지지 않고, 다만 직접적으로 인류 생활에 영향을 미치는 자연 현상과 사회 생활 자체에 대해 특별한 관심을 가진다. 중국 철학이 세계의 본원에 대해 흥미를 갖지 않는 것과 마찬가지로, 중국의 종교 역시 세계의 창조에 흥미를 가지고 있지 않다. 그러므로 은대 사람의 상제는 다음 두 가지 방면에 작용했다. 그 중 하나는 일월성신·풍우뇌전 등 자연 변화(농업 생산의 객관적 필요)를 통제한 것이고, 또 다른 하나는 인류의 길흉화복·사업성패(조상과 통치자의 상징)를 지배하는 것이다. 서양의 상제는 만능의 조물주이며, 중국(은대 사람)의 상제는 농업 사회의 우두머리였던 것이다.

은대 사람의 상제 관념 중에는 현실적인 이성 정신이 포함되어 있으나 심리 심층에서만 작용했을 뿐 직접 현실의 의식 형태로 변화되지는 않았다. 인륜(人倫)의 근원인 조상과 상제는 간접적 관계이며, 이미 세상을 떠난 조상은 상제가 살고 있는 곳에서 함께 손님으로 거주하여 상제와 같이 제사를 받는 존재가 된다. 은허의 갑골 복사(卜辭) 중에는 이와 유사한 많은 기록이 있다.

함은 제사에 상제와 함께 배향하지 않았으며, 하을은 상제와 함께 배향했다.
하을은 제사에 상제와 함께 배향하지 않았으며, 태갑은 상제와 함께 배향하였다.
태갑은 제사에 상제와 함께 배향하지 않았으며, 상제에게 배향하였다.
咸不賓於帝, 下乙賓於〔帝〕.
下乙不賓於帝, 大甲賓於〔帝〕.
大甲不賓於帝, 賓於帝.(朱天順《中國古代宗教初探》)

은대 사람에게는 조상과 상제 사이는 일종의 주객의 관계이며, 조상은 현실에 대해 절대적인 지배 작용은 없고 상제만이 이러한 작용을 했다. 통일된 종교 관념 중에 은대 사람의 조상 숭배는 순수 종교의 뜻도 가지고 있다. 그러나 주대에 이르러 이러한 순수 종교 의미의 조상 숭배는 직접적이고 현실적인 의의를 갖게 되었다. 은대 사람의 '제'는 주나라 사람에게 있어서는 '천'으로 변화되었고, 이러한 '천'은 이미 만물을 화생시키는 자연신이 아니었다. 더욱 중요한 것은 그가 현실 사회 인류의 시작이라는 데 있다. 은대 사람의 조상은 제향(帝鄕; 상제가 있는 곳)에서 임시로 지냈으나, 주대 사람의 조상은 직접 '천'에서 기원한다. 인간세의 최고 통치자는 바로 하늘의 총아이다. 사람들은 모두 조상에게 제사를 지내며, 천자만이 하늘에 제사 지낼 권리를 가진다.

'천'은 초기에 '천명'에서 시작된 관념이라 할 수 있다. 은대 사람의 종교 중에는 '천'의 개념은 없으나 천명 사상의 맹아가 시작되었다. 은대 사람에 의해 '제명(帝命)'이라고 칭해지는 것이 바로 후대의 천명(天命)이요, 천의(天意)이다. 《상서尙書·상서商書》에 나타난 '제명'·'천명'의 기록은, 주대 사람 및 주대 이후 사람들의 손에 의한 것이기 때문에 은대 사람의 사상과 완전히 일치하지는 않는다. 그러나 어떤 문제들은 오히려 매우 명확하다. 첫째 주대 사람은 은대 사람의 종교를 계승·개조하여 '제'를 믿는 동시에 '천'을 공경했고, 둘째 '천'의 숭배는 천명 관념에서 기인하며, 셋째 '천명'은 덕을 가지고 있어 권선징악하며 백성들을 보호한다는 것이다. 《상서尙書·상서商書·탕고湯誥》 가운데 "하늘의 상제께서는 이 땅의 백성들에게 충심을 내리셨다〔惟皇上帝降衷於下民〕"·"천도는 선한 자에게 복을 주고 악이 지나친 자에게는 화를 내리신다. 하나라에 재난을 내려 그 죄과를 밝힌 것이다〔天道福善禍淫, 降災於夏, 以彰厥罪〕"·"하늘은 이 땅의 백성들을 믿고 도와 죄인을 쫓아내어 굴복시켰다. 천명은 언제나 어긋남이 없으니 초목에 꽃이 피는 것과 같이 만백성은 진실로 번성했다〔上天孚佑下民, 罪人黜服, 天命弗僭, 賁若草木〕" 등이 모두 매우 좋은 예이다.

'제'에서 '제명,' '천명'에서 '천'으로 이르는 발전 과정은 종교 미신에서부터 자각적인 현실 이성까지의 발전 과정이다. 다만 표면적인 신앙 대상의 변화 속에 숨겨져 있을 뿐이다. 이것은 주대에 종교에서 이탈된 예악 문화에 힘입어 심리적 기초를 다지게 되었다.

주대 사람들의 정신

'제' 와 '천' 의 관념이 모두 종교적 의식이지만, 그 중에는 은대 사람과 주대 사람의 현실에 대해 완전히 서로 다른 태도를 나타내고 있다. 은대사람은 매우 심한 종교적 속박을 받아 소극적으로 '상제' 의 복과 보살핌을 바랄 뿐 현실적인 발전은 구하지 않았다. 주대 사람은 '천명' 은 그 누구에게도 복을 내리지 않으며, 단지 덕 있는 사람들만 보호한다는 것을 알았기 때문에 적극적인 태도로 현실을 직시했다. "덕 있는 사람을 높이고 백성을 보우한다〔敬德保民〕." 이것은 주대 초기 통치자의 좌우명이었다.

《상서尚書》 가운데 《상서商書》와 《주서周書》는 주대 사람이 종교 관념으로 자신의 정치 사상을 집약되게 표현한 것이다.

> 하(夏)나라는 죄가 많아 하늘이 이를 벌하도록 명하시었다.
> 有夏多罪, 天命極之.(《尚書 · 商書 · 湯誓》)

> 하나라의 걸(桀)은 죄가 크니, 나는 상제가 두려운지라 감히 바로잡지 않을 수 없다.
> 夏氏有罪, 予畏上帝, 不敢不正.(《尚書 · 商書 · 湯誓》)

> 하늘은 어떤 한 사람에게 가까이하는 일은 없으며, 행실을 삼가 공경하는 자에게 가까워지는 법이다.
> 惟天無親, 克敬惟親.(《尚書 · 商書 · 太甲下》)

> 선왕은 시종일관하여 오로지 그 덕을 공경하여 힘쓴 까닭에 상제와 함께 배향하였다.

先王惟時懋敬厥德, 克配上帝.(《尙書·商書·太甲下》)

하늘이 이 땅의 백성을 살피실 때에는 그 도의를 본보기로 하여…… 백
성 가운데 덕을 따르지 않는 자도 있고, 죄를 인정하여 고치려고 하지 않
는 자도 있으며, 하늘이 목숨을 버릴 때 그 덕을 바르게 했다.

惟天監下民, 無厥義…… 民有不若德, 不聽罪, 天旣孚命, 正厥德.(《尙
書·商書·高宗肜日》)

《상서》는 서주 이후의 작품으로 은대 사람의 입을 빌려 표현된 덕을 숭
상하는 주대 사람의 현실적 관념이다. 은대 사람의 상제 숭배 가운데 이
러한 관념은 없어 현재 발견된 은대 갑골문 중에 '덕(德)'이라는 글자는
발견되지 않고 있다. 비록 은대 사람이 덕에 대한 언급을 전혀 하지 않았
다고 단정지을 수는 없으나 적어도 그들은 덕에 대해서 희미했었다고 말
할 수 있다. 주대 사람들은 사회 정치의 유지를 상제가 보우한다는 요행
심리를 가졌고, 정치의 유지는 현실적 덕의 실현에 있다고 생각했다. 비
록 천명이 존재하기는 하나 천명 자체가 바로 덕의 화신이며, 자신의 덕
과 하늘의 덕이 조화되어야 그의 보살핌을 얻을 수가 있는 것이다. 하대
가 멸망하고 상대가 대를 잇게 된 것은 바로 하대 걸왕이 포악하고 무도
하여 천명을 거슬렀기 때문이다. "하늘이 우리 상대 임금을 사사로운 정
으로 보아 주신 것이 아니오. 오로지 하늘은 순수한 덕을 도우신 것이다
〔非天私我有商, 惟天佑於一德〕."(《尙書·商書·咸有一德》) 이와 마찬가지로
상대가 멸망하고 주대가 뒤를 잇게 된 것 역시 상대 주(紂)왕이 어리석고
우둔하며 잔악하여 천덕을 배반했기 때문이다. 주대의 무왕이 병사를 일
으켜 주왕을 친 것은 바로 천명을 대행한 것이다. "불쌍하게도 하늘은 큰
재앙을 내려 은나라를 멸망케 했다. 우리 주나라는 하늘의 도우심이 있어
하늘의 밝은 위엄을 행사하여 왕을 벌하기에 이르렀고, 하늘의 뜻대로 은
의 명맥을 마치게 했던 것이다〔弗弔旻天, 大降喪於殷, 我有周祐命, 將天明

威,致王罰, 勅殷命, 終於帝〕."(《尚書·周書·多士》) 주대 사람의 "천명에 덕
이 있다〔天命有德〕"는 관념은 후세에 지대한 영향을 미쳤다. 중국 역사상
병사를 일으켜 최고 통치자와 투쟁한 모든 거사는 대부분 "하늘을 대신
해서 도를 행한다〔替天行道〕"는 기치를 내세웠다. 주대 이후의 중국인은
하늘에 덕이 있다는 것에 대해 추호의 의심도 하지 않았다.

주대 사람의 종교에 대한 태도는 이미 완전히 현실화했다. 그들은 은대
사람의 순수한 신의 종교를 타파하고 현실적인 덕의 종교를 건립했다.
《상서》 중 《주서》 32편은 거의 매편마다 덕에 대하여 언급하고 있다. 이
러한 숭덕의 천명관은 비록 종교에 속해 있기는 하나 사실상 이미 '유물'
의 경향을 명백하게 표현해 내고 있으며, 후대 유가 정치철학의 근본이
되었다.

주대는 중국 사상 사상 원시 종교 관념에서 선진 철학 사상으로 전환
된 때이다. 주대 사람의 "오직 덕 있는 자만 돕는다〔唯德是輔〕"는 천명 관
념 및 그 안에 내포되어 있는 현실 중시의 이성 정신은, 중국 철학으로 하
여금 사회 정치와 인생을 토론의 주제로 삼도록 했다. 《주서》는 매편마다
덕을 언급하고 있고, 거의 모든 내용이 '천명의 덕'과 '왕의 통치' 사이
의 관계라는 이 주제를 맴돌고 있다. 병사를 일으켜 반역자를 치는 것에
서부터 서로 도와 군자를 보필하는 것, 성을 건설하는 것에서부터 백성을
인솔하여 천도하는 것 모두가 천덕의 명에 순응하지 않는 것이 없다. 그
리고 천덕의 명의 실제 내용은 바로 현실 정치에서 필요로 하는 것이다.

주대 사람이 이같이 종교 관념을 빌려 정치 사상의 사고 방식을 표현
한 것은 후일 선진 시기의 사상가들에 의해 철학의 형식으로 계승되었다.
선진철학의 주요 사상가들은 모두 어느 정도는 주대 사람의 사유 방식의
영향을 받았다. 그들 '유물' 경향을 띤 현실 정치 이론 중에 어느 정도는
천명 사상이 섞여 있다.

유가는 주대 사상을 정통으로 하였다. 공자의 "괴력난신을 말하지 않
는다〔不語怪力亂神〕"는 천명을 깊이 믿었기 때문이며, "도가 장차 행해지

려는가? 도가 장차 없어지려고 하는가? 이는 천명이다〔道之將行也與? 道
之將廢也與? 命也〕"(《論語·憲問》)·"하늘에 죄를 얻으면 빌 곳조차 없다
〔獲罪於天, 無所禱也〕"(《論語·八佾》)·"세상에 도가 없어진 지 오래이니
하늘은 장차 공자로 하여금 세상을 깨우치는 목탁으로 삼고자 하였다〔天
下之無道久矣, 天將以夫子爲木鐸〕"(《論語·八佾》)·"천명을 모르고서는 군
자라고 할 수 없다〔不知命, 無以爲君子也〕"(《論語·堯曰》)고 하였다. 여기
에서는 하늘의 의지가 인간의 정치에 간여했고, 또 하늘의 인식에 대한
중요성을 강조했다. '천명을 알아야' 군자가 될 수 있고, '하늘의 뜻을 알
아야' 좋은 통치자가 될 수 있다. 유가 사상의 어진 군자와 또 현명한 정
치는 이러한 덕의 이념을 파악하는 데서 기인한다.

묵자의 '겸애(兼愛)'·'상동(尙同)'·'비공(非攻)'·'절용(節用)' 등의 정
치 주장 역시 천의(天意)·천명(天命)에서 기인한다. "옛날 하늘이 처음으
로 백성들을 생겨나게 하였을 적에는 아직도 바른 우두머리가 없었다.
……그래서 현자를 택하여 천자로 세웠다〔古者天之始生民未有正長也,
……是故選擇賢者立爲天子〕."(《墨子·尙同下》) "행위를 보아 하늘에 순종
한다면 그것을 선의에서 나온 덕행이라 하고, 하늘을 거스른다면 불선한
뜻에서 나온 행위라고 한다. 말하는 것을 보아 하늘에 순종한다면 선한
언담이라 하지만, 하늘에 거스른다면 선하지 못한 언담이라 한다. 형벌
과 정치를 살펴보아 하늘에 순종하면 선한 형정을 편다고 하지만, 하늘
을 거스른다면 불선한 형정을 편다고 한다〔觀其行, 順天之意謂之善意行,
反天之意謂之不善意行. 觀其言談, 順天之意謂之善言談, 反天之意謂之不善
言談. 觀其刑政, 順天意謂之善刑政, 反天之意謂之不善刑政〕."(《墨子·天志
中》) 묵자는 종교적인 면을 중요하게 생각하고 천명의 작용을 도출해 냈
으니, 하늘에 순종하는 자만이 상제에게 선택받을 수 있다는 것이다.

도가 사상 중에는 '천(天)'이 '도(道)'로 변하여 더욱 철리성(哲理性)을
띠게 되었다. "무릇 도란 실제로 나타나는 작용이 있고 존재한다는 증거
가 있으나 작위도 형체도 없다〔夫道有情有信, 無爲無形〕"(《莊子·大宗

師)) · "하늘에 육극과 오상이 있으니 제왕이 이를 순종하면 나라가 잘 다스려지고 이를 거스르면 망하게 되는 것이다〔天有六極五常, 帝王順之則治, 逆之則凶〕"(《莊子 · 天運》) · "그것이 어찌할 수 없는 것임을 잘 알아서 운명을 따라 평안히 모시는 것이니, 이것이 덕의 극치이다〔知其不可奈何而安之若命, 德之至也〕"(《莊子 · 人間世》) 등 도가의 천명관은 유 · 묵 양가와는 크게 다르며, 주대 사람의 정신에서 벗어났다. 그는 하늘의 덕을 인간의 덕으로 끌어내렸고, 이러한 덕은 적극적인 사회 통치와 개인의 수행이 아니라 아무런 욕심 없이 하늘의 명을 따르는 것이다. 천도는 무위한 것이기 때문에 사람이 천의에 순종하여 무위하는 것이야말로 최고의 덕행이었다. 이로써 도가는 천명 관념상에서 또 한 차례 예교의 현실 정신과는 반대 입장을 나타냈다.

주대는 중국 문화 사상 전면적으로 원시 종교 신앙을 탈피하여 이성적인 사유로 진입한 때이다. 주대 사람의 정신이 바로 현실적인 예교 정신인 동시에 후대 모든 중국 민족의 정신이다. 종교는 있으나 종교에 의해 속박되지 않고 객관적인 현실에 착안점을 둔다. 그래서 중국의 현실은 바로 종법 가장 제도의 농업 사회이며, 주대 사람은 현실 이성의 모든 정력 역시 이러한 사회와 부합하는 종법 제도를 제정하는 데 두었다. 주대는 전면적으로 이성 사유의 시대로 진입한 때인 동시에 예악 문화로 진입한 시기이기도 하다.

유학(儒學)과 '유교(儒敎)'

중국의 역사상 '유교'가 존재하는가? '유교'는 종교인가? 이에 대해 학술계에서는 두 가지 대립된 견해를 가지고 있다. 긍정적인 견해를 가진 사람들은 유교가 특수 형식의 종교라고 말하는데, 그 이유는 공자가 교주이며 그에 대해 고정적이고 보편적인 숭배가 형성되었다고 한다. 그래서 한무제는 유교를 존경하여 국교화했고, 수당 이후에는 유·불·도의 세 종교가 합해지는 추세이기도 했다는 것이다. 그러나 이들 이유만 가지고 '유교'의 종교성을 설명하기는 부족하다. 공자는 학설을 창립한 사람일 뿐 교주는 아니기 때문이다. 그 본인은 어떠한 신비성도 가지고 있지 않으며, 그의 학설 역시 어떤 신비성도 내포하고 있지 않다. 한대에 유가를 존귀하게 생각한 것은, 그것을 통일된 국가의 정치 사상과 사회의 윤리 도덕으로 삼고 이를 강하게 시행한 것일 뿐 유가가 이로써 국교의 성질을 가지게 된 것은 아니다. 프로이센 정부는 헤겔철학을 국가철학으로 추존했지만, 이런 이유로 독일인이 헤겔교를 믿고 있다고 말할 수 없는 것과 같은 이치이며, 마찬가지로 우리들은 마르크스교를 믿거나 공산주의교를 믿는다고 할 수 없다. 소위 유·불·도 세 종교의 합류는 본질상 종교적인 합류가 아닌 철학의 합류이다. 즉 유학이 불교철학과 도가철학 중에서 어떤 성분을 흡수하여 스스로 더욱 철학성을 가지고, 또 더욱 심오하게 되어 과거의 단순하고 간단한 도덕적 설교의 약점을 버리게 된 것이다. 이러한 과정은 송명 이학 시대에 이르러 완성되었다. 이러한 과정의 완성은 유가학설로 하여금 더욱더 이론적 지도성을 가지도록 했으며, 사람들 마음속에 더욱 깊이 파고들어 통치자로부터 일반 백성들에게 이르기까지, 문관·무장에서 학자·서생에 이르기까지 모두 자각적으로 준수해야 하는 도덕적 율령이 되었다. 송명 이학의 "천리를 존재하게 하고 인간의 욕심을 없앤다〔存天理, 滅人欲〕"는 구호는 종종 사람들에게 종교적인 금욕주의로 인식되기도 하지만, 사실 그것은 완전한 이성적 금욕주의이다.

만약 유학을 유교로 호칭할 수 있다면, 그래도 그것은 종교(宗敎)가 아닌 정교(政敎) 즉 예교(禮敎)이다. 사람들이 유교를 종교로 보는 것은, 아마도 유가 문화가 사람들 마음에 심오하고도 보편적으로 보급되어 경이롭게까지 느껴져 마치 종교 신앙처럼 사람들의 자각 의식으로 변화되었기 때문이다. 그러나 유가 문화가 이렇게 광범위하고 심오하게 투입된 것은 신앙의 원인이 아닌 현실적인 원인으로 인해서이다. 그 이유 중 하나는 그것이 중국 가장종법제 농업 사회의 실제 상황과 부합했기 때문이며, 또 다른 하나는 중국 민족의 자아 의식과 행위 규범 중 현실적 이성의 심리 때문이다. 만약 유교가 종교라고 한다면 그것은 2천 년 이상 되는 중국 정치 문화와 정신 문화의 주체가 종교 문화라는 것과 같은 말이다. 왜냐하면 유가 사상·예의 정신이 이미 중국 문화의 모든 방면에 침투했기 때문이다. 그러나 사실상 중국 민족은 공교롭게도 가장 종교 감정과 종교 의식이 없는 민족이다.

　주의할 것은, 중국 역사상 확실히 유학이 신학화되었던 시기가 있었다는 점이다. 한대의 참위미신(讖緯迷信)이 그것이다. 그러나 엄격하게 말한다면 그것 역시 종교가 아니며, 도사가 되어 버린 유생들이 고대 부적 미신과 음양오행학설을 빌려 억지로 유학경전과 비교한 신학 이론에 불과했다. 그것은 한대 사회의 신선·방술 등 신비성을 중요시하는 문화 분위기 가운데서 생겨나게 되었다. 참위 신학은 유행된 기간이 길지 않고 동한 이후에는 점차 자취를 감추었으나, 그것의 산생은 중국 고대 문화 중 고유한 어떤 신비한 요소와 직접적인 관계가 있다. 이들 신비한 요소 중 가장 중요한 것이 바로 음양오행의 사상 체계이다. 동중서를 대표로 한 한대 유학이 중국 역사상 유학 발전의 중요한 단계가 된 것은, 음양오 행학설이 유가의 이론에 융화되어 선진 유가의 도덕 설교로 하여금 철학 본체론의 뜻을 가지게 했다는 데 있다. 한대 경학 중의 "간단하지만 심오한 말로 대의를 설명한다는 미언대의(微言大義)"는, 바로 이러한 음양 변천의 신비한 규율로 사회 인륜과 현실 문화를 해석하려 하는 구체적인 표현이다. 그것의 신학화 경향이 후세에 의해 계승되지는 않았으나, 유가 윤리 도덕의 사회학설은 오히려 이때부터 우주관과 더 긴밀하게 결합하고, 예악 문화의 자연성이 되어 이론적 근거를 제공하게 되었다.

　음양오행은 본래 서주 말년, 종교 세계관이 동요되기 시작할 때 산생된 일종의 유물주의 자연관이다. 그것은 두 가지 대립된 자연 역량—음과 양

사이의 교환 작용을 이용해 세계만물의 변증 운동을 해석하며, 금(金)·목(木)·수(水)·화(火)·토(土) 등 다섯 가지를 물질 구성의 기본 원소로 삼았다. 《노자》는 "만물은 음을 지고 양을 끌어안는다〔萬物負陰而抱陽〕"고 하였다. 《역경》에서는 "한 번 음하고 한 번 양하는 것을 일러 도라고 한다〔一陰一陽之謂道〕"고 하였다. 이러한 소박한 유물주의 본체론은 음양가들에 의해 신비한 색채를 띠기 시작했다. 추연(鄒衍)은 '오덕종시(五德終始)'를 제창하여 오행의 상생상극(相生相克)으로 사회의 순환성 변화를 설명했다. 이것이 바로 후일 한대 유가 이론이 신학화하는 주요 내용이다. 음양오행설은, 이론상에서는 유가학설에 영향을 미쳤고 표면적으로는 예악 문화에 영향을 미쳤다. 그것은 '오성(五聲)'·'오색(五色)'·'오미(五味)' 등 감성 형상의 견강부회와 관계가 있어 중국 고대의 다채로운 예악 문화 가운데 가장 신비로운 색채를 띤 형식 규정이 되었다.

그러므로 하늘은 양을 잡고 태양과 별을 드리웠다. 땅은 음을 잡고 산천을 비추었다. 오행을 사시에 뿌리니 화합한 다음에 달이 생겨났다. 그래서 보름에 달이 찼다가 보름 만에 기우는 것이다. 오행의 움직임은 다해도 또 무궁무진하다. 오행과 사시 그리고 십이월은 근본이 되며, 오성(五聲)·육률(六律)·십이관(十二管)은 궁이 되며, 오미(五味)·육화(六和)와 십이식(十二食)은 바탕이 되며, 오색(五色)·육장(六章)·십이의(十二衣)는 바탕이 된다. ……그러므로 성인은 규칙을 정해 반드시 천지가 근본이 되도록 하고, 음양이 단서가 되도록 했다. ……오행은 바탕이 되고, 예의는 그릇이 된다.

故天秉陽, 垂日星. 地秉陰, 竅於山川. 播五行於四時, 和而後月生也. 是以三五而盈, 三五而闕. 五行之動, 迭相竭也. 五行四時十二月, 還相爲本也. 五聲六律十二管, 還相爲宮也. 五味六和十二食, 還相爲質也. 五色六章十二衣, 還相爲質也. ……故聖人作則, 必以天地爲本, 以陰陽爲端. ……五行以爲質, 禮儀以爲器.(《禮記·禮運》)

예는 본래 천지에서 기인한다. 그러므로 천지간의 음양오행은 바로 예를 통제하여 음악을 만드는 근거가 된다. 예의 근본 정신이 천지음양의 뜻에 근거해야 할 뿐 아니라, 예악 형식에 관한 의례의 준칙과 전장 역시 반드시 음양오행이 상호 작용하는 규율로 확정해야 한다.

체 제사에는 음주와 음악의 반주가 있으나, 상 제사에는 음주도 없고 음악의 반주도 없다. 이것에는 음양의 이치가 담겨 있다. 대체로 음례는 양기를 기르는 것이요, 식례는 음기를 기르는 것이다. ……술을 마시는 음례는 양기를 기르는 것이기 때문에 음악이 있고, 음주가 없는 식례는 음기를 기르는 것이기 때문에 음악이 없다. 대체로 소리는 양인 것이다. 술자리에 진설하는 정(鼎)과 조(組)는 홀수이고, 두(豆)가 짝수인 것은 음양의 이치이다. ……악은 양에서부터 왔고, 예는 음에서부터 만들어졌다. 음양이 화합하여 만물이 얻어진다.

饗禘有樂而食嘗無樂, 陰陽之義也. 凡飮, 養陽氣也; 凡食, 養陰氣也. ……飮養陽氣也, 故有樂, 食養陰氣也, 故無聲. 凡聲, 陽也. ……鼎組奇而邊豆偶, 陰陽之義也. ……樂由陽來者也, 禮由陰作者也. 陰陽和而萬物得.(《禮記·郊特牲》)

무릇 제사에는 사시(四時)가 있으니, 봄에 지내는 제사는 약이라 하고, 여름에 지내는 제사는 체라 한다. 가을에 지내는 제사는 상이라 하고, 겨울에 지내는 제사는 증이라고 한다. 약체는 양의 뜻이고, 상증은 음의 뜻이다. 체는 양이 성한 것이며, 상은 음이 성한 것이다. 그러므로 체상보다 중한 것은 없다.

凡祭有四時, 春祭曰礿, 夏祭曰禘, 秋祭曰嘗, 冬祭曰烝. 礿禘, 陽義也, 嘗烝, 陰義也. 禘者, 陽之盛也, 嘗者, 陰之盛也. 故曰莫重於禘嘗.(《禮記·祭統》)

그래서 예를 제정하여 그 본성을 지키는 것이다. 말·소·양·닭·개·

돼지의 육축(六畜)과 소·양·돼지·개·닭의 오생(五牲), 소·양·돼지의 삼희(三犧)를 가지고 오미(五味)를 갖추고, 산(山)·용(龍)·화(華)·충(蟲)·조(藻)·화(火)·분(粉)·미(米)·보불(黼黻)의 구문(九文)과 청·백·적·흑·현·황의 육채(六采)와 오색을 조화시킨 무늬 즉 오장(五章)을 가지고 오색을 나타내며, 구가(九歌)·팔풍(八風)·칠음(七音)·육률(六律)을 가지고 오성(五聲)을 갖춘다.

是故爲禮以奉之: 爲六畜五牲三犧以奉五味; 爲九文六采五章以奉五色; 爲九歌八風七音六律以奉五聲.(《左傳·昭公二十五年》)

예악 문화 중의 이러한 신비한 색채는 당연히 유학의 신학화와 상관이 있으나, 이러한 점을 가지고 유교의 종교성을 설명할 수는 없다. 첫째 음양오행설의 산생은 원시 유물주의에서 비롯된 소박한 추측이고, 둘째 그것이 광범위하게 유행되고 게다가 한대 참위 신학의 흔적이 없어진 후에도 계속적으로 존재할 수 있었던 것은 그 자체가 중국 종법 사회 문화 심리와 긴밀하게 결합하고 있다는 데 관건이 있다. 음양의 의미는 사실상 중국인이 끊임없이 살아 움직이는 천지(天地)의 은혜에 대한 감격을 표달하는 것이다. 천지에서 자연만물에 이르기까지, 조상에서 자자손손에 이르기까지가 음양의 작용에서 비롯된즉 "천지의 큰 덕을 생이라고 말한다〔天地之大德曰生〕"(《易經·繫辭傳》)고 한다. 오행의 관념 역시 인간이 중심이 된 이성적 실용주의를 나타내고 있다. 오행은 세상의 기본 원소를 구성할 뿐 아니라 사람의 생활 자료의 내원인 동시에 사회 존재의 기초이다. "끊임없고 쉼이 없도다! 수와 화는 백성이 마시고 먹는 것이며, 금과 목은 백성이 흥성하는 바이며, 토는 만물이 자생하는 것으로 사람을 위해 쓰이게 된다〔孜孜無息! 水火者, 百姓之所飮食也, 金木者, 百姓之所興生也, 土者, 萬物之所資生, 是爲人用〕."(《尙書·大誥》)

바로 음양오행설에 유물적 객관 근거가 있기 때문에 중국 민족의 현실적인 이성과 결합할 수 있었던 것이다. 그래서 그것은 중국 민족 문화 심리 중의 '원형(原型)'이 되었고, 그것을 이용해서 유가경전에 부회(附會)하고, 또 그것을 이용해서 예악과 의례를 해석하다 보니 이러한 원형 자체의 계발 작용이 산생된 것이다.

외래 종교와 중국 문화

중국 문화는 거대한 용광로와 같다. 그 넓고 큼이 마치 예의 정신과 같아 외래에서 유입된 모든 것을 용납할 수 있으며, 모든 것을 자신 안에 용화시킬 수 있다. 중국 문화가 외래 문화를 융합할 수 있는 능력은 세상에서는 보기 드물다.

종교는 본래 스스로 독립하는 생명력이 매우 강하지만, 아무리 강한 종교도 그것이 중국에 유입되었을 때는 이러한 독립성에 손상을 입지 않을 수 없었다. 세계에서 유행하는 3대 종교는 중국에서 재난을 당했다.

불교는 중국에 전파된 후 곧 원래의 궤도를 벗어나 중국 문화의 길을 걷게 되었다. 전하는 바에 의하면, 동한 명제는 신선·방술을 구하려는 마음이 간절했다. 밤에 잠을 자는데 꿈에 금인(金人)이 궁전 안으로 날아들었다. 이 꿈에 대해 대신에게 묻자 태사 부의(傅毅)가 말하기를, 서역에 '부처'라고 하는 신선이 있다고 했다. 그래서 명제는 사람을 서역에 보내 법술을 구하고 두 명의 서역 고승과 함께 불상·경전을 가지고 오도록 했으며, 또한 백마사(白馬寺)를 지어 이것을 진열했다. 이것이 바로 불교가 맨 처음 전파된 것이며, 불교가 시작부터 도교의 신선·방술로 간주되어 유입되었음을 말해 준다. 게다가 그 당시에는 도가의 학설이 조정으로부터 존중을 받고 있어서 불교는 완전히 도교의 아류로 인식되었고, '부처'는 도교의 큰신으로 변화되었다. 불교 교리가 '청허무위(淸虛無爲)'로 인식되는 것은 도학에 억지로 맞췄기 때문이며, 불교의 의식도 도술의 제사를 모방한 것이다. 손작(孫綽)의 《유도론喩道論》 가운데 "무릇 부처 또한 도를 체득한 자이며, 그 도 또한 이물(異物)이다. 감응하여 순통하면 인위적으로 하지 않아도 하지 않음이 없다. 인위적으로 하려 하지 않으므로 허무하고 적막하여 자연히 그러한 것이며, 하지 않음이 없으므로 만물을 신화한다〔夫佛也者, 體道者也. 道也者, 異物者也. 應感順通, 無爲而無不爲也. 無爲, 故虛寂自然, 無不爲, 故神化萬物〕"(任繼愈 《中國佛敎史》)라고 한 것은, 완전히 도가학설을 빌려 해석하고 이를 불교경전의 뜻에 끌어다 붙인 것이다. 확실한 종교 의식이 없는 민족이 이해하기 어려운 외래 종교를 접했을 때 종교로써 해석한 것은 정상이 참작될 만한 일이다. 그러나 놀랄 만한 것은, 심지어 종교가 아닌 것으로 종교를 해석한 것이 있다. 《홍명집弘明集》에는 이같이 실려 있다.

주공과 공자가 부처이며, 부처가 바로 주공과 공자이다. 대개 안팎에서 불리는 이름일 따름이다. ……주공과 공자는 지극한 폐단을 구하였으며, 불교는 그 근본을 밝힌 것일 따름이다. 연묵지와 혁사의 자취는 오랑캐 땅을 건너가고 있다. 그러니 그 자취가 그러하거늘 어찌 일찍이 만남이 있었단 말인가? 그러므로 거꾸로 찾는 자는 매번 그 공교함을 보게 되고, 순응하여 통하는 자는 하나로 나아가지 않음이 없다.
周·孔卽佛, 佛郡周·孔, 蓋外內名之耳. ……周·孔救極蔽, 佛敎明其本耳. ……淵默之與赫斯, 其迹則胡越. 然其所以迹者, 何嘗有際哉? 故逆尋者每見其工, 順通者無往不一.(任繼愈 《中國佛敎史》)

이것은 중국의 윤리 정교를 불교에 끌어다 붙인 견해이며, 중국 정교의 현실적 이성이 종교 의식에 확실히 침투해 있음을 표현하고 있다.

기독교는 불교에 비해 독립성이 강하여 중국인들에게 받아들여지기가 비교적 어려웠다. 그러므로 기독교가 중국에서 전파되기까지는 몇 차례 곡절을 겪었다. 기독교가 맨 처음 전파되어 한 차례 유행되었으나 당시의 신자는 서역의 상인이 대부분이었다. 하지만 당무종(唐武宗)이 불교를 금하자 기독교 역시 금지당했다. 원대에 기독교는 몽고 군대를 따라 두 번째로 유입되었는데, 신자는 역시 몽고인 등 이민족에 불과했고 한인은 매우 적었으며 원왕조가 멸망함에 따라 흔적을 감추게 되었다. 청대에 다시 유입되었는데 그때 유명한 '중국 예의 논쟁'이 발생했다. 서양의 기독교와 중국 전통 예교의 모순이 로마 교황과 중국 황제 사이의 모순으로 발전했던 것이다. 로마 교황청은 금약(禁約)을 반포하여 중국 교도가 조상에게 제사를 올리거나 공자를 존귀하게 하는 것을 금했다. 강희황제는 '허튼소리〔亂言〕'라고 질책하며 기독교를 금할 것을 명했다. 몇 차례 협상을 거쳤지만 두 사람은 한 치의 양보도 하지 않았다. 아편 전쟁에 이르기까지 기독교는 식민주의자의 함선을 따라 유입되었다. 비록 무력의 보호를 받았으나 여전히 백성들의 배척을 받았다. 종교 때문에 발생한 이 같은 모순은 두 문화 관념의 공개적인 한 차례 충돌이었다. 비록 개화에 눈뜬 강희 황제가 공자를 존중하며 조상에게 제사를 모신다는 중국의 풍속을 성명으로 발표하고, 이같은 중국의 풍속에는 종교적인 의의가 내포되어 있지 않다고 했으나, 교황은 여전히 중국의 교도가 중국식 예의를 갖추는 것을 엄히 금했다. 그러나 이렇게 강압적이고 주관적인 명령은 역시 문화 관념 자체의 힘을 당해내지 못하고, 마침내 로마 교황청은 1939년에 이르러 중국 예의와 관련한 모든 금지령을 풀지 않을 수 없었다.

천주교의 전횡에 비교하면, 유대교는 많이 개화되었다고 할 수 있다. 12세기 유대교가 중국에 유입되었을 때는 중국의 문화 관념에 비추어 개조하기 시작했다. 그들은 자신들이 신봉하는 여호와를 '천(天)'으로 고쳤고, 종교 이름을 '천교(天敎)'로, 《성경》을 《도경道經》으로, 교회당을 '존숭도경사(尊崇道經寺)'로 개칭하였다.

우리는 중국에서 불교와 기독교가 처했던 상황으로부터 문화가 침투하고 융합하는 과정 속에 나타났던 모종의 내재적 요인, 즉 어느 문화든 뿌리를 내리는 토양과 강함을 이기는 불굴의 정신이 있었음을 발견할 수 있다. 중국 문화가 외래 문화와 융합할 수 있었던 것은 바로 이러한 특징 때문이다. 불교가 중국에서 광범위하게 전파될 수 있었던 것은 무엇보다도 중국 문화에 내재하는 상통적 요소가 존재하기 때문이다. 불교는 중국의 예악 문화처럼 도량이 넓고 커서 다른 문화를 받아들일 수도, 다른 문화에 의해 개조될 수도 있었다. 불교는 처음에 유입되었을 때에는 도교에 종속되었다가 선종(禪宗)이 창립되므로 해서 완전히 중국화했다. 그러나 기독교는 이와는 달리 다른 신을 숭배하는 것을 절대적으로 금하는 것 자체가 중국의 신앙 문화와 부합하지 않을 뿐 아니라, 이러한 완고함으로 인해 중국에서의 전파가 더욱 힘들게 된 것이다. 이로써 우리들은 이슬람교가 중국에서 더욱 슬픈 운명을 겪었음을 생각할 수 있다. 이슬람교는 비록 서양의 하나님처럼 거만하고 안하무인격이지는 않았으나, 동양의 부처만큼 도량이 크고 포용력이 있지 않았고, 또한 한대 사람이 받아들이기 어려운 특수한 금기 조항을 가지고 있었다. 그러므로 그것은 한민족에게 받아들여지지 않았고, 본래 회교도였던 서북 소수 민족 중에서만 유행하게 되었다.

외래 종교는 중국에서 사회 의식과 문화 관념이 될 수 없었다. 이에 대한 원인은 그들 자체에 있기는 하지만, 중요한 것은 역시 예교의 현실 정신이 이미 중국인의 문화 심리의 가장 심층까지 투입되었기에 현실적인 조상의 위신을 능가할 만한 교주는 존재하기가 불가능했기 때문이다.

지리적인 원인에서 보면, 세계 고대 문명 발원지 중 하나인 중국은 다른 문명 중심과 동떨어져 있어 중국 문화는 상대적으로 폐쇄성을 가지게 되었다. 이 점은 종교 감정상에도 나타난다. 이집트·그리스·중앙아시아·인도 등 문명의 발원지는 비교적 이른 문화 교류와 상호간의 영향이 있었으므로 많든 적든 유사한 종교 감정을 가지게 되었다. 그러나 유독 중국의 현실적인 이성은 어떠한 영향도 받지 않는 조건하에서 스스로 발전하고 스스로 완벽한 경지에 도달하게 되었다. 중국과 외계의 교류는 이미 중고대의 일이라서 장기적으로 집적된 심리적 양식을 거쳤기에 이를 변화시키기는 어려웠다.

2. 신화와 전통

중국 신화의 분산성

원시 의식의 상징적 형식인 신화는 종교와 마찬가지로 환상적인 형상으로 한 민족의 문화와 심리적인 경향을 표현하고 있다. 다른 점이라면, 종교는 엄격하고 통일된 신앙과 숭배로 사람들의 현실적인 희망과 갈구를 표현하고 있으며, 신화는 선택할 수 있고 자유로운 상상으로 감정의 경향을 표현한다는 것이다. 신화는 종교에 비해 더욱 강한 예술 색채를 띤다. 우리들은 이렇게 제한받지 않는 자유로운 상상에서 기인된 신화로부터 한 민족의 실제 심리 상황을 더욱 쉽게 알게 된다. 미국의 유명한 인류학자 로저 키싱은 이렇게 피력하였다.

프랑스 인류학자 레비 스트로스(Lévi-Strauss)는…… 각종 문화 형식은 일종의 도구로 사람들은 이것에서 인류 심령의 진행 상황을 이해할 수 있다고 생각한다. 신화의 영역은 이 방면에서 매우 중요하다. 왜냐하면 인류의 사유는 이 방면에 가장 큰 자유를 가지기 때문이다. 우리들은 현실 세계 중에서 상상해 낼 수 있는 갖가지 결혼, 가옥의 풍격과 거처 양식 등을 찾을 수 없다. 왜냐하면 현실 세계에는 여러 가지 제한이 있어 생태·기술이나, 혹은 순수 자연의 원인이 모두 많은 가능성으로 하여금 근본적으로 통하지 못하게 할 수 있기 때문이다. 그러나 인류는 이 모든 가능성을 생각해 냈을지라도 오직 신화 중에서만 가장 자유롭게 발휘되었다.(《현대 문화 인류학 개요》)

신화는 본래 한 민족의 정신 의지가 자유롭게 발휘될 수 있는 경지이지만 중국에서는 매우 큰 결함이 나타났다. 중국 민족의 자유 의지는 이런 자유로운 세상에서 제한을 받았고, 어떤 무력함이 표현되었다. 이러한 제한은 객관적 현실의 제한이 아닌 주관적인 심리 요소의 제한이다. 중국은 고대 신화가 매우 풍부하지만, 총제적으로는 자질구레하고 산만하며 혼란하고 모순적이기도 하여 전체적인 계통이 서지 않았다.

중국 고대에는 신화 방면에 완전한 기록이 없어 모든 신화는 각종 유형의 저작 중에 흩어져 있다. 《산해경》에 그 기록이 가장 많고, 《시경》·《좌전》·《국어》·《장자》·《초사》·《여씨춘추》·《태평어람》 등의 서적 가운데 산만한 기록이 실려 있다. 중국 고대 서적의 경·사·자·집의 4개 부류 중에는 모두 신화의 기록이 있으나 매우 자질구레하고 어떤 것은 심지어 단편적인 주해뿐이다. 게다가 이러한 기록도 매우 혼란스럽고 많은 곳에서 상호 모순된다. 예를 들어 유명한 서왕모(西王母)에 대해 《산해경》 중에는 그녀를 "표범의 꼬리에 호랑이 이빨〔豹尾虎齒〕" "흐트러진 머리에 꽂은 머리꽂이〔蓬發戴勝〕"를 한 생김새가 몹시 흉악하고 괴이한 신으로 표현했다. 그러나 《한무내전漢武內傳》에서 그녀는 오히려 "나이가 삼십쯤 되고〔年三十許〕" "얼굴이 절세미인〔容顏絕世〕"인 아름다운 부인으로 묘사되어 있다. 이와 유사한 모순이 한두 가지가 아님을 비교를 통해 알 수 있다. 심지어 중국 민족의 조상이라는 황제의 신화 전설에 관한 것까지도 일치하지 않고 있다.

중국 신화의 또 다른 중요한 특징은, 줄거리성이 부족하며 내재적 연계가 결핍되고 인물 성격이 무미건조하다는 것이다. 중국의 신화 세계에서 생생하고 실감나는 신화 이야기를 기대하기란 매우 힘들다. "후예가 태양을 쏘다〔后羿射日〕"와 "항아가 달로 달아나다〔嫦娥奔月〕" 같은 이렇듯 간단한 이야기도 중국 신화 중에는 매우 완전한 것이라고 할 수 있지만, 다른 것들은 너무 간단해서 대부분 신의 공로사적에 관련한 간단한 기록에 불과하다. 신의 세계에 관한 이야기가 간단하기 때문에 신과 신 사이에도 역시 별다른 연계가 없다. 중국 신화 중에는 각 신들에게 연락하는 통일된 계보가 없다. 그리고 아무리 많다 해도 항아는 예의 아내이고, 복희·여와 남매가 부부가 된 간단한 설명이 있을 뿐이다. 이야기 줄거리의 간단함은, 그 자체로 하여금 생기가 결핍되고 신의 성격이 무미건조하여 선명한 개성을 기대하기 어렵게 했다.

중국 신화의 이러한 특징은 문화 현상이 되어 사람들의 주의를 끌게 되었다. 이러한 특징이 산생된 원인에 대해 많은 학자들이 의미 있는 탐구를 했으나, 예악 문화가 이들 특징에 미친 영향과 제약성에 대해서 주의를 기울인 학자는 매우 드물다.

중국 신화가 문자로 기록되기 시작한 때는 비교적 늦고 각종 서적의 신화 전설에 흩어져 있으며, 대부분 후대인의 가공을 통했기 때문에 그것의 진정한 초기 모습을 찾아보기란 몹시 어렵다. 우리들이 현재 보게 되는 중국 고대 신화는 현실주의의 유가 문화가 전면적으로 형성되고, 또 점차 전면적인 사상 통치로 향할 때 산생된 것이라고 말할 수 있다. 그러므로 그것은 시작부터 자유로운 상상의 특징과 낭만적 기질·문학성·예술성 등을 갖추지 못했다. 신화는 신화이며 전설 역시 전설일 뿐 현실과별 관계가 없다. 유가 문화는 실제에 힘을 기울이며 공자는 괴력난신을 말하지 않았으므로, 모든 유가는 괴력난신을 말하지 않았다. 유가의 이러한 무실역행 정신이 바로 중국 민족의 실제에 힘을 쏟는 무실(務實) 정신이다. 중국인은 현실적인 이성의 태도로 종교를 대했고, 마찬가지로 현실적 이성의 태도로 신화를 대했다. 이러한 문화 관념의 지도 아래서 사람들의 정력은 주로 현실 사회의 인륜 관계에 쓰여지게 되어, 그 허무한 신의 세계 이야기에 힘을 들이지 않게 된 것이다.

만약 상고 신화를 문학(그리스처럼)의 범주 안에 둔다면, 중국 상고의 문학은 역시 현실주의의 문학이다. 그것은 현실 정치와 사회 생활의 간여 및 예악의 교화 작용에 치중하며, 《시경》이 가장 중요한 대표물이다. 온 민족이 현실적인 이성의 정신 분위기 가운데 있었으므로 《시경》을 정리하듯 신화를 정리한 성현이 있기란 불가능했다.

중국 신화와 그리스 신화

　세계의 상고 문명 민족 가운데 중국과 그리스는 신화 영역에서 각각 두 개의 극단을 향해 갔다. 중국인은 신화에 대해 별다른 관심이 없었으나, 그리스인은 신화 속에 민족의 모든 열정을 쏟을 만큼 관심을 기울였다. 그래서 신화 자체도 두 가지 매우 다른 면모가 나타나고 있다. 즉 중국 신화는 산만하고 자질구레하지만, 그리스 신화는 이야기가 완전하고 줄거리가 생동감이 있다. 또 중국 신화 중에는 모든 신들 사이에 별다른 관계가 없으나, 그리스 신들은 상호간의 계통이 확실하여 완전한 족보를 가지고 있다.

　그리스 신화의 정체성과 그들 전 민족이 이렇게 정열을 쏟는 감정은 세계 최고이다. 신화는 그들의 종교가 되었고, 신화는 문학 예술의 원천이며, 민족 정신의 상징이 되었다.

　중국인과 그리스인의 신화에 대한 태도를 비교해 보면, 현실적인 이성과 종교적 감정의 경계가 확실함을 알 수 있다. 그러나 두 신화의 내용을 비교해 보면 더욱 심도 있는 문화 정신을 알아낼 수 있다. 그리스인이 그들의 신화에 대한 감정이 이렇게 깊은 것은, 그들 신화 중의 신은 사람의 모양이고 성(性)도 같기 때문이다. 신은 사람, 바로 그들 자신인 것이다. 올림푸스 산 위의 신들의 욕망을 구하려는 낭만적 기질이 바로 그리스인 자신들의 낙관주의 정신의 구현이다. 신과 신 사이, 신과 사람 사이에 정을 논하고 사랑을 속삭이며 질투하는 것 역시 그들이 찬미하는 정취가 되었다. 이 점은 중국 신화 중에는 결코 없던 것이다. 왜냐하면 예의 성격 중에는 이러한 낭만적인 기질을 갖추고 있지 않기 때문이다. 중국인이 찬미하는 것은 다만 그 부지런하고 성실하게 선한 일을 하는 '성현'일 뿐이다.

　중국 신화 가운데 나타난 모든 신은 대체로 좋은 신과 나쁜 신 두 가지로 나눌 수 있다. 그러나 그리스 신화 중에는 선악의 명확한 구분이 없다. 거의 모든 신은 선과 악이라는 두 가지 인성을 가지고 있다. 가장 위대한 신 제우스(Zeus) 역시 인간 소녀를 유혹하는 사건을 일으킨 바 있기 때문이다. 중국 신화는 윤리와 도덕적 색채를 확실하게 가지고 권선징악의 현실적인 경향이 있다. 설령 중시를 받지 못하는 신화 영역에서도 덕의 훈계를 잊지 않고 있다. 중국 신화가 '덕'을 중시하는 신념과는 달리 그리스 신화에서 숭배하는 것은 '힘'이다. 그리스인은 오직 '힘'만이 그들이 자연과 투쟁하고 운명과 투쟁하는 데 보호벽이 될 뿐이라고 믿는다. 제우스·아폴론(Apollon) 같은 위대한 신들은 그들에게 알려질 만한 성덕이 있어서 존중받는 것이 아니며, 사람들이 우러러 받들며 흠모할 만한 거대한 힘이 있기 때문이다. 그리스 신화와 시 중에는 인간과 거인의 투쟁에 관한 것이 많다. 우리들은 이들 거인을 자연과 운명의 상징, 즉 주체화된 객체로 삼을 수 있다. 사람과 자연의 대립, 자신의 운명의 투쟁중에 필요한 것은 바로 힘과 용기인 것이다.

그리스 민족의 정신이 바로 힘을 숭상하는 올림픽 정신이며, 올림픽 경기의 산생은 주신인 제우스에게 올리는 큰 제사 활동에서 기원하고 있다. 그리스인은 올림픽 경기의 시작 연대(기원전 776년)를 그리스 역사 연대의 발단(그리스의 각성에는 자신의 기년(紀年)이 있으나, 올림픽은 전 그리스인이 공인한 연대 표시를 가지고 있다)으로 삼는다. 그리스인은 신화의 숭배 중에서 자기 민족 정신의 이상을 찾았고, 중국인은 덕을 숭상하는 현실 정신을 신화 중에 관철시켰다. (숭덕의 정신은 서주 시대에서 시작되었으나 신화가 산생된 것은 그후의 일이다.) 즉 중국과 그리스는 민족 정신과 신화 의식간의 침투 방향에 있어서는 상반되었다.

문화의 초인

올림푸스 산 위의 모든 신들은 하는 일이 아무것도 없었다. 그들은 서로 전쟁을 하거나, 연애를 하며 즐기고, 연회를 베풀고 술을 마셨으며, 간혹 프로메테우스(Prometheus)같이 인류의 처지를 동정하여 사람을 위한 약간의 봉사를 한 신이 있었을 뿐이다. 그러나 중국의 선량한 신들은 그렇지 않았다. 그들은 현실에 발을 디디고 매일 인류를 위해 좋은 일을 했다. 수인씨(燧人氏)는 나무를 문질러 불을 얻게 하여 사람들에게 온기와 음식을 익힐 수 있게 해주었고, 유소씨(有巢氏)는 나무를 사용하여 집을 짓도록 하여 사람들이 비바람을 피할 수 있는 장소를 제공했으며, 신농씨(神農氏)는 온갖 풀을 경험하여 사람들에게 식량과 약초를 주었고, 창힐(倉頡)은 문자를 창조하여 사람들이 쓰고 계산할 수 있게 하여 자신의 역사를 가질 수 있도록 했다. 뿐만 아니라 황제(黃帝)는 더욱 능력이 많은 사람으로 가마·배·석궁과 밥을 지을 수 있는 솥을 발명했을 뿐 아니라, 사람에게 집을 짓는 법을 가르쳐 주었다. 황제의 아내는 또 사람에게 양잠과 옷감 짜는 법을 가르쳤으니, 이와 같은 것들이 그 좋은 예이다. 그들은 모두 위대한 발명가로 공로가 탁월했으니, 이는 바로 비현실적인 세계의 신들이 현실적 인간의 문화적인 초인으로 바뀐 것이다.

중국의 철학, 중국의 종교가 세계의 기원을 중요시하지 않는 것처럼 중국의 신화 역시 세계의 기원에 대해 흥미를 가지고 있지 않았다. 유일한 것은 "반고(盤古)가 천지를 열었다"는 신화이며, 그가 여러 차례 나타난 것도 역시 이미 기원 3세기 삼국 시대에 이르러서였다. 중국 문화가 이미 완전히 정형화된 시기에 이르러서야 이러한 신화가 출현했으니 사람들의 의심을 불러일으키지 않을 수 없었다. "반고의 신화와 관련된 것은 인도 신화 중의 프라자파티(Prajapati)의 전설과 매우 유사하고, 게다가 이 시기 인도 불교가 중국에 들어온 지 이미 2천여 년이 넘었다. 이로써 반고의 신화는 인도 신화의 영향하에서 생겨난 것이다.”(謝選駿《神話與民族精神》) 노신 역시 이러한 문제에 대해 의견을 발표한 적이 있다. “천지 개벽설이 중국에 남겨져 있다는 것은 상상 가능성이 높기 때문에 초기 민족의 본색을 찾아보기 힘들다.”(魯迅《中國小說史略》) 반고가 천지를 열었다는 상상은 확실히 중국의 ‘초민(初民)의 본색’에서 나온 것 같지는 않다. 왜냐하면 중국인은 역대로 천지의 기원에 대해 관심을 가지지 않았기 때문이다. 반고 신화가 출현하기 이전에 중국 신화 가운데 창세자는 없었다. 많은 신들 가운데 우두머리를 차지하는 여와 역시 하늘이 뚫린 것을 보고 오색의 돌을 굴려서 하늘을 메웠고(하늘은 이미 있었다) 흙을 뭉쳐 사람을 만들었다.

반고의 신화와 비교해 보면 여와의 신화는 산생 시기가 매우 이르고, 게다가 매우 광범위하게 전해졌다. 이것은 중국인은 우주 기원에 대해 별 흥미가 없었으나 인간의 기원에 대해서는 중시하고 있었음을 알 수 있다. 여와가 흙을 뭉쳐 사람을 만든 것, 여와의 열정, 여와의 재주, 여와와 복희가 홍수를 피해 인류를 다시 만든 것, 여와가 생황(笙簧)을 만든 이러한 것들은 인간의 기원과 유관하다. 천지의 기원을 중요하게 생각지 않고 인류의 기원을 중요시한 것은 중국 고대철학 중에서 마찬가지로 증명되었다. 인간의 기원이 천지에서 일어나지만 천지의 기원은 또 어디에서 유래하는지는 상관할 필요 없는 것이다. “천도(天道)는 멀고, 인도(人道)는 가깝다”고 하듯 중국인은 매우 현실적인 민족이다.

사람의 탄생이 밝혀졌으니, 그 다음 사람의 존재와 발전을 중요시하게 됨은 당연했다. 그래서 문화의 초인으로 삼는 다양한 신들이 계속 나타나게 되었다. 그들은 인류의 생존과 발전을 위해 각양각색의 발명과 창조를 했다. 여와는 사람을 창조한 후 또다시 친히 혼인 제도를 정하여 인류의 번성에 이롭게 했다. 사람을 창조하는 신에서 문화의 초인으로 변모한 것이다.

중국에서 사람들은 현실과 유리된 헛되고 실속 없는 신의 세계에 관한 이야기를 만들게 되었고, 그후에는 또 그것을 천천히 현실화·역사화했다. 이러한 변화 과정 가운데 문화 초인의 출현은 중요한 단계에 속한다.

자연 신화의 정치화

중국 신화의 산만성은 중국인이 현실과 무관한 신의 세계에 관심을 두지 않았음을 설명한다. 현실에 발을 두는 문화인들은 신화를 원시 초기 민족의 유아적 생각에서 나온 전설에 불과하다고 생각한다. 그러나 이러한 전설 중에는 또 자기도 모르게 모종의 문화 심리와 심층 의식에 투입된 것도 있다. 신의 선악 덕성에서 문화 초인의 창조, 발명 활동까지 신은 점점 인류에게 접근하기 시작했다. 마침내 신화의 역사화와 정치화의 과정중에 완전히 현실로 방향을 두게 되자 신은 사람의 직접적인 조상으로 변화했다.

중국 민족의 조상이라고 공공연하게 인식되는 황제가 바로 전설 중의 큰 신이었다. 그는 덕망이 높을 뿐 아니라 백성에게도 공훈을 세웠으며, 위엄이 혁혁하고 많은 수행원들에 둘러싸여 있었다.

옛날에 황제가 귀신을 서태산 위로 불렀다. 코끼리가 수레를 끌고 여섯 마리 교룡이 수레를 어거하였으며, 치우(蚩尤)가 앞에 있고 풍백(風伯)이 앞에서 길을 쓸었으며, 우사(雨師)가 길에 물을 뿌렸다. 호랑이 앞에 서고 귀신은 뒤에서 따르고, 등사(騰蛇)는 땅에 엎드려 있고 봉황은 다시 위로 날며, 모든 귀신이 모여 《청각淸角》을 지었다.

昔日黃帝合鬼神於西泰山之上. 駕象車而六蛟龍, 畢方并轄, 蚩尤居前, 風伯進掃, 雨師灑道, 虎狼在前, 鬼神在後, 騰蛇伏地, 鳳凰復上, 大合鬼神, 作爲 '淸角.'(《韓非子·十過》)

앞에서 길을 열고 옆에는 호위가 있으며, 뒤에는 시종이 따르고 용이 날고 봉황이 춤을 추며 호호탕탕하니, 진정 인간 제왕의 위엄과 기상을 묘사하고 있다. 원시인같이 생활하는 시대에 이렇게 찬란한 행렬이 있었다는 것은 당연히 상상에 불과하다. 그러나 진정한 의미는 행렬 자체에 있는 것이 아니라 천하 통일의 상징에 있다. 이 상상 중에서 귀신들을 모두 모으고 천하를 통령하는 신이 바로 인간들의 직접적인 선조인 것이다.

중국에 문자 기록이 있는 역사는 상대부터 시작된다. 상대 이전에 하나라가 있었고, 하 이전에 요와 순이 있었으며, 요와 순 이전에는 황제가 있었고, 황제 이전에는 또 복희·신농 등이 있었다. 이러한 신에서부터 사람까지의 변화가 바로 중국 상고 신화의 역사화와 정치화의 구체적 표현인 것이다.

《사기》의 기록에 따르면, 하의 조상은 우이며 우는 황제의 현손이자 전욱의 손자이다. 상의 시조는 설(契)이고, 설의 모친 간적(簡狄)은 제곡(帝嚳)의 둘째 부인이며, 제곡은 또 황제의 증손이 된다. 주의 시조는 후직(后稷)이며, 후직의 모친 강원(姜源)은 제곡의 본부인이고, 진의 선조 대업(大業)은 전욱의 손녀 수(修)의 소생이다. 통치자들은 자신의 가족 출신을 자랑하기 위해 모두 전설 중의 황제까지 거슬러 올라갔다. 그들의 선조는 모두 황제와 인척 관계이지만 구체적인 내원을 따져 보면 각기 서로 다른 신이 있다. 우(禹)의 내력에 대해 일설에서는 그의 부친 곤곤의 배 속에서 나왔다고 하며, 또 다른 견해는 그의 모친이 신의 구슬 여의이를 삼켜 가슴에서부터 태어난 것이라고 한다. 설은 그의 모친이 제비의 알을 삼키고 낳은 것이라고 한다. 후직은 그의 모친이 야외에서 거인의 족적을 밟아 회임하여 낳은 것이다. 대업 역시 모친이 제비의 알을 삼켜 낳은 것이다.

이들 신화는 아마도 모종의 원시 토테미즘 숭배의 상징일 것이며, 어머니를 알 뿐 아버지를 알지 못하는 모계 사회 사상 의식의 흔적일 것이다. 하지만 이들은 중요하지 않다. 중요한 것은 이들 신화 자체의 역사화 경향으로서, 전설 중의 신과 자신의 조상을 결합시켜 조상 숭배의 문화적인 심리를 신화 가운데 관철시킨 것에 있다.

조상과 신을 연계시킨 역사화 경향은 중국에만 있는 것은 아니며, 다른 민족의 상고 역사 중에도 유사한 현상이 있었다. 고대 그리스의 귀족은 그들의 조상과 제우스가 무슨 연계 관계가 있고, 자신들도 제우스의 자손이라는 것을 과장하여 말했다. 그들의 이러한 관념은 한편으로는 혈통이 고귀함을 자랑하는 것이고, 또 다른 면에서는 그들과 강대한 힘을 가진 신과의 관계에서 힘을 숭배하는 정신을 표달하려고 한 것이다. 그러나 중국이 그리스와 다른 점은 신화의 역사화 중에 확실히 사회 정치와 윤리 교화의 색채를 띠고 있다는 데 있다.

사마천이 《사기》를 지어 하·상·주·진 4대 가족의 시작을 기록했는데, 그가 근거로 한 문헌 자료는 아무리 거슬러 올라가도 상주(商周)까지일 것이며 더 위로 가면 공백이다. 게다가 사마천이 상대의 갑골 복사를 고증했을 리도 없기 때문에 그가 근거한 것은 주로 주대 이후의 문자라고 말할 수 있다. 그러나 주대는 바로 덕을 숭상하던 시대이고, 주 이후부터는 덕을 숭상하고 조상을 숭배하는 예악 문화가 전 민족의 문화 의식이 되었다. 사회 의식 형태의 정치·법률·철학·예술·종교 역시 신화 전설을 포함하며, 모두 현실의 이상에 비추어 해석하게 된다. 그러므로 역사적인 측면에서 보면 《사기》가 기록한 전설 중의 역사는 사람들이 공덕을 이상으로 삼는 관념의 지배하에서 개조의 과정을 거친 신화일 것이고, 신화적인 측면에서 보면 모든 인류 기원에 의의가 있는 신들은 공덕이 있는 것이다. 그렇지 않으면 그들은 조상이 될 수 없기 때문이다. "조(祖)에게는 조의 공이 있으며, 종(宗)에게는 종의 덕이 있다〔祖者祖有功, 宗者宗有德〕"는 조상 숭배와 현실적인 이상 역시 신화 전설에 적용되었다.

이렇게 해서 자연 신화의 정치화는 역사와 신화 두 측면에 대해 좋은 점이 나타나게 되는데, 첫째 역사는 신화에서 필요로 하는 자연 근거를 찾았고, 둘째 신화는 역사에서 그의 합리적인 위치를 얻게 된 것이다.

3. '사관(史官)의 문화'와 '무축(巫祝)의 문화'

역사와 현실

중국인은 특별히 역사를 중시한다. 찬란한 업적을 가진 제왕, 영광스런 조상들은 사람들이 늘 잊지 않고 끊임없이 이야기하는 대상물이다. 이것은 조상을 다른 신보다 더 중시하는 중국 민족의 의식 중에서 매우 자연스런 일이다. "진술하기는 해도 새로이 짓지 않으며 믿고 옛것을 좋아한다〔述而不作, 信而好古〕"는 사고 방식은 중국 사회 정치 중에 거대한 작용을 일으켰다.

조상 및 조상과 현실 관계의 중요성으로 해서 중국의 역대 통치자들은 모두 역사의 기록과 전승을 일상 작업의 우선 순위에 두고 여러 사관을 설립하고자 하였다. 진한 이전의 하·상·주 3대의 사관은 역사를 기록하고 전수하는 직책을 담당했을 뿐 아니라 조정문관의 권력을 대행하기도 했다.

전설 중의 하대에는 사관인 태사령을 설립했다. 《여씨춘추·선식先識》 중에는 태사령이 잔악한 하의 걸왕에게 수차 간언을 했으나, 하의 걸왕이 이를 듣지 않았기에 마침내 하를 버리고 상으로 도망갔다는 기록이 있다. 문자 기록이 가능한 은상 시기에 이르러서는 사관뿐 아니라 사관의 일을 세분화하여 작책(作冊)·작책내사(作冊內史)·내사(內史)·태사(太史)·사(史)·윤(尹) 등의 직책 명칭이 있었다.

문자 기록이라는 측면에서 말한다면, 중국의 초기 문자는 두 가지 측면에서 중요한 작용을 했다. 하나는 길흉화복을 점치는 것이고, 다른 하나는 중대 사건(역사)을 기록하는 일이다. 지금 발견되는 은허 갑골문자는 거의 전부가 이같은 내용들이다. 예악 문화의 분위기 가운데 있던 중국 정치 중에 이 두 가지는 줄곧 중요한 직능을 담당해 왔고, 현실 정치를 위한다는 목적하에 무술과 역사를 긴밀히 결합시켜 놓았다.

그러므로 선왕이 시초와 귀갑을 잡고, 제사의 날짜와 희생과 폐백을 정하며, 축하의 사실을 선포하고 제도를 마련했다. 그러므로 국가에는 예가 있고, 관에는 규정이 있으며, 일에는 직책이 있고, 예에는 차례가 있는 것이다. ……그러므로 종축은 사당에 있고, 삼공은 조정에 있고, 삼로는 학궁에 있다. 왕의 앞에 무(巫)가 있고, 뒤에는 사(史)가 있고, 복서와 고유는 모두 좌우에 있다.

故先王秉蓍龜, 列祭祀, 瘞繒, 宣祝嘏辭說, 設制度. 故國有禮, 官有御, 事有職, 禮有序. ……故宗祝在廟, 三公在朝, 三老在學, 王前巫而後史, 卜筮瞽侑皆在左 右.(《禮記·禮運》)

중국 역사상 이러한 상황은 보편적인 것이다. 그것은 시대마다 중시하는 정도가 약간씩 달랐을 뿐 거의 제도화되었다. 소위 "왕은 무사(巫師)를 앞에 두고, 사관을 뒤에 두었다"는 것에서 관직의 설치를 이해할 수 있고, 제왕의 좌우 시종 중에는 이러한 종류의 관원을 빠뜨릴 수 없음을 알 수 있다. 그리고 국가 정치 활동의 순서를 이해할 수 있어 일을 행하기 전에 길흉화복을 미리 점쳐 보고 일을 행한 후에는 그 비고를 기록했다. 고대 국가 정치 가운데 이 두 가지 직능은 두 가지 현실 문화, 즉 '무축 문화'와 '사관 문화'를 형성했다. 이 두 가지 문화 형태가 정치 가운데 차지하는 비중은 고정적이 아니어서 역사의 발전, 인식 수준의 발전, 그리고 현실에서 출발한 정치 수요 등에 따른 변화를 거쳐 사관 문화가 최종적으로 주요한 위치를 차지하게 되었다.

역사에 대한 중시는 사실상 조상에 대한 중시를 말한다. 조상의 찬란한 업적, 선악의 득실, 승패 경험의 기록을 통하여 현실 교화의 목적을 얻을 수 있다. 중국 역사상 거대한 사관 계통은 이러한 정치 작용을 일으켰다. 경사에 통달한 선비들은 사회 역사의 기록자일 뿐 아니라 통치자의 모사(謀士)이며, 백성의 스승이다. 사람들이 칭송하는 박학한 학자 역시 경사에 통달한 사람이다.

중국에서의 역사란 바로 현실을 말한다. 역사의 기록과 연구는 지금까지 직접적인 현실 목적이 있었다. 역사는 한편으로 선조의 유지를 계승하며, 후대의 자손을 교육시키는 가장 중요한 수단으로 어떠한 시대라도 전통 교육은 소홀히 할 수 없다. 또 다른 한편으로는 통치자가 본보기로 삼을 만한 경험과 교훈을 얻을 수 있는 유일한 내원이다. 중국 역사상 내세울 만한 업적이 있는 군주는 역사에 통달하여 매우 풍부한 통치술을 가지고 있었다.

조상 숭배와 현실적인 이성은 역사 의식을 강화하고 있으며, 역사 의식은 다시 조상 숭배와 현실적인 이성 정신을 강화하고 있다.

역사를 기록하는 방법의 비교

중국의 역사 기록이 상세하고 철저한 것은 세계 다른 민족과 국가 가운데서 보기 드문 일이다. 문자 기록이 없던 전설 시대에도 제왕의 이름과 그들이 재위했던 기간은 확실했으며, 문자가 생긴 이후에는 더 말할 나위 없었다. 이러한 면에서 그리스와 중국은 또 확실한 대조를 이루고 있다.

그리스인의 역사에 대한 기록은 상당히 조잡했다. 문명의 기록을 예로 들면 지중해의 문명은 중국의 문명보다 뒤늦지 않았다. 크레타-미케네 문화에서 그리스까지의 과정중에 민족의 이동과 문화의 변천을 겪었다. 아마도 이러한 원인으로 해서 그리스인은 자신의 조상을 그다지 중시하지 않았으며, 그들 조상의 역사에 대해서도 대충 마무리지어 놓았을 것이다. 예를 들어 그리스에서 가장 중요한 도시의 하나이며, 문화가 발달한 아테네는 그것이 정식으로 형성된 시기도 지금까지 대략적으로밖에 알지 못한다. 어떤 사람은 전설 중의 고대 국왕 테세우스(Theseus)의 시대라 하고, 근대학자들은 기원전 8세기 전후라고 생각한다. 현존하는 《호메로스의 서사시》 중에서도 그리스 역사의 시간과 순서를 알아내기는 어렵다. 그것의 사료로서의 가치는 당시 사회 생활의 개략적인 모습을 알아낼 수 있다는 것일 뿐, 엄격히 말하자면 그것은 역사가 아니다. 기원전 5세기에 이르러서야 고대 그리스에는 처음으로 진정한 역사학자이며 서양인에게 '역사의 아버지'라고 일컬어지는 헤로도토스(Herodotus)가 나타났다. 그의 저서 《역사 *History*》 가운데 기록된 많은 역사적 사실은 모두 대략적이며, 그 자신의 생졸 연대 역시 모호하다.(기원전 484년에서 기원전 425년까지) 헤로도토스의 《역사》는 중국의 광범위하고도 자세한 역사 서적과는 비교하기가 어렵다. 그리고 시간상으로 이 '역사의 아버지'가 출현했을 때 중국은 춘추 전국 시대로서, 중국의 편년사는 이미 비교적 완전한 계통을 형성했다.

역사의 기록 자체에서 우리들은 그리스인과 중국인의 역사를 대하는 확실한 차이를 알 수 있다. 뿐만 아니라 역사 기록의 내용에 있어서도 두 가지 문화관의 다른 점이 표현된다. 중국의 역사 서적은 엄격히 시간 순서에 따라 기록해 내려온 역사적 사실인 반면, 그리스의 역사 서적은 역사 중의 구체적 이야기 줄거리를 묘사한 것이다. 유명한 《호메로스의 서사시》 가운데 실린 《일리아스》는 트로이 전쟁중 발생한 이야기이며, 《오디세이》는 트로이 전쟁 후 오디세우스(Odysseus)가 본국으로 돌아오는 도중에 겪게 되는 역경의 기록이다. 헤로도토스의 《역사》는, 구체적으로 말한다면 '그리스와 페르시아의 전쟁사'이다. 비록 전반부에는 이집트·그리스·페르시아 등 나라의 역사를 서술했으나, 뒤의 대부분은 그리스와 페르시아 전쟁의 구체적 과정을 서술한 것뿐이다. 트로이 전쟁과 그리스와 페르시아간의 전쟁은 역사의 긴 흐름 중 순간에 불과하다. 호메로스와 헤로도토스의 역사 서적 가운데 언급한 인물 사건을 근거로 해서는 당시의 사회 생활만을 이해할 수 있을 뿐, 역사의 발전 과정에 대해서는 확실한 윤곽을 형성하기 어렵다. 또 다른 면에서, 중국 역사 서적의 기록은 문자 이전의 시대는 전설을 근거로 했다는 것만을 제외하면 문자가 생긴 이후의 역사는 확실히 존재했던 인물, 사건의 진실된 기록이라는 것이다. 그리스의 역사 서적은 역사적 사실을 중시하지 않고 이야기의 줄거리를 중요시하는 문학성 기술이다. 《호메로스의 서사시》는 엄격하게 말한다면 문학 작품으로 사람과 신이 뒤섞여 있고, 헤로도토스의 《역사》는 줄거리의 생동감 있는 묘사를 매우 중시해서 많은 신화를 가미했다. 그러나 중국에서는 문자 기록 이후의 역사는 신화와 관계를 끊었다. 신화와 역사의 관계를 살펴보면, 중국인은 신화로 하여금 역사에 접근하도록 했으나 그리스인은 역사를 신화에 접근시켰고, 중국인은 신화를 역사화·정치화했으나 그리스인은 역사를 신화화·예술화했다.

그리스인이 역사를 간단히 서술하는 것은 역사를 기록하는 문화 수단이 없어서가 아니라 그들이 힘을 기울이지 않았기 때문이다. 역사 체계가 수립되지 않았던 때에 다채로운 신화·종교가 생겼고, 오묘한 철학이 생겼으며, 하늘을 감동시키고 귀신을 울리는 시와 희극이 생기게 되었다. 그러나 중국에서는 문자라는 도구가 생긴 후부터 사람들은 현실적으로 그것을 조상의 업적을 기록하는 데 사용했고, 이것으로 후손을 교육시켜 조상의 영광을 저버리지 않도록 했다. 중국에는 종교 이야기가 없고 신화 이야기도 매우 간략할 뿐 아니라 소설과 희곡도 뒤늦게야 산생되었다. 그러나 역사 이야기와 사건의 기록은 풍부하고 다채로우며 매우 자세하다. 두 위대한 민족이 기질면에서 이렇게 다른 것이다.

한 민족이 자기 역사를 대하는 태도는 그 민족 문화의 확장에 영향을 미치게 되며, 역사 기록 자체는 문화가 전파되고 연속되는 수단이다. 역사 기록의 완전함은 전통 문화 생명력을 강화하기 위한 모종의 현실 보장을 제공한다. 고대 그리스 문화는 서로마 제국이 멸망함에 따라 사라졌고, 1천 년이 지난 후에 사람들은 동로마 제국이 보존해 온 문헌 자료와 지하에서 발굴된 고대 유물 중에서 당시의 찬란함을 발견할 수 있었다. 이 역사가 중단되는 잔혹한 사실은, 고대 그리스의 역사 기록의 분산성과 사람들의 역사를 대하는 삭막한 태도와 관계가 있다. 중국은 진대에 '분서갱유(焚書坑儒)'로 문화가 크게 훼손되는 역사를 겪었고, 역대로 끊임없이 군사로 인한 화를 당했으나 조종의 역사 기록은 아무리 억압을 받아도 번성했다. 이 과정중 역사를 중시하는 전 민족적인 문화 의식이 중요한 작용을 했음은 의심할 여지가 없다.

은대의 문화와 주대의 문화

'무축 문화'와 '사관 문화'는 종교 의식과 현실 정신의 대표이며, 은대의 문화와 주대의 문화는 바로 무축 문화와 사관 문화의 전형적인 형태였다.

은대는 중국 역사상 사회 의식이 몽매한 때였으며, 귀신·무술·종교 미신을 매우 중요시한 시대이다. 반면, 주대는 현실주의의 이성 정신이 사상 의식과 통치 지위에 자리잡기 시작한 때였다. 비록 주대는 은대의 예의를 답습하고 정치 제도와 사상 문화상의 일정한 관계 계승을 표명했지만, 은대 사람의 종교 관념은 가장 심층의 문화 심리에 있어 이미 동요를 받게 되었다.

공자는 "은나라 사람은 신을 존경하여 백성들을 인솔해 신을 모셨고, 먼저 귀신을 섬기고 후에 예를 취했다. 주나라 사람은 예를 존중하며 이를 시행하는 것을 중요하게 생각하여 귀신 섬기는 것을 멀리하고, 사람을 가까이함을 중요하게 생각했다(殷人尊神, 率民以事神, 先鬼而後禮. …… 周人尊禮尙施, 事鬼敬神而遠之, 近人而忠焉)"(《禮記·表記》)고 하였다. 이것은 확실히 은대인과 주대인의 문화와 정신적인 근본 차이를 말해 주고 있다.

은대 사람의 종교 의식은 그리스인의 심미경향을 띤 종교 감정과는 다른 일종의 순수한 신앙·미신이었다. 상대의 정치 권력 구조 가운데 무당이 점을 치는 것은 극히 중요한 위치를 차지했다. 《상서·홍범》편에 상대 기자(箕子)가 정치를 권고하는 말이 기록되어 있어 문제를 잘 설명해 주고 있다.

군왕이 해결하기 어려운 큰 문제에 직면했을 때에는 먼저 자신의 마음에 물어보고, 다음에는 대신들에게 묻고, 다음에는 백성들과 상의하고, 다음에 거북점과 시초점을 쳐서 물어보시오. ……그리하여 자신의 마음이 따르고 거북이 따르고 시초가 따르면, 대신이 반대하고 백성이 반대한다 해도 길할 것이오. 대신들이 따르고 거북이 따르고 시초가 따르면, 자신이 반대하고 백성이 반대해도 길한 것이오. 백성이 따르고 거북이 따르고 시초가 따르면, 자신이 반대하고 대신들이 반대한다 해도 길할 것이오. 거북이 따르는 데 시초가 반대하고 대신들이 반대하고 백성이 반대하면, 안에서 하는 일은 길하고 밖에서 하는 일은 흉할 것이오. 거북과 시초가 다같이 사람이 계획하는 일과 어그러지면, 가만히 있으면 길하고 움직이면 흉할 것이오.

汝則有大疑, 謀及乃心, 謀及卿士, 謀及庶人, 謀及卜筮. ……汝則從, 龜從, 筮從, 卿士逆, 庶民逆, 吉. 卿士從, 龜從, 筮從, 汝則逆, 庶民逆, 吉. 庶民從, 龜從, 筮從, 汝則逆, 卿士逆, 吉. 龜從, 筮逆, 卿士逆, 庶民逆, 作內吉, 作外凶. 龜筮共違於人, 用靜吉, 用作凶.

여기에서 상대에는 어떤 중대한 일을 논할 때에 국왕·경사·서민과 복서(卜筮)·무사(巫師) 등 몇 부류의 사람들이 참가하는데, 이 중 결정권과 부결권을 행하는 사람은 무사라는 것을 알 수 있다. 무사의 권력은 왕의 권력을 능가한다. 이것은 정치 제도 자체의 규정이 아닌 무축 문화의 사회적인 심리에서 비롯된 것이다. 왜냐하면 신이 내린 직책을 받은 무축은 당시 사회의 최고 문화 계층으로 천지 조상과 현인류 사이의 매개이며, 신의 대변인이다. 그들이 하려는 일은 왕이 반대해도 할 수 있고, 그들이 생각하기에 해서 안 되는 일은 왕이 동의한다 해도 행할 수 없는 것이다.

상대 사회의 모든 문화는 신비한 분위기가 형성되어 있다. 점을 치는 신기한 춤, 청동기 그릇에 새겨진 흉악한 괴수는 우리들에게 신의 힘이 미치지 않은 곳이 없음을 말해 준다. 이러한 문화 분위기 중에는 신성(神性)만 있다면 법령을 위반한다 해도 감히 반대할 수 없었다. 상대 중기 이후의 현명한 군주 무정(武丁)에 대해 한 가지 신기한 이야기가 있다. 전하는 바에 의하면, 그는 즉위 3년이 되도록 국사를 돌보지 않았는데, 꿈에 홀연히 부열(傅說)이라는 성인을 만났다. 그래서 그의 모습을 그려내어 백관에게 명하여 찾도록 했는데, 마침내 죄를 짓고 노역을 하고 있는 사람 중에서 찾을 수 있었다. 무정은 즉시 그를 재상으로 등용했고, 귀족들은 이 일의 신비성으로 인해 감히 반대할 수 없었다. 무정 역시 부열을 임용한 후 쇠락한 나라를 부흥시킬 수 있었다. 무정의 이같은 일은 현명한 사람을 등용시키기 위한 책략이었으나, 이러한 책략을 실현시킬 때는 신령한 힘을 빌려야만 했던 것이다.

은대의 사회 관념이 신비한 신앙의 기초 위에 건립되었기 때문에 은대 사람은 사회 통치를 천지신령의 보살핌에 의지했고, 자신의 성공은 중요시하지 않아 종종 덕의 가르침과 예의 구속을 까맣게 잊곤 했다. 은대 귀족의 현실을 대하는 태도는 철저한 향락주의여서 음주가 당시 생활 방식의 중요한 특징이 되었다. 아둔한 군주로 유명한 주왕은 술로 연못을 만들고 고기로 숲을 만들었는데, 《상서尚書·무일無逸》에 "은왕 수(受)와 같이 혼미하고 어지러워 지나치게 술독에 빠져서는 안 될 것이다〔無若殷王受之迷亂, 酗於酒德哉〕"라고 하였다. 이 기록처럼 술 마시는 것이 당시 상층 사회에 유행되었다. 후세에 출토된 상대의 유물 중에는 주기(酒器)의 품종이 가장 풍부한데, 고고학자들은 상대 청동기의 조합은 주기의 조합이라고까지 여긴다. 은대에 술을 즐기는 것은 생활의 향락뿐 아니라 일종의 신비하고 황홀한 정신 세계로 가기 위한 필요일지도 모른다.

주나라 사람이 덕을 숭상하고 예를 존귀하게 여기며 실질적인 것을 귀하게 여기는 까닭은, 바로 은대 사람이 주색에 빠져 정치를 황폐하게 했던 교훈을 받았기 때문이다. 주대 사람이 평생 동안 철저하게 종교 관념의 속박을 타파하기는 불가능했지만, 적어도 무조건 귀신의 힘에만 의지해서는 안 된다는 것까지 의식했다. 원래 있던 종교 관념 중에 이성적인 요소를 주입시켜 은대 사람의 '제'를 '천'으로 바꾸는 동시에 '천'에게 이성적인 덕성을 부여했다. 《상서尙書·주서周書》 중에는 여러 가지의 '고(誥)' 즉 대고(大誥)·강고(康誥)·소고(召誥)·낙고(洛誥), 심지어 '주고(酒誥)'라는 편명까지 있는데 이들 '고'는 어진 임금과 현명한 철학자들의 사람에 대한 도덕적인 경계였다.

덕을 중시하고 예를 존귀하는 현실적인 이성이 점차로 사상의 통치 지위를 차지했기 때문에 은대에 성행한 무풍은 주대에 이르러 쇠락하기 시작했다. 무술을 행하던 사람들은 조정의 예식을 관장하는 춘관에 예속되었고, 정치상의 지위는 이미 왕실 사무와 정령(政令)이나 방교(邦敎)를 관장하는 천관·지관들보다도 못하게 되었다. 종교 관념의 쇠약과 무축 지위의 하락에 따라 이에 대신해서 일어난 것은 현실을 중시하는 신흥의 문화 계층—사관이었다. 그들은 통치자의 교사와 모사가 될 뿐 아니라 직접 왕조의 정령을 기초하는 일에도 참가했다. 국가 정치·사회 교육과 의식 형태 영역에서 사관은 중요한 작용을 한다. 이 방면에서 주대 사람은 은대 사람에 비해 매우 현실적이고 유물적이 되었다. 은대 사람의 신비한 귀신 숭배는 주대 사람의 이성적인 조상 숭배로 대체되었고, 이것은 문화 형태상, 특히 정치 문화상 '무축 문화'가 '사관 문화'로 대체된 것의 표현이다.

중원 문화와 초나라의 문화

중국 상고 문화의 주류가 되는 중원 문화는 너무 조급히 이성적인 성년에 진입했다. 이와 동시에 남방의 초문화는 여전히 동년의 환상 속에 머물러 있었다. 춘추 전국 시대에 이르러 중원 지역의 사관 문화가 전면적으로 정식으로 형성되었는데, 남방에서는 오히려 기이한 문화의 꽃인 초나라 지역의 무술 문화(巫術文化)가 성행하게 되었다.

초문화와 은대의 문화는 일종의 무술 문화였으나 둘 사이에는 확실히 다른 특징이 있다. 은대의 문화는 천지신명에게 복을 비는 것에 편중되어 있었으나, 초대의 문화는 농후한 신화 색채와 낭만적인 정취가 심어져 있다. 은대 사람이 기도하는 대상은 천지신명이고, 초나라 사람은 마치 원시의 다신 숭배에 머물러 있는 것 같다. 이러한 면에서 초나라 사람은 그리스인과 매우 유사하다.

초문화의 특이한 점은, 그것이 원시의 다신 숭배와 신화 이야기를 결합시켜 눈부신 신의 나라를 그려냈다는 데 있다. 천고에 명성을 남긴 《초사楚辭》는 초나라 지역 무술 문화의 최고 대표작이다. 굴원(屈原)은 초지역 문화의 정화와 자신의 고뇌·슬픔을 결합시켜 하늘을 감동시키고 귀신까지 울리는 천고의 명작을 써냈다. 이것은 다채로운 문사와 절박한 감정의 표현이기는 하나 초문화 중 구슬프고 은은한 신들의 이야기와 관계가 없지 않다. 굴원의 명작 《구가九歌》는 무당이 신에게 제사를 지내는 노래에서 직접적인 기원을 찾아볼 수 있다. 전설에 의하면, 하대에 《구가》가 있었는데 "하의 후가 하늘에 손님으로 있으면서 《구변》·《구가》 이하의 것들을 얻었다〔夏后開上嬪於天, 得《九辯》·《九歌》以下〕"(《山海經·大荒西經》)고 한다. 굴원은 《이소離騷》와 《천문天問》에서 《구변》·《구가》의 내력이 전설과 완전히 일치한다고 말한 적이 있다. 그러나 굴원 자신이 지은 《구가》는 초 지역 무술 음악에 대한 예술적인 정리이며, 이것을 빌려 자신의 생각을 표현해 낸 것이다. 동한의 왕일(王逸)은 《초사장구楚辭章句》 중에서 굴원이 《구가》를 지은 의도를 해석하는 동시에 굴원의 사부(辭賦)와 모든 초문화의 관계를 설명했다.

이전에 초나라의 남쪽, 원수(沅水)와 상수(湘水) 사이의 마을에서는 귀신을 믿고 제사 지내는 것을 좋아했다. 그 제사는 반드시 노래를 부르고 춤을 춤으로써 모든 신들을 즐겁게 했다. 굴원이 쫓겨나서 그 지방에 있게 되었고, 그 마음에 심한 고뇌를 안고 슬픔이 넘쳤는데 그는 마을 사람들이 제사를 드리는 예, 노래와 춤을 추어 신을 즐겁게 하는 말들이 비루한 것을 발견했다. 그리하여 《구가》의 곡을 지어 위로는 신께 공경을 다하고, 아래로는 자신의 억울함을 호소했고 이것에 기탁하여 풍자한 것이다.

昔楚國南郢之邑, 沅湘之間, 其俗信鬼而好祠. 其祠必作歌樂鼓舞以樂諸神. 屈原放逐, 竄伏其域, 懷憂苦毒, 秋思沸郁, 出見俗人祭祀之禮, 歌舞之樂, 其詞圖陋. 因爲作《九歌》之曲, 上陳事神之敬, 下見己之冤結, 托之以諷諫.

《구가》뿐 아니라 굴원의 기타 작품, 예를 들어 《이소》·《천문》·《초혼招魂》 및 후대 송옥(宋玉)이 지은 《구변》 등은 모두 이러한 무술 문화의 뿌리 위에서 건립된 것이라고 말할 수 있다.

초나라 무술 문화의 노래와 춤을 동반하는 예술성은, 그 자체로 하여금 중원 문화의 현실 이성 중에 없던 낭만 정신을 갖도록 했다. 초나라의 신화는 중원 문화 중 신화에 대한 삭막한 태도와는 달리 그것에 고도의 열정을 경주했다. 여기에서 중국 신화 중 가장 인정미 넘치는 정화가 보존되었다. 주신(主神) 동황태일(東皇太一)과 태양신 동군(東君)·운중군(雲中君)·상군(湘君)·상부인(湘夫人)의 이야기와 산귀신의 슬프고 애절한 이야기는 마치 한 폭의 오색찬란한 화집처럼 중국 문학 예술 사상 가장 먼저 낭만주의 조류를 형성하였다.

만약 《시경》이 중원 문화 중 현실주의 정신의 예술을 대표한다면, 《초사)는 초문화가 표현해 낸 중국 역사상 보기 드문 낭만주의의 전형이다. 한대의 반고(班固)는 《이소서離騷序》를 짓고, 《이소》는 허무의 일들을 말할 뿐 경전의 뜻과 부합하지 않는다고 여겼다. 그렇다! 그것은 확실히 예악 문화의 경전의 뜻과는 부합하지 않는다. 그러나 또한 경전의 뜻과 부합하지 않기 때문에 이성주의와 병행하는 또 다른 문화의 생명력을 유지하도록 했던 것이다.

제5장
심미 관념의 경제

1. 미(美)와 선(善)의 합일

공자가 논한 '소(韶)'와 '무(武)'

예악 문화는 유가의 심미관과 예술관 중에서 가장 충분하게 표현되었다. 이러한 심미관과 예술관의 최고 원칙은 바로 예술 이상과 사회 사상의 통일, 즉 미와 선의 통일이다. 예와 악 양자간의 긴밀한 결합 자체가 이러한 통일적 표상의 특징이다. 예는 사회 정치 윤리와 관련한 사회 관념과 전장 제도이고, 악은 바로 예가 자신의 사상 내용과 정감 의지를 빌려 나타낸 예술성과 심미성을 띤 표현 형식이다.

상주 시대에 흥기한 예악 문화는 정치 의향과 심미 의향의 표현 형식으로써 미와 선이 합일된 심리 기초를 안정시켰다. 공자를 대표로 하는 유가학파가 형성된 후에 이론적으로 미와 선의 관계를 검토하는 문제가 시작되었다.

> 공자께서 옛날 순임금의 소악(韶樂)에 대하여 "지극히 아름다울 뿐만 아니라 지극히 선하다"라고 비평하고, 무왕의 음악에 대하여는 "더할 나위 없이 아름다우나 선이 부족하다"고 비평하였다.
> 子謂《韶》: "盡美矣, 又盡善也." 謂《武》: "盡美矣, 未盡善也."(《論語 · 八佾》)

공자의 '진선진미(盡善盡美)'의 사상은, 유가의 미학 사상 중 최고의 심미적 이상과 관련해서 맨 처음 제기된 것이다. 이후부터 유가로 대표된 중국 정통 심미 관념 중의 미와 선은 분리되지 않았다. 왜냐하면 그것과 예악의 정치 문화는 매우 잘 맞았고, 이러한 이상의 표준 자체가 바로 예악 형식의 평가와 관련되어 제기된 것이다.

전하는 바에 따르면 《소韶》는 순임금 때의 악무이며, 순이 요임금의 뜻을 받들고 덕으로 천하를 밝힘에 대한 송찬 음악이라고 한다. 《예기·악기》 가운데 "소(韶)는 계승하는 것이다〔韶, 繼也〕" 하였고, 정현(鄭玄)은 이에 대해 "소는 소개한다는 소(紹)를 말한다. 즉 순이 요의 덕을 계승하여 소개할 수 있었음을 말한다〔韶之言紹也, 言舜能繼紹堯之德〕"라고 주를 달았다. 《상서尙書·익직益稷》에서는 "아홉 차례 소소(簫韶)를 변주(變奏)하니 봉황도 날아와 의식을 도왔다〔簫韶九成, 鳳凰來儀〕"라고 하여 화려하고 규모가 큰 악무로 위대한 선왕을 노래했는데, 그 내용과 형식이 완전히 통일되어 있어 사람을 감동시켰다고 한다. 공자가 제나라에서 《소》 음악을 들었을때 "3개월간 고기맛을 몰랐다〔三月不知肉味〕"고 할 정도로 취한 상태에 이르렀다고 한 것도 당연한 바이다.

《소》와 비교해서 무왕이 주를 벌한 것을 노래한 《무武》는 공자가 보기에 약간 뒤떨어진다. 비록 《무》도 덕으로써 포악을 벌한 위대한 공과 업적을 찬양하고, 광대하고 아름다운 악무 장면이 있을지라도 결국 무력을 찬양했기 때문에 유가가 이상으로 삼고 있는 평화의 덕과는 일단의 거리가 있었다. 그래서 공자는 그것을 "더할 나위 없이 아름답지만 선을 다하지는 못했다"고 했던 것이다.

예악문화는 심미적 의미의 형식을 가지고 있어 시작부터 그것의 외적 형상과 사상 내용이 고도로 통일되었다. 주대 아악 중 최고의 대표작은 소위 육대(六代)의 음악이며, 육무(六舞)라고도 한다. 그것은 운문(雲門)·대함(大咸)·대소(大韶)·대하(大夏)·대호(大護)·대무(大武)라고 일컫는다. 그들이 노래하는 것은 황제·요·순·우·성탕·무왕이다. 이같이 선조 성왕의 송덕을 찬양하는 악무에서 표현 형식상의 공통된 특징은, 장면이 광대하며 종과 북을 울리고 동작은 느릿하며 성조가 평탄하여 장엄한 분위기를 표출한다는 것이다. 이로써 후대 사람에게 선왕의 위대함에 대한 경건한 정을 표달하는 것이다.

《예기·악기》 중에서 "악은 안에서부터 나오고, 예는 밖에서부터 일어난다. 악은 안에서부터 나오기 때문에 고요하고, 예는 밖에서부터 일어나기 때문에 문식이 있다〔樂由中出, 禮自外作. 樂由中出故靜, 禮自外作故文〕"라고 했는데, 여기에서 악의 형식과 내용, 예의 형식과 내용은 완전히 결합되어 있다. 이러한 결합은 중국 고대 최고 예술 단계인 궁정아악의 심미적 이상을 결정했고, 또한 예악 문화의 정치적인 필요 때문에 모든 예술을 측량하는 미학의 표준으로 보급되었다.

'선'의 이념

예악 문화는 중국 예술 문화의 기본적인 격조를 결정했고, 형식과 내용의 통일은 미와 선의 통일이다. 현실 생활 중에 예악과 교화가 깊숙이 침투함에 따라 미와 선의 통일은 미와 선의 동일로 변형되어, 선이 미의 핵심이 되었고 예술이 추구하는 최고 이념이 되었다.

소위 선이라 함은 사회성의 현실적인 공리(功利)이다. 그리고 현실적인 공리는 중국 민족의 심리적인 심층에 자리잡고 있는 현실적 이성 정신의 특징이다. 현실적인 이성의 관념으로 사물을 대하면 반드시 사회의 공리 목적성을 갖게 되며, 예술과 현실을 대하는 미 역시 이와 마찬가지이다.

중국의 미학 사상은 맹아시기부터 강한 현실적 공리성을 가졌다. 이것은 '미' 자의 기원에서 설명될 수 있다. 《설문해자》에서 "미는 달다는 뜻의 감(甘)이다. 양을 따르고 대를 따른다. 양은 육축 중 주로 희생(犧牲)에 이용되었다. 미와 선은 같은 뜻이다〔美, 甘也, 從羊從大. 羊在六畜主給膳也, 美與善同意〕"고 하여, 양(羊)과 대(大)가 미(美)를 이루고 있으며, 양이 자라면 미가 되고 크게 자라서 살이 많이 찐 양은 사람의 물질 수요를 만족시킬 수 있으니, 이것이 바로 선이며 미라는 것이다. 어떤 학자는 이에 대해 양(羊)과 대(大)가 미(美)를 이루는 것이 아니라 양(羊)과 인(人)

이 미(美)가 된다고 했다. (전문(篆文)의 미(美)자는 한 사람이 머리 위에 양 머리의 장식물을 쓰고 춤을 추고 있는 형상이다.) 이러한 관점은 표면적으로 명백한 차이가 있다. 즉 양(羊)과 대(大)가 미(美)가 된다고 하는 것은 미(美)라는 것은 글자의 직접적인 공리성을 돌출시킨 것이요, 양(羊)과 인(人)이 미(美)자를 이룬다는 것은 그것의 예술적 형식감을 돌출시킨 것이다. 그러나 한층 더 깊이 들어가면 이러한 두 가지의 견해는 본질적으로는 차이가 없음을 발견하게 된다. 즉 미(美)자가 사람이 양머리를 쓰고 춤을 추고 있는 형상이라고 한다면, 중국 초기 문화 형태의 내용 중 두 방면의 뜻을 표현하고 있다. 첫째는 목축이 풍년이 들어 이를 경축하고 기원하는 것의 표현이고, 둘째는 천지신명께 제사를 드릴 때의 무술 무용이다. 어쨌든 그것은 현실 요구와 감정 희망의 표현 방식이다. 이것은 양(羊)과 대(大)가 미(美)를 이루든 양(羊)과 인(人)이 미(美)가 되든 모두 현실 이성의 표상이며, 선의 이념적 화신인 것이다.

미의 관념과 철학 사상이 산생된 이후부터 사람들은 이론면에서 미의 내재적인 함의와 가치 표준을 검토하지 않을 수 없었다. 초의 영왕이 화려하고 장엄한 장화대(章華台)를 건조하고 모사 오거(伍擧)에게 "장화대가 아름다우냐?"고 물었을 때, 오거는 이를 빌려 의론을 발표했다.

무릇 미란 상하·내외·대소·원근이 모두 해가 없어서 미라고 합니다. 만약 눈으로 보아 아름다우나 재물 궤짝에 넣어두는 것은, 백성들의 이익을 모아 이를 봉하므로 백성을 척박하게 하는 것이니 어찌 아름답겠습니까? ……아름다운 이름이 있으려면 오직 원근에 덕을 베풀어야 하며, 크고 작은 일을 편안하게 하여야 한다. 만약 백성의 이익을 갈취하여 사욕을 차리고자 백성을 괴롭혀 편안하고 즐거운 것을 잊도록 하면, 멀리하려는 마음이 있게 되고 그 악도 심하게 될 것이니 어찌 눈으로 볼 수 있단 말입니까?

夫美也者, 上下內外大小遠近皆無害焉, 故日美. 若於目觀則美, 縮於財用匱, 是聚民利以自封而瘠民也, 胡美之爲? ……其有美名也, 唯其施令德於遠近, 而小大安之也. 若斂民利以成其私欲, 使民菰焉忘其安樂, 而有遠心, 其惡也甚矣, 安用目觀?(《國語·楚語上》)

이것은 중국 역사상 미적 가치 표준과 함의에 대해 명확한 정의를 내린 최초의 논술이다. 이 논술은 미의 외관 형식을 부정하고, 그것의 현실적인 의의와 내재하는 선의 목적성을 토론했다. 이렇게 명확한 윤리 도덕적 의의를 가진 미학 사상은 줄곧 중국 미학 사상과 심미 관념의 주류가 되었다.

공자는 문제를 비교적 객관적으로 보아서, 미를 선과 동일시하는 것은 객관적인 현실 중에서 보면 사리에 어긋난다고 여겼다. 선은 내재하는 이성적 내용물이고, 미에는 외재적 감성 형식을 빠뜨려서는 안 된다고 했다. 그래서 공자는 《무》의 음악을 평가할 때 "지극히 아름다우나 선함이 모자란다"고 했던 것인데, 이것은 미와 선에는 두 가지 속성이 있어 분리해서 생각해야 한다는 그의 주장을 뒷받침한다. 왜냐하면 그는 미적 감관 유열성이 사람을 유혹하는 것을 보았고, 이러한 유혹은 현실적인 공리의 선에 해로운 것을 보았다. "나는 색(色)을 좋아하는 것만큼 덕을 좋아하는 사람을 본 적이 없다〔吾未見好德如好色者也〕."(《論語·子罕》) 여기에서 말한 '색'은 일종의 미적 유혹력이다. 미의 현실적인 역량은 객관적으로 존재하며, 공자는 바로 이 점에 주의했다. 그는 오거처럼 미를 완전히 인정하지 않은 것은 아니다. 공자는 미적 역량 자체를 부정하거나 말살하는 데 있었던 것이 아니라, 이러한 종류의 힘을 선의 궤도 쪽으로 인도하려 했다. 공자 본인은 예술을 매우 사랑했을 뿐 아니라 상당히 높은 예술적 수양을 가지고 있었다. 그의 미학관은 예술에 대해 예악 문화의 원칙에 부합하는 절대 표준을 제출한 것에 있다.

예의 정신은 선진 시대에 형성되었고, 송대의 이학 발전에 힘입어 정점을 이루었다. 마찬가지로 예악 문화가 이끌어 낸 미학 사상 역시 선진 시기에 선의 이념이 형성되고, 송대 이학에 이르렀을 때 절정을 이루었다. 공자는 미와 선의 구별됨을 보았으나 그들 둘을 대립된 위치에 두지 않고 선으로 미를 규범하고자 했고, 미의 형식을 이용해서 선의 내용을 위해 봉사하도록 했다. 그러나 정주이학(程朱理學)에서는 선에 대한 절대적 강조와 미에 대한 경시로 변화되었다. 정호(程顥)·정이(程頤)는 미와 예술을 선과 대립되는 것으로 생각했다. 정이는 시를 짓는 것은 "쓸데없는 언어"이고 "매우 해로운 일"이라고 보았고, 문장을 짓는 것은 "도를 해치는 것"·"쓸데없는 일에 빠져들어 자기의 지조를 잃어버리는 일"(《遺書》卷18 伊川語四)이라고 했다. 모든 문학과 예술은 무의미하며 현실적인 공리의 예악을 위해 일할 때에만 의의가 있는 것이다. "그러나 본래의 뜻을 말한다면 예는 다만 일개 서(序)이고, 악은 다만 일개 화(和)로, 이 두 글자는 많은 이치를 담고 있다. ……세상에 어느 사물도 예악이 없을 수는 없다〔然推本而言, 禮只是一個序, 樂只是一個和, 只此兩字, 含蓄多少義理. ……天下無一物無禮樂〕."(《遺書》卷18 伊川語四) 이와 마찬가지로 주희도 문과 도(미와 선) 양자간의 관계를 확실하게 지적해 내고 있다.

　도는 문의 근본이며, 문은 도의 지엽에 속한다. ……문은 모두 도에서 흘러 나오는 것이니 어찌하여 문이 거꾸로 도를 꿰뚫을 이치가 있단 말인가?
　道者文之根本, 文者道之枝葉. ……文皆是從道中流出, 豈有文反能貫道之理?(《朱子語類》卷139)

　이들 이학가들의 입장에서는 "문장에 도를 싣는다는 문이재도(文以載道)"로는 충분하지 않아 문장 자체가 바로 도라고 한다. 이것은 또한 미와 선의 통일만으로는 부족해서 반드시 미와 선의 동일시, 즉 선이 바로 미 자체라는 것을 말하고 있다.

　윤리와 도덕의 선(善)으로 예술의 형식미를 개괄적으로 규범하며, 정치의 표준으로 예술의 표준을 대체시키는 것은 예악 정신의 영향을 받은 중국의 미학 관념 중 가장 돌출된 특징이며, 또한 중국 역대의 문인 예술가가 정치적 문제를 초래한 문화적 근원이기도 하다.

중국의 예술 정신과 서양의 예술 정신

중국 역사상 절대적인 유미주의는 거의 없었고, 또 그리스인같이 자연에 대해 느끼는 미의 열렬한 추구도 없었다.

서양 예술 중에는 비너스같이 순수한 육체의 선에 대한 광적인 숭배가 있었고, 인간 · 자연에 대한 열정의 노래가 있었다. 그러나 중국의 예술 중에는 이러한 것들이 없을 뿐 아니라 본래 자연 감정에 속한 산수시 · 화조화(花鳥畵) 역시 모두 일종의 사회성이 깃들어 있는 감정과 도덕 의지의 전달 도구로 변했다.

중국 예술과 서양 예술은 상고 시대에 문화 정신상의 차이성을 표현해 냈다. 서양 예술은 자연적인 오락 작용에 편중하여 미를 추구했고, 중국 예술은 사회적인 교화 작용에 편중하여 선을 추구했다.

우리들이 보는 고대 그리스의 서사시와 희극을 총체적으로 말한다면, 사회적 도의를 중요시하지 않고 이야기 줄거리의 서술과 인물 성격의 묘사를 중시했다. 예를 들어 트로이 전쟁 같은 중대 사건을 묘사한 서사시도 정의와 비정의에 상관 없이 이야기 과정과 이야기 중의 인물의 개성을 객관적으로 묘사하기 때문에 아군 · 적군 할 것 없이 다 영웅이다. 유명한 비극 중에 사회 도덕과 관계 있는 노래는 매우 보기 힘들며, 대부분 사람이 자신의 운명을 이겨 나가는 것을 표현한 것이다. 《오이디푸스왕》은 계략을 썼지만 운명에서 벗어나지 못했고, 《속박당한 프로메테우스》는 주로 주인공의 운명에 대한 불굴의 반항 정신을 노래했을 뿐 고난을 구하는 숭고한 품덕은 돌출되지 않았다. 인류 문화 사상 보물인 그리스 건축과 조각은 어떤 도덕 이상도 지니지 않는 순수 형식미의 추구이다.

중국에서 예술이 먼저 고려해야 하는 것은 그것의 사회적 작용으로,
즉 현실에서 필요한 도덕적 규범과 정치적 이상의 필요에 부합하는가의
여부이다. 이 점은 중국 고전 예술의 가장 초기의 전형적 대표작인 시
(詩)와 악(樂) 가운데 매우 확실히 표현되어 있다. 《시경》은 고대 현실주
의의 본보기로 어진 황제에 대한 찬미와 공평하지 못한 현실에 대한 폭
로와 비판을 통해 명확한 사회 이상과 도덕 관념을 표현해 내고 있다. 악
(樂)은 형식이나 내용을 불문하고, 어떤 뜻에서는 심지어 예술의 범주에
서 벗어나 사회 정치 자체로 변화했다. "소리와 음의 도는 정치와 통한다
〔聲音之道與政通〕"·"소리를 살피면 음을 알게 되고, 음을 살피면 악을 알
게 되며, 악을 살피면 정치를 알게 된다〔審聲以知音, 審音以知樂, 審樂以
知政〕."(《禮記·樂記》) 정치의 공리성은 예술을 가늠하는 최고의 가치 표
준이다. 시가와 악무처럼 사회 내용을 직접 담고 있는 예술 형식 외에 후
대에 일어나 자연을 대상으로 하는 산수시·산수화·화조화 등 역시 확
실한 사회적 의미를 담고 있다. 그들은 혹은 맑고 고원한 자연산수 중에
서 모종의 사회 생활의 이상을 기탁하기도 하고, 혹은 화초·새·짐승의
자연 형태를 빌려 특정한 도덕의 질을 표현해 내고 있다.

현재 보편적인 관점은 고대 예술에 대해 서양은 객관을 중시하고 재현
을 중시하는 반면, 중국은 주관적인 것을 중시하고 표현을 중시한다는
것이다. 이같은 특징은 그림과 조각 중에 더욱 확실하게 드러난다. 그러
나 이러한 종류의 관점의 단면성은 그것의 표면적인 현상, 즉 순수 형식
상의 겉으로 드러난 특징을 보았다는 데 있다. 사람들이 보는 것은 서양
풍경화의 초점투시(焦點透視)와 중국 풍경화의 산점투시(散點透視)이며,
또 서양 인물화와 조각 중의 엄격한 비례와 중국의 인물 회화와 조각 중
에서 임의로 과장된 변형이다. 이러한 차이에서 그것의 심층적인 문화적
원인을 찾아볼 수 있다. 초점투시와 산점투시의 차이는, 실제로는 서양
철학 정신의 논리성과 중국 철학 정신의 직관적인 예술 관찰상의 표현이
다. 서양은 인체 예술이 완벽한 반면 중국은 이 방면에서 취약함을 면치

못하는데, 이는 그리스의 올림픽 정신과 중국 예교 정신의 나체를 대하는 태도의 차이에서 야기된 것이기 때문이다. 그러므로 중국 미술 중의 산점투시와 임의변형이라는 표현 형식상의 주관성으로 중국 예술의 표현성을 결코 설명할 수 없다. 그리고 실질적으로 예술의 내용과 그것이 나타내는 문화 심리에서 보면, 서양 예술은 표면적이고 객관적인 묘술과 심미의 오락성을 통해 그들의 생활에 대한 열정과 개성 및 자유에 대한 추구를 표현해 낸다. 중국 예술은 표면적이고 주관적인 정신 표현 중 가장 객관적인 사회 이성과 현실의 도덕 의지를 잠재시키고 있다.

만약 서양인이 예술에서 자유 생활에 대한 감성 추구를 마음껏 할 수 있고, 심지어 방종한 상태로까지 도달한다면 중국 예술 역시 하나의 극단, 즉 일종의 절대적인 사회 이성과 도덕 율령으로 사람의 자유를 구속하는 데까지 발전할 것이다. 본시 사람의 감정 욕구로 인해 산생된 '악'도 예를 실행하기 위한 도구로 변화되었다. "공자께서 말씀하시기를 예란 것은 또한 도리이다. 악이란 것은 또한 절제하는 것이다〔子曰: 禮也者, 理也; 樂也者, 節也〕."(《禮記·中尼燕居》) 이것이 바로 중국 예술의 근본적인 사상 특징이다.

"용이 날고 봉황이 춤을 춘다〔龍飛鳳舞〕"

중국 예술 중 이성의 절제와 선(善)의 추구는 그 자체 형식의 풍성함과 색채의 찬란함을 감소시키지는 않았다. 중국의 고대 예술은 형식상으로 찬란하고 화려하여 그리스에 뒤지지 않으며, 어떤 측면에서는 심지어 그리스를 능가한다. 소위 '용비봉무'라고 하는 것은 바로 이러한 찬란한 예술적 형상의 표현과 특징이다.

중국의 고대 예술은 그리스 예술과 비교하면 상징적인 특징을 가지고 있다. 그리스 민족은 문명에 진입한 이후 고대 토템 숭배의 문화 유적은 거의 없어졌다. 그러나 중국에서는 조상에 대한 중시로 인해 문명 시기에 들어선 이후 씨족 토템 숭배의 원시 형상은 여전히 예술 가운데 장기 보존되었다. 그리고 그 자체와 문화 정신의 부합으로 인해 발양광대하게 되었다.

중국 민족의 상징인 용에 대해 학술계에서는, 중국 민족의 고대 시대 뱀토템의 숭배라고 생각하고 있다. 그것은 뱀의 몸이 주체로 "동물류의 네 발과 말의 털, 갈기와 같은 꼬리, 사슴의 다리, 개의 발톱, 물고기의 비늘과 수염"(聞一多 《伏羲考》)을 갖고 있다고 하였다. 그것은 아마도 뱀토템 위주의 씨족 부락이 기타 토템의 씨족 부락과의 전쟁에서 승리하고 융합함으로써 형성된 부족 연맹의 공동 표시였을 것이다. 중국의 고대 신화 가운데 각 신의 형상은 사람의 머리에 뱀의 몸을 한 인수사신(人首蛇身)이 가장 많다. 인류의 조상인 여와와 복희 역시 사람의 머리와 뱀의 몸을 하고 있다. 전설 시대의 성왕 역시 용과 밀접한 관계가 있다. 전욱이 용을 타고 사해를 다니며, 제곡은 봄과 여름에 용을 탔고, 하후는 두 마리의 용을 탔고, 황제는 용을 타고 하늘에 올랐다는 전설 등이 그것이다.

이것들은 모두 용과 뱀의 형상과 그것과 상관된 각종 관념을 설명하여, 이미 중국 민족 조상 숭배의 전통 의식과 관련해서 떼어낼 수 없는 일부분이 되었다. 중국인은 스스로를 용의 후계자라고 하며, 중국의 황제를 '천자' 또는 '용종(龍種)'이라고 칭했다. 중국의 민간놀이 중의 용무(龍舞)·용주(龍舟)·용등(龍燈) 같은 갖가지 이상하고 다채로운 모습은 민족 정신과 열정을 격려하는 상징 부호이고, 천자의 용포(龍袍)·용기(龍旗)·용가(龍駕)는 천자의 권위를 대표하는 성스러운 물건이다.

만약 용이 일종의 원시 토템 숭배에서 조상을 숭배하는 자연성의 부호로 변화된 것이라면, 봉황은 사회 의식을 더욱 갖추고 있는 상징물이다. 봉황 역시 일종의 토템 표시가 변화되어 내려온 것으로 매우 많은 부족의 기원과 밀접한 관계가 있다. 전하는 바에 따르면, 상대의 선조는 현조(玄鳥)와 상관이 있다고 한다. "은대에 설의 모친은 간적이었다. 유융씨의 딸이며 제곡의 후비가 되었다. 세 사람이 목욕을 하는데 현조가 알을 떨어뜨리는 것을 보고 간적이 이 알을 삼켰다. 그후에 태기가 있어 설을 낳았다〔殷契母曰簡狄, 有娀氏之女, 爲帝嚳次妃. 三人行浴, 見玄鳥墮其卵, 簡狄取吞之, 因孕生契〕."(《史記·殷本紀》)《시경詩經·상송商頌·현조玄鳥》에도 "하늘이 현조에게 명하여 지상으로 내려가서 상(商)을 낳도록 했다〔天命玄鳥, 降而生商〕"고 기록되어 있다. 현조는 검은색 제비로 대체로 용과 같으며, 종합적인 변천 과정을 통해 후대의 봉황으로 변화한 것이다. 중국 고대의 별자리 중 동서남북의 사방을 대표하는 네 가지 영물(靈物)은 창룡(蒼龍)·주작(朱雀)·백호(白虎)·현무(玄武)이며, 그 가운데 주작이 바로 봉황이다.《설문해자》에서는 봉황의 형상에 대해 이렇게 설명하고 있다.

　봉황은 신조(神鳥)이다. 천로가 말하기를 "봉황의 형상은 앞은 기러기이고 뒤는 기린, 뱀의 목에 물고기 꼬리, 황새의 이마, 용 무늬와 호랑이의 등, 제비의 아래턱 닭의 부리 등 오색을 다 갖추고 있다. 동방군자의 나라에서 나와 사해 밖을 비상하여 곤륜을 지나 황하 가운데의 지주에서 물을 마시고, 약수에 날개를 씻고 어두워지면 풍혈(風穴)에 머무른다. 그것을 보게 되면 천하가 편안하다."

　鳳, 神鳥也. 天老曰: "鳳之象也, 鴻前麟後, 蛇頸魚尾, 鸛顙鴛思, 龍文虎背, 燕頷鷄喙, 五色備擧. 出於東方君子之國, 翱翔四海之外, 過昆侖, 飮砥柱, 濯羽溺水, 莫宿風穴. 見則天下安寧."

이처럼 오색이 찬란하고 동방군자의 나라에서 나와 사해를 날아다니는 상서로운 새는, 재앙을 없애고 복을 비는 원시 시대의 바람과 희망을 확실하게 표현했다. 그리고 《산해경·남차삼경》 중의 묘사는 예악 문화의 농후한 의식이 더욱 다분히 담겨 있다.

단혈산에…… 새가 있다. 그 모습은 닭과 같고, 다섯 가지 색에 무늬가 있는데 이름을 봉황이라 한다. 목의 무늬는 덕(德), 날개의 무늬는 의(義), 등의 무늬는 예(禮), 가슴의 무늬는 인(仁), 배의 무늬는 신(信)이라고 한다. 이 새는 먹고 마시는 게 자연스러우며, 스스로 노래하고 춤을 추는데 그것을 보게 되면 천하가 편안하다.

丹穴之山…… 有鳥焉, 其狀如鷄, 五采而文, 名曰鳳凰. 首文曰德, 翼文曰義, 背文曰禮, 膺文曰仁, 腹文曰信. 是鳥也, 飮食自然, 自歌自舞, 見則天下安寧.

얼마나 숭고하고 미묘한가? 여기에서 그는 이미 단순하게 상서로운 희망일 뿐 아니라 사회 정치 도덕 관념의 상징으로 변하고 있다.

용과 봉의 형상은 중국 의식 형태 중의 예와 악·사회 윤리와 문학 예술·선과 미 등이 직접 통일되어 있고, 가장 전형적인 뜻을 갖추고 있는 대표적인 형상이라 할 수 있다. 용은 조상 숭배와 최고권력 상징의 성물(聖物)로서 위풍당당하며 결코 침범할 수 없는 숭고한 뜻으로 변화했고, 봉황은 사회 정치 윤리의 건조한 설교로 하여금 노래가 있고 춤이 있는 예술적 풍채를 지니게 했다. 용은 제왕의 위엄을 나타내는 대표적인 것이며 봉황은 현명하고 덕스러운 정치의 상징이고, 용은 사람으로 하여금 장엄하고 웅장함을 느끼게 하고 봉황은 우아하고 친근함을 느끼게 한다. 용이 날고 봉황이 춤추는 찬란함은 예의 설교로 하여금 사람의 마음에 파고드는 미적인 힘을 갖게 했다. 용과 봉은 미의 상징일 뿐 아니라 그 자체가 가지고 있는 내재적인 뜻 때문에 선의 화신이 되었는데, 이러한 선은 가장 직접적인 사회 공리 목적의 구현이다.

그러므로 이전의 선왕께서는 덕이 있는 자를 숭상하고 도가·있는 자를 높이고, 유능한 사람을 등용하고 어진 사람을 천거하여 좌우에 두었으며, 또 대중을 모아 놓고 이를 서약했다. 그러므로 하늘의 높음으로 말미암아 하늘을 섬기고 땅의 낮음으로 말미암아 땅을 섬겼다. 명산을 빌려 하늘에 고하는 봉선을 행하고, 양지를 향한 길토를 빌어 교외에서 상제에게 제사를 올린다. 하늘에 옥책을 올려 성공을 고하니, 봉황이 내려오고 거북과 용이 모두 이른다. 교외에서 상제에게 제사를 올리니, 바람과 비가 알맞게 오고 추위와 더위가 때에 맞았다. 이런 까닭으로 성인이 남면(南面)하여 천하가 잘 다스려졌다.

是故昔先王尙有德, 尊有道, 任有能, 擧賢而置之, 聚衆而誓之. 是故因天事天, 因地事地, 因名山升中於天, 因吉土饗帝於郊. 升中於天而鳳凰降, 龜龍假; 饗帝於郊而風雨節, 寒暑時. 是故聖人南面而立, 而天下大治.(《禮記 · 禮器》)

성왕과 명군이 덕치를 중히 여기고 예에 따라 일을 수행하면, 하늘에서 봉황 같은 상서로운 동물이 내려와서 인류를 보우할 것이며, 이로써 정치 안정을 도모하게 되고 바람과 비가 순조롭고 천하가 크게 다스려질 것이다. 바로 이렇기 때문에 "아홉 차례 소소(簫韶)를 변주(變奏)하니 봉황도 날아와 의식을 도왔다"고 한 것이며, 봉황 같은 성서로운 동물의 출현은 바로 순의 큰 덕에 대한 보답인 것이다.

2. 시교(詩敎)와 악교(樂敎)

시(詩) · 악(樂)과 예(禮)

중국의 예교는 교화 수단인 감정과 이성의 화합을 매우 강조하며, 시교와 악교를 통해 구체적으로 표현된다. 예악 문화 자체에 시와 악의 성분,

즉 예 ·악 ·시가 유기적으로 구성되어 있다. 예악 문화 중에서 말하는 '악'은 당연히 시를 포함하고 있어 시가 ·음악 ·무용 등 여러 형식이 통일된 종합 예술 체계이다. 그러나 중국 고대에 시가방면의 거대한 성취는 악의 독립성보다 더욱 강한 예술 형식이 되게 했다.

시교(詩敎)를 구체적으로 말하면 《시경》의 사회교화이다. 《시경》은 역대 유가의 필수 교과서였다. 《시》가 '경'이 된 것 자체가 이를 매우 잘 설명해 준다. 항간의 가요에서 지어진 것과 조정 ·종묘 악가 등의 가사인 시집이 사회 정치 윤리 교화의 경전이 된 것은 다른 국가에서는 찾아보기 힘든 일이다. 이러한 현상 자체가 중국 문화 중의 현실주의 정신과 이러한 정신적 영향 아래서 행해지는 정치와 예술 쌍방의 의지 관계를 설명한다. 정치는 예술에 대해 매우 높은 통치권력을 갖추고 일종의 절대적 도덕 계율로 예술을 규범한다. 다른 면에서 정치는 또 예술의 현실 작용의 도움을 절대적으로 필요로 한다. 이러한 작용은 다른 것으로의 교체가 불가능하다. 주희는 《시경》을 논할 때, 이것에 대해 확실한 자기 의견을 말하고 있다.

이 시가 경전이 된 까닭은, 이로써 사람의 일이 천하를 순환하게 되고 천도가 그 위에 갖추어져 있어 어느것 하나도 갖추어지지 않음이 없다는 것에서이다. 그렇다면 그 학문은 어떻게 하는 것인가? 책의 이남(二南; 즉 《주남》 ·《소남》 두 편)으로 그 단서를 구하면 열국의 변화를 참고할 수 있고, 아(雅)를 바로 하여 그 규범을 확대할 수 있고, 송(頌)과 화합하여 그 그침을 요하게 되니 이것이 원래 시의 요지이다. 그러므로 장구(章句)로 그것을 망라하고, 훈고로 그것을 기록하고, 읊조리고 외우므로 그것을 번영케 하고, 은덕을 입으므로 그것을 본받는다. 은미한 성정을 살피고 언행을 살피는 것은 국가 정치의 시작이다. 즉 몸을 수양하여 가정에 이르면 천하의 도가 균형을 이루게 된다. 그것은 또한 달리 구하지 않더라도 이것에서 얻게 되는 것이다.

此詩之爲經, 所以人事浹於天下, 天道備於上, 而無一理之不具也. 曰: 然則其學之也當奈何? 曰: 本之二南(卽《周南》·《召南》二篇—作者) 以求其端; 參之列國以盡其變; 正之於雅以大其規; 和之於頌以要其止, 此原詩之大旨也. 於是乎章句以綱之, 訓詁以紀之, 諷詠以昌之, 涵濡以體之. 察之情性隱微之間, 審之言行樞機之始, 則修身及家, 平均天下之道. 其亦不待他求而得之於此矣.(朱熹《詩經傳序》)

《시》는 매편마다 현실적인 교화 작용을 갖추고 있다. 성인들이 지은 아와 송 같은 음뿐 아니라 민간 백성에서 풍정을 노래한 가요도 채집하고 있다. 그 시들 속에 내재하는 뜻은 선을 향하고 덕을 따른다는 의지이며, 현실에 있어서는 선과 악의 시비와 사악함을 물리치고 징벌하는 것이므로 "그 말이 모두 가르침이 되기에 충분하다〔其言皆足以爲敎〕"(朱熹《詩經傳序》)고 하였다.

《시》와 마찬가지로 악도 일종의 예술 형식으로 중요한 정치교화의 뜻을 가지고 있다. 다른 점이 있다면, 악은 시에 비해 내용의 범주가 더욱 광범위하고 형식상의 의전성(儀典性)으로 인해 예와 직접 합을 이룬다는 특징이 있다. 악이 시처럼 확실하고 명백한 언어로 사람의 정감 의지를 직접적으로 표달할 수는 없으나, 소리의 크기와 박자의 장단으로 심미성의 추상적인 형식을 가지고 사람의 정감 태도와 심리 의향을 표현한다.

무릇 음이 일어나는 것은 사람 마음의 움직임에 따라 생기는 것이다. 사람의 마음이 움직이는 것은 외물(外物)에 접촉하여 마음으로 하여금 그렇게 움직이게 만드는 것이다. 마음이 외물에 감촉하여 움직이는 까닭에 소리가 되어 나타난다. 소리에는 원래 청탁과 완급·고하의 구별이 있는데, 이런 소리가 상응하기 때문에 이에 변화가 생긴다. 즉 변화하여 곡조가 되는데, 이를 음이라고 한다. 음을 비교하고 조화하여 이를 악기에 시행하고, 또 간척이나 우모를 잡고 곡조에 맞춰 춤추는 것, 이것을 악이라고 한다. 악은 음에 의해서 생긴다. 그리고 그 근본은 사람의 마음이 사물에 감동하는 데 있는 것이다. 이런 까닭으로 그 슬픈 마음이 감동할 때에는 그 나타나는 소리가 목쉰 듯하여 낮고 약하며, 그 즐거운 마음이 감동할 때에는 그 나타나는 소리가 풍부하고 크고 느리며, 그 기쁜 마음이 감동할 때에는 그 나타나는 소리가 높게 올라가서 빠르고 차분하지 못하며, 그 노여운 마음이 감동할 때에는 그 나타나는 소리가 거칠고 격심하며, 그 공경하는 마음이 감동할 때에는 그 나타나는 소리가 곧고 딱딱하며, 그 사랑하는 마음이 나타날 때에는 그 나타나는 소리가 평화롭고 부드럽다.

凡音之起, 由人心生也. 人心之動, 物使之然也. 感於物而動, 故形於聲, 聲相應, 故生變, 變聲方謂之音, 比音而樂之及干戚羽旄, 謂之樂. 樂者, 音之所由生也. 其本在人心之感於物也. 是故其哀心感者, 其聲噍以殺; 其樂心感者, 其聲嘽以緩; 其喜心感者, 其聲發以散; 其怒心感者, 其聲粗以厲; 其敬心感者, 其聲直以廉; 其愛心感者, 其聲和以柔.(《禮記 · 樂記》)

악은 바로 사람의 마음이 외물에 느끼면서 움직이게 되는 산물이기 때문에, 그것에는 인성의 자연적인 특징과 감정을 계발하는 감성의 형식이 있다. 그러나 이러한 자연 정감에 절제가 따르지 않는다면 이성주의의 정신적 통치를 위협하게 된다. 그러므로 예는 반드시 음악에 대해 절제와 규범을 요구하는 동시에 사람의 마음을 움직이게 할 수 있는 예술 형식을 빌려 자신의 업무를 수행하는 것이다.

이러한 까닭으로 선왕은 민심을 감동시키는 데 있어 그 계도의 방법을 신중히 하였다. 그러므로 예로써 그 뜻을 이끌었고, 악으로써 그 소리를 조화시켰고, 정치로써 그 행동을 하나로 만들었고, 형벌로써 그 간사함을 막았다. 이렇듯 예악형정(禮樂刑政)의 네 가지는 서로 다르다 할지라도 그 이르는 극점은 하나이다. 즉 모두가 민심을 동일화하여 치국평천하의 도를 이루도록 하는 것이다.

是故先王愼所以感之者. 故禮以道其志, 樂以和其聲, 政以一其行, 刑以防
其奸. 禮樂刑政其極一也, 所以同民心而出治道也.(《禮記·樂記》)

정치적으로 절대적인 통일을 이루기 위해서는 사회 의식이 통일되어야
하며, 그것은 민심의 절대적인 통일에서 기인한다. 그리고 이 점이 바로
예악형정의 공통된 목적이다. 그러나 "민심을 동일화한다"는 이 목표를
실현시키기 위해 가장 좋으면서, 심미성의 도움을 비는 사람의 감정을 유
발시키는 데 예술 이상의 것은 없다.

중국 고대의 성인은 정치와 예술 양자간의 관계를 잘 이해했다. 그들은
둘의 관계를 교묘하게 협조할 줄 알아 사회 공리의 기초 위에서 통일을
이루었다. 공자는 "예에 통달했으나 악에 통달하지 않은 것을 소(素)라
하고, 악에 통달했으나 예에는 통달하지 않은 것을 편(偏)이라 한다〔達於
禮而不達於樂謂之素, 達於樂而不達於禮謂之偏〕"고 하였다. 예가 있고 악이
없다면 사람을 흡수하지 못하는 간단한 설교에 그치기 쉽고, 반대로 악
만을 고집하며 예로써 규범을 짓지 않는다면 듣고 보는 즐거움만을 추구
하는 편협한 지경에 이르기 쉬울 것이다. 진호(陳澔)는 "그런즉 예악의 도
란 학자가 예악이 서로 이용되는 원칙을 알 수만 있다면, 소(素)와 편(偏)
의 지경에 빠지지 않는다〔然則禮樂之道, 學者能知其相爲用之原, 則無素與
偏之失矣〕"(陳澔《禮記集說·孔子閒居篇》疏)라고 하였다. 여기에서 '소'와
'편'에 관하여 유가 사상 중의 예와 악·정치 내용과 예술 형식간의 상호
작용의 기본 원칙을 명확하게 말했다. 총체적으로 말하면, 《악기》에서 소
위 "선왕이 예악을 제정한 것은 입과 배·귀와 눈의 욕망을 극대화하는
것이 아니다. 이로써 백성에게 좋고 나쁨과 인도(人道)의 옳음을 가르친
다〔先王之制禮樂也, 非以極口腹耳目之欲也, 將以敎民平好惡而反人道之正
也〕"라고 했듯이, 악이나 예술의 목적은 오락·감상에 있지 않고 사회 정
치의 교화 작용에 있는 것이다.

'화(和)'의 경계

중국 심미 관념의 최고가는 가치 표준은 '선(善)'이다. 그러나 선은 결국 사회 공리 방면을 개괄하는 추상적 범주이며, 구체적인 예술 표현 형식에서 도달하려는 실제 요구를 말한다면 선은 더욱 직접적인 미학 범주 ─'화'를 표현하게 된다.

예로는 그 뜻을 진술하며, 악으로는 그 소리를 조화시킨다. 악은 천지의 조화이다. 악은 조화로움의 극치이며, 예는 순조로움의 극치이다.
禮以道其志, 樂以和其聲. 樂者天地之和也. 樂極和, 禮極順.(《禮記·樂記》)

공경함은 예이고, 조화로움은 악이다.
恭敬, 禮也; 調和, 樂也.(《荀子·臣道》)

성인의 악은 조화로움일 뿐이다.
聖人之樂, 和而已矣.(阮籍《樂論》)

중국 고대에 악에 대해 논한 기록을 살펴보면, '화'는 악과 상관된 모든 예술의 직접적인 미학 표준이다. 그러나 이 형식미의 기본 원칙인 화(和)는 실제적으로 더욱 심각한 중국의 전통 문화 관념이라는 함의를 가지고 있다. 이것은 치우침이 없고 넘치지도 않는 '중용'인 것이다. 악무(樂舞) 예술의 '화'는 일종의 원칙으로, 그것은 종·북·거문고와 비파·음조의 화합·노래의 높낮이의 평탄·무용의 진퇴 동작의 조절로써 격렬하지도 침체되어 있지도 않은 감정과 심리를 표달한다. "희로애락이 나타나지 않는 것을 중(中)이라 하며, 드러난 중에도 이를 절제하는 것을 화(和)라고 한다〔喜怒哀樂之未發, 謂之中; 發而皆中節, 謂之和〕."(《中庸》) '화'의 실질은 바로 모종의 절제된 감정의 표현이다. 공자는 《시경》의 《관저關雎》를 평가하여 "즐거우나 음탕하지 않고, 슬프나 마음을 상하게 하지 않는다〔樂而不淫, 哀而不傷〕"고 했으니, 이것이 바로 '화'의 원칙 중 가장 전형적인 모습이다. 그리고 공자의 이러한 예술 평론의 구체적 관점이 원칙이 되어 후세에 예술 작품을 평가하는 기본적인 미학 척도가 되었다.

'화'는 절제성이 있으므로 이 점에서 예의 기본 정신과 완전히 일치한다. 이것은 또한 예와 악이 완전한 통일을 이룰 수 있는 기초이다. 그러나 악과 예를 각 사회 현실과 사람의 감정에 대한 작용에서 본다면 차이가 있다. "악은 천지의 조화로움이요, 예는 천지의 질서이다. 화한 까닭으로 백물이 모두 변화하고, 질서가 있으므로 모든 사물이 분별이 있다〔樂者天地之和也, 禮者天地之序也. 和故百物皆化, 序故群物皆別〕"(《禮記 · 樂記》)고 하였다.

예의 엄격함은 상하귀천의 등급 질서를 확실히 하는 데 있고, 악의 화합은 인심을 감화하고 사람들로 하여금 친하고 서로 화목하며 친목하는 데 있다. "악은 동(同)이고, 예는 이(異)이다. 동은 서로 친함이요, 이는 서로 공경함이다. ……예의가 세워져 귀천의 등급이 생겼고, 악문(樂文)이 같아져 상하가 화합하게 되었다〔樂者爲同, 禮者爲異, 同則相親, 異則相敬. ……禮義立則貴賤等矣; 樂文同則上下和矣〕."(《禮記 · 樂記》)

악과 예가 형식과 내용면에서 구별이 있다는 것은, 다만 예로 다스려지는 사회 질서라는 공통된 목적 아래에서 임무가 다를 뿐인 것이다. 그들은 모두 "사해 안에서 공경으로 합치고 사랑으로 뭉쳐 하나가 된다〔四海之內合敬同愛〕"는 사회 이상을 표현하고 있다.

'화'는 악이 추구하는 최고 경지이다. 이러한 경지는 중국의 천계철학(天啓哲學) 중에서 심리 근거를 찾을 수 있다. 악의 음성과 반주는 자연의 형식으로 천지만물에서 기인된 자연의 형식이다. 악의 화합 역시 당연히 천지자연의 조화에서 기인한다.

지기는 위로 올라가고 천기는 아래로 내려와서 음양의 두 기가 서로 갈고 천지가 서로 감응한다. 그렇지만 아직 화성(化成)되지 않았으므로, 이를 우레와 벽력으로 고동시키며, 바람과 비로 이를 분기시키고, 사철의 변화로써 이를 변동시키고, 일월의 빛으로써 이를 따뜻하게 하며, 이리하여 만물이 변화하여 이루어진다. 이와 같으니 악이란 천지의 화합이다.

地氣上齊, 天氣下降, 陰陽相摩, 天地相蕩. 鼓之以雷霆, 奮之以風雨, 動之以四時, 煖之以日月, 而百化興焉. 如此, 則樂者天地之和也.(《禮記·樂記》)

천지음양의 조화로운 운행은 자연과 만물이 생동감 있고 질서정연하기 위한 근본적인 조건이다. 그렇다면 인간 사회의 순조롭고 협조하는 관계 역시 사회의 고유한 질서가 평온하게 발전하는 조건이 되는가? 당연히 예외는 아니다. 자연의 조화는 악(樂)의 조화의 내원이고, 사회의 조화는 바로 악의 조화의 최종 목적인 것이다.

그러므로 악은 종묘 중에서 군신·상하 일동이 이것을 들을 때에는 누구나 화합하고 공경하게 된다. 종족의 장인 향리 중에서 연장자와 연소자가 함께 이를 들을 때도 또한 화합하고 유순하게 된다. 집안에서 부자·형제 일동이 이것을 들을 때에는, 또한 모두 화합하고 친목하게 된다. 그러므로 음악이란 사람의 음성을 자세히 관찰하여 조화된 음을 정하고, 여러 가지 악기를 비교하여 음절을 다듬고 정돈하며, 이를 절주하고 음성을 합성시켜 문채를 이루는 것이다. 그러므로 부자·군신간을 화합케 하고, 만민을 따르게 하고 친하게 하는 것이다. 선왕께서는 이를 동방에 세우셨다.

是故樂在宗廟之中, 君臣上下同聽之, 則莫不和敬. 在族長鄕里之中, 長幼同聽之, 則莫不和順. 在閨門之內, 父子兄弟同聽之, 則莫不和親. 故樂者審一以定和, 比物以飾節, 節奏合以成文, 所以合和父子君臣附親萬民也, 是先王立東之方也.(《禮記·樂記》)

악이 사람의 마음에서 생겨나게 된 것은 "사물에서 감흥을 받아 마음이 움직인[感於物而動]" 결과이다. 그러나 사람의 마음이 사물에서 감흥을 받아 움직이는 자체는, 오히려 옳고 그름과 정사(正邪)라는 구분이 있어 사회 윤리의 현실적인 요구에 부합되는 것은 아니다. 그러므로 악이 사회 교화라는 공리 목적에 도달하고자 한다면, 반드시 그것의 자연과의 조화 형식으로 예의 요구 밖에 존재하는 사람들의 정감과 의지를 규범지어야 한다. "악은 즐거움이다. 군자는 도로 즐거워하고, 소인배는 그 욕망으로 즐거워한다. 도로 욕망을 제재하고 악으로 어지럽지 않도록 한다. 욕망 때문에 도를 망각하면 미혹되어 즐겁지 않게 된다. 그러므로 군자는 정을 감소시켜 그 뜻을 조화시키고, 악을 넓혀 그 가르침을 이룬다[樂者樂也, 君子樂得其道, 小人樂得其欲. 以道制欲, 則樂而不亂. 以欲忘道, 則惑而不樂. 是故君子反情以和其志, 廣樂以成其教]."(《禮記·樂記》) 천지음양의 조화에서부터 감정과 지혜의 조화에 이르고, 다시 현실 윤리의 조화에 이르기까지가 바로 악이 준거하는 이성적인 도로이다.

예로써 다스리는 것과 형벌로 다스리는 것을 비교해 보면, 예는 내심의 수양이고 형벌은 외적인 강제이다. 그렇다면 예악 문화 중 또 내외의 차이가 있다고 할 수 있다. 여기에서 예는 외적인 윤리의 규범이며, 악은 내적인 감정의 도야이다. 이 둘은 협동하여 사회 관계의 화순에 도달하게 된다. 《악기》의 말을 빌린다면, 바로 "악은 내부에서의 움직임이며, 예는 외부에서의 움직임이다. 악이 극도에 달하면 화하고, 예가 극도에 달하면 순통하게 된다[樂也者, 動於內者; 禮也者, 動於外者. 樂極和, 禮極順]"는 것이다.

아송(雅頌)의 악(樂)과 정위(鄭衛)의 음(音)

악은 사람의 내심에서 생겨나며, 사람의 마음속 감정은 선악과 정사(正

邪)의 차이가 있고, 이러한 선악의 감정이 악 중에 청탁(淸濁)과 아속(雅俗)의 구별이 있게 한다.

《시경》의 내용은 풍(風)·아(雅)·송(頌)의 3대류로 나누어진다. '풍'은 당시 각 지역의 민간 가요이며, 백성의 입에서 나온 것으로 나라의 풍속과 민정을 표현하고 있다.

풍이란 민속 가요의 시이다. 풍이라고 하는 것은 상부에 의해 언어화되었고, 그 언어는 사람을 감동시키기에 족하다. 사물이 풍의 움직임으로 인해 소리가 있게 되고, 그 소리는 사물을 움직이기에 족하다. 그것들을 제후가 채집하여 천자에게 바쳤고, 천자는 그것을 받고 악관에게 열거하도록 했다. 그것에서 풍속의 흐름의 선악을 고찰할 수 있고, 그 정치의 득실을 알 수 있다.

風者, 民俗歌謠之詩也, 謂之風者, 以其被上之化以有言, 而其言又足以感人. 如物因風之動以有聲, 而其聲又足以動物也. 是以諸侯采之以貢於天子, 天子受之而列於樂官. 於以考其俗尙之美惡, 而知其政治之得失焉.(朱熹《詩經集傳·國風一》)

《시경》 중 《국풍》 15편은 처음의 두 편 《주남》·《소남》이 '정풍(正風)'인 것 외에 나머지 13편은 모두 '변풍(變風)'이다. '변풍'이라고 일컬어지는 것은, 그 사상이 결코 정통이 아니기 때문이다. 국풍의 시들은 시대를 풍자하고 있고, 모종의 예악과 문사로 수식되지 않는 질박한 감정을 표현한다.

'아'와 '송'은 모두 정성(正聲)이다. 이것은 제후들을 소집하고 향연을 베풀거나 종묘에서 제사를 지낼 때 쓰는 예악이다.

아(雅)는 정(正)이고, 정악(正樂)의 노래이다. ……정소아(正小雅)는 향연의 악이다. 정대아(正大雅)는 조정의 악이다. ……기쁘거나 즐거울 때 모

인 사람들의 정취를 다하게 하거나 공경함과 장엄함으로 선왕의 덕을 일
으킨다.

雅者, 正也, 正樂之歌也. ……正小雅, 燕饗之樂也. 正大雅, 會朝之樂.
……或歡欣和說, 以盡群下之情, 或恭敬齊莊以發先王之德.(朱熹 《詩經集
傳 · 小雅二》)

송(頌)은 종묘의 악가이다. 대서(大序)에서 이 성대한 덕의 아름다움을
형용하고, 그 성공을 신명에게 고하는 것이다.

頌者, 宗廟之樂歌. 大序所謂美盛德之形容, 以其成功, 告於神明者也.(朱
熹 《詩經集傳 · 頌四》)

《시경》의 현실주의는 궁정의 조회에서 민간 생활까지, 선왕의 공덕에
서 남녀애정 등 각 방면 각 계층의 생동감 있는 모습을 담았다는 데 있
다. 인간 내심의 진정한 감정에서 비롯된 시들은 예술적인 성취도가 매
우 높고 사람을 대단히 감동시킨다. 사람을 감동시키는 역량 때문에 유
가 · 도학에서는, 정통 예교 사상 규범을 거치지 않는 민간 가요들과 남
녀의 자연스러운 감정을 노래하는 진실된 시들은 사람을 음탕한 길로
인도할 수도 있다고 여겼다. 그리고 이러한 면에서는 정시(鄭詩)와 위시
(衛詩)가 가장 심했다. 확실히 《국풍》 중에는 기타 각 나라의 시가와 비교
해 보면 '정풍'과 '위풍'이 남녀 애정의 묘사에 더욱 많이 편중되어 있다.
이것은 "남자와 여자는 직접 주고받지 않는다(男女授受不親)"는 예교 입
장에서 보면 당연히 취할 수 없는 것이다. 더욱이 시 가운데 여자의 대담
한 애정 갈구를 묘사한 것들은 도에서 벗어나 풍속을 망치는 일이다. 그
러므로 유가 예교에서는 정 · 위의 음을 '음성(淫聲)'이라고 여겼다.
유가 예교 중 사회 정치와 윤리 도덕의 직접적인 합일로 인해, 정위의 음
의 '음탕함'은 도덕의 황폐일 뿐 아니라 정치의 혼란에 직접 관련되었다.

정나라·위나라의 음악은 난세의 음악이며, 만성(慢聲)에 가깝다. 상간·복상의 음악은 망국의 음악이다. 정치가 황폐하고 흐트러지면 그 백성은 유리되어 떠돌게 된다. 이런 때에는 백성이 위를 속이고 제멋대로 행동하여 금지시키지 못하게 된다.

鄭衛之音, 亂世之音也, 比於慢矣. 桑間濮上之音, 亡國之音, 其政散, 其民流, 誣上行私而不可止也.(《禮記·樂記》)

상간·복상은 위나라 지역의 상림(桑林) 사이, 복수(濮水)의 위에 위치한다. 그 뜻으로 말한다면, 정위의 음악은 사람으로 하여금 사리사욕을 채우기 위해 나라의 정치를 망하게 하는 지경에 빠뜨린다는 것이다. 《사기》 중의 기록에 의하면, 위령공이 진(晉)나라로 가는 중에 복상에서 머물게 되었다. 한밤중에 거문고 소리를 듣게 되어 사연(師延)을 시켜 즉시 이를 기록토록 했다. 진나라에 도착한 후 사연에게 이것을 연주하여 진평공(晉平公)에게 들려 주도록 했다. 진평공의 악사는 음률에 통달하였으므로 들은 후에 이것이 상대의 말기 사연(師延)이 지은 '문란한 음악'임을 알았다. 무왕이 주왕을 칠 때 사연은 복수에 뛰어들어 죽었다. 그래서 복상에서만 이러한 종류의 음악을 들을 수 있기 때문에 상서롭지 못한 조짐인 것이다. 표면적으로 보아 이것은 귀신과 미신의 순수한 해석이지만, 사실 그 안에는 현실적 은유가 포함되어 있다. 피폐한 상대의 주왕이 술과 문란한 음욕의 향락에 빠져서 나라를 망국의 지경에 빠뜨리게 된 것이 아닌가?

송대의 이학가들은 더욱 이지적이었다. 그들은 이러한 간단한 미신으로 음악과 정치를 연계시킨 것이 아니라, 사람의 기질상에서 이러한 연계의 근거를 찾았다. 장식(張栻)은 이렇게 피력하였다.

위나라는 땅이 큰 강과 근접해 있었다. 땅이 비옥하지 않을 때 사람들은 경망했고, 땅이 평탄할 때 사람들은 유약해졌다. 땅이 비옥하면 생계를 위해 노력하지 않으므로 사람들은 게으르게 되었다. 사람의 성정이 이와 같을진대, 그 음악 역시 음탕하고 문란하였다. 그러므로 그 음악을 듣는 사람 역시 게으르고 교만하게 되며 옳지 못한 마음이 생기게 된다.

衛國地濱大河. 其地土薄, 故其人氣輕浮. 其地平下, 故其人質柔弱, 其地肥饒, 不費耕耨, 故其人心怠此. 其人情性如此, 則其聲音亦淫靡. 故聞其樂, 使人懈慢而有邪僻之心.(朱熹《詩經集傳 · 衛風》)

이것은 오늘날 문화인류학과 가까운 방법이기는 하지만, 더욱 심각하게 말할 수 있음에도 여전히 지극히 간단한 비유에 그치고 있다.

《시경》은 각국 민속 풍정 가운데 '음란하고 사악한' 소리를 정치 윤리의 교재로 삼지만, 동시에 더욱 많은 부분은 정면적인 교화에 편중되어 있었으니 아 · 송의 악이 바로 그것들의 전형이다. 성스러운 천자의 공덕을 노래하고 조상을 제사하는 규모 큰 음악이 유가 미학 사상의 최고 대표작이다. "심성의 덕량이 관대하고 고요하며, 부드럽고 정직한 자는 송을 노래하는 것이 좋다. 뜻이 광대하여 고요하고, 성글고 통달하여 신의가 있는 자는 대아를 노래함이 좋다. 심성이 공경하고 검약하여 예를 지키기 좋아하는 자는 소아를 노래함이 좋다〔寬而靜, 柔而正者, 宜歌《頌》; 廣大而靜, 疏達而信者, 宜歌《大雅》; 恭儉而好禮者, 宜歌《小雅》〕."(《禮記 · 樂記》) 이러한 공경과 장엄함, 광대하고 조화를 안고 있는 정성(正聲)은 사람의 자연스런 감정을 통일된 이성의 궤도로 인도했다. 그것은 이성으로 감성을 규범했고, 감성의 형식을 빌려 이성의 정신을 확대해서 마침내 감성 역시 이성으로 변하게 했다. "사람들이 그 아송(雅頌)의 정악(正樂)을 들을 때에는 음사(淫邪)한 생각이 싹트지 않아 그 뜻이 광대해질 수 있고, 그 간척(干戚)을 손에 쥐고 춤추고 부앙굴신(俯仰詘伸)하는 동작을 익힐 때에는 규율이 엄정하여 용모가 장엄할 수 있으며, 또 춤추는 자가 그 무도장 안의 한가운데 모여 그 장내를 춤추며 돌 때 음악을 연주하여 그 진퇴를 합일하게 하면, 행렬이 바를 수 있고 진퇴를 일제히 할 수 있을 뿐 아니라, 이를 보는 자 또한 이것에 의해서 진퇴를 정제하는 것이다[故聽其雅頌之聲, 志意得廣焉. 執其干戚, 習其俯仰詘伸, 容貌得莊焉. 行其綴兆, 要其節奏, 行列得正焉, 進退得齊焉〕."(《禮記·樂記》)

　사람의 정감 의지의 발전에서 보면, 예교의 실질은 이성으로 감성을 억압하며 공통된 성품으로 개성을 압제하는 것이다. 악 자체는 아송과 정위의 포폄에 대해 이러한 정신을 나타내고 있다. 아송의 악과 정위의 음의 모순은 일종의 사회와 정치의 목표와 개인 정감 요구의 모순이다. 위(魏)의 문후(文侯)는 아송의 고악(古樂)을 들을 때면 언제나 졸고, 정풍과 위풍의 새로운 소리를 들으면 지루한 줄을 모른다고 하였다. 이러한 인성의 자연스런 욕구는 확실히 보편성을 가지고 있다. "무릇 음악이란 즐기는 것이다. 즐긴다는 것은 인정상 반드시 면할 수 없는 것이다. 즐거워할 때에는 곧 반드시 음성을 발하여 노래가 되고 움직임으로 나타나 춤이 된다. 이것이 인도(人道)의 자연스러움이다. 이 성음과 가무는 성정이 사물에 감동하여 발동한 것이 변화한 것으로서, 그 변화는 실로 이 가무 두 가지가 전부이다. 그러므로 사람은 즐기지 않을 수 없는데, 즐거워할 때는 음성과 동정으로 표현되지 않을 수 없고, 음성과 동정으로 나타난 것을 바른 방향으로 인도하지 않으면 어지러워져 음란으로 흐르지 않을 수 없다. 선왕은 그 어지러워져 음외(淫猥)로 흐르는 것을 미워했다. 그러므로 아송(雅頌) 같은 바르고 우아한 음악을 제정하고, 그리하여 이것을 바른 방향으로 인도했다[夫樂者樂也, 人情之所不能免也. 樂必發於聲音, 形於動靜, 人之道也. 聲音動靜, 性術之變盡於此矣. 故人不耐無樂, 樂不耐無形, 形而不爲道不耐無於亂. 先王恥其亂, 故制雅頌之聲以道之〕."(《禮記·樂記》)
우리들의 조상은 방종의 결과를 보고 절제의 필요성을 절실히 느꼈다. 그리고 절제를 제창할 때에는 전통 종법 관념의 작용 때문에 절제를 말살로 변화시켰고, 정당한 인성 표현과 개성 추구를 엄청난 재앙으로 간주했다. 중국인은 이러한 '정위의 음'에 대한 공포에 대비하면서 전전긍긍 2천여 년을 지내 왔다.

온유하고 돈후하며 드넓고 어질다

예교는 중국의 고대 도덕 교육의 근본이며, 사상 교육 외에 유가에서 군자의 풍격을 배양시키는 것은 시교와 악교에 의지해 오고 있다. 공자는 이렇게 말하였다.

그 나라에 들어가 백성의 성정이나 풍속을 보면 그 교화를 알 수 있다. 즉 그 사람됨이 언사나 얼굴빛이 온유하고 성정이 돈후함은 《시경詩經》의 가르침이다. 정사에 통달하여 멀리 상고의 제왕의 일을 아는 것은 《서경書經》의 가르침이다. 그 의리를 아는 데 있어 넓고 해박하며, 성정이 화이(和易)하고 순량함은 《악기樂記》의 가르침이다. 심성이 깨끗하고 차분하여 의리가 정미함은 《역경易經》의 가르침이다. 성정이 공검하고 용모가 장경함은 《예기禮記》의 가르침이다. 언사를 교묘히 연결하고 사물을 비교하여 포폄(褒貶)함은 《춘추春秋》의 가르침이다.

入其國, 其敎可知也. 其爲人也, 溫柔敦厚, 《詩》敎也; 疏通知遠, 《書》敎也; 廣博易良, 《樂》敎也; 潔靜精微, 《易》敎也; 恭儉莊敬, 《禮》敎也; 屬辭比事, 《春秋》敎也.(《禮記 · 經解》)

여기에서 선진 철학의 《시경》·《서경》·《예기》·《악기》·《역경》·《춘추》의 '육경' 가운데 《서경》·《예기》·《역경》·《춘추》는 중요한 사상과 품덕의 교화에, 그리고 《시경》·《악기》는 행동거지와 성정의 도야에 편중되어 있음을 알 수 있다.

온유하고 돈후하며 드넓고 어진 것은 유가의 행위와 풍격의 기본 요지이다. 그것은 사람들에게 경전에 통달하고 박학하고 또 공경하며 유순해야 함을 요구하니, 이것은 진정 군자의 풍격이라 할 수 있다. 이러한 공손한 태도와 우아한 행동 · 품격은, 사회의 각도에서 보면 사람들이 좋아하고 또 사람들의 본보기가 되지만, 인간적인 측면에서 보면 개성과 자유에 대한 일종의 구속이며 속박이다.

예술 영역 중에서 악은 본래 선악을 구분하지 않는 감정과 욕망의 표현으로, 희로애락·칠정육욕이 모두 악 중에 표현될 수 있었다. 그러나 사회의 정통적인 예술, '예악' 일 경우에 그것은 반드시 사람의 감정과 욕망을 선을 향한 통일된 방향으로 인도하고 다른 방면으로 기우는 것을 억제한다.

악이 내부에서 움직이면, 사람들로 하여금 도에 즐거워하고 선량함을 좋아하게 한다. 악이 외부에서 움직이게 되면, 사람으로 하여금 온순하며 공손하고 고상하게 해준다. 아송의 소리는 사람을 움직여 정기(正氣)가 이에 응하게 해준다. 조화를 이루고 듣기 좋은 소리는 사람을 움직이고 화기(和氣)가 이에 응한다. 조잡하고 매우 화가 난 것은 사람을 움직여 노기가 이에 응하도록 하며, 정위(鄭衛)의 소리는 사람을 움직여 음기(淫氣)가 이에 응하게 한다. 그러므로 군자는 사람을 움직이게 하는 것에 신중해야 한다.

樂之動於內, 使人易道而好良; 樂之動於外, 使人溫恭而文雅. 雅頌之聲動人而正氣應之; 和成容好之聲動人而和氣應之; 粗厲猛賁之聲動人而怒氣應之; 鄭衛之聲動人而淫氣應之. 是以君子愼其所以動人也.(劉向《說苑·修文》)

군자가 신중하게 선택해야 하는 것은 사람을 온유하고 고상하며 공손하게 하는 아송의 소리이며, 이것은 중국 고대의 교육 제도 중 이미 고정적인 형태가 되었다. 예의 규정에 따르면, 소학에서는 반드시 '육예(六藝)'— 예(禮)·악(樂)·사(射)·어(御)·서(書)·수(數)를 수양하게 한다. 이러한 교육체제의 완전함은 그것이 덕육(德育)·미육(美育)과 일반 기능·지능의 훈련을 모두 결합하는 것에 있다. 그리고 덕육과 미육은 중요한 위치에 놓이게 된다.《예기禮記·내칙內則》 중에서는 이렇게 언급하고 있다.

남자로서 13세가 되면 음악을 배우고 시가를 읊고 작무(勺舞)를 배운다.
15세 이상이 되면 상무(象舞)를 배우고 활쏘기 및 말 다루는 법을 배운다.
남자로서 20세에 이르면 곧 관을 쓰고 성인이 된다. 이때에 이르러 비로
소 예를 배우며, 또한 갖옷과 비단옷을 입을 수 있다. 대하(大夏)의 무악(舞
樂)을 배우며, 효제의 길을 돈독하게 행하고, 스스로 널리 배워 지덕을 높
이 하고자 애써야 하지만, 아직 남을 가르치지는 않으며, 항상 겸양하는 마
음을 지녀 뽐내지 않아야 한다.

十有三年, 學樂, 誦詩, 舞勺, 成童, 舞象, 學射御. 二十而冠, 始學禮, 可
以衣袋帛, 舞大夏, 惇行孝弟. 博學不敎, 內而不出.

소학 단계에는 출입과 청소 등의 간단한 예절을 배양하고 시와 악의 예
술을 훈도하기 시작하여, 대학 단계에서 배우기 시작하는 '수신제가치국
평천하'의 도를 닦기 위한 좋은 기초가 되도록 한다. 소위 "박학해도 남
을 가르치지 않고 항상 겸양하는 마음을 지녀 이를 나타내지 말아야 한
다"는 것이, 바로 재능을 마음에 숨겨두고 겉으로는 반드시 온유·겸손
해야 한다는 것이다. 진호의 소(疏)에서 "미덕을 안에 숨겨두고, 그 재능
을 스스로 표현하지 않는다〔蘊畜其德美於中, 而不自表見其能也〕"와 같은
이치이다. 박학해도 가르치지 않고 심중에서 이를 드러내지 않는 품행이
바로 온유하고 돈후하며 마음이 넓으면서 어질다는 시교와 악교의 구체
적 표현이다.

시와 악의 교양은 일반적으로 말해 상층 사회와 지식 계층 속으로 전
파되었지만, 그것과 예의 결합이 매우 긴밀하기 때문에 이들 둘은 전 사
회적인 문화 분위기가 되었다. 그것의 작용은 또한 시교와 악교를 받는
사람들에게만 제한되지 않고, 예교와 분리되지 않는 부분이 되어 전 민족
의 심령을 도야시킨다. 그러므로 온유하고 돈후한 심성 역시 유학자들이
추구하는 군자의 풍도일 뿐 아니라, 중국 민족의 민족 성격의 기초적인
특징이 되었다.

3. 예의 형상 표현

'옥백종고(玉帛鐘鼓)'

공자는 "예의 의의가 설마 옥과 비단에만 있단 말인가? 악의 의의가 설마 종과 북에만 있단 말인가?〔禮云禮云, 玉帛云乎哉? 樂云樂云, 鐘鼓云乎哉?〕"라고 하여, 예악의 실질은 옥백이나 종고라는 외적인 형식에 있지 않고 경건한 마음이라는 내적인 것에 있다고 했다. 그러나 예악 자체에 대해 말한다면 형식은 오히려 매우 중요하다. 예악의 내용은 반드시 형식을 빌려 표현되기 때문이다. 공자 자신도 형식의 중요성을 부인한 적은 없다. 그는 계씨(季氏)에게 "천자의 팔일무(八佾舞)를 자기 집 정원에서 춘다"고 비판했다. 형식을 혐오하지만, 여기에서의 형식은 바로 예 자체를 대표하고 있으므로 형식을 혐오하는 것은 예를 혐오하는 것과 같다.

예악은 형식을 떠날 수 없으므로 형식의 중요성은 여러 방면에서 규정하고 있으며, 심한 경우에는 내용 자체를 초월하고 있다. 천지조상이나 혹은 궁정에 모인 제후들, 향연에 참여하는 족장 등 각종 정식 모임의 예의 형식은 정(鼎)·조(俎)·변(籩)·두(豆)·종(鐘)·고(鼓)·관(管)·경(磬)·우(羽)·약(籥)·간(干)·척(戚) 등 예악 도구를 진열하는 것과 몸을 굽혔다 폈다 위아래로 올라갔다 내려가는 악무의 모습은 상당히 엄격하고 확실한 규정이 있다. 이들 형식의 규정은, 이미 원래의 상징적인 함의에서 벗어나 예악의 제도 그 자체가 되었다. "예라는 것은 마치 몸과 같은 것이다. 몸이 갖추어지지 않았다면 군자는 이것을 성인이 아니라고 한다. 예를 행하는 자가 그 베푸는 것이 마땅치 않으면 이것은 예가 갖추어지지 않은 것과 같은 것이다. 예에는 큰 것이 있고 작은 것이 있으며, 나타나는 것이 있고 미세한 것이 있다. 크고, 작고, 나타나고, 미세한 것이 있으므로 해서 예가 갖추어지는 것이다. 그렇기 때문에 큰 것에서 덜어도 안 되고, 작은 것에 더해 줘도 안 되고 나타나는 것을 가리워도 안 되고, 미세한 것을 크게 해서도 안 된다. 그러므로 경례(經禮) 삼백(三百; 관(冠)·혼(昏)·상제(喪祭)·조근(朝覲)·회동(會同) 등의 예법으로서 예의 크고도 나타나는 면이다)·곡례(曲禮) 삼천(三千; 읍(揖)·양(讓)·승(升)·강(降) 등의 예법으로서 예의 작고도 미세한 면이다)이나 그 극치는 모두 공경하는 마음 하나에 바탕을 두고 있다. 일찍이 방문을 거치지 않고 방에 들어가는 자가 있지 않는 것과 같이 예를 행하는 데 있어, 공경에 의하지 않는 경우란 없다〔禮也者, 猶體也. 體不備, 君子謂不成人. 設之不當, 猶不備也. 禮有大有小, 有顯有微. 大者不可損, 小者不可益. 顯者不掩, 微者不可大也. 故經禮三百, 曲禮三千, 其致一也, 未有入室而不由戶者〕."(《禮記·禮器》) 마치 입실할 때 반드시 문의 입구를 통해야 하는 것처럼 예악도 반드시 통일되게 정해진 제도에 따라야 한다. 잘못하는 것은 하지 않는 것과 같다.

옥백종고의 형식은 예악 풍화의 사상 내용을 위해 작용할 뿐 아니라, 일상의 사회 활동 중 군자의 위용을 표현하는 데 더 많이 쓰인다. 왜냐하면 군자의 덕은 반드시 군자의 모습으로 표현되기 때문이다.

천자란 천지와 더불어 함께 한다. 따라서 덕은 천지에 짝지우게 되고, 겸하여 만물을 이롭게 하며, 일월과 더불어 함께 밝아서, 그 밝음이 사해를 비추며 미소한 것도 버리지 않는다. 그 조정에 있어서는 인성(仁聖)과 예의의 순서를 말하고 한거함에는 그 아송의 음을 들으며, 보행을 하면서는 곧 환패의 소리가 있으며, 수레에 오름에는 난화(鑾和)의 음이 있고, 거처에는 예가 있으며, 진퇴에는 법도가 있다.

天子者與天地參. 故德配天地, 兼利萬物, 與日月幷明, 明照四海而不遺微小. 其在朝廷則道仁聖禮義之序; 燕處則聽雅頌之音, 行步則有環佩之聲, 升車則有鑾和之音, 居處有禮, 進退有度.(《禮記·經解》)

옥백종고의 예악 형식으로 군자의 위용을 표현하는 것은 무엇보다도 예 자체의 정신적 수요에서 나타난 것이다. 즉 소위 "밖에서 빌려서 군자의 뜻을 더하기 때문이다〔假於外, 而以增君子之志也〕"(《禮記 · 祭統》)라고 하였다. 군자가 되려면 언행과 일거수일투족이 모두 예법의 규범에 맞아야 하며, 의복과 가마 역시 반드시 예제 등급에서 규정한 것에 따라야 한다. "언어의 아름다움은 뜻이 심원하고 기세가 높은 데 있으며, 조정의 아름다움은 행동거지가 일정하고 법도에 합치되는 데 있고, 제사의 아름다움은 삼가고 정성스러우며 두려워하고 조심하는 데 있으며, 거마의 아름다움은 움직임이 신속하고 멈추지 않는 데 있고, 수레가 달릴 때 난령(鸞鈴)의 화합하는 소리의 아름다움은 맑고도 조화를 이루는 데 있다〔言語之美穆穆皇皇, 朝廷之美濟濟翔翔, 祭祀之美齊齊皇皇, 車馬之美匪匪翼翼, 鸞和之美肅肅雍雍〕."(《禮記 · 少儀》)

군자의 모습은 종법 윤리와 정치 중에서 사회 등급의 숭고한 권위로 표현된다. 중국 고대 제왕과 관리의 의장은 바로 옥백종고 같은 예악의 형식이 정치화된 것이다. 의장 자체가 예제의 내용이고, 의장의 규모와 형식은 등급의 구분에 비추어 규정된다. 중국 제왕들의 웅장하고 거대한 의장은 세계에서 보기 드문 것이다. 《통전通典》의 기록에 따르면, 당대 황제가 납실 때의 의장은 조정의 중신에서 시종 · 호위 · 북치는 사람 · 깃발과 덮개 드는 사람 · 수레 끄는 사람 · 길 닦는 잡역에 이르기까지 1만 명 이상이었다고 한다. 북소리가 하늘을 찌르고 깃발이 무수히 날리니 그 모습이 매우 장엄하고 호탕했다. 당대 시인 한유(韓愈)는 《원화성덕시元和聖德詩》 중에서 임금이 순시하러 나갈 때의 웅대한 모습이 "군주의 행렬에 용이 열두 마리, 물고기가 보기 좋게 줄지어 가는 듯하다〔駕龍十二, 魚魚雅雅〕"고 하였다. 이러한 정숙한 위엄은 예악 제도가 현실 생활 중에서 가장 직접적으로 형상화된 것이다.

예악의 문화적인 분위기 가운데 생활했던 중국인은 몇천 년의 역사과정 중에 이렇게 예의 형식을 빌려 정치 내용의 통치 방식을 표현해 내는 데 습관이 되어 버렸다. 여기에서 형식은 이미 형식 자체의 의미를 벗어나 직접적인 심리 수요로 변화했다. 통치자들은 자신들에게 실제로 존재하는 권력에 만족하지 않고, 끊임없이 형식을 이용해서 권력이 사람들 심중에 차지하는 높은 형상을 강화시키고자 하였다. 그들은 마치 세상에 존재하는 자신을 잃고 완전히 권력의 화신으로 변해 버린 것 같았다. 그들은 개인 단독의 행위에 습관이 되지 않아 문을 나설 때는 반드시 많은 수행원들로 하여금 호위하게 한다. 사회적 심리 의미에 있어 이러한 예의 형식은 한편으로는 통치자로 하여금 권위에 자신감을 갖도록 하고, 또 다른 면에서는 통치당하는 사람들로 하여금 권력의 위협을 느끼게 하는 것이다. 통치자는 이러한 형식상의 숭고함을 빌려 자신의 허약함을 감춘다.

중국의 궁전과 서양의 교회

인류의 건축 예술사를 고찰해 보면 한 가지 현상을 쉽게 발견할 수 있다. 즉 중국에서는 역사상 가장 유명했고 또 현재까지 가장 완전하게 보존되어 있는 것은 궁전인 반면, 서양은 교회라는 것이다.

건축은 민족의 정신 문화 중 가장 두드러진 대표물, 즉 '돌로 된 역사'이다. 중국 건축 중의 궁전과 서양 건축 중의 교회는 바로 두 가지 서로 다른 문화의 가장 전형적인 상징물이다. 중국의 역사상 진대의 아방궁, 한대의 미앙궁, 당대의 대명궁 및 현존하는 명청대의 고궁 등은 모두 장엄하게 우뚝 서고, 화려하여 당대뿐 아니라 천고에 이름을 떨쳤다. 또한 건축사에 있어서 뿐만 아니라 문학 예술사 및 사회 정치사에 있어서도 혁혁한 기록을 남겼다. 서양의 상황은 정반대이다. 건축사·문화 사상 가장 유명한 것은, 아테네의 파르테논 신전과 이스탄불의 성 소피아 성당·로마의 성 베드로 대성당·밀라노 성당·파리 성모원 등의 종교 건축이다.

이와 비교해서 그들 국왕의 궁전은 오히려 이름이 나지 않았다. 17세기에 이르러서야 온 유럽이 우러러 마지 않는 베르사유 궁전이 세워졌다. 그러나 그 규모는 중국 역사상 유명한 궁전 중의 어떠한 것에도 미치지 못했다.

문화 현상은 문화 관념에서 설명할 수 있다. 서양인의 뛰어난 종교 감정, 정교합일 사회의 교권이 왕권보다 위에 있는 현실 관계 및 그리스 시대 이후에서 내려온 민주 관념, 최고 왕권에 대한 삭막함, 그리고 이들 건축물들이 서양 정신 문화의 역사를 반영해 줄 수 있다. 서양의 교회는 매우 아름답게 건축되었고, 둥근 기둥이 하늘 높이 솟아 있어 모습이 웅장하고 창문의 장식이 매우 정교하며 조각이 생동감 있다. 그들은 마치 하나님이 있는 곳에 예술 창조의 온 열정을 모아 놓은 듯하다. 예술상·기술상의 성취는 지금도 사람들의 찬탄을 자아내게 한다. 길고 높은 아치, 활기 있게 높이 서 있는 첨탑, 오색찬란한 장미창 등 그 어느것도 아름다운 형상으로써 하나님 천국의 아름다움에 대한 희망을 표현하지 않은 것이 없다. 그것은 건축 이상 중 가장 풍부한 예술 형상에 집중되어 있고, 건축 기술의 최고 성취에 집중해 있다. 정신 문명과 물질 문명 중에 그것들은 모두 역사와 시대의 직접적인 화신이다. 상대적으로 왕궁은 보잘것없고, 사람들의 현실 생활 중에서의 왕권은 더없이 가벼워지는 것이다.

중국 민족의 문화 정신은 현실적인 이성이다. 현실적인 이성 중 가장 중요한 것은 역시 윤리 도덕과 사회 정치이고, 종법 사회 윤리 정치의 중심은 황제이다. 황제는 인간의 상제이고, 황제의 처소가 바로 인간의 천당이다. 종교는 중국인에게 있어서는 일종의 유희이며 도구에 불과하다. 그래서 중국에서의 종교 건축은 전문적이거나 특수한 형태가 없이(서양에 고딕·비잔틴 양식 등이 있는 것과는 달리) 일반적인 궁전식(불교의 탑이 일종의 외래에서 온 형식인 것을 제외하고)일 뿐이다. 중국의 종교 건축이 비록 수량이 많고, 많이 분포되어 있기는 하지만 규모나 예술 성취에 있어서는 궁정 건축보다 뒤떨어진다. 중국에서 궁정 건축의 호화롭고 화려한 것은 말로 형용하기 어렵다. 그것은 매우 화려하고 세상에 있는 온 갖 것을 다 갖추고 있다.

유방(劉邦)이 중원을 수도로 정했을 초기에는 전란 이후라 민생은 피폐하고 사회가 빈곤했다. 이 평민 출신의 한(漢) 고제(高帝)는 민간의 질고를 알았기 때문에 크게 공사를 일으키는 것이 적합하지 않다고 생각했다. 그러자 모사인 소하(蕭何)가 "장엄함과 화려함이 아니고는 권위를 도울 것이 없다[非壯麗無以助威]"고 일깨웠다고 한다. 이 말은 중국 궁정 건축의 윤리적이고 정치적인 뜻을 말한 것이다. 사람들은 종종 궁전의 호사스러움이 제왕의 사치한 물질 생활의 상징이라고 여겼으나 또 다른 더욱 중요한 면, 즉 최고 권위의 상징임은 알지 못했다. 유방까지도 이러한 점을 보지 못했던 것이다.

궁실을 건축하는 것은 예악 제도 중 가장 중요한 내용이다. "조근(朝覲)의 예는 군신의 대의를 밝히는 도리이다[朝覲之禮, 所以明君臣之義也]."(《禮記 · 經解》) 중국 예의 제도의 형식 원칙은 건축 분야에서 가장 충분히 표현되었다. 우선 건축의 구성상 예제에 맞는 것은 "조정이 앞에 있고 침전은 뒤에 있으며, 왼쪽은 조묘(祖廟), 오른쪽은 사직[前朝後寢, 左祖(祖廟)右社(社稷壇)]"의 방식이다. 우리들이 현재 보는 북경의 고궁 역시 이러한 구성으로 되어 있다. 건축 등급의 예제 규정은 더욱 상세하다. 전식(殿式) · 대식(大式) · 소식(小式) 등 세 가지 건축 유형 중에서 전식은 황제 전용으로서 칠보로 지붕을 장식하며, 이중 처마 · 두공(斗拱) · 붉은 문과 기둥 · 용과 봉황의 그림 등이 있다. 그리고 각급 관리들의 저택인 대식(大式)은 칠보를 쓰지 못하고 용과 봉황의 장식을 금했다. 평민 백성이 기거하는 소식(小式)은 더욱더 많은 제한을 받는다. 건축의 지붕 형식상 무전(廡殿) · 헐산(歇山) · 현산(懸山) · 경산(硬山) · 권붕(卷棚) 등의 모양과 이중처마 · 단층처마의 차이에 따라 아홉 등급으로 나뉜다. 이중 최고 등급은 이중 처마 · 무전 지붕(즉 현재의 고궁 태화전의 모양)이다. 이외에 건축물의 방의 개수, 기좌(基座)의 높고 낮음, 계단의 크기, 두공의 층수,

채화의 양식 등에 모두 엄격한 등급 규정이 있다. 만약 이것을 어긴다면, 바로 예를 어기는 것이라 '법률'적인 제재를 받게 된다. 곡부(曲阜)의 공자묘 대성전 앞에 정교한 용주(龍柱)가 있는데, 매번 황제가 공자묘를 배알할 때 붉은 천으로 그것을 감쌌다고 한다. 표면적으로는 마치 상서로움이 융성한 것을 나타내는 것 같으나 사실은 황제의 눈을 가리는 것이다. 사천 평무현의 보은사는, 원래 명대의 첨사(僉事)였던 왕새(王璽)가 북경 자금성을 모방하여 자신의 왕부를 지으려고 했으나 조정에 발각되어 그 죄를 문책당했다. 왕새는 마침내 "황제의 은혜에 보답한다"는 이름으로 보은사를 건축할 것을 간언했으며, 명의 영종(英宗)은 "이전에 토관은 예가 없으므로 그의 일을 허락한다"고 하여 사건이 결말지어졌다.

조묘(祖廟)의 제도

종법 예제 중 가장 돌출한 것은 두 개인데 하나는 현실 정치 중의 윤리 관계이고, 또 하나는 조종과 후대 사람의 관계이다. 건축 중 만약 궁정 건축이 세상 사람에게 황제의 최고 권위를 과시하는 데 목적이 있었다면, 종묘 건축은 바로 후대 사람에게 조상의 존엄함을 표명하려는 데 목적이 있다.

중국 고대에는 황실의 궁전을 건축하는 동시에 조묘를 건축해야 했다. 예제는 "건축의 신위(神位)는 오른편이 사직이고 왼편이 종묘이다〔建國之神位, 右社稷而左宗廟〕"(《禮記·祭儀》)·"제후가 바야흐로 궁실을 경영하려 할 때에는 먼저 종묘를 만들고, 다음에 마구간과 창고를 만들고, 끝으로 거실을 만들어야 한다〔君子將營宮室, 宗廟爲先, 廐庫次之, 居室爲後〕"(《禮記·曲禮下》)고 규정하고 있다. 일년 사계절 각종 절기마다 황제는 모두 이곳에서 융중한 예의로써 선조에게 제사를 지내야 할 뿐만 아니라, 상을 내리고 작위를 수여하는 등 중대한 정무 활동과 황가의 출생·사망·혼례·관직 등도 이곳에서 거행해야 한다. 그 뜻은 한편으로는 모든 일을 선조에게 알려 후인이 "감히 멋대로 행하지 않는다"는 뜻이며, 또 다른 면에서는 조상의 권위를 빌려 현실 관계의 합법성을 증명하며 이로써 현존하는 윤리 질서를 유지하는 것이다. 종법 사회에서 현실의 권위는 늘 조상의 권위를 따르며, 현실의 정치는 조상의 법칙에 의존하는데 산 사람이 죽은 사람을 의지해야 생존할 수 있는 것이다. 현실 생활 중에 사람들은 역대로 조상이 제정한 원칙에 맞춰 일을 거행하기 때문이다. 만약 조상의 법칙에 의지하지 않고 변화무쌍한 현실을 대한다면 그들은 적응할 수 없었을 것이다.

예의 제도 중에 종묘의 건축 제도 역시 엄격한 규정이 있다.

선조를 제사 지내는 데 있어 천자는 일곱 개의 묘를 세운다. 삼소(三昭)·삼목(三穆)과 태조의 묘를 합쳐서 칠묘가 된다. 제후는 오묘를 세운다. 이소(二昭)·이목(二穆)과 태조의 묘를 합쳐서 오묘가 된다. 대부는 세 묘를 세운다. 일소·일목과 태조의 묘를 합쳐서 삼묘가 된다. 사(士)는 일묘를 세워서 합사(合祀)한다. 서인은 침실에서 제사 지낸다.

天子七廟, 三昭三穆, 與大祖之廟而七. 諸侯五廟, 二昭二穆, 與大祖之廟而五. 大夫三廟, 一昭一穆, 與大祖之廟而三. 士一廟. 庶人祭於寢.(《禮記·王制》)

이러한 종묘의 건축 제도는 천자의 칠묘를 예로 하여 배열 방식은 다음과 같다.

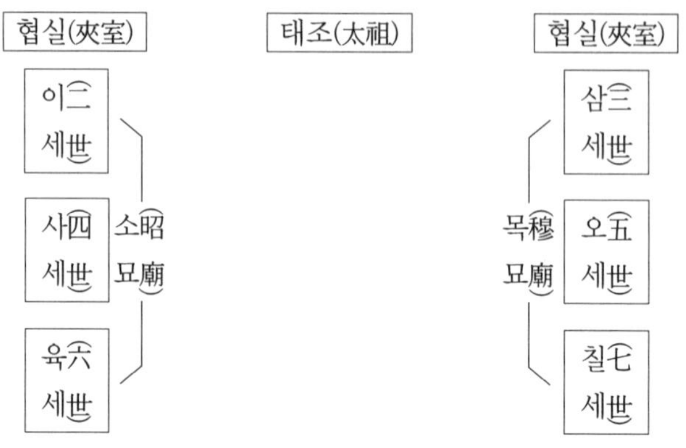

왼편에 소, 오른편에 목, 제2·4·6세 등 짝수의 조상은 소, 제3·5·7
세 등 홀수의 조상은 목 이러한 순서로 배열하고 이전한다. 태조의 묘는
"1백 세에도 옮기지 않았다〔百世不遷〕." 이후 각대 제왕의 묘는 "1세가
바뀌면 한 번 옮긴다〔易一世而一遷〕." 생존한 왕으로부터 계산하면 위로
제7대까지 거슬러 올라가게 된다. 제7대 이상에서 태조 사이에 속하는
각 세대의 선왕은 모두 협실에서 같이 제사한다. 왕이 세상을 떠나면 2
세는 협실로 옮기게 되고, 4세는 2세의 묘로 옮겨 들어가고, 6세는 또 4
세의 묘로 옮겨 막 세상을 떠난 왕의 신주가 6세의 묘에 들어가게 되는
것이다. 다음 왕이 세상을 떠나게 되면, 목묘를 옮겨 3세의 조상이 협실
에 들어가고 이하는 유추하면 된다. 이러한 배열과 각대에 의거하여 옮
기는 방법의 뜻은 매우 확실하다. 태조의 묘를 백세에 걸쳐서 옮기지 않
은 것은 개국의 공이 매우 크기 때문이다. 그뒤에는 1세에 한 차례씩 옮
겼으니, 이것은 혈연이 가장 가까운 조상을 제사하기 위해서이다. 여기
에서 탁월한 공덕에 대한 존경을 생각하고 또한 직계 혈연의 친함을 잊
지 않았으며, 조상을 존경하는 예 등도 치밀하게 고려했다.

그러나 이렇듯 치밀한 설치는 조상을 존귀하게 여기는 것뿐만 아니라,
확실히 전 사회적인 현실 교육의 뜻을 내포하고 있다. 즉 "성인은…… 궁
실을 건축하고 종묘를 설치하여 친소와 원근을 구별했다. 이로써 백성들

에게 옛것을 돌이켜 다시금 시작하게 하고, 자신들이 태어난 곳을 잊지 않도록 했다. 이로 인하여 백성들이 그 가르침에 복종하며, 아울러 아주 빨리 믿고 따르게 된다〔聖人…… 築爲宮室, 設爲宗眺, 以別親疏遠邇, 敎民反古復始, 不忘其所由生也. 衆之服自此, 故聽且速也〕"(《禮記·祭儀》)고 하였다. 단지 백성들에게 근본을 잊지 않도록 가르쳐야 그들이 비로소 빨리 명령에 복종하게 되니, 이것이 종묘를 설치한 목적이다.

'상징형' 예술

예악 문화의 예술적인 형상은 가장 광범위하고, 또 가장 철저한 상징의 형상이다. 그것은 가장 보편적인 의미에서 광범위하게 자연계의 각종 사물을 수집한 것으로서, 이것을 이용하여 사회 정치와 윤리 도덕의 현상을 비유한다. 이 방면에서 중국인이 표현해 낸 예술 상상력의 풍부함과 사물의 관찰에 대한 자세함 등은 아마도 세계의 기타 민족과 비교하기 어려울 것이다.

용과 봉황의 토템 시대에 사람들은 자연계의 상징신이며 상서로운 영물이었다. 사람의 의식 수준이 높아짐에 따라 이러한 비유적인 상징 또한 갈수록 광범위하고 보편화되었으며, 또 심각하게 되었다. 이러한 비유적인 상징 중에서 가장 중요한 것은, 자연계의 어떤 사물의 특수한 속성을 사람의 도덕 품질의 상징으로 삼은 것이다. 중국 문인화 중 가장 총애를 받는 것은 화초와 식물로 매화·난초·대나무·국화, 소위 '사군자'(소나무·대나무·매화·난초라고도 말한다)와 기타 다른 화초이다. 사군자라도 좋고 오군자도 상관 없이 그것들의 자연적인 특징이 군자의 어떤 품행에 비유되고 있다. 매화는 서리를 견디며 눈과 싸우는 쟁쟁한 기개, 난초의 청결함과 고상함, 대나무의 '고귀한 절개,' 연꽃이 진흙에서 꽃을 피우지만 오염되지 않은 것, 송백의 우뚝 솟고 생명력이 강한 것 등의 자연미가 사회의 선(善)으로 변화되었다.

옥백종고의 예악의 외형 중 옥은 상당히 중요한 뜻을 지니고 있다. 왜 냐하면 그것은 덕의 상징이기 때문이다. "군자는 옥으로 그 덕을 비교한 다"는 것은 중국인의 보편적인 심미 관념이다. 무릇 군자는 "반드시 옥을 패용한다." "군자는 이유 없이 옥을 몸에서 떼어내지 않는다." 사람과의 교제 중 옥벽(玉璧)과 옥환(玉環)은 최고의 고상한 선물이며, 각종 제사의 식중 역시 규(圭)·장(璋)·결(玦)·황(璜) 등의 옥기를 빠뜨릴 수 없다. 자 공이 일찍이 공자에게 군자가 옥을 귀하게 여기는 것은 옥이 희소 가치가 있어서인지의 여부를 물었다. 공자가 대답했다. "악하도다. 사야! 무슨 말 이더냐! 무릇 군자가 어찌 많다고 하여 그것을 천하게 여기며, 적다고 해 서 그것을 귀하게 여긴단 말이냐! 무릇 옥은 군자의 덕과 비교하는 것이 다. 윤택 있는 것이 인이고, 공손하고 이치에 맞는 것이 지이며, 강건하 고 굽히지 않는 것이 의이고, 날카롭지만 상처를 내지 않는 것이 행실이 며, 굽어 있으나 꺾이지 않는 것이 용기이고, 흠이 있어 보이는 것이 정 이다. 그 소리는 청아해서 멀리서도 들리며…… 《시》에 이르기를 '군자를 말한다면 온화하기가 마치 옥과 같다'고 했으니, 바로 이것을 두고 말함 이다〔惡! 賜! 是何言也! 夫君子豈多而賤之, 小而貴之哉! 夫玉者, 君子比德 焉. 溫潤而澤, 仁也; 栗而理, 知也; 堅剛而不屈, 義也; 廉而不劌, 行也; 折而 不撓, 勇也; 瑕適并見, 情也; 扣之, 其聲淸揚而遠聞……《詩》曰: '言念君子, 溫其如玉.' 此之謂也〕."(《荀子·法行》) 순자가 기록한 이 공자의 말은 옥의 상징적인 의미에 대한 완전한 해석이다. 이밖에 유향이 그의 《설원說苑· 잡언雜言》 가운데 기록한 공자의 "지혜로운 사람은 물을 좋아하고, 인자 한 사람은 산을 좋아한다"는 해석 역시 이와 비슷하게 산과 물의 상징적 인 뜻을 자세하게 설명했다. 이렇게 자연의 존재 형식을 빌려 사회성의 정신적인 품격을 상징적으로 비유하는 예술은 점차 호랑이와 사자가 상 징하는 용맹함, 여우 같은 동물이 상징하는 교활함, 양의 상징인 온순함 같은 아동식 상상에서 벗어났음을 확실하게 알려 주며 서양 기독교가 신도를 양으로 보고 예수가 목자라고 생각하는 간단한 비유를 뛰어넘는 것이기도 하다. 예악 문화의 상징성은 시작부터 심오한 정신적 내용을 중시했다.

상징성은 정신적인 면에서 뿐만 아니라 사회의 정치 생활에 있어서도 가장 중요한 표현 방식이 된다. 그러므로 모든 예악 제도 중에서 언급된 구체적인 형식은 궁궐·능묘·옥백종고 등을 포함하여 대부분 상징적인 함의를 가지고 있다고 할 수 있다. 중국의 궁정 건축은 총체적인 구성에서 개별적인 구조물과 장식물에 이르기까지 구상이 교묘하고 독자적이지 않은 것이 없는데, 이렇듯 교묘한 독자적인 주요 근원은 바로 상징성이라는 데 있다. 무슨 물건을 어떻게 만들고, 어떤 물건을 몇 개 안배할 것인가, 어디에 어떻게 장식할 것인가 등을 매우 공들여 설계한다.

북경의 자금성은 구성에 있어서 엄격하게 중간축을 중심으로 대칭을 이루고 있다. 자금성은 북경성의 중축선상에 위치하며, 궁내의 주요 문·누(樓)·전우(殿宇) 등은 또 자금성의 중축을 관통하고 있다. 그리고 가장 중요한 건축 태화전은 또 이 중축선의 중간에 위치하며, 태화전의 중심이 바로 황제의 보좌이다. 이것은 황제는 천하의 중심이라는 명백한 주체 사상인데, 이러한 상징 수법을 통하여 표현해 낸 것이다. 뿐만 아니라 건축 재료의 운용에도 역시 이러한 구상 의도가 포함되어 있다. 중국은 최고 권위의 상징인 건축물을 지을 때 어느 지방에서 생산된 목재, 어느 곳의 기와, 또 어떤 지방의 돌을 사용하기를 좋아했다. 이것은 공정에 사용된 거대한 인력·재력의 표시일 뿐 아니라, 더욱 중요한 것은 천하를 호령하는 천하의 권력과 자신에 대한 온 민족의 경외심을 과시하는 것이다.

예악의 예술 가운데 어떤 상징적 의의는 직접 모종의 세계관과 철학 사상에서 기인한다. 중국 철학 가운데 음양오행은 예술 상징의 요소에 직접 영향을 주었다. 음과 양은 궁전·능묘의 앞뒤 방향을 결정하며, 오방오색(五方五色)은 의복과 깃발의 색채 및 장식을 결정한다. 음양 관념과 상관 있는 숫자와 형태의 규정 역시 순환하는 상징 형식이다. 홀수는 양을 가리키고 짝수는 음이며, 앞에 들어선 조정은 양이고 뒤에 들어선 침궁은 음이다. 그러므로 수량면에서 전정(前廷)에는 오문삼조(五門三朝)가 있고, 후원(後院)에는 양궁(兩宮)과 육침(六寢)이 있다. 홀수 중의 최고의 수는 아홉이다. 그러므로 아홉은 상징적인 의미에서 황제의 전용 숫자가 되었다. 궁정 안의 전우·문·누는 정면에 아홉 간이 있고 아홉 계단이며, 두공이 아홉 층이며, 문의 큰못도 아홉 개 등등이다. 오방오색 가운데 중앙을 대표하는 것은 토(土)이며, 그 색은 황색이다. 그러므로 황색은 황제의 전용색이 되었다. 황색칠보·황색보좌·황포·황기 등등이 이에 속한다.

헤겔은 일찍이 서양 예술을 표현 형식과 발전 단계에 따라 상징형·고전형·낭만형 세 가지의 종류로 구분했다. 그는 상징형 예술을 논할 때 이집트·인도·페르시아 등의 고대 예술을 고찰했으나 유독 중국 이야기는 하지 않았는데, 이것은 이 박학다식한 철학자가 중국의 고대 예술에 대해 무지했음을 설명해 주는 것이다. 실제로 중국의 예술 중 상징성의 발전적 완성과 심오함은 세계의 어떠한 민족의 예술과도 비교될 수 없다. 그리스 예술의 아름다움은 만세의 칭송을 받았고, 그리스 건축은 2천여 년 후인 오늘에도 여전히 고전의 모범적인 형태이다. 그리고 그리스 건축 중의 상징성은 도리아식의 튼튼함으로 남자의 몸을 상징했고, 이오니아식의 수려함으로 여자의 몸을 상징했다. 단순히 이 상징성에 대해서만 말한다면 그리스인의 상상력은 중국인에 크게 미치지 못한다.

중국 예술 중의 상징성은 이렇듯 매우 완전하게 발전했는데, 그 원인은 예의 정신까지 소급해 올라갈 수밖에 없다. 즉 예술의 작용은 오락에 있지 않고 현실적인 정치 윤리의 교화에 있다는 것이다. 중국 예술은 감각적인 오락성에 노력을 들인 것이 매우 드물고, 더욱이 의도적으로 이러한 오락성을 절제했다. 예술은 윤리성의 사상 내용을 선전하는 도구 중의 하나이다. 그러므로 예술 형식이 고려해야 하는 것은 어떻게 사람을 즐겁고 유쾌하도록 하는가이며, 어떻게 하면 더 아름답게 그 사상 내용을 표달하는가이다. 그래서 군자가 옥으로써 자신의 덕을 비교한 것, 문인화 중에 '사군자,' 궁정 건축의 방위 구조 등 모든 것들이 어떤 형식으로 더 완전하게 사회 교화를 이룩할 수 있는가를 목적으로 한다. 헤겔이 말한 것처럼 "상징이란 처음에는 일종의 부호였다. 그러나 단순한 부호 안에서 뜻과 그것의 표현과의 관계는 완전히 임의로 구성된 규합이다. 여기에서 표현되는, 즉 감성 사물이나 형상은 사람으로 하여금 단순히 그 자체만 보게 하는 경우는 드물다. 그리고 더 많은 경우는 사람으로 하여금 본래 그것의 외부에 존재했던 내용과 의의를 생각나게 한다. ……예술의 요지는 일반적으로 의미와 형상의 연계와 밀접한 결합에 있다."(《미학》) 중국의 상징형 예술은 바로 이러한 "의미와 형상의 연계와 밀접하게 결합하는" 예술이다.

오신(娛神) · 오귀(娛鬼) · 오인(娛人)

중국 고대의 예는 어떠한 정식 모임의 의식 중 악을 분리시킬 수 없고, 예술 즉 시가 · 음악 · 무용 및 건축 · 기물 · 복식 등을 떼어내어 생각할 수 없다. 왜냐하면 그것의 직접적인 기원이 제사이며, 제사는 소와 양을 잡아서 바치고 종고악무를 올려 인간화된 천지신명과 세상을 떠난 선조들의 즐거움을 만족시키며, 이로써 그들의 보살핌과 복으로 바꾸는 것이기 때문이다.

대저 예의 시초는 음식에서 비롯되었다. 그 기장을 돌 위에 굽고, 돼지고기를 돌 위에 구우며, 웅덩이를 파서 물통을 만들고 물을 담은 뒤 손으로 움켜 마시며, 괴부괴부로 토고를 두드렸으니 이것이 태고적의 미개한 풍습이었다. 미개하기가 이와 같았는데도 오히려 귀신에게 공경하는 뜻을 드릴 수 있었다.

　夫禮之初, 始諸飲食. 其燔黍捭豚, 汚尊而抔飲, 蕢桴而土鼓. 猶若可以致
其敬於鬼神.(《禮記·禮運》)

몹시 빈궁한 원시 시대, 인류 문명의 발단 초기에 사람들은 돌 위에 기장과 돼지고기를 굽고, 웅덩이를 파서 물을 받고, 손을 잔으로 삼고, 진흙을 이겨 방망이를 만들고, 흙으로 벽을 만들어 북을 삼았는데 이로써 제사의 경건함을 표현할 수 있었다. 생산 발전 단계인 문명 사회에 이르러 사람들은 이전보다 더 많은 물질적인 조건을 얻을 수 있었고, 자연스런 감정상 더욱 천지신령에게 태만히 할 수 없었다. 그래서 우리들이 오늘날 예술과 공예 기술 위에서 볼 수 있는 당시의 최고가는 문화 성취의 대표는 대부분 예의 제사와 상관 있는 물품이다. 총괄적으로 말해, 천지조상은 개인보다 더 중요하다. 만약 예술에 오락 작용을 갖추고 있다고 한다면 먼저 신을 즐겁게 해드리고, 그 다음이 귀신을 즐겁게 해드리는 것이며, 마지막이 비로소 사람을 즐겁게 하는 것이다.

세계 각 민족의 예술은 그 원시 단계에서 거의 모두 이러한 과정을 겪었다. 예술과 종교는 자고로 뗄 수 없는 인연이 있으며, 이 점은 이미 증명할 필요가 없다. 그러나 중요한 것은 문명 수준의 발전에 따라, 종교와 현실 사이의 관계가 나날이 발전하는 것에 따라, 이러한 예술 중의 신과 귀신 그리고 인간을 즐겁게 하는 사이의 관계 역시 점차로 분리되게 되었다. 어떤 것은 아프리카 예술처럼 쌍방이 완전히 나누어져 관계가 없게 되었고, 어떤 것은 그리스 예술처럼 신을 즐겁게 하는 것에서 완전히 사람을 즐겁게 하는 것으로 변화되었다. 그리고 중국에서는, 예술 중 사람을 즐겁게 해준다는 면은 시작부터 일종의 이성적인 사회 관념의 구속을 받았다.

서양인은 과학 문화 중에서 이성을 발양했고, 종교와 예술은 인류 유년의 열정과 순진함을 유지하고 있다. 반면 중국은 정신 문화 발전 사상 너무나 빨리 성년에 도달했고, 이로써 예술 활동 중에 있어야 할 '동심'을 잃고 말았다. 예술 창조이든 아니면 예술 감상이든간에 중국인이 중요시한 것은 이성이었을 뿐 개인의 감성 욕구는 상당히 먼 위치에 두었다. 그리스인은 정반대로 그들의 감성적 추구를 예술의 목적 자체로 삼았다.

중국 예술의 오락성이 제한을 받는 것은, 예의와 관련 있는 악무방면뿐만 아니라 기타 예술에 있어서도 이와 마찬가지이다. 예술의 내용에서 보면, 중국 고대 예술은 이야기성의 재현이 결핍되어 있고 모종의 이성 관념의 표달을 중요시한다. 중국의 시가에는 서사시가 부족하고, 신화는 줄거리성이 부족하다. 또한 완전한 이야기를 서술하는 희곡과 소설은 뒤늦게야 형성되었으며, 게다가 비정통의 민간 문화에서 산생되었다. 중국의 회화와 조각은 외래의 불교 석굴 예술 외에 다른 이야기의 내용은 극소수이다. 그리스를 다시 한 번 살펴보면 그곳에는 생동감 있는 줄거리가 있고, 사람을 감동시키는 서사시, 풍부하고 다채로우며 체계가 완전한 신화 이야기, 희극 연출은 어떠한 성대한 경전과 중요한 사회 활동 중에 반드시 없어서는 안 될 항목이다. (그리스인이 희극을 보는 열정은 어떠한 민족과도 비교될 수 없다.) 고대 그리스의 한 폭의 회화, 한 개의 조각은 모두 사람들에게 재미있는 이야기를 하고 있다.

이야기성의 애호나 삭막함은 두 가지 서로 다른 심리 경향과 심미적인 취미를 표현하고 있다. 그리스인의 이야기성에 대한 애호는, 개성 표현과 감정 표현의 감탄을 표현해 냈고 개인의 정신적인 향락에 대한 추구를 표명했다. 중국인은 예술을 감상할 때 종종 그것이 나타내는 이성과 사상의 내용으로 감동하며, 이러한 이성의 사상은 역시 사회에 의해 공인된 선의 이상이다. 그 중의 이야기 줄거리와 오락 작용은 모두 다음 위치로 밀린다. 그리스 예술의 내용은 엄격한 선악 경계가 없으나, 중국 예술의 사상 경향은 선악이 분명하다. 이 역시 두 가지 예술이 오락성이라는 문제 위에서 분기된 것이 그 원인이다.

중국 예술이 선을 기본 요지로 삼기 때문에 종법 예술 중에서 이러한 선은 바로 천지조상의 숭배이다. 그러므로 신을 즐겁게 하고 귀신을 즐겁게 만드는 일은 당연히 사람을 즐겁게 만드는 것보다 중요하다. 게다가 예교에서 보면 사람은 본래 오락을 즐겨서는 안 되며, 물질적인 향락을 추구해서도 안 되며, 정신적으로는 쾌락으로 넘어가서도 안 된다. 이를 극복하며 공손하고 근신해야 하는 것이다. 정통적 예술관에서 오락은 반드시 사람들을 부패시키며, 사람의 어떠한 향락 추구도 모두 음란하고 사악한 것이라고 본다. 중국인에게 있어 새 생명의 탄생은 마치 절제당하고 수난을 받기 위한 것 같다.

문화 생활 중 오락성의 결핍으로 인해 중국 민족(주로 한민족)은 농담을 해서는 안 되고, 가무를 좋아해서도 안 되는 민족으로 변했다. 중국인은 서양인 같은 유머 감각이 부족한데 이유는 그들이 예의 속박과 억압을 너무나 많이, 그리고 심각하게 받았기 때문이다. 예교는 사람들로 하여금 "희롱하는 빛을 얼굴에 나타내지 않도록" 인도한다. 농담은 모두 가능하지 않다. 왜냐하면 정숙하지 않기 때문이다. 마찬가지로 한민족이 가무를 좋아하지 않는 것 또한 예의 정신과 밀접한 관계가 있다. 왜냐하면 손과 발로 춤을 추며 감정을 표현하는 것 역시 장중하지 못한 표현이다. "발의 모습은 무겁고, 손의 모양은 공손하며, 눈의 모양은 단정하고, 입 모양은 멈춰 있어야 하고, 목소리는 조용하고, 머리 모양은 반듯하며, 기풍은 엄숙해야 하고, 서 있는 모습은 덕이 있어야 하고, 안색은 장중해야 한다〔足容重, 手容恭, 目容端, 口容止, 聲容靜, 頭容直, 氣容肅, 立容德, 色容莊〕"는 것이 군자의 풍격이기 때문이다. 중국에서 춤 잘 추는 소수 민족은 예의 구속을 비교적 덜 받은 민족들이다.

제6장

사회 심리의 계승

1. 정치 윤리

삼강오상(三綱五常)의 근본

중국의 예교를 말하자면, 사람들은 자연히 '삼강오상'을 연상해 낼 수 있다. 동중서가 "임금은 신하의 법도가 되며, 아비는 자식의 법도가 되고, 남편은 아내의 법도가 된다〔君爲臣綱, 父爲子綱, 夫爲妻綱〕"는 삼강을 제기한 이래, 그것은 확실하게 예교와 윤리 사상의 근본이 되었다. 그러나 우리들이 사회의 역사와 문화 관념의 발전에서 보면 '삼강오상'은 이미 예교 윤리관의 처음도 아니며, 또한 전부도 아니다.

이러한 윤리관의 근본 뒤에는 더욱 심각한 것이 있으니, 이것은 바로 자연에 순응하는 천명 관념과 혈연 숭배의 친존(親尊)이다.

동중서는 삼강오상의 학설을 제창했기 때문에 역사의 죄인이 된 것 같으나 사실상 결코 그렇게 간단하지는 않다. 어떤 사상 윤리의 제창도 그것에는 역사적 필연성이 있다. 삼강오상이 관념 체계로 형성된 것은 중국 종법예제 발전의 필연적 결과이며, 동중서는 단지 그것을 계통화했을 뿐이다. 이전에 한비자가 이같이 피력한 적이 있다. "신하가 임금을 섬기고, 아들이 아비를 섬기고, 아내가 남편을 섬기게 되는데 이 세 가지가 순조로우면 천하가 다스려지고, 이 세 가지를 거스르면 천하는 혼란에 빠지게 된다. 이것이 천하의 일반적인 도이다〔臣事君, 子事父, 妻事夫, 三者順則天下治, 三者逆則天下亂. 此天下之常道也〕."(《韓非子·忠孝》) 법가의 대표적 인물인 한비자가 이러한 관점을 제기한 것은 군신·부자·부부 간의 상하존비가 결코 유가에만 있는 사상이 아니며, 종법제 사회 관계의 필연적인 형식임을 나타내 준다. 이러한 사회 관계는 예의 원칙에 부합할 뿐 아니라 예의 원칙이 이러한 객관적인 사회 관계에도 부합한다. 예의 작용을 바꾸어 말하면, 이러한 관계를 더한층 강화시키는 데 있다.

선진 유가 사상도 어느 정도는 '민주' 적 색채를 띠고 있다. 공자는 '인정(仁政)'과 '덕정(德政)'을 극력 제창했고, 맹자는 "백성은 귀하고 군주는 가볍다〔民貴君輕〕"고 했다. 여기에는 아직 종법전제(宗法專制)의 절대화 경향은 없었다. 그러나 공맹의 '민주' 사상과 그것의 종법제의 현실적인 기초 자체는 서로 모순적이다. 엄격한 등급에 민주가 있을 수 없고, 더욱이 백성은 귀하고 임금이 가볍다는 것은 있을 수 없는 일이며, 반대로 '군위신강·부위자강·부위처강'의 삼강이 오히려 현실성을 갖추고 있다. 종법 봉건제의 완비와 예의 선전교화에 따라서 이러한 절대적인 전제 관계가 마침내 건립되었다.

삼강의 제기는 예의 관계의 극단화이다. 공자는 사상 중에서 상하등급의 존비를 강조했고 군신·부자·부부 사이의 엄격한 차이를 강조했으나, 이러한 등급 차이를 강조하는 동시에 쌍방의 의무를 규정했으니 즉 한편으로는 신하가 충성되고 자식은 효도하고 부인은 순종해야 한다는 것이며, 또 다른 면에서는 임금은 어질고 아비는 자애롭고 남편은 신의가 있어야 한다는 것이다. 노(魯)의 애공(哀公)이 일찍이 공자에게 정치를 물은 적이 있다.

정치란 정(政)은 올바르다는 정(正)이다. ……부부 사이에 구별이 있어 음탕하지 않고, 부자 사이에는 친화가 있어 어지럽지 않고, 군신 사이는 엄숙하여 범하지 않는 것이니, 이것을 위정의 3대 강령으로 삼아야 한다. 이 세 가지 강령이 바르게 시행될 때에는 모든 사물이 이를 따르게 되고 저절로 바르게 된다. ……사랑하지 않으면 친하지 못하고, 공경하지 않을 때에는 그 친함이 바르지 않다. 이렇게 볼 때 사랑과 공경은 정치를 하는 근본이 된다.

政者正也. ……夫婦別, 父子親, 君臣嚴, 三者正則庶物從之矣. ……弗愛

不親, 弗敬不正, 愛與敬, 其政之本與.(《禮記·哀公問》)

아랫사람은 윗사람에 대해 공경해야 하고, 윗사람은 아랫사람에 대해 사랑함이 있어야 한다. 여기에서 돌출된 것은 상하 쌍방이 다해야 하는 의무이다. 삼강 관념의 절대 전제성은 그것이 다만 한쪽의 다른 한쪽에 대한 권력 관계만을 강조하고, 의무는 완전히 방치하여 "군주가 신하에게 죽음을 강요하면 신하는 죽지 않을 수 없고, 아비가 자식에게 죽으라고 하면 자식은 죽지 않을 수 없다〔君要臣死, 臣不得不死, 父要子亡, 子不得不亡〕"는 말처럼 되어 버렸다.

삼강이라는 이렇게 극단화된 윤리 관계의 제기는 역사적 필연성을 갖추고 있다. 그래서 중국인에 의해 보편적으로 받아들여지고 지켜질 수 있었는데, 이 역시 역사적 필연성을 가지고 있다. 왜냐하면 그것은 중국 종법가장제 사회 관계에 부합하고 음양오행의 천명 관념의 사상 근거가 되기 때문이다.

중국인은 음양의 뜻을 신봉한다. 양은 존귀하고 음은 천하고, 하늘은 존귀하고 땅은 천하다는 생각은 중국인 우주관의 근본적 이치이다. 음양이 서로 교류하여 세계만물의 조화와 질서를 구성했고, 이와 마찬가지로 인간 사회의 각종 관계 역시 음양의 속성을 포함하고 있다.

"군주와 신하·아비와 자식·부부의 도는 모두 음양의 도에서 취한다. 군주는 양이고 신하는 음이다. 아비는 양이고 자식은 음이다. 남편은 양이고 아내는 음이다〔君臣·父子·夫婦之道, 皆取諸陰陽之道. 君爲陽, 臣爲陰; 父爲陽, 子爲陰; 夫爲陽, 妻爲陰〕."(《春秋繁露·基義》)

"천자는 하늘에서 명을 받든다. ……자식은 아비에게서 명을 받들고, 신하는 군주에게서 명을 받들고, 부인은 남편에게서 명을 받든다. 모든 명을 듣고 받드는 자는 하늘을 존중하는 것이어서 하늘에서 명을 받드는 것도 가하다〔天子受命於天. ……子受命於父, 臣親受命於君, 妻受命於夫. 諸聽受命者, 其尊天也, 雖受命於天亦可〕."(《春秋繁露·順命》)

하늘로부터 명을 받들었으므로 윗사람이 통치권을 행사하는 것은 천직이며, 아랫사람이 명에 순종하고 복종하는 것 역시 천직이다. 그러므로 하늘에 순종하고 명을 따르는 세계관에서 보면 삼강은 당연히 변화될 수 없는 이치이다. 이외에 금·목·수·화·토의 오행으로 인·의·예·지·신 등 오덕을 비유하는 '오상(五常)'설 역시 같은 도리이다.

효(孝)와 충(忠)

효와 충은 중국의 윤리와 도덕 규범 중에서 가장 중요한 두 범주이다. 만약 인·의·예·지·신 등 도덕 규범이 모두 상당한 광범성과 추상성을 가지고 있다고 한다면, 충·효는 매우 직접적이고 구체적인 내용을 갖추고 있다. 중국 종법 사회의 현실적인 윤리 관계 중에서 군신 관계와 부자 관계는 가장 돌출되고, 또 가장 중요한 관계이다. "천지의 제사, 종묘의 일, 부자의 도, 군신의 의는 윤상(倫常)이다〔天地之祭, 宗廟之事, 父子之道, 君臣之義, 倫也〕."(《禮記·禮器》) 그러므로 군신·부자지간의 권력·의무 관계와 관련 있는 행위 규범, 즉 충과 효를 종법 사회에서 가장 중요한 도덕의 율령으로 삼았다.

예의 문화 근원에서 보면 충과 효 사이에 내재적인 연계가 있고, 이러한 연계가 바로 종법 사회가 가정에서 국가에 이르는 정치 관계의 확장이다. 충과 효의 관계는 바로 현실 정치 중 나라와 가정의 관계 기초 위에 산생된 사상과 도덕의 관계이다. 자급자족의 '가정'에서 직능이 완비된 '국가'로 변화되었고, 가장과 가족 구성원의 관계 역시 정치상의 군주와 신하의 관계로 확대되었으며, 가정 윤리의 효 역시 정치 윤리의 충으로 확장 발전되었다. 효는 충의 기초이며, 충은 효의 승화이다.

중국이라는 이 혈연과 종법 관계를 극도로 중시하는 국가 안에서, 효는 인정미를 가장 부유하게 하는 특징으로 사회에서 가장 보편적으로 인정

받았다. 정치 선전이든 민간 전설의 이야기이든, 정식의 교과서이든, 문학 예술 작품 중이든 효는 모두가 찬양하는 대상이다. 부인할 수 없는 것은 효의 관념 중에는 자연적인 인성, 부모의 생육의 고초, 기르는 은혜에는 확실한 보답이 있어야 한다는 내용을 포함하고 있다. 노약한 몸에 노동력마저 상실했을 때 부양할 사람이 없다는 것은 결코 인도가 아니다. 그러나 중국인은 종족의 번성과 조종의 공로를 신성에 빗대어 생각했고, 그것의 사회 내용을 과다하게 강조하여 본래부터 있었던 자연 속성을 인위적으로 강화시킨 사회 속성으로 변화시켰다. 이것은 종법 농업 사회 존재와 발전에 필요한 것이며, 종법 관계 중 사회 심리의 보편적인 경향이다.

중국 역사상 효자의 업적과 관계 있는 송찬은 매우 많을 뿐 아니라, 각종 경전 중에 효와 관련된 논술 역시 수없이 많다. 효의 구체적인 규정에 관한 항목은 더욱 많다.

효자가 부모를 섬기는 데 있어서 기거함에는 공경을 다하고, 모심에는 즐거움을 다하고, 병이 들면 근심을 다하며, 상을 당해서는 슬픔을 다하고, 제사를 모실 때에는 엄숙함을 다해야 한다.

孝子之事親也, 居則致其敬, 養則致其樂, 病則致其憂, 喪則致其哀, 祭則致其嚴.(《孝經》)

신체와 머리카락과 피부는 부모에게서 받은 것이니, 감히 이를 훼손하고 상하지 않도록 하는 것이 효의 시작이다. 입신의 도는 후진에게 이름을 떨쳐서 부모를 드러내는 것이니, 즉 효의 마지막이다.

身體髮膚, 受之父母, 不敢損傷, 孝之始也. 立身之道, 揚言於後進, 以顯父母, 孝之終也.(《孝經》)

무릇 효라고 하는 것은 선인(先人)의 유지를 잘 계승하고, 선인의 일을 잘 완성하는 것이다.

夫孝者, 善繼人之志, 善述人之事也.(《中庸》)

부모가 살아 계실 때에 자식은 감히 자기 몸을 마음대로 할 수 없으며, 감히 사사로이 자기 재물을 감추어둘 수 없다.

父母在, 不敢有其身, 不敢私其財.(《禮記 · 坊記》)

아버지의 친구를 뵈올 때에 나오라고 이르지 않으면 감히 나올 수 없고, 물러가라고 하지 않으면 물러갈 수 없다. 또 묻지 않으면 대답하지 못한다. 이것이 효의 행실이다.

見父之執, 不謂之進不敢進, 不謂之退不敢退, 不問不敢對, 此孝子之行也.(《禮記 · 曲禮上》)

종묘에 불순한 것은 불효이다.

宗廟有不順者爲不孝.(《禮記 · 王制》)

불효에는 셋이 있으니, 후사가 없는 것이 가장 크다.

不孝有三, 無後爲大.

이렇게 효와 관련한 규정과 요구는, 이미 사람들이 통상적으로 이해하는 부양과 존경의 의무 범위에서 벗어나 절대적으로 순종해야 하는 우매한 효로 발전되었다. 또한 이렇듯 우매한 효는 정치 관계에 있어 우매한 충성으로까지 확산되었다. 중국 역사상의 충신 이야기는 효자의 이야기와 마찬가지로 그 수를 헤아리기 힘들다. 그리고 충효의 정도가 지나침으로 인해 종종 사람들로 하여금 비애에 빠지게도 하지만, 중국인은 역시 그들을 군자로 삼고 칭송을 아끼지 않는다. 중국인은 다른 방면 즉 종교 · 신화 · 예술 등에 대해서는 이지적이고 확실하며 현실적인데, 이러한 문제에 대해서는 오히려 이지적이지 못하고 깨어 있지도 못하며 현실적이지도 못하다.

이론상에서 보면 아무도 정식으로 우매한 효와 충을 제창한 적은 없으나, 극력으로 충효를 주장하는 유가 사상 중에는 쟁(諍)과 간(諫)에 관련한 규정이 있었다. 그러나 이러한 간쟁은 힘 없는 충고의 말들뿐이다. 왜냐하면 예교에서 사람들은 "간언은 해도 반역은 꾀하지 않는다〔諫而不逆〕" 하여, 간언을 해도 듣지 않으면 어쩔 수 없고 그저 자신의 의견을 남기는 것으로 끝날 뿐이다.

"신하의 예로는 간언을 드러내지 않으며, 세 번 간언해서 듣지 않으면 물러난다. 아들이 부모를 섬김에 있어서 세 번을 간언해도 듣지 않으면 크게 울고 그에 따른다〔爲人臣之禮不顯諫, 三諫而不聽, 則逃之. 子之事親也, 三諫而不聽, 則號泣而隨之〕"(《禮記·曲禮下》)고 하였으니, 이 얼마나 슬프고 가련한 일인가? 중국 역사상 용맹한 신하가 죽음을 불사하고 간언을 해서 죽음의 화를 당한 사람도 있으니 하대의 관용봉(關龍逢), 상대의 비간(比干)이 그 예이다. 그러나 그 결과는 어떠했는가? 당태종같이 간언을 잘 받아들인 사람은 중국 역사상 이미 매우 드문 인재가 되었다. 종법 전제 사회에서 간언은 사실상 아무런 작용도 하지 못한다. 왜냐하면 '가장'은 최고의 권력을 갖추고 있을 뿐 아니라 해를 끼칠 수 없는 위엄이 있기 때문이다. 그리고 '가족구성원'은 복종의 의무 외에 다른 권력은 없다. 가장의 권력은 무제한이고 간언만이 사회감독의 직능을 집행할 뿐이다. 그러나 이러한 직능 자체는 또 어떠한 권력과 제도적인 보장이 되어 있지 않다. 충언으로 직언하는 용기 있는 사람들이 종종 희생물이 될 뿐이다. 오직 역사만이 그들이 정확했고 당시에 처했던 현실에 대해 아무런 작용을 하지 못했다는 것을 증명한다. 간언 자체는 바로 진정한 충이다. 유명한 해서(海瑞)는 명 세종이 유흥에만 빠져서 20년간 조정을 돌보지 않았기 때문에 문장을 올려 그를 한 차례 호통쳤고 죽을 준비까지 했었으나, 옥중에서 세종의 죽음을 전해 듣자 마침내 "밤새도록 울음소리가 그치지 않았다"고 했다. 중국의 충신들이 더 이상 어떻게 충성할 수 있었겠는가? 가장은 신성한 사람이고, 설령 우연한 잘못이 있다 해도 여전히 신성한 사람들일 뿐이다.

'애국주의'

중국에서 조상에게 효를 다하고 군주에게 충성하는 것, 나라를 사랑하는 것은 종종 함께 연결되어 있다.

예교 사회에서 애국주의는 교육이 필요 없이 자연적으로 형성되는 교육 정신이다. 왜냐하면 그것에는 심층적인 사회심리적 보증이 있기 때문이다. 그것은 한편으로는 조상의 신성함과 가정의 신성함에서 비롯하여 나라의 신성함으로 확대되는 것이다. 또 다른 한편으로는 장기적인 봉쇄 상태가 만들어 낸 다른 나라 다른 민족에 대한 멸시와 공포이다.

중국인의 강한 애국심은 매우 유명하다. 중국 민족 문화의 내향적 응집력의 강렬함은 세계 다른 문명 민족을 초월한다. 왜냐하면 중국인의 애국심 중에는 자신이 살아 움직이는 이 토지에 대한 감정뿐 아니라, 자신의 위대한 조상에 대한 더할 바 없는 숭고한 공경심을 포함하고 있다. 사실상, 후자는 전자에 비해 함의가 더욱 깊다. 왜냐하면 이 토지는 조상이 개창한 것이라 그 자체에 조상의 위대한 공적이 기재되어 있기 때문이다. 이러한 토지를 지키는 것은 선조의 은덕에 대한 감사인 동시에 선조의 유지에 대한 계승이다.

토지와 조상의 긴밀한 결합은 토지와 사람으로 하여금 잠재되어 있는 혈연 관계의 함의를 산생하게 했다. 이미 있는 토지의 계승과 보호가 실제로는 자연적인 혈연 관계 즉 '종족'의 연속과 유지라는 것으로 변화했고, 조국에 대한 감정 역시 이러한 자연 관계를 통하여 중국인의 혈액 속에 침투했다. 이것이 중국 민족의 애국적 정열이 높은 근본 원인이며, 또한 중국 문화에 없앨 수 없는 완강한 생명력이 있게 된 원천이다.

이 문제에 있어 중국 민족과 서양 민족은 매우 큰 차이를 가지고 있다. 서양 민족은 고대 그리스 시대부터 혈연 관계를 그다지 중시하지 않고 정신 문화 영역인 종교에 매우 높은 열정을 기울였다. 그래서 서양에서는 한 나라와 다른 나라 사이, 한 민족과 다른 민족 사이의 모순은 종종 종교와 신앙상의 모순으로 표현되었고, 다른 민족을 침략하기 위한 열정을 불러 일으키는 데 가장 좋은 수단은 종교였다. 유럽 역사상 규모가 매우 크고 2백 년이나 계속되었던 십자군 전쟁이 바로 그 예이다. 마찬가지로 한 민족이 외래 침략에 저항하는 가장 힘 있는 구호 역시 종교였다. 왜냐하면 이민족의 통치는 이교도의 통치를 의미하며, 피정복자는 그들이 신봉하는 신의 보호를 잃게 되는 것이기 때문이다. 또한 국가 최고 통치권력의 계승에 있어 서양인이 직계의 혈통을 고려한 예는 거의 없었다. 서구 봉건 시대에 국가 최고 통치권의 계승은 종종 나라와 나라 사이의 경계를 무너뜨렸고, 본국의 왕위 계승인과 다른 나라의 왕위 계승인, 나라의 군주 자신과 다른 나라 사람 사이의 정략 결혼까지도 아무렇지 않은 일들이었다. 즉 왕위를 계승할 때 외국의 혈통도 아무렇지 않게 생각했다는 것이다. 스페인의 국왕 펠리페(Felipe) 2세는 영국 여왕 엘리자베스(Elizabeth) 1세에게 구혼을 했다가 거절당하자 프랑스 왕 앙리(Henry) 2세의 딸인 엘리자베트를 아내로 삼은 일이 있고, 스코틀랜드 여왕 메리(Mary)는 한 나라의 군주이면서 프랑스 왕자에게 시집을 간 일이 있으며, 프레데리크(Frederik) 2세는 덴마크와 노르웨이 두 나라의 왕이었고, 프랑스 왕 샤를(Charles) 9세의 동생 앙리 3세는 폴란드 귀족의회에서 국왕으로 뽑힌 일이 있다. 포르투갈 왕 엔리케(Henrique)가 죽자 스페인 왕 펠리페 2세가 왕위를 계승한 일 등은 결코 무력으로 인한 권력의 양도가 아닌 법률에 의해 산생된 권력 관계이다. 이같은 일은 중국에서는 불가사의한 일이다. 제2차 세계대전 때 일본은 부의(溥儀)를 협박하여 동북쪽에 만주국을 세우고, 그에게 일본인 부인을 취할 것을 요구했다. 일본인들은 황제의 자손 중에 일본 혈통이 있게 할 생각이었고, 이로써 오랫동안 억압당한 목적을 달성하려고 했다. 그러나 부의가 꼭두각시 황제였을지라도 이 근본적인 문제에서는 감히 조종의 어지를 어길 수 없었다.

경제와 정치적인 측면을 제외하고 문화 관념의 각도에서 보면, 서양에서 나라가 망했다 함은 신앙을 잃거나 아니면 자신들이 믿는 하나님을 잃거나, 아무것도 잃지 않을 수도 있다. (왜냐하면 침략자는 어떤 때에는 동일 신앙을 가진 민족일 수도 있기 때문이다.) 반면 중국에서는, 망국은 종족이 멸하고 뿌리가 끊기는 것을 의미한다. 이러한 사회 심리상의 공포는 그 종교 신앙상의 저촉보다 훨씬 강하다. 애국주의에서 포함하는 모든 내용에서 이 방면은 중국 민족 심리 중 가장 민감한 문제이기 때문이다. 경제적인 면에서 중국인은 세세히 따지지 않고 겸손하고 양보하며 예를 좋아하기 때문에 손해를 보기 쉽다. 정치적으로 중국인은 자유를 사랑하여 생명을 희생하지 않고 질박하고 호방하여 거의 무정부 상태에 가까운 민족이 아니다. 극단적으로 잔혹한 경제 박탈과 정치의 억압 외에 중국인으로 하여금 가장 뼈아프게 느끼게 하는 것은 조상의 영광에 굴욕을 끼치는 일이다. 정강(靖康)의 변 때 황제가 포로가 된 것은 중국인이 만세에 잊지 못할 국치가 되었다. 송조라는 중국 역사상 가장 유약한 시대에 중국 역사상 그 어느 때보다도 많은 애국에 관한 감동적인 이야기들이 남겨졌다.

일반적으로 말하면 문화가 발달할수록, 역사가 영광스런 민족일수록 민족 모순이라는 타격에서 받게 되는 심리적 상처는 깊다는 것이다. 그리고 이러한 빛나는 역사 문화와 혈연 관계를 중시하는 조상 숭배가 함께 결합할 때 더욱 그러하다. 영국의 시인 바이런(Byron)이 고대 그리스 문화의 찬란한 광채를 격정적으로 노래하여 그리스인이 터키의 통치에서 벗어나도록 했을 때, 그리스인은 마치 그들의 찬란한 역사를 거의 잃은 듯했고 조상의 영광을 잊은 것 같았다. 이것은 그들 역대의 혈연 관념과 조종 관념이 삭막한 것과 관계가 있다. 만약 중국에서라면 이러한 상황이 나타나지 않았을 것이며, 조상의 영광은 그 누구도 잊어서는 안 되는 것이다.

'만리장성' 의 의식

장성, 지금까지 중국인이 자부하는 성물(聖物)이며 세상 사람의 눈에 보이는 2천여 년 문명사의 상징이다. 그 공정이 어마어마하고 기세가 장엄하여 세인들로 하여금 탄복하게 한다. 고대 세계의 가장 큰 공사 중의 하나이며, 역사상 건조 시기가 가장 길고, 공사비가 엄청난 것들은 인류 고대 문명사 중 다른 어떤 곳에서도 찾아볼 수 없다. 춘추 전국 시기의 제·초·위·연·조·진 등의 나라가 건축을 시작하여 명대의 만력년에야 그쳤으니, 2천여 년 동안의 끊임없는 노력은 중국인이 국토를 보위하려는 불굴의 정신 바로 그것이었다.

중국인은 장성을 국가와 민족의 보호신으로 본다. 그것은 외족 침입의 전쟁중에 일어나는 작용을 억압하여 사람들로 하여금 그것에 의지하는 심리를 산생케 했다. 그러므로 그것은 우상이 되었고, 사회 심리가 이를 빌려 표현되는 부호가 되었다. 이 부호 중에는 확실히 매우 많은 "본래는 그것의 바깥에 있던 내용의 의미"가 포함되어 있다.

명대에 건축한 동쪽의 산해관에서 서쪽의 가욕관에 이르는 만리장성은 일찍이 '변장(邊墻)' 이라고 칭해졌다. 그것은 확실히 보통의 담벼락이 아니다. 그것은 지리적으로 두 개의 다른 민족, 두 가지 다른 사회 문명을 엄격하게 구분지었다. 한쪽은 용맹한 유목 민족이고, 다른 한쪽은 덕과 예를 숭상하는 농경 민족이다. 한쪽은 낙후한 목축 문명이고, 다른 한쪽은 선진의 농업 문명이다. 그것은 두 가지 확연히 다른 민족 성격·민족정신 사이에서 심리적으로도 명확한 경계선을 그었다. 한쪽은 천애를 다니며 사해를 집으로 삼는 공격적이고 획득하는 정신이며, 한쪽은 국토와 집을 지키고 진취 정신이 결핍된 보수주의 정신이다. 지리와 심리 분계선상에 위치한 장성이므로 정신적인 상징 의미도 아마 이곳에 있는 듯하다.

중국, 이 농업 국가에서 토지는 나라를 세우며 가정을 세우며 민족을 세우는 근본이다. 그러므로 농업 민족의 생명의 원천으로 나라를 보호하고 종족을 보존하기 위해서는 먼저 국토를 보호해야 한다. 바꿔 말해, 자급자족의 농업 경제 중 토지에서 생긴 것은 모든 것을 얻게 되었음을 의미한다. 조상이 남긴 이 비옥한 토양은 자손 후대로 하여금 끊임없이 번식하는 데 족하게 했고, 더하여 예를 숭상하게 했는데 이 두 가지 요소는 중국인의 외향 의식을 크게 축소시켰다. 그들은 그리스인의 경우처럼 생존 공간 때문에 외부로 나가서 식민지를 삼지 않아도 되었고, 또 유목민족처럼 비옥한 풀이 있으면 그곳으로 가는 생활 습속도 없었다. 그들은 편안하게 거주했고, 모든 세대가 근면하게 노동하여 스스로 만족하는 생활을 했다. 장성의 형상은, 바로 이러한 문화 심리의 징표인 동시에 사람으로 하여금 침범할 수 없는 그 어떤 위풍을 느끼게 했다.

겸손한 '야랑(夜郎)'

예의 풍격은 일종의 겸손한 풍격이고, 예의 민족은 겸손한 민족이다. 그러나 여기에서 모순이 발생한다. 중국인의 겸손은 유명하며, 중국인의 자존심 역시 유명하다.

"야랑이 잘난 체하다"는 말은, 중국의 성어로서 무턱대고 거만하게 구는 사람들을 조소하는 데 쓰였다. 야랑은 작은 나라로 운귀산(雲貴山) 지역에 위치했고 세상과 격리되어 있었기 때문에, 중원의 한제국이 얼마나 큰지 몰라 한나라 사신이 그곳에 갔을 때 야랑후가 물었다. "한나라와 우리 나라 중 누가 큰가?" 이것은 역사의 웃음거리가 되었다. 야랑이 우스꽝스럽고 슬픈 것은 더 말할 나위도 없으나, 더욱 슬픈 것은 우리들이 야랑을 조소하는 동시에 스스로 더욱 큰 '야랑'이 되고 말았다는 것이다. 중국의 고대 사람들은 장성의 높음을 알 뿐 벽 밖 바깥 세상의 광대함은 알지 못했고, 조정의 위엄 있고 장중하고 나라가 부유한 것만 알았을 뿐 바깥에서 발생하는 일들은 알지 못했다. 이러한 상황은 대청왕조에 도달했을 때 극에 달했다. 건륭황제 때인 1793년 영국의 사절 마알로로 하여금 영국왕 조지(George) 3세에게 편지 한 통을 전하도록 한 것은, 다시 한 번 야랑후의 일을 생각나도록 한 사건이었다.

귀국의 국왕께서 멀리에서도 중국을 중하게 생각하시고 사모하여 특별히 사신을 보내 글을 주셨소. ……짐은 그 문장을 보고 글의 뜻이 매우 간곡하므로 귀국왕의 공손함을 볼 수 있어 이에 매우 높은 칭찬을 하는 바이오. ……우리 조정은 사해를 보듬고 있고 힘을 다해 나라를 다스리고 정무를 처리하며 기진이보를 귀하게 생각하지 않소. 귀국왕께서 이번에 각종 물품을 성의를 다해 헌상하셨으니, 특별히 어지를 내려 우리 아문에서 받아 관리하도록 하였소. 사실 우리 왕조의 덕과 위엄이 천지를 덮어 많은 나라의 왕들이 각종 귀중한 물건들을 모두 배에 싣고 오니 없는 것이 없소이다. 귀국의 사신이 나와 친견을 기다리고 있으나, 우리는 기이한 물건을 귀하게 여기지 않으니 귀국에서는 물품을 제조할 필요가 없소이다.

咨爾國王, 遠在重洋, 傾心向化, 特遣使恭齎表章. ……朕披閱表文, 詞意肫懇, 具見爾國王恭順之誠, 深爲嘉許. ……天朝撫有四海, 推勤精圖治, 辦理政務, 奇珍異寶, 并無貴重. 爾國王此次齎進各物, 念其誠心遠獻, 特諭該管衙門收納. 其實天朝德威遠被, 萬國來王, 種種貴重之物, 梯航畢集, 無所不有. 爾之正使等所親見, 然從不貴奇巧, 并無需爾國制辦物件.(《九朝東華錄》)

혁혁한 바다의 패주이며 '태양이 지지 않는 나라'의 대영제국이, 마침내 중국의 천자에게 공손히 공물을 바치는 신하로 칭찬을 받았다. 역사 발전이 이러한 지경에까지 이르렀으니 더 이상 무엇으로 이 '야랑'의 나라 사람들을 깨울 수 있겠는가? 그것은 바로 수십 년 후 이 '공손하고 순종하는' 신하가 대포로 중국 조정의 큰 문을 연 것이다.

중국은 조상의 개화, 문명의 조숙으로 인해 옛부터 외부 사람들을 경시했다. 자고로 중국인은 사방의 나라들에게 이(夷)·융(戎)·적(狄)·만(蠻) 등의 깎아내리는 칭호를 주었다. 중국 고대인은 '구주(九州)'를 '천하'로 삼았는데, '천하'의 바깥에 무엇이 있었는지는 알지 못했다. 중국 고대인의 세계관은 현실 생활과 직접 상관 있는 사물, 즉 자연만물·조상과의 혈연 관계·현실 인륜 등에만 주의를 기울였을 뿐 중국 철학 역시 천국·신의 세계·우주 본체 따위에 대해서는 관심을 갖지 않았다. 왜냐하면 지리적인 원인과 세계관의 원인으로 중국인은 구주 밖의 광활한 세상에 대해서는 들어 본 적이 없기 때문이다. 서쪽의 광막함과 동쪽에 면해 있는 큰 바다는 중국을 다른 문명과 멀찍이 격리시켜 놓았다. 그리고 이렇게 비옥한 토지에서 자급자족하는 농업 문명은 모험 정신을 가지고 외계와 교류할 필요성도 없었다. 비록 유명한 비단길을 통한 서양과의 교류가 있긴 했으나 콜럼버스(Columbus) 및 그리스 시대부터 시작된 끊임없는 탐험과 비교해 보면 정신 기백에서든 혹은 담력과 재능에서도 비교될 수 없다.

바다와 거래하기를 좋아하는 민족은, 개방적이고 시야가 광활하여 바다처럼 끝도 없고 한도 없으며 어떠한 구속도 받지 않는다. 반면 토지와 거래하기를 좋아하는 민족은, 성격이 온화하고 보수적이어서 마치 변함없는 토지처럼 규범적이다.

민족의 자존심 자체는 나쁜 것이 아니나, 다른 사람들이 자신이 턱없이 교만하다고 생각하는 것을 알지 못하는 것은 가소로운 야랑 정신일 뿐이다. 영국의 역사학자 토인비(Toynbee)는 그것을 '자기 중심적 착각'이라고 하였다. 서구인이 자신들의 발달한 물질 문명에 의지해서 다른 사람을 '토박이'라고 했고, 그리스 사람들은 그들의 휘황찬란한 고전 문화를 가지고 다른 사람을 '야만인'이라고 부를 때, 그들은 확실히 '자기 중심적 착각'이라는 잘못을 범했다. 그러나 중국 고대인이 이러한 '착각'에서 더 나아가 고집불통처럼 된 것은, 지리적인 격리와 문화 선진의 원인 외에 또 예악 문화가 수립한 조상의 지나친 존귀와도 관계가 있다. 중국인의 천지자연에서 사회 인류까지에 이르는 완전한 윤리 체계 중에 조상과 천지는 직접적인 상관이 있다. 대대로 이어져 가는 조상은 천하의 주인이고, 그들이 남긴 것은 다른 어느것과도 비교할 수 없는 신성함이었다. 그러므로 중국인의 자존심은 조상에 대한 존귀함이다. 이 점에서 중국은 또 서양과 다르다. 서양인이 다른 민족 앞에서 영웅으로 자처하는 것은 그들 손에 예리한 무기가 있고 허리에 금과 은이 채워졌기 때문인 반면, 중국인이 다른 민족 앞에서 존귀하다 함은 그들의 조상이 위대하고 토지가 신성하기 때문일 뿐 실질적인 경제력은 종종 홀시되었다.

"낙엽은 떨어져 뿌리로 돌아간다"와 카우보이 정신

"나무가 1천 장(丈)이라도 낙엽이 떨어지면 뿌리로 돌아간다"는 이 말은, 중국인이 타국에서 지내는 떠돌이 아들이 고향을 생각하는 감정을 은유적으로 비유한 것이다. 자손대대로 토지에 뿌리를 내린 농업 민족인지라 고향의 토지에 대한 농후한 정감이 이미 그들의 혈액 중에 깊숙이 뿌리를 내리게 되었는데, 여기에 조상이 있고 그들의 혈연의 뿌리가 있기 때문이다.

중국에서 토지의 뜻은 토지 자체의 의미를 넘어서고 있다. 문화 심리적인 의미에서 그것은 중국인 잠재 의식의 '토지'의 정신으로 변화되었다. 중국 철학 중에 대표적으로 자연이 변화한 금목수화토(金木水火土)의 오행이 바로 땅을 위주로 하고 있다. 목·화·금·수는 동서남북 네 방향과 춘하추동 등 네 계절과 관련이 있고, 토는 중앙에 위치하며 네 방향과 네 계절의 기(氣)를 지니고 있다.

오행의 따름은 그 순서에 맞춰서이다. ……토는 중앙에 위치하며, 이것은 천윤(天潤)이라고 한다. 토는 하늘의 팔과 다리이다. 그 덕이 많아 한때의 일로만 생각할 수 없다. 그래서 오행에는 네 가지 때가 있는 것이며, 토가 그것을 겸하고 있다. 금목수화는 각기 직분을 가지고 있으나, 토가 아니면 방향은 설 수가 없다. ……토는 오행의 중심이다.

五行之隨, 各如其序. ……土居中央, 謂之天潤. 土者, 天之股肱也. 其德茂美, 不可名以一時之事, 故五行而四時者, 土兼之也. 金木水火雖各職, 不因土, 方不立. ……土者, 五行之主也.(《春秋繁露·五行之義》)

오방·오미뿐만 아니라 예악 문화 중의 오음·오색 역시 마찬가지이다. 궁상각치우에서 오음 중 토에 속하며, 군주를 대표하는 궁음이 우선이다. 청적황백의 오색 중 토에 속하는 황색이 가장 고귀하여 황룡·황포·황기·황색 칠보지붕은 최고 예의의 상징이다. 중국이라는 황색의 종족·토지의 종족은, 심리 심층에 토지에 대한 숭배가 숨겨져 있고 황천하의 조상과 황토 위의 자손은 혈맥이 이어져 있다.

"부모가 계시면 멀리 나가지 않는다." 이것은 중국인 '효'의 관념의 중요한 내용이고, 조상께 효를 다하는 관념이 토지의 관념과 더불어 연계될 때에는 부모가 계시면 멀리 나가지 않는다는 효행은, 부모가 안 계셔도 멀리 나가지 않는다는 본토 심리로 변화되었다. '나그네'는 중국인에게 감정상의 비극적인 인물로 간주되곤 하였다. 타향 사람들은 늘 고향을 생각하는 감정상의 고통을 받았다. 고향의 토지는 친근하고 흡인력을 가지고 있어 살아서 고향 사람이 될 수 없다면 죽어서라도 고향의 귀신이 되려 했으며, 심지어 고향의 흙을 한 움큼 쥐더라도 억제할 수 없는 격동에 휩싸이게 되었다. 중국인의 이러한 '흙의 덕'·'흙의 성품'은 역시 세계의 다른 민족 중에서는 찾아 보기 힘든 것이다.

민족의 문화 심리와 그들 역사의 경우가 당한 일들과는 매우 긴밀한 상관성이 있다. 사람들은 그 안에서 어떤 민족의 정신기 질을 발견할 수 있다. 이렇게 고향의 땅을 사수하려는 중국 민족과 선명한 대조를 이루는 것은 고향의 대지가 없는 미국 민족이다. 미국인의 조상이 대서양을 건너 미주라는 신대륙에 도달했을 때, 그들은 뒤도 돌아보지 않고 고향을 등졌다. 2백여 년이 지났고, 그들은 이곳에서 그들 조상이 고향의 땅에서 세워보지 못한 신세계를 건립했다.

유럽인은 고대 그리스 식민지 시대의 그 개방적인 추진력을 미대륙에 가져와서, 자신의 고향이 아닌 토지 위에서 그들은 아무런 고향의 땅에 대한 감정적 고리도 없었으므로 남은 것은 다만 마음대로 질주하는 진취 정신뿐이었다. 당시 미국은 먼저 동부에서 13개 주를 개발해서 충분한 생존 공간을 갖게 되었다. 그러나 그들은 이에 만족하지 않았다. 말등 위의 카우보이들은 생명의 위험을 무릅쓰고 서부로 갔다. 그들은 유목 민족처럼 모든 부족의 비옥한 목초지를 향해 간 것이 아니라, 혼자서 말을 타고 가 황무지를 개발했고, 사해를 집으로 삼으며 용맹스럽게 전진했다. 우리들은 이러한 용감한 진취 정신을 '카우보이 정신'이라고 칭한다. 이러한 '카우보이 정신'이 바로 미국 민족 정신 중 가장 전형적인 상징이다.

1986년 미국 대통령 레이건(**Reagan**)은 챌린저호 우주비행기 사고에 희생된 승무원들을 추모하는 자리에서 이러한 축사를 하였다.

미국, 에이브러햄 링컨(**Abraham Lincoln**)이 지구상의 인류 중 최대 희망이라고 칭했던 미국은 영웅주의와 숭고한 헌신적인 정신의 기초 위에 건립된 나라입니다. ……우리들은 1세기 전의 개척자들을 생각해 내지 않을 수 없습니다. 그들은 가족들과 재산을 가지고 황량한 미국 서부에 도착한 강인한 사람들이었습니다. 오리건로를 따라가면 중간에서 숨진 사람들의 묘비를 아직도 볼 수 있습니다. 그러나 슬픔은 그들로 하여금 더욱 강인한 개척 정신을 가지고 전진해야 한다는 결심을 확고하게 할 수 있을 뿐이었습니다.

2. '집단주의'

개성과 공동성

예교의 사회는 공동성을 강조하는 사회이다. 왜냐하면 예의 목적은 바로 사람들의 사상과 행위를 공동으로 지켜야 하는 윤리 계통 안에 규범화하는 것이기 때문이다.

예의 관념에서 보면 사람의 자연적인 감정 의지는 '욕망'의 근원이고, 예악 제도가 바로 이러한 종류의 자연스러운 개성과 자유 의지를 절제시키는 도구이다.

사람이 태어나면서부터 고요한 것은 천성이다. 그리고 외물에 감촉하여 움직임은 천성의 욕망인 것이다. 외물이 이르러 감촉되어 지력에 감지되고, 그런 연후에 좋아하고 미워하는 감정이 나타나는 것이다. 이 좋아하고 미워하는 것은 안에서 절제되는 일이 없고, 지력이 외물에 이끌려 스스로 반성할 수 없을 때에는 천성이 멸하는 것이다. 무릇 외물이 사람에 감촉하는 것이 다함이 없고 사람의 좋아하고 미워함에 절제가 없을 때, 즉 외물이 들어와서 사람이 그 외물로 변화해 버리게 된다. 사람이 외물에 화해 버리면 천성이 멸망하고 사욕을 끝없이 채우기에 이른다. 이리하여 도리에 어긋나고 거스르며, 사람을 속이는 마음이 생겨 음일(淫佚)을 탐하고 소란을 피우는 일이 있게 된다. ……그러므로 선왕이 예악을 제정한 것은 인위적으로 절제하기 위한 것이다.

人生而靜, 天之性也. 感於物而動, 性之欲也. 物至知知, 然後好惡形焉. 好惡無節於內, 知誘於外, 不能反躬, 天理滅矣. 夫物之感人無窮, 而人之好惡無節, 則是物至而人化物也. 人化物也者, 滅天理而窮人欲者也. 於是有悖

逆詐僞之心, 有淫佚作亂之事. ……是故先王之制禮樂, 人爲之節.(《禮記·
樂記》)

사람은 사회에서 생활하므로 좋아하고 미워하는 동물적인 정서와 욕
망은 당연히 절제가 필요하다. 그러나 어떤 것은 절제해야 하고, 또 어떤
것은 절제하지 말아야 하는가는 완전히 사회의 문화적인 특징에서 결정
된다. 중국 종법 사회에서 윤리 정치보다 근본이 되는 예악 문화는 절제
된 범위를 사회 의식과 사회 심리의 각계각층으로 확대시켰다. 크게는 정
치 사상에서부터 작게는 개인의 성격에까지 종법 사회 관계와 서로 어긋
나는 경향의 존재를 허락하지 않는다.

어느쪽에도 기울거나 치우침이 없는 중용은 중국의 이러한 농업 민족
의 성격 특징에 가장 부합하는 것이다. 이렇게 혈연 관계를 주로 하여 맺
어져 있어서 '전원시' 같으며, '따뜻한 정이 이어져 있는' 종법 사회에서
자연스럽게 형성된 '조화'와 질서는 사회의 장기적인 안정을 유지하기
위한 최고의 정신적인 원칙이 되었다. 그러므로 《중용》 중요한 내용이 되
었고, 중국 봉건 사회의 사회적인 필독서였다. 정자(程子)는 "어디에도
치우치지 않는 것을 중이라 하고, 바뀌지 않는 것을 용이라 한다. 중은
천하의 정도이며, 용은 천하의 불변의 진리이다〔不偏之謂中, 不易之謂庸.
中者, 天下之正道, 庸者, 天下之定理〕"라고 하였다. 주희는 《중용》을 말하
여 "이 책은 처음부터 하나의 이치를 말하고 있으며, 중간에서 흩어져 1
만 가지 일이 되고 끝에서 다시 합하여 하나의 이치가 된다. 이를 놓아두
면 천지에 가득 차고 이를 말아 놓으면 빽빽하게 물러나 감춘다〔其書始言
一理, 中散爲 萬事, 末復合爲一理, 放之則彌六合, 卷之則退藏於密〕"고 하였
다. 이 '중용의 도'는 중국인이 자기 몸을 수양하는 통일된 원칙이다.

중용은 중국인의 사상 의식과 개성 심리를 통일된 조화 질서 안에 규
범화했고, 사람으로 하여금 개성의 표현이나 개성의 추구를 하지 못하도
록 했다. 모두 이렇게 평화로운 가운데 평안무사했고, 누군가 이같은 평

화를 깨뜨리려고 한다면 이는 '천리를 배반하는' 반사회적 행위이므로 사회의 질책을 받게 된다. 장기적인 문화 영향을 받은 중국인은 이미 이러한 사유 방식과 행위 방식이 습관이 되어, 지금까지 사람들은 누구를 심사하는 중에 '개성이 강하다'라는 것을 개인의 결점으로 생각하고 수양이 부족한 표현이라고 간주하였다.

철학 의미에서의 개성과 공동성의 관계를 보면, 개성이 기본적으로 존재하고 공동성은 개성 중에 위치한다. 객관적인 존재 자체로 보면 공동성은 일종의 집단 존재의 모식이고, 개성은 이 집단 발전의 내재된 생명의 원천이다. 천지자연 중에는 '조화'와 '분쟁'이라는 두 가지가 동시에 존재하고 있다. '조화'의 형태가 바로 정체 내부의 '평화로운 공존'이며, '분쟁'의 형태가 바로 개체 사이의 '생존 경쟁'인 것이다. 중용의 원칙은 바로 이러한 천지자연의 '조화'의 존재 형태를 고도로 발양시키는 동시에, '분쟁'이라는 형태는 배척하고 질책하는 것이다.

중국 선왕의 가르침은 역대로 '분쟁'을 "크게 난을 일으키는 것"으로 보고 더욱 이것을 통제했다. 그러나 '분쟁'은 사람이 동물계에서 가지고 온 자연적인 본성이기 때문에 자연적으로 공개된 경쟁이 사회 관념의 억압을 받을 때, 사람들은 그것을 비밀스럽게 음모성 있는 투쟁으로 변화시킨다. 중국 종법 사회에서 개인 사이의 권력과 이익의 분쟁은 대부분 공개적인 경쟁이 아닌 투쟁의 성질을 가진 것들이다.

서양의 '개인주의'

예의 민족은 개인만을 생각하는 행위를 부모도 군주도 없는 천하의 불효요, 패역한 행동으로 보았다. 중국이 바로 이러한 예의 민족으로 그들은 집안의 이익, 나라의 이익을 언제나 개인적 이익보다 우선적으로 생각했고, 집단은 개인의 위에 있어 공동성이 개성보다 영원히 우위를 차지한다고 믿었다.

예교 관념 중에 개인주의는 엄격히 제한해야 할 악행이다. 개인적 욕망과 추구는 본시 예로 절제해야 하는 것이고, 이러한 개인적 욕구는 결국 '주의'로까지 변화되었다. 중국 역사상, 공개적으로 개인주의와 이기주의를 선포한 양주(楊朱)는 사설(邪說)을 퍼뜨린 이단으로 간주되어 역대 정통 사상가의 입과 붓을 통해 심한 지탄을 받았다.

중국 민족과 비교해 보면 서양 민족은 마치 향락을 추구하는 데 편중되어 있는 듯하다. 그들은 현실 생활 중에 개성의 자유로운 발전을 방임할 뿐 아니라 조금도 고려하지 않고 개인의 향락을 추구하며, 사상적으로도 끊임없이 여러 가지 이론으로 논증을 제시하고 있다. 고대 그리스의 에피쿠로스(Epikuros)는, 인생의 목적은 바로 "고통을 피하는 데 있으며" 주어진 개인의 행복을 추구하는 것이라고 여겼다. 영국의 홉스(Hobbes)는 이기적인 것은 사람의 본성이요 천성이라고 했고, 프랑스의 엘베시우스(Helvetius)는 이기적인 사상·향락과 정당한 개인 이익을 도덕의 기초로 삼았을 뿐 아니라, 독일의 포이어바흐(Feuerbach)는 '합리적인 이기주의'를 창도해서 윤리학설의 근거로 삼았다. 더욱 흥미 있는 것은 프랑스의 콩트(Comte), 영국의 스펜서(Spencer) 등이 제시한 '이타주의' 역시 결국은 이기주의를 기초로 한 것이다. 여기서 동서양 두 문화 관념은 이 문제 위에서 확연히 대립된다. 중국의 고대인은 사람의 본성은 선하다고 여긴다. 왜냐하면 그것은 마땅히 선한 것이며(논거는 이렇게 간단하다), 이기적인 것이 바로 악이기 때문이다. 그리고 서양인들은 이 점에서 더욱 현실적이고 더욱 유물적이며, 선도 악도 그다지 중요하지 않으며 본성은 그저 본성일 뿐이라는 것이다. 이것은 우리들로 하여금 헤겔의 명언을 생각나게 한다.

사람들은, 그들이 인간의 본성이 선하다는 이 말을 할 때에 그들은 매우 위대한 사상을 말한다. 그러나 그들은 사람들이 인간의 본성이 악하다는

이 말을 할 때에는 더욱 위대한 사상을 말한다.(《마르크스 엥겔스선집》)

엥겔스는 헤겔의 이 논단이 매우 심각한 것이라고 생각했다.

헤겔에게 있어 악은 인류 역사 발전의 동력으로 이것이 형태를 빌려 표현된 것이다. 여기에 이중의 의미가 있다. 한편으로는 새로운 진보는 모두 필연적으로 신성한 사물을 경시하는 것으로, 진부한 것이며, 나날이 쇠망해 가는 것으로 표현되고 습관적으로 숭배하는 질서의 역적이 되고 만다. 또 다른 면에서는 계급 대립이 산생된 이후부터 사람의 악랄한 정욕, 탐욕과 권세욕이 역사 발전의 지렛대가 되었다.(《마르크스 엥겔스선집》)

중국 역사상에 있었던 '성악론(性惡論)'의 대표적 인물은 순자이다. 그는 맹자의 '성선론(性善論)'에 대립하여 사람은 태어나면서부터 악하다고 생각했다. 그러나 그의 성악론에서 내린 최종 결론은 역시 유가 예교의 테두리를 벗어나지 못하고 있다. 그는 사람의 본성이 악하기 때문에 반드시 선함과 예로써 교화시켜야 한다고 생각했다. 여기에서 그는 서양의 철학가들과 같은 전제에서 출발하여 전혀 다른 결론을 얻어냈다. 중국의 선진 철학가들은 반드시 선으로 개조시켜야 하며, 악은 절대로 있어서는 안 될 것이라고 했고, 서양의 고대 철학가들은 악은 다른 악에게 양보를 해야 하며, 악은 자연적인 것이고 마땅히 있어야 하는 것이라고 생각했다.

중국의 고대인이 생각지 못했고 혹시 생각해 냈다 해도 감정상으로 인정하기를 원하지 않았던 것은, 사람의 본성 중 악에 위대한 역사 작용이 있다는 것이다. 물질과 재화의 풍부함과 증가가 바로 끊임없는 탐욕에 의해 추진된다는 것이다. 중국 고대인은 이러한 점을 보지 못했고, 바로 엥겔스가 포이어바흐는 이 문제에서 헤겔보다 인식이 얕다고 했던 것처럼, 그들은 "도덕상의 악이 일으키는 역사 작용을 연구할 생각을 하지 못했

다."(《마르크스 엥겔스선집》)

서양의 개인주의는 결코 우리들이 이해하는 이기주의와 완전히 같지 않다. 당연히 이기주의가 그 중의 중요하고도 기본적인 내용이기도 하다. 그러나 집단적인 문화 정신에서는 개인주의는 이기주의보다 더욱 광범위한 내함이 있다. 그것은 물질 이익상의 욕망의 만족을 포함할 뿐 아니라, 정신적인 면에서 개인의 의지와 개성의 자유 및 이러한 물질과 정신상의 자아 실현을 위해 진행되는 갖가지 자유로운 진취와 추구, 즉 개인의 분투를 포함한다. 이러한 개인주의의 사회 관념과 그 개인의 추구가 실현되는 때에 얻게 되는 객관적 이익의 유혹이 개인으로 하여금 끊임없이 노력하게 하는 내재적 동력이다. 그리고 사람마다 끊임없이 분투 노력하는 직접적인 결과 중의 하나가 바로 전체 사회의 물질 문화와 정신 문화의 끊임없는 창조이다.

공동의 부유

예의 민족은 '집단주의' 의 민족이다. 사람들은 중용의 정신에 뿌리를 두고, 사회 공동체 중에서 화목하게 서로 기거하며 상호간에 양보하고 경쟁이 없다. 종법 사회는 집을 단위로 하는 소농 경제로 사회 경제 형태의 발전을 제한시켰을 뿐 아니라 사람의 시야도 제한시켰다. 이미 있던 사회 구조와 생활 방식을 제외하고, 사람들은 더 이상 다른 사회 상태를 볼 수 없어 최고의 사회 이상 역시 현재의 사회 구조 방식으로 상상하는 수밖에 없었던 것이다.

대도가 행해지던 시대에는 천하를 자기의 사유물로 생각하지 않고 공공의 것으로 보았다. 그렇기 때문에 어질고도 유능한 자를 가려서 전수하고, 신의를 말하여 밝히고 화목하는 길을 닦았다. 그러므로 사람들이 홀로 그

어버이만을 친애하지 않고 다른 사람의 어버이에게까지 미치며,. 홀로 그 자식만을 자애하지 않고 다른 사람의 자식에게까지 미쳤다. 노인으로 하여금 안락하게 그 수명을 마칠 수 있게 하고, 장년의 사람은 충분히 그 힘을 발휘할 수 있게 하고, 어린이는 건전하게 자라날 수 있고, 홀아비·과부·고아·독자·불구자도 모두 충분히 그 몸을 부양받을 수 있게 했다. 남자는 직분이 있고, 여자는 각각 시집갈 곳이 있었다. 재화는 민생에 있어 없어서는 안 되는 것이기 때문에 이것을 거두어 땅에 버려지는 것을 싫어하지만, 반드시 자기를 위해서 감추지는 않았다. 힘은 자기 몸을 기르고 세상이 다스려지는 것을 위해서 내지 않을 수 없는 것이기 때문에 자기 몸에서 나오지 않는 것을 싫어하지만, 반드시 자기 한 몸만을 위하지 않고 세상 사람의 행복과 이익을 위해서 썼다. 사람마다 풍습이 이와 같기 때문에 간특한 계모(計謀)가 폐색되어 일어나지 못하고, 도적과 난적이 절멸하여 일어나지 못했다. 그렇기 때문에 사람마다 대문을 잠그지 않고 편안하게 살 수 있었으니, 이것을 대동(大同)의 세상이라고 한다.

大道之行也, 天下爲公. 選賢與能, 講信修睦. 故人不獨親其親, 不獨子其子, 使老有所終, 壯有所用, 幼有所長, 矜寡孤獨廢疾者皆有所養. 男有分, 女有婦. 貨惡其棄於地也, 不必藏於己也. 力惡其不出身, 不必爲己. 是故謀閉而不興, 盜竊亂賊而不作, 故外戶而不閉, 是謂大同.（《禮記·禮運》）

아무리 아름다운 대동의 세계라 해도, 그것은 역시 진정으로 철저하게 예교화된 농업 사회에 불과할 뿐이다. 이러한 이상 사회는 마치 물질 재화의 기초가 불필요하여 사람과 사람 사이, 화목한 관계의 이상적인 교육으로 실현되기를 희망하고 있는 것 같다. 몇천 년에 걸친 중국 사회는 줄곧 이러한 농업 '공산주의'의 이상을 포기하지 않고 도덕 교육과 이상 교육의 수단을 써서 노력하고 있다. 예교 관념 중에서 경제상의, 물질 생활의 발전이 중요한 일로 간주되어 오지 않았고, 사상적·도덕적 진보 같은 것들이 사회 발전의 목적이 되었으며 이러한 목적이 수단이기도 했다.

농업 민족의 경제상의 최고 가는 사회 이상은 공동의 부이다. 그리고 이러한 부유는 요구가 그리 높지 않고 만족되기도 쉽다. 그것에는 욕망의 추구가 없고 물질적인 이익을 위해 진행되는 격렬한 각축전도 필요 없다. 그들은 현재 있는 부의 기초 위에서 모두가 평등할 것을 요구할 뿐이다. 왜냐하면 사회 전체의 측면에서 보면, 어떻게 해서 더 많은 이익을 추구하고 더 많은 재화를 창조할 것인가에 힘을 쏟지 않고, 어떤 방법으로 현재 가지고 있는 재화를 분배하는가를 고려하는 데 초점을 둔다.

중국의 절대 평등주의는 매우 인자하다. 그것은 개인과 개인의 개체적인 차이성의 한계를 타파했으며, 게으른 사람과 근면한 사람·무능한 사람과 유능한 사람들도 동등한 대우를 누려야 한다고 요구한다. 게으르고 무능한 사람을 기아나 추위에 떨지 않도록 하며, 근면하고 재능 있는 사람이라고 더 잘 살아야 하는 것도 아니다. 만약 착취가 바로 어떤 사람이 다른 사람의 노동력을 점유하는 것이라고 한다면(누군가 재화를 점유하기 때문에 타인의 노동을 점유한다는 말과는 다르다), 절대 평등주의의 조건하에 일부분의 사람들은 상응하는 노동을 하지 않고도 상당한 재물과 부를 차지하게 되며, 이 역시 태만하고 무능한 사람의 근면하고 재능 있는 사람에 대한 착취인 것이다. 절대 평등주의 사상의 지배하의 중국인은 전자의 착취를 통한히 여기며 동정하고, 후자의 착취를 격려한다. 그러나 물질 문화 발전의 각도에서 보면, 전자의 착취는 모든 사람이 끝없이 물질 이익과 재화 축적의 추구에 대한 격려이고, 후자의 착취는 태만·무능 및 이로써 야기되는 빈곤과 낙후에 대한 장려이다. "적은 것을 고민하지 말고, 고르지 못한 것을 걱정하라〔不患寡, 患不均〕"는 말은 사람들에게 오랫동안 습관이 되어 온 사고 방식이고, 중국 고대인이 가장 두려워한 것은 빈곤이 아닌 고르지 못한 빈부의 분배였던 것이다.

우리들이 절대 평등주의 관념의 근원을 고찰해 볼 때, 그 안에 내재하는 모종의 소농식 질투 심리를 엿볼 수 있다. 왜냐하면 자신의 무능과 태만은, 다른 사람의 성공에 대해 말로 표현할 수 없는 모종의 분개를 유발시키기 때문이다. 이러한 심리의 산생은 더욱 깊은 문화적 근원을 가지고 있다. 태만과 무능은 개인에게만 원인이 있는 것이 아니라 더욱 중요한 것은 역시 사회적·제도적 원인이다. 즉 예교 사회의 사람에 대한 개성의 말살, 개인에 대한 요구, 진취 정신의 속박, 그리고 종법제 사회 관계 중에 개인의 가족과 사회 집단에 대한 신뢰, 가장과 관리에 대한 신뢰, 질서정연, 상호 양보, 경쟁이 없는 사회 상태, 사람들에게 나타난 심리적인 안정감과 안전감 등이 모두 태만과 무능을 만들게 하는 사회의 온상이며, 절대평균주의란 바로 사회성의 태만과 무능인 것이다.

절대평균주의를 제창한 사회는 개인적 추구를 모두가 용납할 수 있는 한도 내에서 제한한다. 이렇게 하면 개인 재화의 축적뿐 아니라 모든 사회 재화의 축적을 제한시킬 수도 있다. 새로운 물질 조건이 없는 기초 위에서 사람들간의 분배 관계를 부단히 조정하는 것이 중국 사회 역사 변천의 주요 내용이다. 사회 분배의 평균 상태가 현실 관계의 변화를 따라 불평등하게 되고, 상당한 사람의 생존에 위협을 받게 되었을 때 한 차례 큰 사회 변혁이 오게 되어 이러한 불균형을 새롭게 평균화한다. "빈부를 균등하게 한다"는 것은, 중국 고대로부터 역대 농민 운동의 공동 목적이다. 매번 조정이 바뀐 후에 선포되는 새로운 법령·조례도 다시 한 번 토지를 분배하여 평균화하려는 성질을 가지고 있다. 중국 봉건 사회의 역사는 이러한 평균 발전에서 불평균으로, 그런 연후에 다시 평균화되는 순환중에 진행된다. 그리고 사회의 부와 재물은 근본적인 증식은 없고 경제 형태도 근본적인 변화가 없다. 그러나 매번 한 차례 평균화될 때마다 사람들에 대해서는 축하할 만한 가치 있는 일이라고 말한다. 왜냐하면 모두가 '부유' 하게 되기 때문이다.

3. 여성의 예교와 여성의 정치

성(性)의 엄격함

예교는 엄격한 것이며, 특히 여성에 대해 더욱 엄격하다는 것은 모두가 알고 있는 바이다. 중국 근대 이후, 많은 선진 사회의 사상가들은 중국의 예교가 부녀자들을 억압하는 데 대해 상당한 충격을 받았다. 그러나 이러한 충격에 대해 대부분 표면적으로만 논할 뿐 진정으로 예교가 부녀자를 억압하는 역사적 문화 심리의 근원을 발굴해 낼 만한 사람은 드물다.

중국 예교가 여성에 대해 엄한 것은 성과 밀접한 관계가 있다. 이는 두말할 나위 없이 예의 사회가 야만적인 원시 사회에서 문명화되었음을 말하는 것이다. 마찬가지로 배우자를 선택하는 혼인은, 원시 시대의 군혼(群婚)이나 난혼(亂婚)에 비한다면 일종의 진보요 문명이었다. 문명의 진화는 사람으로 하여금 성의 문제에서 자연을 이탈하도록 했고, 인류에서 의미가 중대한 사회 행위로 변화시켰다. 왜냐하면 그것은 가정과 혈연이라는 사회 관계의 형성을 의미하기 때문이다.

중국인이 성의 문제에 대해 몸서리를 치는 것은 예교 문명이 고도로 발달한 결과이다. 중국에서 봉건 문명의 조기 성숙, 사회 속성이 자연 속성에 비해 지나친 것, 이성이 감성을 과도하게 억압하는 것들 모두가 중국인이 성문제에 대해 극도로 신중하게 하는 원인으로 작용했다. 예는 사람의 욕망을 절제하는데, 사람의 여러 욕망 중 가장 유혹력을 가진 것으로 성욕보다 더한 것이 없다. 예교의 입장에서 본다면 그러한 이성 추구에 대한 열정, 극도의 육체적 향락은 인간의 모든 예법·규범과 윤리 질서를 파괴하는 마력을 가진 것으로 성은 맹수라고 생각했다.

성관계상의 금욕주의는 중국과 서양에서 각자 서로 다른 관념 형태로 표현되었고, 각자 서로 다른 역사 과정을 거쳤다. 서양에서 금욕주의는 기독교의 '원죄설'에서 산생되었다. 인류의 시조 아담과 이브는, 원래 옷을 입지 않아도 전혀 거리낌이 없었는데 선악과를 훔쳐먹은 후 성애의 환락을 깨달아 남녀 관계의 잘못을 범하게 되었으며, 이로써 하나님으로부터 에덴 동산에서 쫓겨나게 된 것이라고 한다. 그래서 그들이 범한 이러한 죄과로 인해 자신들의 후손이 끝없는 책임을 지게 된 것이다. 중국의 금욕주의는 어떠한 종교적인 신비한 색채 없이 완전히 현실적인 고려에서 출발한 것이다. 만약 성교를 종족 번식의 차원에서 생각한다면, 중국인은 절대로 반대하지 않고 오히려 고도의 찬양을 보낸다. 종족 번식은 조상공덕의 중요한 내용이기 때문이다. 예교가 성에 대해 공포스럽게 생각하는 것은 그것이 너무나 쾌락적이고, 쾌락은 사람으로 하여금 모든 도덕 계율을 잊을 만한 지경으로 몰아갈 수 있기 때문이다. 종교의 금욕주의와 비교해 보면, 예교의 금욕주의는 현실에서 출발한다. 때문에 그의 영향력이 깊고, 도덕적인 구속력이 강하고, 지속되는 시간도 종교의 금욕주의를 능가했다.

예교의 금욕과 종교의 금욕 방식 역시 매우 다르다. 그것은 종교처럼 전도를 위해 선전하지 않고, 아예 이에 대한 말을 하지 않는다. 책이나 일상 생활의 언어 중에 가능하면 성과 육체라는 글자를 언급하지 않으려고 노력하여, 사람의 심리에 일종의 신비감을 주는 동시에 민간 풍속과 가법·규범 등 성문화되지 않는 엄격한 처벌을 통해 심리상의 공포감을 조성했다.

금욕주의가 만들어 낸, 사람들이 자신의 육체에 대한 공포감과 신비감과는 달리 고대 그리스인은 육체에 대해 공전절후의 열정을 표현해 냈다. 올림픽 운동 경기의 나체로 싸우는 시합, 신전과 기타 공공 장소 등 가장 신성한 곳에 우뚝 서 있는 나체 조각상 등은 이러한 문명 민족의 육체에 대한 감정을 표현하고 있다. 금욕주의의 관점에 비추어 보면 육체는 사념을 야기시키는 근원이고, 이러한 사념은 또한 사회 죄악과 동란의 근원이 된다. 그러나 고대 그리스 사회는 마치 공개적으로 육체를 전시한다고 해서 사회가 타락한다고 여기지 않았던 것 같고, 이와는 반대로 금지시키면 시킬수록 신비한 것이라 사람들이 시도하고 싶어진다고 생각했다.

프로이트(Freud)의 견해에 따르면, 억압이 지나치면 일종의 변태 심리를 조성한다고 한다. 이러한 관점은 확실히 현실적 의의를 갖고 있다. 예교의 압박은 한편으로는 사람들로 하여금 정당하고 자연적인 필요까지도 숨겼고, 또 다른 한편으로는 위장되고 기형된 방식으로 비밀스럽게 표현하게 했다. 심지어 부부간의 성관계도 당당하게 "후손을 위함이지 결코 색을 구하는 것이 아니다"라고 말한다. 노신은 그의 소설 《보천補天》가운데 매우 날카롭게 풍자해 놓고 있다. 여와는 흙으로 많은 소인들을 만들었는데 이 사람들이 점점 변화하여 옷을 입게 되었다. 그 중 머리가 장방형인 사람은(봉건 제도에서 도사를 옹호하는 상징임이 분명하다) 굳이 여와의 두 다리 사이에 서서 위를 보고(왜냐하면 여와는 옷을 벗고 있기 때문에) 대꼬챙이 하나를 올리며 말한다. "벗은 모습은 음란하고 덕을 잃은 것이고 예를 멸시하는 것이며 도에서 벗어난 것이니, 이는 금수나 하는 짓이다. 나라에 법칙과 형벌이 있으니 이를 금하는 바이다!"(《魯迅全集》)

예교의 성에 대한 억압은 현실 생활 중 여성에 대한 억압으로 바뀌었다. 사람들의 심리 가운데 성의 유혹은 주로 여성으로부터 오는 것이라고 생각했기 때문이다. "여인은 만악의 근원이다"는 견해가 중국에서는 이상할 것이 없다. 중국 역사상에는 제왕과 군주가 여색에 빠진 나머지 정치를 망쳐 나라를 멸망케 한 일이 누누이 발생했다. 달기(妲己) · 포사(褒姒) · 초선(貂蟬) · 양귀비(楊貴妃) 등은 그녀들의 용모와 자태로 군왕을 타락시켜 천고의 죄인이 되었다. 이러한 것은 모두 여자의 잘못이며, 남성의 책임은 아니라고 생각한다. 성에 대한 방비는 여성에 대한 방비로 변화되었고, 성에 대한 엄격함은 여성에 대한 엄격함으로 바뀌었다. 예교는 이 점에서 극단적이고 이치에 맞지 않게 변화했다.

동양 여성과 서양 여성

고대 그리스의 유명한 비극 《오레스테이아 *Oresteia*》는 이러한 역사 이야기를 싣고 있다. 트로이 전쟁 당시, 그리스 연합군 총사령관 아가멤논(Agamemnon)은 출정할 때에 풍랑을 재우기 위해서 자신의 친딸 이피게네이아(Iphigeneia)를 죽여 여신 아르테미스(Artemis)에게 제물로 바쳤다. 그 아내 클리템네스트라(Clytemnestra)는 이에 한을 품고 아가멤논이 떠난 후 다른 사람과 간통했다. 10년 후 아가멤논이 돌아오자 그녀는 자신의 남편인 아가멤논을 죽였고, 그들의 아들 오레스테스(Orestes)는 아버지의 복수를 위해 어머니를 죽였다. 그래서 부권과 모권의 사건을 일으키게 되었다. 모권을 대표하는 에우메니데스(Eumenides; 퓨리 Fury) 사신(司神)은 오레스테스에게 죄를 물었고, 부권을 대표하는 아폴론(Apollon)과 아테나(Athena)는 오레스테스를 지지했다. 마침내 오레스테스가 승리했고 부권이 승리를 얻게 되었다. 바흐오펜(Bachofen)은 그의 《모성의 권리 *Das Mutterrecht*》에서 처음으로 가정 사회학의 각도에서 이 역사 이야기를 분석했다. 엥겔스는 이것을 "완전히 정확한 해석이며, 바흐오펜의 문장 가운데 가장 뛰어나고 좋은 부분 중 하나이다"(《가정, 사유제와 국가의 기원·제4판 서문》)라고 말했다.

부권제의 승리는 세계적인 역사이며, 모든 문명 민족의 원시 시대는 대체로 이러한 과정을 겪었다. 남자가 여자를 통치하는 것 역시 세계 문명 국가의 보편적인 현상이다. 그러나 통치의 방식과 통치의 정도는 각 민족들이 확실한 다른 점을 가지고 있었다. 가장 뛰어난 차이는 동서양 두 민족 중에 나타난다. 그들은 두 가지 다른 문화 체계에서 각자 서로 다른 역사 문명 발전의 길을 걸어왔고, 가정 생활과 사회 교제 등 각 방면에서 표현해 낸 남녀 사이의 권력 관계 역시 모두 서로 다르다.

서양에서는 《오레스테이아》의 이야기처럼 비록 부권이 최후에 모권을 이겨서 남성이 통치 지위를 얻었으나, 이러한 승리는 그다지 강하게 작용하지 않아 모권은 여전히 상당히 강한 역량을 가지고 있었다. 서양 문명 발전의 어떠한 단계 중에도 남성의 통치가 극단적으로 발전하지는 않았고, 여성이 사회 생활 중에 일정한 위치를 차지했다. 문명이 발달한 고대 그리스는 여성에 대한 숭배에 여전히 상당한 열정을 가지고 있다. 이러한 열정은 아프로디테(Aphrodite; 비너스)라는 신의 아름다운 육체에 대한 열애로 표현되었을 뿐만 아니라, 여성의 권력과 위엄에 대한 숭고한 존경으로 더 많이 표현되었다. 비록 주신 제우스(Zeus)는 남성이지만, 아테네의 보호신이며 지혜의 여신인 아테나(미네르바 Minerva), 운명의 신·정의의 신·자유의 신·승리의 신·과학 문예의 신·애정 혼인의 신 등 이러한 중요한 신들은 모두 여성이다. 게다가 이들 여신은 이후의 모든 서양 문화에 대단한 영향을 미쳐서 줄곧 그녀들이 대표하는 영역이나 혹은 보편적인 관념의 상징이 되었다. 여신이 사람들의 심중에 이렇듯 숭고한 지위를 차지했으니 현실 속의 사람들 역시 여성을 심하게 경시할 수 없었다. 서양에서는 고대나 현대를 불문하고 가정중의 여성은 남성에게 절대 순종해야 하는 노예가 아니며 부인도 상당한 존중을 받고, 남자 역시 절대적 가장이 아니다. (옛부터 서양 민족의 가장 관념은 동양 민족처럼 그렇게 강하지 않았다.) 사교계에 있어서 여인의 작용은 심지어 남자를 넘어서고, 귀부인들이 모이는 사교장은 상류 사회로 향하는 주요 경로 가운데 하나였다.

서양 여성의 이렇듯 비교적 좋은 대우도 결국 통치당하는 사회적 지위를 감출 수는 없다. 엥겔스는 이렇게 피력하였다.

모권제가 전복된 것은, 여성이 세계 역사에서 의의를 갖고 있던 것이 무너진 것이다. 대장부는 집에서도 권력을 장악하고 부인은 경시당하고 노예처럼 부려져서 남자의 음욕의 노예로 변했고, 아이를 낳는 간단한 도구로 변해 버렸다. 여자가 이렇게 멸시당하는 자리를 차지하게 된 것은 영웅 시대, 특히 고전 시대의 그리스인 중에는 더욱 노골적으로 표현되었다. 비록 그것이 점점 위선적으로 일시적인 꾸밈을 하여 어떤 것은 비교적 온화한 겉옷을 걸치기는 했으나 조금도 없어지지 않았다.(《가정, 사유제와 국가의 기원》)

서양에서는 남성이 여성을 통치하기 위해 '일시적인 꾸밈'을 해야 하고 '비교적 온화한 겉옷'이 필요하지만, 동양에서는 남성의 여성에 대한 통치는 전혀 숨길 필요가 없이 너무나 당연하고 정당한 권력이다.

동양 여성에 대해 말한다면, 사람들은 당연히 부드럽고 순종하는 온순한 모습을 연상하곤 한다. 확실히 동양 여성은 서양 여성에 비해 심한 억압을 받아 왔다. 중국뿐만 아니라 아시아 다른 국가에서도 마찬가지로, 이것은 토지에서 생장하는 농업 문명과 이에 상응하는 예교 문명의 공통된 특징이다. 농경 문화 발전에 적합한 토지 위에서 부권제는 모권제를 확실하게 전복시켰고, 부권의 모권에 대한 승리 역시 더욱 철저했다. 종법의 가장제 역시 견고하게 건립되어 남성의 여성에 대한 권력은 더욱 극단화·절대화되었다.

일반적으로 말해 서양 사회에서 남성의 여성에 대한 통치는 자연적 원인에 편중되어 있다. 즉 여성의 생리 능력상의 제한들로 인해 생겨나게 된 남성에 대한 의지 및 남성의 여성에 대한 '무력 정복' 등일 뿐이다. 그러나 동양에서는 남성의 여성에 대한 통치는, 사회적 원인에 편중되어 있어 가정이 본위가 되는 종법제 사회 구조의 필요에서였다. 그러므로 동양에서 더욱이 중국에서는 종종 국가 정치와 사회 의식 형태의 힘을 빌려 전문적으로 여성에 대한 도덕 규범과 법률 조문을 제정했다. 《의례儀禮·상복喪服·자하전子夏傳》 중에는 "시집가지 않았을 때에는 아비를 따르고, 시집간 후에는 지아비를 따르며, 지아비가 죽으면 아들을 따른다[未

嫁從父, 既嫁從夫, 夫死從子)"라고 하였고, 《주례周禮·천관天官·구빈九
嬪》 중에는 "정절을 지키고 유순한 부덕(婦德), 응대와 말대답의 부언(婦
言), 행동거지에 관한 부용(婦容), 여자가 하여야 할 일에 관한 부공(婦功)"
등 소위 '삼종사덕(三從四德)'을 말하고 있다. 이것은 중국에서 정한 여
성의 도덕적 품성과 개인의 수양에 관련한 계율이다. 예의 제도 중에는
남자가 부인을 버릴 수 있는 일곱 가지 조건이 규정되어 있다. "아내를 내
보낼 수 있는 일곱 가지 죄악이 있으니, 부모에게 불순하면 내쫓는다. 자
식을 낳지 못하면 내쫓는다. 음탕하면 내쫓는다. 질투하면 내쫓는다. 나
쁜 질병이 있으면 내쫓는다. 말이 많아도 내쫓고, 도적질을 했어도 내쫓
는다(婦有七去: 不順父母, 去; 無子, 去; 淫, 去; 妬, 去; 有惡疾, 去; 多言,
去; 盜竊, 去)."(《大戴禮記·本命》) 이 '칠거(七去)'는 또한 '칠출(七出)'·
'칠기(七棄)'라고도 한다. 한대 이후에 이르러서는 이 칠거지악이 법률조
문 가운데 속하게 되었다. 당대의 법률은 더욱 성문화되어 남편이 부인을
때리면 죄의 2등급을 감해 주고, 부인이 남편을 쳤을 경우에는 3등의 죄
를 더하도록 했다. 이렇게 공개적인 불공평 대우가 아무렇지 않을 수 있
었던 것은, 어떤 개인이나 혹은 사회 집단의 책임이 아닌 종법제의 예교
와 어떤 특정한 세계관이 자연스럽게 결합한 때문이다.

  남자가 앞서고, 여자가 뒤따르는 것은 강유의 이치에 따른 것이다. ……
남자가 앞서서 인도하고 여자가 뒤를 따르니, 부부의 의가 여기에서 시작
된다.
  男先於女, 剛柔之義也. ……男帥女, 女從男, 夫婦之義由此生.(《禮記·郊
特牲》)

  남자는 양이 되고 여자는 음이 된다. 양은 강하고 음은 부드럽고, 양은
존엄하고 음은 비천하다. "음양의 나누어짐이 부부의 위치이다(陰陽之分,
夫婦之位也)."(《禮記·禮器》) 천지음양의 이러한 우주 질서가 바로 예의 질

서의 원래 모습이다. 남자는 여자에 대해 권력을 누리고 여자는 남자에 대해 의무만 있는 것, 이것이 '천리(天理)'이며 '천명(天命)'이다.

오래 된 예의 교화 가운데 현모양처에 관한 도덕 선전, 정절을 지킨 열녀에 관한 이상 교육 및 각종 성문법과 불문법의 강제적 구속은, 공손하고 복종적이며 온순하고 양순함이 동양 여성의 가장 본질적인 성격 특징이 되도록 하였다.

패방(牌坊)의 의미

패방은 중국의 특수한 예교 건축이며, 일반적으로 능묘·궁궐 앞·거리의 골목 입구·야외 대로의 다리 끝에 세웠는데, 목적은 충신·효자·절부(節婦)·의사(義士) 등의 덕행을 표창해서 사람들로 하여금 이들을 영원히 기념하고 본받게 하여, 예의 규범을 존중하고 지켜야 한다는 것을 느끼도록 하기 위함이었다.

군자는 예로 덕의 행실을 그르칠까에 대비하고, 형법으로써 음탕함에 대비하며, 명(命)으로써 욕망에 대비한다. ……공자께서 말씀하시기를, 무릇 예라는 것은 옳고 그름이 분명치 않은 의심스러움을 명백히 하고 겉으로 잘 드러나지 않은 은밀한 것을 분별하여, 이로써 백성의 어지러움을 막는다.
君子禮以坊德, 刑以坊淫, 命以坊欲. ……子云, 夫禮者, 所以章疑別微以爲民坊者也.(《禮記·坊記》)

마치 물의 범람을 막는 것처럼 예는 사람들의 행위가 일반 법규를 넘어서는 것을 방지한다. 중국 고대의 도시 구조와 건축 제도 중의 '이방(里坊)' 제도는 바로 이러한 방지를 위한 조치이다. 패방에는 모두 방장(坊墻)과 방문(坊門)이 있어 밤에는 시간에 맞춰 문을 닫는다. 이로써 관리에 편리를 기하고 사람들이 어지럽히는 것을 방지한다. 패방은 이방(里坊)의 표시가 되기도 하는데, 여기에 정신적 방비와 실제적 방비가 함께 결합되어 있다.

예교의 정신적 방비 중 먼저 방비해야 할 것은 종법 사회 구조를 유지하는 가정 관계의 파괴에 대한 것이다. 그리고 가정에 대한 관계의 파괴 중 가장 위험한 것은 남녀 관계이다.

공자가 말하기를 대체로 예는 백성들의 음탕한 것을 막고, 남녀의 분별을 밝혀 애매한 혐의가 생기지 않도록 하는 것이며, 이로써 사람들이 준수해야 할 기율로 삼는다. 그렇기 때문에 남녀가 중매 없이는 사귀지 않고, 폐백 없이는 서로 사사로이 만나지 않는다. 이것은 남녀의 분별이 없을까 두려워하기 때문이다. 《시경》에 도끼 자루를 베려면 어떻게 해야 하나? 그럼 도끼를 써야만 하지. 아내를 얻으려면 어떻게 해야 하나? 그러면 중매인을 내세워야지. 삼을 심으려면 어떻게 해야 하나? 그러면 먼저 종횡으로 뻗어 있는 밭을 얻어야지. 아내를 얻으려면 어떻게 해야 하나? 그러면 먼저 부모에게 말씀드려야 하지. 이것으로써 백성을 막지만, 백성들은 오히려 결혼 의식이 없이 사사로이 결합하기도 한다. ……예법의 규정에는 제사가 아니면 남녀가 술잔을 주고받지 않는다. ……군자는 색을 멀리하여 백성의 모범이 되어야 하므로 남녀가 서로 물건을 주고받지 않는다. ……출가한 후에 친정집에 오면 집안의 남자들은 그녀와 한자리에 앉으면 안 된다. ……이것으로 사람들의 규범을 삼아도 백성들은 여전히 음탕하고 방자하여 윤상을 어지럽히고 있다.

子云: 夫禮坊民所淫, 章民之別, 使民無嫌, 以爲民紀者也. 故男女無謀不交, 無幣不相見, 恐男女之無別也. 詩云: 伐柯如之何, 匪斧不克; 取妻如之何, 匪謀不得. 藝麻如之何, 橫縱其畝; 取妻如之何, 必告父母. 以此坊民, 民猶有自獻其身. ……禮, 非祭男女不交爵. ……君子遠色以爲民紀, 故男女授受不親. ……已嫁而反, 男子不與同席而坐. ……以此坊民, 民猶淫佚而亂

於族.(《禮記·坊記》)

총괄적으로 말하면, 예의 규정에 위배되는 남녀 관계는 모두 음탕한 것이다. 더욱이 중매인을 통하지 않고 결혼을 하거나 부모에게 알리지 않는 것은 천리를 위반한 죄과이다.

비록 음탕한 것에 대한 방비가 남녀 쌍방을 말하고 있으나, 남녀 관계 중 위험한 성의 유혹력은 여성에게서 비롯된다. 그러므로 여성에 대한 방비, 여성의 육체에 대한 속박이 예교의 급선무이다. 그래서 패방이 선양하는 충효·절의 등 종법제 봉건 사회의 미덕 중에 여성의 정조와 절개를 찬미하는 정절 패방은 사람들의 관념 중에 가장 중요하고 보편적인 뜻을 갖추고 있다.

예교의 선전과 여러 가지 정절 모범의 수립은 사람들로 하여금 자신의 육체적 공포에 대한 심리적 방비를 형성케 했다. 이러한 심리가 조성한 결과는 잔혹한 것이나, 또 사람들이 스스로 원한 것이기도 하다. 《열녀전烈女傳》의 기록에 의하면, 초나라의 소왕(昭王)이 외출하고 부인은 집에 남았다. 초의 소왕은 타지에서 고향에 홍수가 났다는 말을 듣고 사람을 보내 부인을 구해 오도록 했다. 이 명을 받은 신하는 너무 급하게 출발하는 바람에 소왕의 친필 편지를 그만 가져가지 않았다. 부인은 익사할 위험이 자신의 코앞에 닥쳤음을 알았으나, 남편이 보낸 자필 편지가 없었으므로 이 신하를 따라 피할 것을 한사코 거절하고, 결국 산 채로 익사하고 말았다. 《명사明史》의 기록에 의하면, 오현(吳縣)의 왕묘봉(王妙鳳)이 남자가 자신의 팔뚝을 건드렸다고 해서 칼을 들고 자신의 팔뚝을 잘라 정절로 명예를 날리게 되었다. 사람들에게 널리 칭송받는 맹강녀(孟姜女)는 그녀가 기량(杞良)에게 시집간 일에서부터 그녀가 정절을 지킨 여자라는 것이 증명된다. 《조옥집調玉集》의 기록에 의하면, 기량은 힘든 노역에서 도망쳐 맹가의 후원 담을 넘어 들어와서 우연히 맹강녀가 목욕하는 것을 보게 되었다. 맹강녀는 "여인의 이러한 몸을 다시 남편에게 보일 수 없다〔女人之體不得再見丈夫〕”는 이유를 들어 규중처녀의 신분으로 이 노예에게 시집갈 것을 결정했다. 《곡량전穀梁傳》의 기록에 의하면, 정절녀 백희(伯姬)의 집에 불이 났고 많은 사람들이 그녀에게 피할 것을 권했다. 그러나 그녀는 “부모가 계시지 않으니 불초한 자식도 집을 나설 수 없다〔父母不在, 肖不下堂〕”고 하여 산 채로 불에 타죽기를 원했다. 이러한 것 등등이 얼마나 장렬한가? 예교가 수립한 정절의 전형은 별의별 것이 다 있다. 그러나 귀납해 보면 “굶어죽는 일은 대수롭지 않으나 절개를 잃는 것은 중대한 일이다〔餓死事小, 失節事大〕”라는 것으로서 예의 관념은 생명의 의미를 초월했다.

부권 통치의 종법 사회에서 정절 관념—육체의 금령(禁令)은 양기가 존귀하고 음기가 비천하다는 우주관처럼 자연의 합리성을 가지고 있다. 여성에 대해 말한다면, 정절을 지켜 닭에게 시집가면 닭을 따르고 개에게 시집을 가면 개를 따르듯 한 사람을 따라 생을 마치는 것이다. 그러나 남성에 대해 말한다면, 처첩이 무리를 이루더라도 도덕 규범을 위배하지 않는다. “천자에게는 후(后)가 있고, 부인(夫人)이 있으며, 세부(世婦)가 있고, 빈(嬪)이 있으며, 처가 있고, 첩이 있다〔天子有后, 有夫人, 有世婦, 有嬪, 有妻, 有妾〕”(《禮記·曲禮下》)는 것은 오히려 예에서 정한 규정이다.

중국의 고대 황제는 후궁과 비빈이 1천 명에서 심지어 1만 명을 넘어도 이상한 일이 아니다. 《당서唐書·환자열전宦者列傳》의 기록에 따르면, 당현종은 “개원 천보 연간 중에 궁과 빈 4만을 거느렸다”고 하였으며, 《진서晉書·호귀빈전胡貴嬪傳》에 의하면 진 무제는 후궁이 1만을 웃돌고 “총애하는 자가 너무나 많아 황제는 적당한 사람을 알지 못해 늘 양이 모는 수레를 타고 가다가 멈추는 곳에서 연회를 베풀고 잠자리를 결정했다. 궁인은 양이 좋아하는 대나무잎을 문에 꽂고 소금물을 땅에 뿌려 황제의 수레가 자신의 침소 앞에 멈추도록 하였다〔而并寵者甚衆, 帝莫知所適, 常乘羊車, 恣其所之, 至便宴寢. 宮人乃取竹葉揷戶, 以鹽汁灑地, 而引帝車〕”고 하였다. 한쪽은 제멋대로 음락(淫樂)하고 한쪽은 연금당해 있다.

예교의 정절 관념 중에 사람의 성적인 모순과 대립은 극에 달했다. 예에서 말한 "인도가 가깝다"는 것과 '인애'의 정신은 여기에서는 형태도 없이 사라졌다.

정절의 관념이 사람의 자연 욕구를 이전에도 이렇게 잔혹하게 통제했던 것은 아니며, 거기에는 역사의 발전 과정이 있다. 공자는 《시경》의 첫 편 《관저》를 평하여 "즐거우나 음탕하지 않다〔樂而不淫〕"라고 하여, 이 시의 순진한 애정을 찬미했다. 그리고 《시경·국풍》 중의 기타 민간 가요에서 표현한 남녀의 정 역시 당시에는 후대처럼 그렇게 엄중한 성별의 경계가 없었다. 민간에서 뿐만 아니라 상층 사회 역시 마찬가지였다. 수(隋)·당(唐)·오대(五代)에 이르러서도 황후가 음란하고 공주가 재가하는 것 역시 늘 있던 일이다. 진정으로 극단적인 정절 관념이 형성된 것은 대략 송대 이후의 일이다. 송대의 이학가는 예의 정신을 한층 더 심화하고 강화시켰다. "천리를 다하기 위하여 사람의 욕심을 멸한다〔窮天理, 滅人欲〕"는 관념이 가장 중요한 도덕적 선전이었다. "굶어죽는 일은 지극히 작은 일이나 정절을 잃는 것은 지극히 중대한 일이다"는 관점 역시 이때에 제기된 것이다.

정절 관념의 산생은 사회적인 현실의 필요에서 기인한다. 즉 "자녀의 출생은 특정한 부친으로 인함을 보증한다."(엥겔스 《가정, 사유제와 국가의 기원》) 원시의 군혼(群婚) 관계에서 일부일처제 가정의 산생은, "그것의 최후 승리는 문명 시대가 시작된 표시 중의 하나이다. 그것은 남편의 통치 위에서 건립되었고, 그 확실한 목적은 특정한 부친이 낳은 자녀를 양육하는 것이다. 그리고 특정한 부친이라는 것을 확정해야 하는 필요는, 바로 자녀가 장래에 친상속인의 자격으로 부친의 재산을 계승해야 하기 때문이다."(엥겔스 《가정, 사유제와 국가의 기원》) 그리고 이러한 재산과 권력 계승 관계가 가장 완전하게 발전된 종법 사회에서는 확실한 혈연 관계가 무엇보다도 중요하다. 왜냐하면 적자 상속의 가장제 사회 구조 중에서 부계 혈연의 직접 상속자임을 확인하는 것은, 사회가 경제상과 정치상의 계승 관계를 보증하는 것일 뿐 아니라 경제를 초월하고 정치를 초월하는 사회의 안정적 구조의 기초, 즉 조종 계통의 상속을 보증하는 것이다.

혼인의 이성

예의 관념 중에 혼인은 독립된 의미가 없는데, 이것은 예교 사회 중에 어떠한 개인도 독립된 개성이 없다는 것과 같다. 혼인은 본래 인생의 즐거움 중 새로운 이정표였으나 그 역시 독립성을 잃었고, 종법 사회 구조의 완전한 서열 안에 들어가서 위로는 조상을 계승하고 아래로는 자손을 잇는 과도적 부분이 되었다.

중국 고대에 숭배했던 신들 중에는 혼인을 주관하고 생식을 주관하는 신인 고매(高禖; 또 고매(皋禖) · 신매(神禖) · 여매(女禖)라고도 일컫는다)가 있었다. 《예기禮記 · 월령月令》에 "음력 2월이 되면 제비가 날아온다. 이 날이 오면 고매에게 제물로 제사를 지낸다. 천자가 친히 왕림하고 후비는 구빈을 거느린다[仲春, 玄鳥至. 至之日, 以太牢祠於高禖. 天子親往, 后妃帥九嬪御]"고 하였다. 이로써 고매를 제사 지내는 것이 매우 성대한 활동임을 알 수 있다. 소위 '매(禖)'라는 것은 '매(媒)'이며, 혼인을 말한다. 원시 시대의 고매신은 여와였는데, 그녀가 흙을 뭉쳐서 사람을 만들고 성씨를 정하고 혼인을 만들었으므로 고매라고 하였다. 이것은 후대에 점점 변화가 생겨, 기록에 의하면 하나라 사람이 도산씨에게 제사를 지내 고매가 되었고, 은나라 사람은 간적에게 제사를 드려 고매가 되었으며, 주대 사람은 강매를 모셔서 고매가 되었다. 이러한 고매는 모두 그 민족의 여성 시조이며, 이것은 3대 시대의 고매를 숭배하는 것이 사실상은 바로 조상을 숭배한 것임을 알 수 있다. 후대 민간 숭배의 고매신은 삼신할머니로 대체되어 역시 자손을 잇는다는 색채를 띠게 되었다.

그리스인이 숭배하는 신들 중에는 전문적으로 혼인에만 관계하는 신은 없고, 사랑과 아름다움의 신 아프로디테가 이를 대신 관리했다. 중국의 고매—조상은 오히려 혼인만을 간섭하며 애정이나 사랑 따위는 상관하지 않았다. 그리스인은 혼인을 사랑의 통치하에 두었으나, 중국인은 혼인을 조상의 통치하에 두었다. 중국 고대의 혼례는 조상의 감시하에 거행되었다. 천자의 혼례는 조묘에서 거행되었고, 서민 백성의 혼례는 가족 사당이나 가정집의 조종의 위패 앞에서 거행된다. 혼인은 반드시 조상에게 알려야 할 대사이며, "자기가 함부로 할 수 없다." 왜냐하면 그것은 개인의 일이 아니라 조상 때부터 전해 내려오는 집안의 일이기 때문이다. 혼인에는 사랑과 아름다움이라는 개인의 감성 쾌락이 포함되어서는 안 되며, 온전히 가족 혈연을 계승한다는 사회적 이성이 중요하다.

정규 예식에 비춰보면, 혼례는 축하해야 할 일이 아니다.《예기·교특생》에는 "혼례에는 음악을 사용하지 않는다. 혼례는 음에 속하고, 음악은 양에 속하기 때문이다. 혼례는 축하를 하지 않으니, 이것은 사람이 반드시 거쳐야 할 과정이기 때문이다〔昏禮不用樂, 幽陰之義也. 樂, 陽氣也. 婚禮不賀, 人之序也〕"·"공자가 말하기를, 딸을 시집 보낸 집에서는 사흘 밤 동안 촛불을 끄지 않으니, 이것은 골육이 서로 헤어진 것을 생각하기 위해서이다. 며느리를 맞이한 집에서는 사흘 동안 음악을 연주하지 않으니, 며느리로 하여금 대를 잇도록 하였음을 생각해서이다〔孔子曰: 嫁女之家, 三夜不息燈, 思相離也. 取婦之家, 三日不擧樂, 思嗣親也〕"(《禮記·曾子問》)라고 실려 있다. 진호는 이에 대해 "서로 헤어지는 것을 생각해서 잠을 이루지 못하므로 등을 끄지 않는다. 대을 잇게 되는 것을 생각하므로 슬픔 때문에 음악을 연주하지 않는다. 이것이 혼례를 축하하지 않는 이유이다〔思相離, 則不能寢寐, 故不滅燈. 思嗣親, 則不無感傷, 故不擧樂. 此昏禮所以不賀也〕"라고 해석하였다. 여자측 집에 대해 말하자면 딸을 시집 보내는 것은 과거 혈연과의 관계가 분리되고 골육이 분리되는 것을 의미하며, 남자측 집에 대해 말하자면 여자를 들여와서 가족의 새로운 향을 피우는 일이 시작되는 것을 의미한다. 안정된 종법 사회 구조 중의 가족에게는 상당히 엄숙하고 중대한 일이다. 총괄적으로 말해 혼인 중에는 개인의 감성·쾌락의 성분은 있을 수 없고, 이성적이며 장중한 일일 뿐이다.

혼인이 가족과 사회에 대해 이렇게 중요한 의미를 가지고 있기 때문에 축하하지 않더라도 매우 웅장하다. 예의 문화 관념의 장기적인 작용하에서 혼례는 완전하고도 복잡한 의식 순서, 즉 '육례(六禮)'라고 하는 복잡한 절차가 생겨났다. 먼저 '납채(納采)'로서 남자 쪽의 아버지가 중매인에게 부탁하여 여자 쪽 집에 가서 혼사를 거론한다. 그런 후에 '문명(問名)'으로 여자 쪽 부모와 본인의 성명 및 생년월일을 묻는다. '납길(納吉)'은 혼사를 정하고 문명 이후 "사당에 가서 점을 쳐 길조를 얻으면 다시 사자를 보내어 알리도록 한다. 이렇게 하여 혼인의 일이 정해진다[歸卜於廟得吉兆, 復使使者往告, 婚姻之事於是定]" '납징(納徵; 또는 납폐納幣)'은 남자 쪽이 여자 쪽에 채례(彩禮)를 보내는 것이다. 그런 후 '청기(請期)'는 성혼 날짜를 선정하는 것이고, 마지막이 '친영(親迎)'으로 신랑이 직접 신부집에 가서 신부를 맞이하는 것이다. 여섯 가지의 절차가 완비되어야 비로소 예의 규범에 맞는 혼인이 이루어진다. 다시금 융중한 의식을 거쳐 사람들에게 새로운 가정 관계가 형성되었음을 표현한다. 《예기禮記·혼의婚義》는 혼례 의식의 의의 및 중요성을 확실하게 지적해 내고 있다.

혼례는 장차 두 성의 좋은 것을 합쳐 위로는 종묘에서 조상을 받드는 제사의 주인이 되며, 아래로는 자손을 후세에 계승시켜 조상의 대를 끊지 않도록 하기 위해서이다. 때문에 군자는 이를 중히 여겨 감히 소홀히 하지 않는다. 이리하여 혼례에는 납채·문명·납길·납징·청기의 오례가 있어서 모두 남자집에서 사자를 여자집에 보내어 명을 행하도록 한다. 이때 여자집의 주인이 먼저 사당 안에 자리를 마련한 뒤 나와서 남자집의 사자를 사당문 밑에서 맞이한다. 그러면 사자는 사당의 문으로 들어가 세 번 읍양(揖讓)한 뒤 당에 오른다. 이때 남자집의 사자는 남자집의 말을 전하고, 또 사당에서 주인의 대답을 듣는다. 이렇듯 사당에서 신중하게 공경하고 근신하는 까닭은 두 이성의 혼례를 바르게 하기 위해서이다.

昏禮者, 將合二姓之好, 上以事宗廟, 而下以繼后世, 故君子重之. 是以昏禮納采·問名·納吉·納徵·請期, 皆主人筵凡於廟, 而拜迎於門外, 入揖讓而升, 聽命於廟. 所以敬愼重正昏禮也.

민간 풍속 중에 우리들은 통상 사람들이 혼례를 거행할 때 문 위에 "여섯 가지의 예를 마쳤습니다〔六禮告成〕"라는 몇 글자를 크게 적어 놓고, 이로써 자신들이 거행하는 혼사가 조종의 예의에 부합하는 것임을 나타낸다. 현대 생활 중에서는 이렇게 번잡한 예의가 간소화해졌다 해도 전통적인 문화 심리는 사라지지 않았다. 오늘날 우리들이 인정하는 혼인은, 먼저 그 예의 절차를 이행했는가의 여부를 따지는 것이지 법률 수속을 마쳤는가가 아니지 않는가? 어떤 의미에서 보면, 혼인 관념 중에 예(禮)의 의의는 법(法)의 의의보다 크다고 할 수 있다.

전족·나막신과 너울

전족을 하고, 나막신을 신고, 너울(쓰개)을 쓰는 것은 동양 여성의 특수한 모습이다. 전족은 중국에서 신해혁명에 이르러서야 사라진 풍속이고, 나막신(게다)을 신는 것은 오늘의 일본 여성 가운데 여전히 보이는 것이요, 얼굴에 너울을 쓰는 것은 이슬람 국가에서 아직도 실행중인 제도이다.

여자가 너울을 쓰는 것은 《예기禮記·내칙內則》 중에 확실하게 "여자가 문을 나서면 반드시 그 얼굴을 가려야 한다〔女子出門, 必擁蔽其面〕"고 규정하고 있다. 중국 예교 사회에서 여성이 문을 나설 때는 가마를 타거나, 만약 가마를 타지 않을 때에는 고개를 숙이고 곁눈질하지 않으며, 되도록이면 집을 나서지 않았다. 중국 고대의 여성은 일반적으로 밖에 나

다니는 예가 극히 적었다.

너울을 쓰는 것과 집을 나서지 않는 것은 여성의 인간으로서의 자유가 공공연하게 박탈당하는 것이고, 전족과 나막신을 신는 것은 특수한 심미 관념의 변형으로 인한 여성 행동에 대한 구속이었다. 전족은 오대십국 시대(五代十國時代)에 시작되었다. 전하는 바에 따르면, 남당(南唐)의 이후주(李后主)가 그 궁빈 요낭(窅娘)으로 하여금 비단으로 발을 싸매도록 했는데, 그 모양이 예쁘자 사람들이 앞다투어 모방해서 일종의 유행처럼 되었다고 한다. 풍류를 즐기는 것으로 유명한 군주가 순간적으로 생각해 낸 황당한 처사가 중국 여성들에게 근 1천 년 동안의 고통을 안겨 주었던 것이다. 나막신은 본래 비올 때 신는 신발이었는데, 수당 이전에 땅바닥에 자리를 깔고 앉았던 습관과 밀접한 관계가 있다. 오늘날 일본인이 나막신을 신는 것은 바로 중국에서 건너간 습관이다. 굽이 높은 나막신을 신고 걸음을 걷는 모습은 사람들로 하여금 특수한 흥미를 유발시킬 수 있었다. 《세설신어世說新語》 권5에서는 "모두 높은 나막신을 신으니 자태가 가볍고 느릿했다〔皆著高屐, 儀容輕慢〕"고 하였으며, 노문초(盧文貂)의 《용성찰기龍城札記》에는 "귀족의 자제가 굽 높은 나막신을 좋아했다〔執袴少年喜着高齒屐〕"라고 실려 있다. 나막신과 전족은 전혀 다르지만 같은 묘미가 있음을 알 수 있다. 그러나 나막신은 본래 여자의 전용물이 아니었고 남자도 신었다. 다만 후대에 심미적 의미를 가지게 되었으므로 사람들은 여성들이 나막신을 신고 걸을 때의 자태가 더 사람을 끈다고 생각하게 되었다.

나막신의 유행은 확실히 실용 가치가 있으나(장화 대신으로 사용 가능), 전족의 유행은 일종의 괴현상이었다. 만약 심미적인 면에서만 본다면(기형적이고 병적인 심미 흥취의 입장에서) 그것이 어째서 그렇게 오랫동안 성행할 수 있었고, 심지어 거의 일종의 제도로까지 발전될 수 있었는지 해석하기가 어렵다. 중국 부녀자들의 전족의 의미는, 사실 더욱 중요한 것이 예교의 여성에 대한 구속이라는 데 있다. 그것이 일어나게 된 원인은 우연이었으나, 그것이 오랫동안 성행하며 사라지지 않을 수 있었던 것은 그것이 내재하고 있는 이유 때문이다. 전족의 성행은 송대 이후부터였는데, 송대라 함은 바로 예교가 극단적으로 치닫고 있을 때였다. 원대의 도종의(陶宗儀)가 《남촌철경록南村輟耕錄》에서 전족의 풍속을 이같이 언급했다. "희녕 원풍 이전의 사람들은 이것을 하는 자가 적었는데, 근년에 사람들이 서로 모방하기 시작하여 이를 수치스럽게 여기지 않게 되었다〔熙寧元豊以前人猶爲者少, 近年則人人相效, 以不爲者爲恥也〕." 여기에서 말하는 "이를 수치스럽게 여기지 않게 되었다"는, 이미 단순한 심미의 의미를 벗어나서 도덕의 범주에 진입했음을 말해 준다. 이전에 여성의 구속에 대한 것은 주로 의식 · 심리와 행위적인 것에 있었으나, 이제는 몸의 동작에까지 이르게 되었다. 원대의 이세진(伊世珍)은 《낭환기琅環記》에서 "나는 성인이 여인들이 행동거지를 가볍게 하지 않도록 했다고 들었다. 이로써 그 발을 싸매게 되었으므로 기거함에 규방에서 벗어나지 않도록 하였으며, 나갈 때에는 장막이 드리워져 있는 가마에 몸을 실어 발을 쓰는 일이 없게 하였다〔吾聞聖人立女而使之不輕擧也. 是以裹其足, 故所居不過閨閤之內, 欲出則有緯車之載, 是以無事於足也〕"고 하였다. 작용면에서 전족은 여성을 유금(幽禁)시키는 규방 · 베일과 같지만, 그 방법면에서는 생리와 관념상 더 잔혹하다.

남성 예교 중에서 군자의 품격을 필요로 하는 일상적인 언어 · 동작의 수련처럼 여성의 예교도 같은 것이었고, 심지어 더 엄격하게 요구했다. 여성 예교의 '네 가지 덕'인 부덕(婦德) · 부언(婦言) · 부용(婦容) · 부공(婦功) 중에 가장 높은 것은 부덕이며, 그것은 부언 · 부용 · 부공 가운데 표현되고 있으며, 동시에 평상시의 수양과 배양을 통해야 한다.

여자는 10세까지 항상 안에 있어서 나가지 않는데, 여스승이 이에 언어를 상냥하게 쓰고 용모를 유순하게 하며 어른의 말에 복종할 것을 가르친다.
女子十年不出, 姆敎婉娩聽從.(《禮記 · 內則》)

그러므로 옛날에 여자에게…… 부덕·부언·부용·부공을 가르치며, 가
르침이 이루어지면 제사를 지내어 이를 선조에게 고한다. ……이렇게 해서
부녀자의 효순이 이루어지게 된다.

　　是以古者婦人…… 敎以婦德·婦言·婦容·婦功, 敎成祭之. ……所以成
婦順也.(《禮記·婚義》)

'부덕'의 요지는 순종이며, 이것은 남성의 예교와 차이가 없다. 하지만
문제의 관건은 순종하는 대상 및 이것으로 결정되는 사회적인 의미이다.
남성 예교의 순종은 관념으로 상하 등급의 윤리 질서와 조상의 의지이지
만, 여성 예교의 순종은 그녀 자신과 육체의 대립자인 남성이다. 남성은
최고의 권력에 복종하지만, 여성은 모든 권력에 복종해야 한다.

'수렴청정(垂簾聽政)'

중국의 종법제 사회 국가에서 정치 관계의 구조 형식은 가정의 구조 형
식에서 변화되어 나온 것이다. 그래서 예교가 규정하는 가정 내부 남녀지
간의 지위와 관계가 국가 정치상에 인용된다. 가정 내에서 여성은 상속권
이 없고 경제적·정치적 권력이 없다. 한 마디로 가장의 권력이 없다는 것
이며, 이는 국가에서도 마찬가지이다. 소위 수렴청정이란 바로 이러한 조
건하에서 산생된 정치 현상이다.

여성이 가장의 직분은 맡을 수 없으나 그녀의 실제 능력이 '가장'에
미치지 못하는 것은 아니며, 더 나아가 '가장'을 능가할 때는 표면적인
권력에서 실제 권력에게 양도하는 일이 발생한다. 그러나 이러한 실제적
인 양도는 표면적으로는 역시 예의 규범을 넘어설 수 없다. 《예기·내칙》
가운데 "예는 부부의 구별을 삼가는 데서 시작된다. 그러므로 궁실을 만
들어 밖과 안을 구별하여, 남자는 외실에 거처하고 여자는 내실에 거처

하도록 한다[禮始於謹夫婦, 爲宮室, 辨外內. 男子居外, 女子居內]"라고 하였다. 내외의 엄격한 구분은 일상 생활 범위의 구분일 뿐 아니라, 더욱 중요한 것은 권력 범위의 구분이다. 이것은 예제 가운데 명백히 규정되어 있다.

옛날 천자는 황후 아래로 6궁·3부인·9빈·27세부·81어처를 세워 천하의 안을 다스리도록 하였으며, 이로써 여자의 효순을 밝혔으므로 천하는 안으로 화목하고 집안이 다스려졌다. 천자는 6관·3공·9경·27대부·81원사를 세워 천하의 밖을 다스리도록 하였으며, 이로써 천하 신민의 정치와 교화를 밝혔으므로 밖으로 화목하고 나라가 다스려졌다. 그러므로 천자는 정치와 교화를 관장하고, 황후는 여성의 유순함을 관장한다. 천자는 양의 도를 다스리고, 황후는 음의 덕을 다스린다. 천자는 외치를 관장하고, 황후는 내치를 관장한다. 유순함을 가르쳐 풍속을 이루고 안팎으로 화평하여 국가가 다스려지니, 이것을 일러 성덕(盛德)이라고 한다.

古者天子後立六宮·三夫人·九嬪·二十七世婦·八十一御妻, 以聽天下之內治, 以明章婦順, 故天下內和而家理. 天子立六官·三公·九卿·二十七大夫·八十一元士, 以聽天下外治, 以明章天下之男敎. 故外和而國治. 故天子聽男敎, 后聽女順; 天子理陽道, 后治陰德; 天子聽外治, 后聽內職. 敎順成俗, 外內和順, 國家理治, 此之謂盛德.(《禮記·婚義》)

여기에서 말하는 소위 '구빈'·'세부'·'어처'는, 황제의 짝이 아니라 여성의 교육과 후궁내사를 장관하는 여관(女官)이다.(《주례周禮·천관天官》 참조) 남녀 사이에 있어 밖을 주관하고 안을 주관하는 직권은 혼동될 수 없다. 이러한 관계 질서가 엄격하게 준수될 때만이 비로소 "밖과 안이 화순하게 되어 국가가 다스려지게 된다"는 것이다. 그러므로 소위 '수렴'은 사실 이러한 예교의 내외 권력의 경계를 상징하고 있다. 표면적으로 사람들에게 여성은 '규중'을 나서지 않는 유금을 선포하고 있으나, 사실

상 이것에는 사람이 모두 알아야 하는 권력 양도를 숨기고 있다. 권력 양
도, 더욱이 최고 권력의 양도는 본질적인 의미를 가지고 있다. 그러나 이
성간의 양도이기 때문에 반드시 예의 상징적인 구속이 필요하다. 만약
동성간의 양도, 즉 황제가 아들에게 황위를 계승하거나 황제가 어려서
대신 가운데 우두머리가 정사를 돌본다고 하였을 때는 수렴을 필요로 하
지 않는다. 즉 이성간의 예교는 가장 엄격하고도 넘어설 수 없는 것임을
설명하는 것이다.

중국 역사상 수렴청정의 일은 새로운 것이 아니다. 《구당서舊唐書·고
종기하高宗紀下》에 보면 "그때 황제가 풍진에 걸려 정사를 들을 수 없게
되자, 정사는 측천무후에 의해 결정되었다. ……매일 조정을 볼 때 천후
는 발을 드리우고 어좌 뒤에서 크고작은 정사를 다 들었다〔時帝風疹, 不
能聽朝, 政事皆決於天后(武則天). ……上每視朝, 天后垂簾於御座后, 政事大
小, 皆與聞之〕"고 하였으며, 《송사宋史·예지이십禮志二十》의 기록에 의
하면 "황태후는…… 황제와 같이 승명전에 들어 수렴청정하여 정사를 결
정했다〔皇太后(劉太后)…… 與皇帝(宋仁宗)并御承明殿, 垂簾決是〕"고 하였
다. 이런 예들 가운데 가장 유명한 것은 당연히 청조 말년에 엄청난 재난
을 불러일으켰던 수렴청정이다.

황위라는 것은 상징적인 형식이고, 그것이 내포하고 있는 뜻은 형식 그
자체를 초월한다. 서양에서는 궁전의 보좌가 통상 두 개이며 국왕과 왕
비가 나란히 앉는다. 그러나 중국에서는 궁정의 보좌는 한 개뿐이다. 서
양에서 유행하는 국제 체스 중에는 왕과 왕후가 각각 하나씩 있어 두 사
람이 친히 전투에 참가하며, 나중에 나타내는 신통력은 왕보다 왕후가 더
강하다. 그러나 중국의 장기 중에는 '여인'의 일이란 좀체로 없다. 이렇
게 하찮은 문화 현상은 종종 모종의 보편적 의미를 가지고 있는 문화 배
경으로 표현되어진다.

서양에서는 국왕의 딸이 당연히 여왕으로 계승될 수 있으나, 중국에서
여성은 상속권이 없기 때문에 이제껏 황위를 계승한 여성은 없었다. 전

해지는 한 예로, 무측천이 있으나 중국 역사상 유일한 이 여자 황제는 보좌에 오르기 위해 많은 대가를 치렀다. 그러나 당고종이 재위한다면 무측천은 아무리 용맹스럽다 해도 '수렴청정' 할 수밖에 없다. 당고종이 죽는다 해도 그녀는 제위를 계승할 수 없고, 말 잘 듣는 아들을 선발해 제위를 상속하게 할 수밖에 없다. 무측천은 마침내 이러한 표면적인 권력과 실제 권력간의 굴욕적인 관계를 참을 수 없어 그녀는 아들을 폐하고 스스로 황위에 올랐다. 하지만 설득력 있는 근거를 찾지 않으면 안 되었다. 당대에 불교가 성행하여 서기 690년에 명법(明法) 등의 승려가 《대운경大雲經》을 위조하여 무측천은 미륵불이 환생한 것이라고 하였다. 그래서 무측천은 《대운경》을 반포하고, 각 주에 대운사(大雲寺)를 건설하도록 명했다. 말 잘 듣던 당예종(무측천의 넷째아들 이현(李顯)) 등 6만 명은 표(表)를 올려 국호를 개정하도록 청했다. 이렇게 하자 그녀는 '하늘과 백성들의 뜻' 에 순종하여 정정당당하게 황위에 오르게 된 것이다.

무측천이 감히 예법에 어긋난 일을 할 수 있었던 주요 원인은, 그녀가 예법의 속박을 비교적 덜 받는 북방 선비족 출신이었기 때문이다. 《안씨가훈顔氏家訓·치가편治家篇》에는, 업하(鄴下)의 선비족 유풍 및 기타 북방 지방의 풍속 중 집에서 여성이 주가 되며 남성은 지배를 받는 위치에 있다는 것들을 기록하고 있다. 무측천은 바로 이러한 사회 기풍 아래서 성장했던 것이다.(范文瀾《中國通簡編》 참조) 또한 당대는 비교적 개방되어 있어 남녀가 예교의 구속을 덜 받았다. 《신당서》의 기록에 의하면, 당시의 공주 가운데 재혼을 한 자가 10인에 달했는데 유명한 양귀비 역시 개가한 여성이었는데도 총애를 받았다고 한다. 이것에 비해 청대의 자희태후는 비록 수단에 있어서 무측천에 뒤지지 않았고, 심지어 무측천을 능가했었음에도 결국은 정해진 규칙을 위반하지 못했다. 이것은 그녀가 주관적으로는 무측천처럼 예법을 타파하는 기백이 없었기 때문이고, 객관적으로는 청대 역시 당대처럼 개방적인 사회 조건을 갖추지 못했기 때문이다.

예는 과연 강한 것이다. 그것은 일시적인 느슨함과 예외가 있을 수는 있으나 결국은 완전히 바꿔 버릴 수 없다. 바로 무측천에게 장애가 되었던 것이 이것이었다. 그녀는 이씨(李氏) 성의 당왕조를 무씨(武氏) 성의 주(周)왕조로 바꾸었으나, 제위를 전할 때 조정의 신하는 조금도 망설이지 않고 국가가 이씨 성의 왕조임을 공인했다. 주황제(무측천)는 이씨 성을 가진 황태후일 뿐이며, 황위는 이씨 성을 가진 계승인에게 전달할 수밖에 없었다. 무측천은 황위를 자신의 무씨 성을 가진 외조카에게 전할 생각이었으나 이루지 못했다. 그녀가 죽은 후 황위는 이씨 성을 가진 사람의 수중으로 돌아가서 당제(唐制)를 회복했을 뿐 아니라, 시호 중의 제호(帝號) 역시 없애고 '측천대성황후(則天大盛皇后)'라고 일컬었다. 이것은 그녀는 결국 이씨 집안의 며느리일 수밖에 없음을 나타낸다. 그리고 이씨 성을 가진 집안의 가묘 중에 무측천은 선모(先母)일 뿐, 선조가 될 수는 없었다.

부계가장제 종법 사회에서 예교가 정치상으로 여성에 대한 방비를 하는 것은, 남성의 여성에 대한 공포 심리 즉 여성이 남성의 권력을 위협하는 공포를 표현하는 것이다. 이러한 공포 심리는 현실적인 근거를 표현하는 것이다. 이것은 여성 개인의 재능 때문일 뿐만 아니라 보편적인 의미에 있어서 생리적·심리적으로 모친의 아들에 대한 생육의 은혜, 아내가 남편에 대한 감정적인 매력 등이 모두 충분히 남성 권력의 위협으로 등장할 수 있기 때문이다. 남성의 권력을 수호하기 위해서는 엄격한 예법을 정해서 여성에 대해 더욱 방비하고 구속하는 것이 필요했다. 《사기·외척세가》의 기록에 따르면 "무릇 무제를 위해 자식을 낳은 여자는 문책당하여 죽지 않은 자가 없다. 왜냐하면 무제는 '이전의 나라가 문란했던 것은 군주의 나이가 어리고 어미가 장년의 나이였기 때문이다'라는 것을 믿었기 때문이다〔凡爲武帝生子的女人無不譴死. 因爲武帝堅信: 往古國家所以亂也, 由主少母壯也〕"라고 하였으며, 같은 책에 "무제는 구과부인을 견책했다. 부인은 비녀와 귀걸이를 빼내고 무제를 향해 머리를 조아렸다. 무제는 '끌고 나가 후궁의 감옥으로 보내라!'고 했다. 부인이 여전히 고개를 돌리고 바라보자, 무제는 '빨리 가거라. 그대는 살아날 수 없다!'고 하였다. 부인은 운양궁에서 죽었다"라고 실려 있다. 구과부인은 자신의 감정과 매력을 이용해서 무제로 하여금 마음을 돌리도록 하려 했으나, 이미 무제의 마음을 돌이킬 수는 없었다.

예교가 여성을 억압했기 때문에 여자들은 드러나지 않는 수단으로 자신의 목적을 실현시키고, 자신의 지위를 개선할 수밖에 없었다. 게다가 지나친 억압에 대한 보복 심리는 그녀들의 행위들로 하여금 더욱더 교활하고 잔인하도록 만들었다. 중국에서 여성이 정치에 간여하려면 반드시 예로 인한 일정한 대가를 치러야 했다. 그녀는 반드시 드러나지 않는 위치(막후)에 앉아 역시 드러나지 않는 수단을 이용해야 하며, 때로 이로 인해 자신의 명예를 훼멸시키기도 한다. 그러나 이것이 결국 누구의 잘못인가, 여성의 잘못인가? 남성의 잘못인가? 아니면 역사의 잘못인가?

제7장

민속(民俗)과 민정(民情)의 형태

1. 예의의 나라

의를 중시하고 이익을 가벼이 여긴다

  예의의 나라는 역시 의(義)의 나라이다. 의리를 중시하고 이익을 경시하는 것은 예의 정신에도 중요한 내용이다. 중국 수천 년의 예교 문명 사회에서 '이익〔利〕'은 물질적이고 경제적인 이익을 말하며, 이것은 영광스럽지 못한 말이었다. "군자가 이익을 논하는 것은 수치스러운 일이다." 다만 '소인배'만이 입에 올리는 일이다.

  이렇게 의를 중시하고 이익을 경시하는 심리적 경향이 생겨나게 된 것은 농경 문화 중에서 근원을 찾아볼 수 있다. 자급자족하는 농업 경제의 협소한 범위는 사람들의 이익에 대한 추구를 제한시켰고, 인간의 욕망에 대한 절제는 사람들로 하여금 이러한 보편적인 관념을 형성하게 했다. 물질적 향락을 추구하는 모든 행위는 고상하지 않으므로 해서는 안 될 일이다. 객관적인 제한과 주관적인 구속은 정당한 물질 추구의 이익이라는 관념의 발전을 말살시켰다.

  의와 이익의 문제는 중국의 윤리철학 가운데 중요한 문제이다. 유가는 이익을 말하지 않으며 의만 있을 뿐이다. 공자는 "이익에 대해서는 드물게 말했다." 그는 "군자는 의를 바탕으로 삼는다〔君子義以爲質〕"(《論語·衛靈公》)·"군자는 의에 밝고, 소인은 이익에 밝다〔君子喻於義, 小人喻於利〕"(《論語·里仁》)고 했고, 맹자는 의를 모든 언행의 표준으로 보아 "대인은 말한 것을 꼭 한다고 할 수 없고, 시작한 일을 꼭 끝낸다고 할 수 없다. 오직 의에 좇을 뿐〔大人者, 言不必信, 行不必果, 惟義所在〕"(《孟子·離婁》)이라고 하였다. 묵가는 유가와는 상대적으로 이익에 대해 크게 주장하지 않았을 뿐 아니라 의가 바로 이익이라고 했다. "의는 이익이다〔義, 利也〕."(《墨經上》) 묵가가 말한 이익은 바로 대중의 이익에 부합한 것으로 "국가와 백성 그리고 인민의 이익이다〔國家百姓人民之利〕."(《墨子·非命上》)

유가·묵가 사이의 의와 이익의 논쟁은 사실상 본질적인 충돌·모순과는 상관이 없다. 묵가는 이익을 중시하지만 그것은 공공의 이익을 중요시 할 뿐 개인적인 이익은 반대하는데, 이러한 공공의 이익은 역시 의이다. 유가는 의를 말했을 뿐 이익을 말하지는 않았는데, 이러한 의는 역시 나라를 이롭게 하고 집을 이롭게 하고 백성을 이롭게 하는 공적인 이익이었다. "나라에서는 이로움을 이로움으로 여기지 않는 것을 의라고 한다〔國不以利爲利, 以爲義也〕."(《大學》) 충과 효의 두 개념은 유가의 입장에서 보면 의이고, 묵가의 입장에서 보면 이익이다. "충이라 함은 이롭게 하는 것이며, 뒤떨어진 것을 강하게 하는 것이다〔忠, 以爲利而强低也〕." "효는 친족을 이롭게 하는 것이다〔孝, 利親也〕."(《墨經上》) 충은 천하를 이롭게 하고, 효는 친족을 이롭게 하는 모두 공적이고도 큰 이익이다. 그러므로 유가와 묵가의 의와 이익에 대한 논쟁은 그다지 중요한 의의를 가지고 있지 않다. 왜냐하면 중국에서는 관청에서든 아니면 민간에서든 사적인 이익이라면 모두 입에 담을 수 없는 일로 여겨져 왔기 때문이다. 공개적으로 사적인 이익을 추구하면 사회의 질책을 받아야 하고, 이론상으로 사적인 이익을 위해 변호하는 것은 더더욱 할 수 없는 것으로 양주·열자 같은 극소수의 예외를 제외하고 사람들은 모두 그것을 사설(邪說)이라고 여겼다. 물질적인 속성을 가진 이익, 이것은 중국 고대에 뿌리를 내릴 곳이 없었다.

이익 자체는 정신적인 것과 물질적인 두 방면을 포함하지만, 예의 관념에서 질책하는 것은 일반적으로 물질 방면의 이익 즉 '재물'이다. 중국인의 재물에 대한 관념은 매우 특이하다. "복 많이 받으세요〔恭喜發財〕"의 사상은, 엄격하게 말한다면 도시에서 상업 경제가 일어난 후에야 생긴 것이다. "부자가 된다"는 것에 대한 중국인의 의식에는 하늘이 내려 준 복,

즉 '숙명적인' 색채가 있다. 그것은 사람들이 노력을 통해서 얻을 수 있는 것이 아니고, 또 마땅히 추구해서도 안 되는 것이다. 비록 사람들이 "사람은 횡재하지 않으면 부자가 되지 않는다"는 것을 믿지만, 이러한 횡재는 오히려 하늘에 의존할 수밖에 없다.

이익을 중시하지 않고 재물을 중시하지 않는 예의의 나라 중국에서, 집집마다 '재신(財神)'을 모시고 있으나 현실 생활 중에는 감히 재물을 위해 모험을 하는 일은 별로 없다. 재물을 위해 죽는 사람은 멸시를 받았다. 재신을 공경한다는 것은 일종의 이상 심리로 재물을 갖고 싶으나 감히 공개적으로 추구하지 못하기 때문이다. 이유 중 하나는 자신에게 그러한 진취적인 기백이 없기 때문이며, 또 다른 이유는 예의 관념이 물욕을 경박하게 생각하기 때문이다. 종교는 중시하지 않으면서 재신을 크게 모시는 중국의 상황과는 정반대로 서양에서는 종교가 성행해도 재신을 모시지 않는다. (서양의 신에는 재신이 없다.) 현실 속에서 사람들은 주저함 없이 물질적인 이익을 추구하며 재물을 획득하기 위해 생명을 거는 모험도 감행한다.

중국인은 시종 간단한 이치를 알지 못하는 것 같다. 즉 개인의 재화 축적은 사실 국가와 사회의 재물 축적인데도 늘 개인의 이익을 국가·사회적인 이익과 대립시켰다. 그들은 재물을 축적하게 되면 필시 국가와 사회에 손해를 입히게 될 것이므로 반드시 억압해야 한다고 여겼다. 이것은 아마도 중국에서 자본주의가 일어나기 어려운 문화 심리 원인 중의 하나일 것이다. 자본주의 사회는 경쟁 중에서 끊임없이 개인의 재물을 축적한 자본가 계층의 형성으로 인해 이루어지는 것이므로, 개인 재물의 축적이 없다면 자본주의가 발생할 수 없음은 당연하다. 예의 정신은 개인 재산의 축적을 억제하고, 사람들에게 "가난한 가운데 즐겁다〔貧而樂〕"·"부유하면서 예를 좋아한다〔富而好禮〕" 등을 요구하고, 재물과 이익을 위해 정열을 쏟지 말도록 한다. 그리고 예의 사회 질서를 위해서라면 개인의 경제적 발전도 제한하려 한다. 왜냐하면 개인의 강함은 예를 초월하고 반역을 꾀할 수 있는 조건인 동시에 국가의 난을 일으킬 수 있는 근원이기 때문이다. 《맹자》 가운데 이같이 실려 있다.

맹자가 양의 혜왕을 만났다. 왕이 말했다. "노인께서 천리길을 멀다 하지 않고 오셨으니 장차 우리 나라를 이롭게 하시렵니까?" 맹자가 대답했다. "왕께서는 하필 이익에 대해서 말씀하십니까? 오직 인의가 있을 뿐입니다. 왕께서 어떻게 해야 내 나라를 이롭게 할 수가 있을까 하시면, 대부들은 어떻게 해야 내 집을 이롭게 할 수 있을까 할 것입니다. 그리고 백성들은 어떻게 해야 내 몸을 이롭게 할 수 있을까 할 것입니다. 이렇게 하여 윗사람과 아랫사람이 서로 다투어 이익만을 취하게 되면 그 나라가 위태로울 것입니다. 1만 승의 나라에서 그 임금을 죽이는 자는 반드시 1천 승의 집일 것이고, 1천 승의 나라에서 그 임금을 죽이는 자는 반드시 1백 승의 집일 것입니다. 1만에서 1천을 취해서 갖고, 1천에서 1백을 취해서 갖는 것은 적다고 할 수가 없습니다. 하지만 만일 의를 뒤로 하고 이익을 먼저 한다면, 그 나라를 모두 빼앗지 않고서는 만족하지 않을 것입니다. 그러므로 어진 사람으로서 제 부모를 버리는 자가 없고, 의가 있고서 제 임금을 경솔히 여기는 자가 없습니다.

孟子見梁惠王, 王曰: 搜, 不遠千里而來, 亦將有以利吾乎? 孟子對曰, 王何必曰利? 亦有仁義而已矣! 王曰何以利吾國, 大夫曰何以利吾家, 士庶曰何以利吾身, 上下交征利, 而國危矣. 萬乘之國, 弒其君者, 必千乘之家; 千乘之國, 弒其君者, 必百乘之家. 萬取千焉, 千取百焉, 不爲不多矣, 苟爲後義而先利, 不奪不饜. 未有仁而遺其親者也, 未有義而後其君者也.(《孟子·梁惠王》)

순자는 더 확실하게 "의가 이익을 이기면 세상이 다스려지고, 이익이 의를 이기면 세상이 어지러워진다〔義勝利爲治世, 利克義者亂世〕"(《荀子·大略》)고 하였다. 이는 분명히 상하등급의 종법 질서를 유지하기 위해서는 반드시 개인의 목적에서 출발하고 있는 그런 사회 경제의 성장을 억지하려 했다는 것이다.

예는 오고감을 귀하게 여긴다

예의 정신이 통치하는 사회에서는, 인간 관계에 있어 사람들은 자각적으로 의를 수위에 둔다. 신하는 군주에게 충성으로 대하고 군주는 신하에게 어짊으로 대하며, 자식은 아비에게 효로 대하고 아비는 자식에게 자애로움으로 대하며, 부인은 남편에게 순종함으로 대하며 남편은 부인에게 신의로 대한다. ……총괄적으로 말하면, 사람과 사람이 교제함에 예로써 대하면 화목하지 않은 바가 없다는 것이다. 온 것은 반드시 예로써 보답을 하고, 간 것은 반드시 예로써 대답을 하는 "예는 오고감을 귀하게 여긴다〔禮尙往來〕"는 사람들이 희망하는 생활상을 구성한다. 그러나 확실한 것은 금전이 지배하는 모든 사회에서 이러한 생활 정취가 있을 리 없다는 것이다.

자산 계급이 통치를 하게 되면서 모든 봉건적이고 종법적이고 전원시 같은 관계가 깨어졌을 때, 사람들이 만물의 영장이라는 것으로 인해 속박 당했던 형형색색의 봉건 족쇄를 가차 없이 끊어 버렸다. 사람과 사람 사이에 적나라한 이해 관계를 제외하고, 냉혹하고 무정한 '현금 거래'를 제외하면 다시는 어떤 다른 관계도 남아 있지 않게 되었다. 그것은 종교의 경건, 기사의 뜨거운 근심, 소시민의 감상 같은 감정의 신성한 격동을 이기주의의 타산적인 얼음 속으로 빠뜨리고 말았다.(마르크스·엥겔스《공산당 선언》)

확실히 금전과 예는 대립적이다. 만약 금전을 수위에 둔다면, 정감이 넘쳐흐르는 예의 관계는 까마득히 먼 곳으로 팽개쳐지게 된다. 여기에서 예는 인성에 부합하는 도덕 관계와 문명 행위로 표현된다. 그렇다면 금전과 예 양자 중 누가 옳고 누가 잘못된 것인가? 이것은 완전히 개인의 역사에 대한 태도에서 결정된다. 금전과 예의 충돌은 역사와 인간의 감정 간의 충돌이다. 마르크스·엥겔스의 열렬하고 뛰어난 논술은 사람들을 향해 옛날을 생각하는 감상적인 정서를 표현하고 있는 것이 아니라, 더 높은 정열로 자본주의의 위대한 역사적인 공적을 노래하고 있는 것이다.

　　자산 계급은 1백 년도 되지 않은 계급 통치 중에 창조된 생산력으로, 과거 모든 세대에서 창조한 모든 생산력보다도 많고 크다. ……과거 어느 세기에 이러한 생산력이 사회 노동 안에 잠재되어 있으리라 생각할 수 있었겠는가?(마르크스·엥겔스 《공산당선언》)

의심할 여지도 없이, 자본주의가 창조한 이런 거대한 사회의 생산력은 반드시 잔혹한 경쟁으로 취득한 것에 의지하고 있다. 그러나 예의상 반드시 주고받아야 한다는 민족은 경쟁적인 것을 좋아하지 않는다. "사람이 사람을 대할 때는 이리와 같다"는 말처럼 적나라한 구호는 예의 민족에게는 듣기만 해도 몸서리쳐지는 말이다. 경쟁은 사람과 사람간에 대립적인 면으로 존재하며, 예는 사람으로 하여금 조화로운 통일 중에 기거하게 한다.

국가와 민족에 대해 말한다면, 예는 일종의 내적인 응집 작용을 일으킨다. 《대학》에서 "재물이 모이면 백성이 흩어지고, 재물이 흩어지면 백성이 모인다〔財聚則民散, 財散則民聚〕"고 하였는데, 특정한 뜻에서 이 관점은 사회 경제와 사회 의식간의 모종의 모순 상태를 표현하고 있다. 일반적으로 말하면, 예의를 중시하는 동양 민족 즉 중국·일본·한국 등은 민족의 내적 응집력이 강하며, 경제 이익을 중시하는 서양 민족은 민족의 내적 응집력이 상대적으로 약하다. 동양 민족은 국가 관념·민족 관념·

집단 관념이 비교적 강하며, 서양 민족은 개인적 관념이 비교적 강하다.

내적 응집력은 세계 역사에 의의를 가진 민족 문화의 보존과 발전에 대해 결정적인 작용을 해서, 독립성의 경쟁으로 하여금 경제의 신속한 발전을 재촉하는 동력이 되게 한다. 이것은 해결하기 어려운 모순이며, 사회 발전이라는 객관적인 현실과 주관적인 감정 사이의 모순이다. 그러나 역사는 무정한 것이다. 그렇지 않다면 선현들이 어째서 인류의 역사를 '악'의 역사라고 하였겠는가?

공자가 태묘에 들어가다

《논어》의 기록에 의하면, 공자가 태묘에 들어가서 매사에 대해 질문했다고 한다. 그러자 누군가 "도대체 누가 공자가 예에 대해서 잘 안다고 했는가? 태묘의 예조차도 알지 못하여 매사를 묻지 않는가?"라고 하였다. 공자가 이 말을 듣고 "이것이 바로 예이다. 여기에서 말하는 예는 특히 자신을 낮추는 겸손한 정신을 말하는 것이다"라고 하였다.

예의 정신은 인간 관계 중에서 자신을 낮추는 정신으로 두드러지게 표현된다. "무릇 예라는 것은 자신을 낮추고 다른 사람을 높이는 것이다〔夫禮者, 自卑而尊人〕"·"군자는 공경하고 자기 감정을 절제하며 물러나 양보하여 예를 밝히는 것〔君子恭敬樽節退讓以明禮〕"(《禮記·曲禮上》)이라고 하였다. 자신을 낮추는 겸손함과 예를 아는 것은 같은 것이고, 예를 아는 사람은 다른 사람 앞에서 반드시 겸허하게 양보해야 한다.

중국 민족은 예를 아는 민족이고 겸손한 민족이다. 사람간의 교제 중에 그들은 자각적으로 겸양이라는 예절을 준수하고 있다. 겸허는 중국인이 공인하는 미덕이며, 개인의 인격수양을 측량하는 중요한 표준이다. 이렇게 예를 알고 겸손해하는 정신적인 분위기 가운데에서는 자신의 능력을 과시하는 사람은 환영받지 못한다. 겸허함은 그 지나침을 두려워하지 않고, 다만 미치지 못함을 두려워할 뿐이다. 유능한 사람은 역시 자신이 무능하다고 말하는 것이 예의 원칙에 부합되며, 공자가 태묘에 들어간 것이 전형적인 예이다. 《예기》의 "예에서는 학문을 강론하고 도를 배움에 있어 스스로 현인한테 가서 배운다는 말은 들었어도 현인을 자기한테로 오게 하여 배운다는 말은 듣지 못했으며, 또 제자가 스승한테 가서 가르침을 받는다는 말은 들었어도 스승이 제자한테 가서 가르친다는 말은 듣지 못했다〔禮聞取於人, 不聞取人; 禮聞來學, 不聞往教〕"(《禮記·曲禮上》)는 기록에서 볼 수 있듯이, 능력이 있는 사람은 결코 자신의 재능을 나타내지 않았다.

겸허함이란 일종의 품덕이다. 사람들이 세심하게 생각하지 않는다면 말할 필요 없으나, 만약 우리가 그것을 이성적으로 생각해 본다면 겸허가 절대적인 미덕은 아니라는 것을 발견할 수 있다. 무능하여 양보하는 것은 결코 겸허가 아니며, 사실의 인정이기 때문이다. 소위 겸허라 함은 유능하면서 양보하는 것이다. 그렇다면, 유능하면 또 왜 양보를 해야 하는가? 원인을 따져 보면, 그것은 심리적인 무능 즉 자신감이 없음에서 기인하거나, 사회적인 압력 즉 예의 등급 압력 때문에 의도적으로 자신을 구속하는 것이다. 유능하면서 양보하게 되면 결과적으로 사람의 진취적인 정신을 속박한다.

예는 아랫사람이 먼저 윗사람에게 행하며, 겸허 역시 마찬가지이다. 후배가 선배 앞에서, 하급자가 상급자 앞에서 겸허해야 함은 가장 먼저 주의해야 하는 계율이다. "어르신네가 물었을 때 사양하지 않고 대답하는 것은 예가 아니다〔長者問, 不辭讓而對, 非禮也〕."(《禮記·曲禮上》) 설령 자신이 알고 있는 것도 사양의 말을 한 번 한 다음에야 응답해야 한다. 손윗사람이 묻지도 않았는데 스스로 흥분하는 것은, 예를 거만하게 넘어서는 것일 뿐만 아니라 월권이며 방자한 것이기 때문이다. 아랫사람은 윗사람 앞에서 함부로 입을 열 수 없다. 아들은 영원히 노인의 말을 들을 수밖에 없으며, 하급자는 영원히 상급자의 '학생'이고, 누가 맞고 누가 틀린지 또는 누가 유능하고 누가 무능한지는 따지지 않는다.

중국인의 겸손은 유명한 것이다. 그러나 우리들은 그것을 대할 때 구체적인 분석을 해보아야 한다. 이러한 지나친 겸손은 사실상 경쟁을 두려워 하는 공포 심리를 감추고 있다. 상급자는 하급자의 재능이 자신의 권력을 위협할 것이 두려워 겸허함을 부르짖으며, 하급자는 자신의 재능이 상급자의 질시를 불러올 것이 두려워 스스로 겸허함의 계율을 지켜야 한다고 자각하는 것이다. 중국 고대 사람들은 이미 규정화되어 있는 확실한 지위에 습관이 들어 이러한 질서를 파괴하고, 더 높은 사회적 지위를 다투려는 어떠한 계획도 예를 위반하는 것이며, 궤도에서 벗어나는 것이라고 생각했다.

때문에 군자는 공경하고 근검하므로써 인을 행하고, 충신하고 겸양하므로써 예를 행하며, 스스로 그 한 일이 남의 본보기가 되었다고 해서 자랑하지 않고, 스스로 그 몸이 남의 존경하는 바가 됐다 해서 자랑하지 않고, 높은 지위를 탐내지 않고, 사사로운 욕심이 적으며, 어진 이에게 양보하고, 자기는 그 아래에 선다. 이렇듯 자기를 겸양하여 물러나며, 남을 높이 받들고 의를 두려워하여 이로써 임금에게 섬기기를 구한다. 그리하여 임금의 신임을 얻더라도 스스로 이 길을 행하고, 임금의 신임을 얻지 못하더라도 역시 스스로 이 길을 행하여 화복과 득실은 모두 이를 하늘에 맡기고 천명을 따른다.

是故君子恭儉以求役仁, 信讓以求役禮, 不自尙其事, 不自尊其身. 儉於位而寡欲, 讓於賢, 卑己而尊人, 小心而畏義, 求以事君. 得之自是, 不得自是, 以聽天命.(《禮記·表記》)

겸손하고 사양하는 것, 자신을 낮추고 다른 사람을 존경하는 것 등은 중국 관료들이 정치를 하는 데 있어 반드시 걸어야 하는 길이다. 표면적으로는 하늘의 명을 듣고 따르는 것이나, 실제적으로는 겸손한 미덕을 유지할 수만 있다면 마침내는 자신의 목적에 도달하게 된다. 먼저 다른 사람의 아들 노릇을 하고 후에 그 사람의 부모 노릇을 하며, 우선은 다른 사람의 신하 노릇을 하다가 후일 그 사람의 군주 노릇을 하는 것, 이것이 바로 '고진감래'의 이치이다.

《시詩·대아大雅·대명大明》 가운데 "생각하노니 우리 문왕께서는 매사에 조심스러우시고 밝게 상제를 섬기셨으니 많은 복을 아니 내리오시랴. 드디어 그 덕이 헛되지 않아 천하의 땅과 백성을 받으셨도다〔惟此文王, 小心翼翼. 昭事上帝, 聿懷多福, 厥德不回, 以受方國〕"라고 하였다. 겸허하고 신중하며 조심스러운 것은 최후에는 반드시 천하가 순종하는 권력을 얻게 된다.

'중용(中庸)'의 명절

중국, 이 예의의 나라에서 매사에 예의를 말하고 또 매사에 규범을 지켜야 하는 것은 모든 민족의 심리적인 습관과 성격의 특징이 되었다. 오락성이 있는 민간의 명절 역시 이러한 규범적인 예의 분위기 가운데 통제당했다.

예절, 예의 본질은 바로 '절제'이다. 장기적인 예악 문화의 가르침을 받은 중국인의 민족 성격은 바로 절제이며, 다른 민족처럼 그 호방한 기질은 상대적으로 부족하다. 중국 고대에는 세계의 많은 민족에게 있는 사육제도 없었고, 개성을 자유롭게 발휘하고 개인의 감정을 마음껏 표현할 수도 없었으며, 전 사회가 아무런 구속도 받지 않고 마음껏 즐거움을 다하는 것도 없었다. 중국 고대에는 명절을 지내거나, 혹은 초롱을 달고 오색천으로 장식하며 가족이 모여 연회를 즐기거나, 혹은 선물을 들고 친지·친구들을 방문하는 등의 모든 것에도 온화하고 거동이 우아한 태도와 선비적 기풍이 요구되었다,

예는 사람들에게 "오만한 마음이 자라나게 해서는 안 된다. 욕심대로 하려 해서는 안 된다. 뜻을 만족시키려 해서는 안 된다. 즐거움을 다하려 해서도 안 된다. ……예에서는 망령되이 사람을 기쁘게 하지 않고, 행동이 지나쳐서도 안 된다. 예에 있어서는 무슨 일이고 그 정도를 지켜 이를 넘는 일을 하지 않으며, 또 항상 공경하여 남을 침범하거나 깔보지 않으며, 또 남에게 버릇 없이 가까이하지 않는다〔敖(傲)不可長, 欲不可從(縱), 志不可滿, 樂不可極. ……禮不妄說(悅)人, 不辭費. 禮不逾節, 不侵侮, 不好狎〕"(《禮記·曲禮上》)고 훈계한다. 이러한 계율은 사람들로 하여금 어떠한 자리에서도 엄숙해야 하고 공경하며 근신할 것을 깨우친다. 평소 절제를 해야 할 뿐 아니라 명절까지도 절제해야 하는 날로 변화되었다.

중국 민속 중의 각종 명절은 민간 예절이 가장 집중되어 있기도 하다. 선조에 대한 제사, 가정 내부에서 장유 존비의 예의, 연회를 베풀 때의 각종 예의 규범, 친척·친구·향리 어르신간의 왕래 등 모든 것이 예의 규정에 비추어 행해져야만 한다.

중국의 명절은 즐거움 속에서 사회의 이성과 집단 의식을 증진시킬 뿐이다. 즉 예의 왕래 중에 가정·가족·사회를 조화시켜 친애의 집단으로 만들었다. 예의 현실적인 이성 정신은 문화 심리가 되어 중국—엄격하게 말해 중국 한족의 민간 명절에 대해 모종의 잠재적인 작용을 일으켜 한족의 전통 명절로 하여금 자신의 특징을 형성하게 했다. 한인(漢人)은 종교를 중시하지 않으므로 종교에 관한 명절은 극히 적고 보편화되어 있지도 않다. 예교는 향락을 비판하고 절제를 제창했으므로 순수 오락성의 명절도 매우 적다. 산동 유방(濰坊)의 풍쟁절(風箏節), 절강 금화(金華)의 사일 두우회(社日斗牛會) 등 역시 매우 적은 범위 내에서 유행될 뿐이다.

한족 중에 보편적으로 유행하는 것은 모두 농사·경축·제사·기념 등을 내용으로 하는 명절이다. 중국은 농업국이므로 농사 절기에 관련한 인식은 농경 문명의 중요한 표시가 된다. 그래서 중국에서 가장 이른 명절도 바로 농사의 기후를 예보하는 목적의 '사립(四立; 立春·立夏·立秋·

立冬)’·‘이분(二分; 春分·秋分)’·‘이지(二至; 夏至·冬至)’ 등이다. 《예기》에서는 농사 절기마다 거행해야 하는 제사 활동을 자세히 규정하고 있다. 한족의 가장 성대한 명절인 설은, 문화에 따라 분류하면 축하하는 명절인 동시에 농사 명절에도 속한다. 12월 20일 전후를 시작으로 해서 새해 정월 보름 원소절에야 끝나는 설은 옛것을 보내고 새것을 환영하는 즐거움과, 천지의 조상에게 제사를 지내 만사형통을 빌고, 재난과 각종 병을 쫓아 버리는 내용 등을 포함한다. 종법 사회에서는 가정을 중시하므로 중국의 명절에는 가정적인 분위기가 농후하다. 명절을 지낼 때 가족 단위일 뿐 아니라 많은 명절의 목적이 가정을 위한 것이다. 설 때 가족이 모두 모이는 것, 청명절에 조상 제사를 지내며 성묘가는 것, 중추절에 모두 모여 월병을 만드는 것은 모두 단결하여 화목하며 영원히 흩어지지 않는 가정을 희망하기 때문이다. 사회 이성과 정체성의 관념은 중국의 명절로 하여금 개인 향락성의 특징이 매우 적도록 만들었다.

한민족은 순수 오락성의 명절이 적으며 남녀 사이에 사랑을 노래하는 오락 명절은 더더욱 보기 힘들다. 이와는 상대적으로 한민족에서 야만족이라고 칭해지던 민족 가운데 묘족(苗族)의 ‘도월(跳月)’·‘파산절(爬山節),’ 백족(白族)의 ‘요산림(繞山林),’ 동족(侗族)의 ‘간가회(赶歌會)’ 등은 사랑을 나타내는 명절이다. 한민족은 노래와 무용을 좋아하지 않으므로 다른 민족이 남녀노소 공개적인 장소에 모여 정을 다하며 노래와 춤을 즐기고 즐거움을 다하는 것은, 예의 입장에서 보면 장중하지 못하고 대아의 풍격을 잃는 것이다.

즐거운 장소에서는 술을 빼놓을 수 없다.(조건만 된다면) 그러나 신경을 흥분시키는 이 자극물은 사람으로 하여금 이성을 잃어 규범을 위배하는 일을 하게 할 수도 있다. 그러므로 술 역시 예가 관심을 가지는 중요한 문제이다. 《악기》 중에 “돼지를 기르고 술을 빚는 목적은 결코 화를 만들어 내려고 한 것이 아니었으나, 소송 사건이 갈수록 번다해지니 이는 술로 인한 화이다. 그러므로 선왕이 주례를 정했다〔夫豢豕爲酒, 非

以爲禍也, 而獄訟益繁, 則酒之流生禍也, 是故先王因爲酒禮)"는 기록이 있다. 술은 본래 제사에서 천지조상을 즐겁게 하기 위해서 사용되었던 것인데, 지금 사람들이 술로 인해 사건을 만들고 사회의 병폐가 되었으니 선왕이 주례를 지어 술을 마심에도 규범이 있어야 함을 정한 것이다. 《상서》 가운데 《주고酒誥》편이 있는데, 이는 주의 문왕(일설에는 주공단(周公旦)이라고 함)이 은대 사람이 '술에 빠져' 나라를 망하게 한 역사 교훈을 본보기로 하여 정한 일종의 금주령이라고 한다. "공자가 말하기를, 밖에 나가서는 공경대부를 섬기고, 집에 들어오면 부형을 섬기며, 상사를 당하면 상례를 극진히 하지 않을 수 없고, 술 때문에 실수하지 않는 일, 이런 일을 내가 어찌 완수할 수 있으리요?[子曰: 出則事公卿, 入則事父兄, 喪事不敢不勉, 不爲酒困, 何有於我哉?]"(《論語·子罕》)라고 하였다. 공자 역시 "술 때문에 실수하지 않는 일"을 일종의 미덕으로 보았다. 당대 두 시가의 거장 이백(李白)과 두보(杜甫)는 각기 '시선(詩仙)'·'시성(詩聖)'이라고 칭해졌다. 이 두 칭호는 이러한 예의 관념을 포함한 듯하다. 두보는 현실에 발을 디디고 나라와 백성을 걱정하며 위대한 현실주의자로 최고의 이성 정신을 말했으므로 그를 '시의 성인'이라고 칭하며, 이백은 술을 좋아하여 신선처럼 떠돌았고 "말술을 마시는 동안 시 1백 편을 쓰는" '주선'의 낭만적인 행위를 표출했으므로 예를 중시하는 선비들은 이를 질시하여 그를 '시의 신선'이라 칭한 것이다. 고대 그리스의 주신절에 육욕이 난무하는 공개적인 표현은 예의의 나라에 사는 중국인은 감히 생각조차 하지 못할 일이다.

일본의 성공

　예의의 나라를 말한다면, 우리들은 중국과 거의 같은 수준의 중시를 받고 있는 일본을 연상하지 않을 수 없다. 이 섬나라 민족은 대륙 위의 중국 민족처럼 조상을 숭배하고, 가족과의 혈연 관계를 중시하며, 윗사람은 귀하고 아랫사람은 비천한 등급이 분명하고, 예의상 선물을 받으면 답례를 하고, 자신을 낮추고 겸손해하며, 심지어 근대에 중국과 마찬가지로 쇄국령 때문에 외국의 수모를 당한 역사를 가지고 있다. 오늘의 일본은 정신 문화상으로는 여전히 동양의 오랜 문명과 예의를 가지고 있고, 물질 문화상으로는 서양의 선진 국가를 초월했다. 우리들은 이것을 동서양 문화의 성공적인 결합의 결과라고 말하지 않을 수 없다.

메이지 유신은 일본이 전통적인 봉건 국가에서 근대 자본주의 국가로 향한 전환점이며, 신세기를 여는 이정표였다. 이러한 역사적인 성공의 배후에는 그 자체의 역사와 문화적 원인이 있다. 표면적으로는 중국 문화와 매우 가까운 관계의 나라이지만, 중국과는 완전히 다른 길을 걸었다. 그 근원을 살펴보면 이러한 문화상의 가까움은 표면적인 것에 불과할 뿐, 근본적인 의미에서는 다른 것을 발견할 수 있다. 예의 각도에서 보면, 가장 중요한 차이는 중국에 있어 예와 정치는 직접 관련 있는 총체, 윤리와 정치의 총체, 관념과 제도의 총체이다. 일본에서의 예는 정치와의 관계가 그다지 긴밀하지 않고, 주로 종교 관념과 민속 습관 중에 표현된다는 것에 있다.

중국과는 달리 일본 민족은 종교를 중시한다. 일본 본토의 종교는 신도교(神道敎)이다. 불교가 중국과 한국을 경유하여 일본에 전해졌을 때 신도교는 불교와 합류했다. 신도교는 비록 조상 숭배의 내용이 포함되어 있으나 그것은 정통적인 종교이다. 그것은 중국인이 신봉하는 자연의 하늘이 아닌 모든 것을 통치하는 주신 아마테라스 오미카미(天照大神, 즉 태양 여신)이며, '신과 천황이 일체' 임을 주장한다. 천황이 바로 아마테라스 오미카미의 후예로 '1만 세가 한 계통' 이며, 이것은 변경될 수 없다.

일본인의 통일 정신은 중국인 못지 않다. 그들은 아마테라스 오미카미를 숭상하고 믿는 것에 대해 통일되어 있고, 중국인은 조상이라는 기치 하에 통일되어 있다. 일본인은 군권(君權)은 신이 준 것이라고 여기며, 중국인은 조상이 내려 준 것이라고 여긴다. 신은 허망한 것이고 조상이 오히려 실재적이기 때문에 신의 역량은 조상보다 크지 않다. 그러므로 국가 권력과 사회 구조상에서 일본은 여지껏 중국처럼 이렇게 통일된 적이 없다. 중국 역사상에서 사회 변혁·이민족 침입이나, 혹은 기타 원인으로 야기된 전란 시대를 제외하면 줄곧 절대적인 중앙 집권을 실행하고 있다. 그러나 일본에서는 서기 5세기부터 다이카고구〔大和國〕가 건립되어 줄곧 황실과 지방 귀족 집단의 투쟁이 있어 왔다. 6세기말에 쇼토쿠 태자〔聖德太子〕는 중국유가학설을 빌려 개혁을 진행했고, 황권을 강화시키고 지방 세력을 약화시키려고 했으나 결국 소망대로 되지 못했다. 일본은 다이카 개신〔大化改新〕에서 헤이안〔平安〕 시기까지 비록 중국의 방식에 따라 중앙 집권제를 건립시켰으나, 황권은 다른 사람 손에 넘어가서 천황은 꼭 두각시였을 뿐이다. 이어 가마쿠라 바쿠후〔鎌倉幕府〕가 건립되었고, 이때 일본의 최고 통치권이 바쿠후〔幕府〕 장군의 수중으로 넘어가는 등 다시 한 번 각 번(藩)의 제후와 다이묘오〔大名〕 상호간에 쟁탈하는 '전국'의 분열 상태를 가져오게 되었다. 천황은 일본 국가와 민족이 믿는 상징에 불과할 뿐이다. 일본 역사상에 이제껏 황권이 모든 것 위에 있었던 시기는 없다. 천황은 사람들이 믿고 숭배하는 우상, 즉 '신'이 되었다.

　정치상으로 안정되게 통일되어 있지 않고, 사상면의 통치 역시 주도면밀하지 않았으므로 통일되게 천신인 천황을 숭배하는 것 외에 일본에는 심한 사상의 속박이나 도덕 계율이 없었다. 신도교에서 요구하는 예의는 비교적 간략하고 윤리 관념 역시 간단하다. "신도의 도덕적 요의는 천황에게 충성을 다하는 것이다. 관개 시설과 제방을 훼손시키거나 짐승을 학대하거나(사람에 대한 것은 언급되지 않았음), 성지를 오물로 더럽히는 것은 모두 큰 죄악으로 보았다. 이를테면 이러한 습속은 특별히 농업 민족에게만 있는 것임이 확실하다. 그 도덕 규범이 어째서 이렇게 간단한가? 신도교도들은 한 마디로 이렇게 말한다. "일본인은 언제나 도덕을 중시하는 민족이므로 여러 가지 종교—도덕의 계율로 묶어 놓을 필요가 없다.” 이것은 중국 예교의 도덕 계율의 번다함, 사상통치의 엄밀함과는 대조를 이룬다. 일본에서는 민간에서 뿐만 아니라 관직의 의식 형태 중에 어떤 단일된 사상의 독존이 없으며, 신도교·불교·유학·무사도 등은 공생하며 서로 융합했다.

사상과 의식이 산만한 형태라면 새로운 사상이 수입되기에 가장 좋다. 이와는 반대로 사상과 의식이 통일될수록 사상의 통치는 엄격해져서 새로운 사상은 진입하기가 어려워진다. 일본의 메이지 유신은 성공되었고, 중국의 무술 유신은 성공할 수 없었다. 그것은 중간에 신사상을 받아들였는지의 여부가 중요한 내재적 원인이라고 하지 않을 수 없다. 일본의 유신변법 중 비록 “조정의 법은 변화될 수 없는” 보수적인 선비가 출현했으나, ‘조종’ 자체는 허약해서 도저히 신사상의 충격에 저항할 수 없었다. 반면, 중국의 조종은 위대하고 완강하여 그의 역량은 예를 통해 사람들의 골수까지 깊이 침투했던 것이다.

일본은 비록 농업국이지만, 그 지리적 조건은 중국과 다르다. 사방이 바다에 인접한 섬나라이므로 물질 자원의 한계가 있어 해외 무역을 행하지 않을 수 없다. 문화의 교류와 시야의 광활함은 일본 민족으로 하여금 좋은 물건을 보면 가지고 와서 쓰도록 했다. 고대에 일본은 많은 수의 사신과 유학생을 중국으로 파견하여 배우도록 했다. 서양 근대 과학이 흥기된 후, 일본은 서양을 배워야 한다는 필요성을 절감했다. 일본 메이지 유신 전에 서남 각 번의 개혁파와 보수파는 그 정치 주장이 서로 달랐으나, 서양의 선진 기술을 배워야 한다는 인식은 같았다. 상대적으로 중국은 극소수의 학식 있는 선비만이 서양을 배워야 한다는 중요성을 갈파했을 뿐이다.

일본은 2백여 년 동안 ‘쇄국령’을 고수한 적이 있었으니, 그것은 중국에 비해 더욱 심했다. (1633년과 1639년에 도쿠가와 바쿠후〔德川幕府〕는 두 차례 명을 내려 외국상인·전도사를 추방하고 대외 무역을 금지하고 본국인이 출국하는 것을 금지했으며, 이미 국외에 있는 자는 귀국을 금지하고 이를 위반하는 자는 사형에 처한다고 했다.) 그러나 이 쇄국령은 완전히 외재적인 원인 때문이었다. 즉 서양 천주교가 일본에 광범위하게 전파되면서 야기된 정치 문제와 일본이 서양 국가와 교역하는 중에 발생한 모순 때문이었다. 이러한 쇄국령은 일본으로 하여금 중국과 같은 대가——외국 함대에 의해 나라의 문이 열려 불평등조약을 허락하게 한 것 등——를 치르게 했다. 그러나 개혁유신의 성공은 일본으로 하여금 중국 같은 그런 비참한 운명에서 벗어나게 했을 뿐 아니라, 오히려 빠른 속도로 세계를 장악하는 열강의 대열 중에 들어서게 했다.

일본인은 오늘날 여전히 인정미 많은 동방의 전통과 예의를 지키고 있으나, 정치와 경제면에서는 전통을 극복하여 거대한 성공을 거두었다. 그 문화적인 원인을 살펴보면, 예는 일본에서는 단지 종교 관념과 민속일 뿐이며 정치와는 별다른 관계가 없으나, 중국에서는 예가 바로 민속이며 정치였던 것이다.

2. 윤리 강령의 통속화

"자리가 바르지 않으면 앉지 않는다"

공자는 "자리가 바르지 않으면 앉지 않으며〔席不正不坐〕" "임금이 음식을 하사하면 반드시 자리를 바로 하여 먼저 맛을 본다〔君賜食, 必正席先嘗之〕"《論語·鄕黨》고 하였다. '석(席)'은 고대인이 땅에 깔고 앉았던 자리를 말하며, 그것의 배치는 엄격한 예의로 규정되어 있다.

방위 관념은 예의 제도 중에서 중요한 의의를 가지고 있다. 중국의 전통적 세계관 중 전후좌우·동서남북은 특정한 상징적 의미가 있다. 그것은 음양오행 중에 규정된 관계 속성이다. 사회성의 집단 관계 중에 일정한 방향과 위치는 모종의 특정한 속성과 권력 등급을 대표한다. 그러므로 예의 제도 중에는 좌석의 위치뿐 아니라 기타 많은 방면에서 방향과 위치를 규정하고 있다. 그러므로 사람과 사람 사이의 권력 등급이 관계되는 공개적인 모임에서는 모두 방위와 관계된 문제가 발생한다.

정치에 있어서 북쪽은 윗사람을 존중하는 방향이다. 중국 고대에는 황제를 '남면(南面)'·'남면이왕(南面而王)'이라고 했다. 소위 '남면'은 얼굴을 남쪽으로 향하고 북쪽에 자리잡아 남쪽을 향함을 말한다. 고대 궁정 건축은 대부분 북쪽에 위치한 남향이고, 제왕의 능묘는 '풍수(風水)'적인 원인을 제외하고 대부분 북쪽에 위치한 남향이다. 수도에서 열후(列侯)·공경(公卿)의 거처는 '제(第)'라고 하는데, 북쪽의 궐(闕) 가까이 사는 자가 높은 등급이다. 좌측과 우측도 엄격한 윤리 등급이 있다. 왕위가 가운데이며 하속들은 좌우와 종묘의 순서에 따라 자리가 엄격하게 배열된다. 조(趙)나라 혜문왕(惠文王)은 인상여(藺相如)가 진나라에서 세운 공적으로 인해 그를 "상경으로 임하고 자리는 염파의 우측에 두었다〔拜爲上卿, 位在廉頗之右〕"(《史記·廉頗藺相如列傳》)고 했는데, 이로 인해 염파의 불만을 사게 되었다. 일상 생활 가운데 "길에서는 남자가 우측으로 가고, 부인네는 좌측으로 간다〔道路男子由右, 婦人由左〕."(《禮記·王制》) 일반적인 상황하에 "우측이 상석이다"라는 것은 예에서 정한 제도이다. 그러나 이러한 것은 시대에 따라 달라진다. 명대 여계등(余繼登)의 《전고기문典故紀聞》 권1에 실린 바에 따르면 "국가 초기에는 원래 있던 것을 답습하여 우측을 숭상했으나, 오(吳) 원년 10월에 태조는 백관에게 명을 내려 좌측을 높여 우상국을 좌상국으로 바꾸었다〔國初習元舊, 俱尙右, 至吳元年十月, 太祖始令百官禮義俱尙左, 改右相國爲左相國〕." 좌측을 숭상하고 우측을 숭상하는 것, 동쪽을 숭상하고 서쪽을 숭상하는 것은 변화될 수 있는 것이나 반드시 방위의 규정은 있어야 했다.

민간 예속 중에 가옥의 방향이 다르면 좌석에 따른 존비의 방향 역시

다르다. 일반적인 상황 아래 또 몇 가지 규정이 있다. "자리에 있어 남향
과 북향은 서쪽이 상석이고, 동향과 서향이라면 남쪽이 상석이다〔席南向
北向, 以西方爲上, 東向西向, 以南方爲上〕."(《禮記·曲禮上》) 주희의 해석에
따르면, 이것은 "동향·남향의 자리는 우측을 귀하게 여기고, 서향·남향
의 자리는 좌측을 숭상한다〔東向南向之席尙右, 西向北向之席皆尙左〕"고
하였다. 민간 건축에 있어서 큰방의 방향은 규정이 엄격하지는 않지만,
일반적으로 문에 들어서서 대면하게 되는 방향이 상방(上方)이다. 연회석
에서 이 예의 규범은 반드시 지켜야 한다.

좌석 위치의 존비는 예를 행하는 최소한의 규칙이고, 이것은 중국에 지
금까지도 보편적으로 성행하는 민간 습속이다. 그 진정한 사회적 의의는
민속 습관의 표현 형식이라는 것에 있지 않고 정치 권력의 표현 형식에
있다. 인상여가 염파의 우측에 앉게 되어 염파의 불만을 사게 된 일, 홍문
의 연회석상에서 항우가 반드시 '동쪽에 앉으려고' 했던 일 등이 그 예이
다. 이러한 현상은 중국 전통의 정치 권력 관계 중에서 늘 보게 되는 예
이다.

거처함에는 모두 예가 있어서 장유의 분별이 분명해진다. 이것을 규문
(閨門) 안에 응용할 때에는 규문 안에 모두 예가 있어서 삼족이 화친해진
다. 이것을 조정에 응용할 때에는 조정의 안에 모두 예가 있어서 관작이
질서 있게 되어 문란하지 않다. ……집에 방으로 가는 계단이 없다면, 이
는 곧 집짓는 질서를 어지럽히는 것이다. 또 자리에 상하 구별이 없으면,
이것이 곧 좌석상의 위치를 어지럽히는 것이다. 수레로서 좌우의 구별이
없을 때에는, 이것이 곧 수레를 타는 위치를 어지럽히는 것이다. 걸어가
는 데 있어 낮은 자가 존귀한 자를 따르는 일이 없을 때에는 이것이 곧 도
로를 어지럽히는 것이다. 서는 데 있어 차례가 없을 때에는, 이것이 곧 장
유귀천의 신분을 어지럽히는 것이다. 옛날에는 성제·명왕·제후가 모두
귀천과 장유·멀고 가까운 것과 남녀 및 바깥과 안의 구별을 터득하고, 감

히 서로 분수를 넘게 하는 일이 없었다.

以之居處有禮, 故長幼辨也; 以之閨門之內有禮, 故三族和也; 以之朝廷有禮, 故官爵序也. ……室而無奧阼則亂於堂室也; 席而無上下則亂於席上也; 車而無左右則亂於車也; 行而無隨則亂於塗也; 立而無序則亂於位也. 昔聖帝明王諸侯辨貴賤長幼遠近男女外內莫敢相踰越.(《禮記 · 仲尼燕居》)

자리는 고정적인 것으로 함부로 변동시킬 수 없다. 좌석 방향은 사회적 지위를 의미하여 권력에 대한 염탐은 우선 자리에 대한 염탐으로 표현된다.

'이인(里仁)' 과 민간의 정치

유가의 '수신제가치국평천하(修身齊家治國平天下)' 의 윤리와 정치 원칙 중에는 한 가지 중간 항목을 간과하고 있다. 제가와 치국의 중간에 한 가지 중간 단계가 있으니, 그것은 마을에서 구성된 사회 단체이다. 이 단체는 집이나 국가처럼 절대적이고 확실한 범위와 경계는 없고, 그들처럼 독립된 경제 실체와 정치 실체가 아닌 조금 여유 있는 집단이다. 그러나 이 집단은 집에서 나라에 이르기까지 예로써 다스려지는 실현 과정 중에 없어서는 안 될 중간 과정이다.

공자는 "이인은 아름답다〔里仁爲美〕"라고 하였다. 소위 '이인' 은 동향에 어질고 너그러운 예속이 있는 것을 말한다. 이렇게 어질고 너그러운 예속을 귀납하면 바로 장유에 순서가 있고 예의로 주고받아야 하며, 이웃과 화목하고 예로써 서로 대하는 사회 기풍이다. 예의 교육은 중국 사회에서 가장 보편화되어 있다. 예는 겸양과 '화목' 의 원칙으로 사람들을 가르치고, 어떠한 상황일지라도 먼저 사람 사이의 화목한 관계를 조심하는데 집이든 외부에서든 마찬가지이다. 그러므로 중국에서는 가정 · 가족 내에서 부모는 자애롭고, 자식은 효성을 다하며, 형제간에 우애 있을 뿐 아니라 마을에서도 서로 화목하게 지내며 돕는다. 중국의 민속 중에는 마을에 협력하여 서로 협조하는 습관이 있었다. 어떤 집에서 혼례·상례·집을 수리하는 등의 큰일이 있으면 온 마을 사람이 나와 돕는다. 어떤 집에서 재난을 당하면 온 마을 사람들이 도와 주어야 하는 의무가 있다. 식량·장작과 돈·물자를 내거나 직접 힘으로 도와 준다. 이러한 의무의 범주에 속하는 것은 보답이나 반환이 필요 없다. 옛부터 전해 내려오는 순박한 향토 감정과 예의 교육이 서로 결합된 것은 중국 사회의 양호한 사회 기풍의 심리적 근원이며, 금전이 유일한 목적인 사회에서는 이러한 사회 기풍이 존재하기 힘들다.

나라와 집 중간에 위치한 이 사회 구조는 민속학 중에 '향리 사회(鄕理社會)'라고 칭해진다. 이러한 향리 사회는 비록 사회 집단이기는 하나, 일반적으로 말하면 바로 지역 내의 자연촌이다. 자연촌의 형성에는 세 가지 유형이 있다. 하나는 단일 가족 촌락으로 그것은 일가일호(一家一戶)의 정착에서 대가족으로 발전되어, 다시 약간의 집이 형성된 마을이다. 북방에서 '고가자(孤家子)'라고 하는 것이 바로 이러한 촌락의 기원이다. 중국 농촌에 현재 장가장(張家莊)·이가촌(李家村)이라는 것이 많이 있는데 이것의 기원 역시 이러하다. 두번째는 친족의 연합체 촌락이다. 이러한 유형의 촌락은 전자의 유형이 발전되어 사돈 관계의 연결에서 시작된 몇 개의 대가족(혹은 큰 성씨) 촌락이다. 세번째는 성이 섞이고 타지에서 옮겨온 사람들이 모여서 살게 된 촌락이다. 이 촌락 형태는 본래 친족 관계가 없었는데 전란이나 가뭄·홍수 등 재해의 원인으로 일어난 집단 이민이 모여 만들어진 것이다. 중국의 자연촌 중에 앞의 두 가지 형태가 다수를 차지한다. 이러한 사실에서 중국 향리 사회의 조직 구조는 가족·친족이 기초가 되고, 가족과 친족의 자연적인 발전 중에 형성된 공통점이 있음을 알 수 있다.

향리 사회 구조의 형성이라는 이 특징은 정치 형태의 특징, 즉 가족의 관리라는 형식의 확대를 결정했다. 그것은 가족 정치에서 국가 정치까지의 중간 과도기임이 분명하다. 단일 가족으로 형성된 촌락 중에 가장이나 족장은 당연히 촌장 혹은 '촌두인(村頭人)'이며, 그들은 마을 안의 가정간이나 가정 내부 모순에 모든 권력을 가진다. 친족 연합체 촌락과 여러 가지 성씨가 모인 촌락 중에 촌장은 통상적으로 세력이 가장 큰 가족의 가장이 맡는다. 촌락 조직은 가족과 친족이 기초가 되므로 촌락 중에 친족 집단이 형성된다. 이러한 친족 집단의 세력은 마을 안의 사무 관리와 마을 내부의 제도와 규약의 결정에 직접 영향을 미친다. 어떤 때에는 한 집에서 말한 것이 그대로 결정되어 촌제(村制)와 족제(族制)가 직접 결합하기도 한다.(烏丙安《中國民俗學》) 몇 개의 친족 집단이 병존하는 촌락은 종종 복잡한 종족 싸움이 나타나기도 한다. 단일 성씨의 촌락 중에도 장문(長門)과 차문(次門) 및 종족 내 각 지파간의 소종(小宗)의 분규가 발생하곤 한다.

향리 사회 중에 가정 범주를 초월하는 사회성의 모순이 존재하기 때문에 촌락 내에 자연히 국가 행정과 유사한 관리 직능이 형성되었다. 촌장이 있고 촌의사(村議事)·규약(規約; 통상 '향규민약'이라고 함)이 있고, 촌제재(村制裁)·촌조해(村調解) 등이 있다. '향규민약'은 마을 사람이 스스로 교육을 시키고 관리하는 전통적인 풍속이며 일종의 지역성의 도덕 규범이지만, 심지어 법률적 특징까지 가지고 있다. 향촌의 제재(制裁)는 국가 법률을 통하지 않고 향규를 위반한 사람들을 처벌할 수 있으며, 각종 형벌 심지어 사형까지 할 수 있는 권력을 가진다. 예를 들어 어떤 곳에서는 절도한 사람은 그 자리에서 쳐죽일 수 있다고 규정되어 있고, 또 어떤 곳에서는 남녀가 간통하면 돌을 묶어 못에 빠뜨려야 한다고 규정되어 있다. 마찬가지로 향촌의 조해(調解)는 마을 사람들의 재산 등 분규 안건의 화해와 중재를 하며, 이것은 역대로 효과를 거두었다.

이로써 향리 사회의 민간 정치는 국가 정치의 형식과 상당히 유사한 점을 가지고 있음을 알 수 있다. 표면적으로는 느슨한 향리 사회이지만, 사실 그것은 이미 상당히 고정된 사회의 실체를 형성했다. 향리의 공동 생활·공동이익은 강렬한 내향 응집력을 산생케 했는데 서로 화목하게 지내는 것, 향리의 공동 경제 형태와 공동 정치 조직 등이 모두 이러한 내향 응집력의 현실적인 근거를 만들어 내고 있다. 이같은 종류의 내향 응집력은 사회로 하여금 내부적으로 긴밀하게 단결하여 함께 외부에 대처하게 하고, 특수한 지역 감정 때문에 동일 지역의 사람에 대해 상응하는 감정을 갖도록 한다. 한 사람이 외지에서 동향인을 만나면 절친한 친구 같은 생각이 들고, 세상에 흩어진 사람 중에는 '동향회' 같은 조직이 있으며, 정치를 하면서 동향 사람을 끌어오려 하는 것 역시 고향이라는 관념으로 묶여 있기 때문이다. 향토 관념은 이러한 '이인'이라는 민속과 향리 사회의 민간 정치 중에 끊임없이 강화되었다.

노인을 존경하고 봉양한다

노인을 존경하는 것은 중국이라는 예의의 나라에서 보편성을 띤 미덕이며, 유가의 인도주의 사상 중 감정 의미를 가지고 있는 도덕 범주이다. 노인이 노동 능력을 상실했을 때 젊은 사람들의 부양을 받는 것, 이것이 인도에서 최소한도로 요구하는 것이다. 그러나 예의 사상 중에 단순히 공양하는 것은 완전한 인도 정신의 실천이라고 할 수 없다. 자유가 공자에게 효에 대해 물었을 때, 공자는 이렇게 말했다.

지금의 효도라는 것은 부모를 봉양할 수 있는 것을 이른다. 개나 말도 양육하는 능력이 있으니, 만약 사람에게 공경하는 마음이 없다면 짐승과 무엇이 다를 바 있겠는가?

今之孝者, 是謂能養. 至於犬馬, 皆能有養. 不敬, 何以別乎?(《論語·爲政》)

만약 단순히 봉양할 수 있는 여부를 말한다면 동물과 무슨 차이가 있겠는가? 관건은 역시 존경심에 있는 것이다.

종법 사회에서 노인은 가정과 가족 내에서 우두머리가 되어 존중을 받아야 함은 더 말할 필요가 없다. 중요한 것은 다른 사람 집의 노인, 성씨가 다른 노인, 온 사회의 노인이 모두 같은 존중을 받아야 한다는 것이다. 이것이 바로 유가의 "나의 노인을 노인으로 섬기면서 더 나아가 다른 사람집의 노인에게까지 미친다[老吾老以及人之老]"는 이상적인 사회 형태이다.

중국 예악 제도 중에는 자고로 노인을 봉양하고 존경하는 제도가 있다.

무릇 양로의 예에서 유우씨는 연례(燕禮)를 사용했고, 하후씨는 향례(饗禮)를 사용했으며, 은나라 사람은 식례(食禮)를 사용했고, 주나라 사람은 이 세 가지를 겸해서 행했다. 50세 이상은 향리에서 봉양을 받을 자격이 있고, 60세 이상의 노인은 나라에서 봉양을 받을 자격이 있으며, 70세 이상의 노인은 대학에서 봉양을 받는다. 이와 같은 예법은 천자로부터 제후에 이르기까지 모두 같다. 80세 이상의 노인이 군명을 받을 때는 한 번 꿇어앉아서 머리를 두 번 땅에 조아려 재배한다. 소경이 군명을 받을 때도 이와 같이 한다. 90세 이상의 노인은 몸소 군명을 받을 수 없으므로 다른 사람을 시켜서 받는다. 50세에 이르면 체질이 이미 쇠했으므로 장자(壯者)와 그 양식을 달리하여 좋은 것을 가려서 드린다. 60세 이상의 노인은 미리 고기를 준비하여 이를 드린다. 70세 이상의 노인에게는 두 종류의 좋은 음식을 준비하였다가 드린다. 80세 이상 노인에게는 상식(常食)에 모두 진미(珍味)를 드시도록 한다. 90세 이상 노인은 음식을 드시면서 침실을 떠나지 않으며, 혹 밖으로 나가시면 좌우에서 따라가며 모신다. ……50이면 몸이 비로소 쇠약해진다. 60세 이상의 노인은 고기를 먹지 않으면 배가 부르지 않고, 70세 이상의 노인은 비단옷이 아니면 따뜻하지 않다. 80세 이상의 노인은 다른 사람이 몸으로 데워 주는 것이 아니면 따뜻하지 않으며,

90세 이상의 노인은 비록 다른 사람이 데워 준다 해도 따뜻하지 않다. 50세가 되면 집 안에서 지팡이를 짚고, 60세가 되면 향당에서 지팡이를 짚고, 70세가 되면 나라 안에서 지팡이를 짚는다. 80세가 되면 조정에서 지팡이를 짚고, 90세가 되면 천자가 물을 것이 있어도 몸소 그 집에 나간다. 이때는 진미를 가지고 가서 노인을 높이는 뜻을 보인다.

凡養老, 有虞氏以燕禮; 夏后氏以饗禮; 殷人以食禮; 周人修而兼用之. 五十養於鄉, 六十養於國, 七十養於朝, 達於諸侯, 八十拜君命, 一坐再至, 瞽亦如之, 九十使人受. 五十異糧, 六十宿肉, 七十貳膳, 八十常珍, 九十飲食不離寢, 膳飲從於游可也. ……五十始衰, 六十非肉不飽, 七十非帛不煖, 八十非人不煖, 九十雖得人不煖矣. 五十杖於家, 六十杖於鄉, 七十杖於國, 八十杖於朝, 九十者天子欲有問焉則就其室, 以珍從.(《禮記·王制》)

여기에서 우리는 물질적인 대우와 정치 권력의 향유에 확실한 나이 제한이 있는 것을 볼 수 있다. 만약 경로와 양로가 인도적 미덕이라면, 연령에 따라 규정한 정치적 특권이야말로 사회 생명력의 말살이며 낙후되고 보수적이며 쇠약한 상징으로, 사회 폐단의 중요한 원인을 조성한다. 예를 숭상하는 민족이 일단 예교의 원칙 정신과 결합하면 명확하게 정치적인 의미를 가지게 되는 것이다.

예악 제도 중에 규정된 양로의 제도는 명확한 정치적 의미를 포함하고 있고, 그것은 우선 국가의 양로를 통하여 사람들에게 효제존장(孝悌尊長)의 예교 관념을 배양시킨다. "유우씨는 나라의 원로를 봉양하는 예를 상상에서 행하고, 서민의 원로를 봉양하는 예를 하상에서 행했다. 하후씨는 국가의 원로를 봉양하는 예를 동서에서 행하고, 서민의 원로를 봉양하는 예를 서서에서 행했다. 은나라 사람은 국가의 원로를 봉양하는 예를 우학에서 행하고, 서민의 원로를 봉양하는 예를 좌학에서 행했다. 주나라 사람은 국가의 원로를 봉양하는 예를 동교에서 행하고, 서민의 원로를 봉양하는 예를 우상에서 행하였다[有虞氏養國老於上庠, 養庶老於下庠;

夏后氏養國老於東序, 養庶老於西序; 殷人養國老於右學, 養庶老於左學; 周人養國老於東郊, 養庶老於虞庠)"(《禮記 · 王制》)고 하였다. 여기에서 말하는 상상 · 하상 · 동서 · 서서 · 우학 · 좌학 · 동교 · 우상은 옛날 대학과 소학에 대한 칭호이다. 총괄적으로 말하면, 이것은 국가 원로를 대학에서 모시고 서민의 노인은 소학에서 모신다는 것이다. 왜 "학에서 모시는가"인가? 진호는 《예기집설》에서 "노인을 모시는 예를 학에서 행하는 것은 효제를 밝히는 예의의 장소이기 때문이다〔行養老之禮必於學, 以其爲講明孝弟禮義之所也〕"라고 주해하였다. 학교는 윤리 강령 · 도덕 교육을 진행하는 곳이다. 여기에서 말하는 양로는 상하존비의 예의를 밝히는 것이다. 국가가 설립한 정규 학교에 이렇게 특수한 교육 방식이 있을 뿐 아니라 향리 사회의 민간 예속관제 중에도 예의 존비 관념을 선전하는 것을 잊지 않았다.

마을의 음주의 예를 보면 60세된 자는 앉고 50세된 자는 서서 심부름을 한다. 그렇게 해서 손윗사람을 모시는 것을 밝히는 것이다. 60세는 음식이 세 접시, 70세는 네 접시, 80세는 다섯 접시, 90세는 여섯 접시로 대접하며, 그렇게 해서 노인 모시는 것을 밝힌다. 백성들이 노인을 존중하고 봉양할 줄 알면, 그 다음에는 집에 들어가서 효제를 다할 수 있다. 백성들이 집에서 효제를 다하고 나와서 노인을 존중하고 봉양하면, 그후에 가르침이 이루어지고 가르침이 이루어지면 그후에 나라가 평안해지는 것이다.

鄕飮酒之禮, 六十者坐, 五十者立待以聽政役, 所以明尊長也. 六十者三豆, 七十者四豆, 八十者五豆, 九十者六豆, 所以明養老也. 民知尊長養老, 而後乃能入孝弟. 民入孝弟, 出尊長養老, 而後成敎, 成敎而後國家安也.(《禮記 · 鄕飮酒義》)

여기에서 이미 양로 제도의 정치적 함의를 매우 명확하게 말하고 있다. 이것에서 보면, 예교에서 노인을 봉양하고 존경하는 것은 이미 민간 풍속 중의 인도 목적에서 벗어나 일종의 순수한 정치적 필요에 제공되었다.

그리고 노인의 봉양은 종법 윤리 교육을 진행시키는 수단으로 변했다.

양로의 제도는 형식적으로는 종법 윤리 교육의 수단으로 변했고, 다른 면에서는 현실적인 정치 관계 중 '늙었다'는 것이 권위의 상징으로 변했다. 중국의 종법 정치 체제 중에서 모종의 특수한 관계, 예를 들어 황위 계승 등을 제외하면 정상적인 권력의 단계는 종종 나이가 중요한 작용을 한다. 엄격하게 예의 관념에 비추어 보면, 재능으로 관리를 임용할 때 재능은 중시하지 않고 덕으로 임용하는 것을 중시했다. 그리고 인생의 과정인 도덕 습득, 수양 과정 중에도 엄격한 연령 단계가 있어 공자는 "30세에 뜻을 세우고, 40세에는 미혹되지 않으며, 50세에는 천명을 안다〔三十而立, 四十而不惑, 五十而知天命〕"고 하였다. 이러한 연령 단계는 종종 개인의 사상과 도덕 수양의 수준을 표시하며, 또한 그의 사업상의 성취를 대표한다.

덕이 선비를 임용하는 표준이고, '덕'의 수준은 또 나이에 따라 증가하는 것이므로 권력과 연령 사이에도 일종의 계약이 형성되었으니, 즉 일정한 연령에 이르지 않으면 모종의 직무를 담당할 수 없는 것이다. 소위 '파격'이라는 것은, 바로 극소수의 특수한 상황하에 연령과 자격 경력의 돌파이다. '파격' 자체가 바로 연령 표준과 자격·경력 표준의 존재를 설명하며, 연령 표준과 자격 경력의 표준이 없다면 파격이 있을 수 없다.

종법 사회의 연령—덕—권력 같은 이러한 특수 구조 관계는, 민속 관념 중의 "덕성이 높으면 명망이 두텁다"가 현실의 정치 관계 중에는 "연령이 높아야 권력이 강하다"로 변화되었다.

호칭과 '피휘(避諱)'

종법 예의의 등급 관념은, 정치 관계·향리 민속의 각 방면을 꿰뚫고 있을 뿐 아니라 일상 생활의 각 영역과 가정 내 세부 사항 중에 깊숙이 침투되어 있다. 호칭은 매우 보편적인 일상 생활의 세부 항목으로, 중국의 습관적인 호칭 방식은 예의 관념을 확실히 표현해 주고 있다.

중국의 인간 관계에 있어 일반적으로는 관직으로 호칭하며, 이름이나 평등한 관계로 부르는 것은 그다지 습관이 되어 있지 않다. 왜냐하면 관직으로 호칭하면 언제 어디서나 그 사람의 사회적 지위를 나타낼 수 있을 뿐 아니라, 사람들간의 존비 관계를 확정하여 무의식중에 실수하지 않을 수 있기 때문이다.

다른 사람을 높이는 호칭이 있는 동시에 자신을 낮추는 호칭도 있다. 조정 관리는 황제에 대하여 '신(臣)'·'노재(奴才; 대청왕조의 칭호)'라 하고, 하급 관리는 상급 관리 앞에서 자칭 '비직(卑職)'·'소적(小的)'이라 하며, 백성은 관리 앞에서 자칭 '소민(小民)'·'하민(下民)'이라 하고, 여자는 남자 앞에서 자칭 '첩(妾)'·'노(奴)'·'노가(奴家)'라 하며, 어린 사람은 나이 든 사람 앞에서는 자칭 '만생(晚生)'·'학생(學生)'·'후학(後學)'이라 하며, 동등할 경우에는 자칭 '비인(鄙人)'·'부재(不才)'·'불초(不肖)'라고 하였다. 자신을 낮추는 복잡한 호칭은 풍습일 뿐 아니라 "자신을 낮추고 다른 사람을 높이는" 예의 교육 중 없어서는 안 될 것이었다.

호칭상의 존비와 등급 관계는 중국 고대 기타 등급 관계와 마찬가지로 종법 가족 관계의 문화 근원까지 소급해 올라가 볼 수 있다. 이것은 중국 민속 중의 친족 호칭 방식에서 찾아볼 수 있다. 소위 친족 호칭은 본인 중심으로 친족 구성원과 본인 관계의 명칭을 확정한 것이다. 세계에서 각 민족의 친족 호칭은 두 가지 유형이 있다. 한 가지는 '유분법(類分法)'이고, 또 다른 하나는 '서술법'이다. 유분법의 친족 호칭은 남녀 성별과 선후배의 차이를 표현해 줄 뿐 친족이 부계인지 모계인지 직계인지 방계인지, 또한 장유 순서도 나타내 주지 않는다. 세계의 대다수 민족의 친족 호칭은 모두 유분법이다. 가장 전형적인 것은 영어로써 백부·숙부·삼촌·고모부·이모부 등을 통칭 Uncle이라고 하며, 백모·숙모·고모·이모를 통칭하여 Aunt, 그리고 형·남동생은 모두 Brother, 누나·여

동생은 모두 Sister라고 한다. 이러한 호칭은 매우 간단하며, 부계·모계·직계·방계·장유 순서도 나타나지 않는다. 이러한 유분법 호칭과는 반대로 중국에서는 서술법 호칭을 사용하여 부계·모계·직계·방계의 경계가 분명하며, 장유간의 순서도 확실하다. 그래서 '숙백고심이구당표(叔伯姑瀋姨舅堂表)' 등 복잡한 호칭 관계가 있다.

호칭 관계의 간략과 번잡함은, 표면적으로는 일반적인 민속 사항일지라도 사실 그것은 한 민족의 가족 혈연 관계와 상하 등급 관계에 대한 중시 정도를 나타낸다. 이러한 친족의 혈연 관계와 장유 순서 구분을 확실하게 나누는 호칭은 사람들 마음속에 자연히 존비와 친소의 등급 구별을 형성하게 했다. 백(伯)은 숙(叔)에 비해 높고, 형(兄)은 제(弟)에 비해 높으며, 부계는 모계보다 친하고, 직계는 방계보다 친하다. 종법 사회라는 집에서 국가에 이르는 특수한 정치 문화 분위기 가운데서 친족 내부 존비 친소의 등급 관계는 자연히 사회 정치 관계 중에도 나타나게 되었다.

호칭 관계 중의 등급 존비가 한 걸음 발전하여 피휘(避諱)라는 중국 역사상에만 특이하게 존재하는 일종의 문화 현상을 가져왔다. 소위 '휘(諱)'라는 것은, 조종·부친항렬·제왕·성인 등 모든 존귀한 자들의 이름이다. 무릇 이러한 사람의 이름 중에 들어 있는 글자는 사람들이 일상적으로 말을 하거나 작문할 때에 함부로 사용할 수 없고, 이러한 자를 써야 할 경우에는 온갖 방법을 동원해 피하는데 이것을 피휘라고 한다. 피휘는 중국 고대에 매우 보편적인 것이었으며, 일반 신하와 백성들이 반드시 알아야만 하는 학문이었다. 왜냐하면 조금만 부주의해서 휘를 범하게 되면 커다란 재난이 머리 위로 떨어질 것이기 때문이다. 윗사람을 높이는 것은 이미 더 이상 올라갈 수 없는 지경까지 이르렀다.

피휘는 사람들의 일상 문화 생활 중에 많은 곤란과 번거로움을 가져왔고, 심지어 매우 황당한 일까지 발생시켰다. 회남왕 부친의 이름이 '장(長)'이었으므로 《회남자》 한 권에는 '장' 대신 '수(脩)'를 썼다. 사마천은 사기를 지으며 '담(談)' 자를 기피했는데, 왜냐하면 그의 부친이 사마담

(司馬談)이었기 때문이다. 소동파의 조부 이름이 '서(序)'였으므로 책을 지으매 '서(敍)'자로 이를 대신했다. 더욱 심한 것은 유온수(劉溫叟)의 부친 이름이 '악(樂)'이었으므로 생을 마칠 때까지 음악을 듣지 않고 산수를 즐기지도 않았다. 서적(徐積)은 부친의 이름이 '석(石)'이었기 때문에 평생 석기를 쓰지 않고 돌도 밟지 않았다.(이상 烏丙安 《中國民俗學》) 이러한 것들은 모두 '가휘(家諱)' 즉 가족 조상 이름의 피휘이다. 또 '국휘(國諱)'가 있었는데, 이것은 제왕 이름의 피휘이며 온 나라에서 반드시 지켜야 했다. 당대 이후에 관세음보살이 관음보살로 바뀌어졌는데, 당태종의 이름 이세민(李世民) 중 '세(世)'자를 피해야 했기 때문이다.《사기 · 효문본기》에 "원년 정월에 아들 모모는 나이가 가장 많고 온후하며 자애롭고 인자하여 청하여 태자로 삼을 것을 건의했다〔元年正月, 子某最長, 純厚慈仁, 請建以爲太子〕" 하였는데, 여기의 '모(某)'는 바로 한경제(漢景帝) 유계(劉啓)인데 피휘하기 위하여 '모'로 대체했던 것이다.

이렇게 엄격한 피휘 제도는 완전한 호칭상의 금기로 변화되어 원시 토템의 금기와 같은 의미를 가지고 있다. 다른 점이 있다면, 일종의 현실적인 조상 숭배와 권력 숭배에 대한 금기라는 것이다.

3. 가족과 정치

가례(家禮)와 가교(家敎)

중국 종법 봉건 사회에서 가정은 국가와 사회에 대해 매우 중요한 의미를 가지고 있다. 소위 '종법'이라 함은 종족의 법이며, 종법제의 본질은 역시 가부장제이다.

중국 부계 사회의 조기 성숙과 남성 가장의 절대적 권력의 확립으로 인해, 중국 가정은 혈연 관계와 혼인의 연분 관계 중에서 당연히 혈연 관계에 편중한다.

가정의 구성 요소에는 두 가지가 있다. 하나는 혈연 관계로 수직적인 혈통이 연계되어 있는 가족 구성원의 관계이며, 다른 하나는 혼인에 의한 인연 관계로서 수평적으로 혼인이 연계되어 있는 부부간의 관계이다. 이 두 관계는 모두 가정의 구성 중에 필수불가결한 요소이다. 그러나 그 중 어느 관계에 편중되느냐에 따라 두 가지 완전히 다른 유형의 가정 구조 관계가 표현된다. 이 두 유형의 가정은 각자 다른 특징을 가지고 있다.

첫째, 혈연 관계를 중시하는 가정의 내부 구조는 비교적 복잡하여 일반적으로 삼대, 심지어 사대·오대로 구성된다. 가정 내에는 약간의 등급 차이가 있는데 다른 항렬·동항렬·남녀지간의 차이 등이다. 혼인의 인연 관계를 중시하는 가정은 일반적으로 구조가 비교적 간단하여, 대부분 부부에서 아이들이라는 양대로 구성되며 가정 내부에 역시 지나친 등급 관계는 없다.

둘째, 혈연 관계를 중시하는 가정은 혈연 관계(주로 부계 혈연 관계임)의 구성원 사이에 비교적 강한 혈친이라는 가족 관념을 고수하고 있으며, 엄격한 부계 가장제를 유지하고 혼인 관계의 구성원(아내·며느리)은 대부분 종속적인 위치를 차지한다. 혼인의 인연 관계를 중시하는 가정에서는, 동성(同姓) 가족 관념이 비교적 희박해서 본인의 친자 관계만을 중시하여 엄격한 가부장제가 없고, 부부지간의 지위도 비교적 평등하다.

셋째, 혈연 관계를 중시하는 가정에서의 혼인이란 자손을 이어 가족을 연속시킨다는 점에만 편중하며, 특히 출산·임신중절·단산 등과 아이를 낳는 문제에만 관심을 둔다. 혼인의 인연 관계를 중시하는 가정에서의 혼인은 부부간의 감정 융합이 위주가 되며, 가족 혈연의 연속은 다음 일이고, 부부 관계가 가족 혈연 관계 이상의 위치를 차지한다.

넷째, 혈연 관계를 중시하는 가정에서의 혼인 관계는, 온 가족에 대해 책임이 있어 아내를 맞아들이는 것은 가족의 주요 구성원에 의해 결정된다. 가족 혈연의 순수함을 유지 보호하기 위해 순결은 까다롭게 요구된다. 맞아들이는 여자의 순결은 온 가족에 대한 책임이 있어 조금이라도 꺼림칙한 일이 있다면 가족의 제재를 받게 된다. 남편이 사망하면 부인은 수절하거나 개가를 해야 하는데 역시 가족이 결정한다. 혼인에 의한 인연 관계의 가정에서 부부 관계는 상호간의 책임이며, 기타 구성원의 간섭을 받지 않는다. 결혼·이혼·재혼은 모두 부부 스스로 결정한다.

다섯째, 혈연 관계를 중시하는 가정은 노인에 대한 부양의 의무 관념이 비교적 강하고, 혼인의 인연 관계를 중시하는 가족은 노인의 부양에 대한 의무 관념이 비교적 희박하다.

이상의 특징들에서 이 두 가정 중 혈연 관계를 중시하는 가정은 전형적인 종법제 가정이며, 혼인의 인연 관계를 중시하는 가정은 구성원 관계가 비교적 민주적이고 평등한 것임을 알 수 있다. 중국 봉건 사회의 가족 제도와 가정 구조는 바로 혈연 관계형이다. 그러므로 예의 정신 중에 가족 관계와 관련한 가례와 가교는 혈연 관계 가정의 이러한 특징을 맴돌면서 전개된다.

중국 고대 가례가교에 관련한 자료는 그 수를 헤아릴 수 없을 만큼 많다. 《의례》·《예기》와 같은 전문 서적이 있고, 《사서오경》과 같은 유가경전이 있고, 각양각색의 역사 서적과 역사 이야기가 있고, 또 무슨무슨 '가훈(家訓),' 무슨무슨 '가서(家書)' 같은 교재가 있다. 이러한 모든 책들의 목적은 종법의 가족 관계를 유지하는 데 있다.

종법에 의한 가족 관계를 유지하기 위해 건립된 예의 교화는 그 내용적인 면에서 말하면 두 가지 면을 포함한다. 한 가지는 가장제의 절대적인 통치와 엄격한 상하의 등급과 존비를 유지하고, 다른 한 가지는 부계 혈연의 연속과 혈통의 순수함을 보장하는 것이다. 전자는 주로 가족의 조상에 대한 제사 예의와 인생 예의 중의 관례(성년 예식)·상례·장례 및 아버지는 자애롭고 자식은 효를 다한다는 부자자효(父慈子孝), 형은 인자

하고 아우는 공경한다는 형인제제(兄仁弟悌), 노인은 존경하고 어린이는 사랑해야 한다는 존로애유(尊老愛幼) 등의 도덕 교육을 포함하며, 후자는 주로 혼례의 모든 격식 제도와 여성에 관한 예교를 포함한다.

조종에 대한 제사의 예의는, 가족 혈연 관계에 대해 최고의 숭배와 절대적 긍정을 함으로써 사람들로 하여금 조종의 혈통에 복종하는 가족이라는 것을 믿게 한다. 관례는 성년이 되는 남성이 앞으로 가족의 중요한 구성원이 되는 것을 나타낼 뿐 아니라, 가장의 상속 조건이 성숙했다는 표시이기도 하다. 상례·장례 의식과 부자형제 관계의 도덕 교훈에 있어서는 장유지간의 존비 관계를 표명한다. 종법 가족의 가례와 가교 중 유일하게 인도주의 정신을 갖추고 있고, 후세 사회 제도와 사회 관계에서 취할 만한 것은 바로 노인을 존경하고 나이 어린 사람을 사랑하는 가족 풍습이다.

종법 가족 예교 중에 가장 비인도적인 것은, 혼인과 여성에 관계된 예교이다. 혼인 과정 중의 여섯 가지 의식 절차는, 실질적으로는 일종의 물질적인 것과 가족 사이의 사회적인 교역으로 그 가족을 위해 자손을 잇는 도구를 맞아들이는 것이다. 그래서 생육할 수 있는가의 여부, 아들을 낳았는가 아니면 딸을 낳았는가와, 여자가 순결하여 가족에 대한 책임을 다할 수 있는가의 여부가 절대적으로 중요한 의미를 가지게 된다. 여성이 그 가족의 남성 상속자를 낳았는지의 여부에 따라 그녀의 가족 중의 지위가 결정될 뿐 아니라, 심지어 가문에서 쫓겨날 수 있는 근거(칠출(七出))가 된다.

이러한 사회 조건하에 가족 중 남성만 남자를 중시하고 여성을 경시하는 것이 아니라, 여성 자신도 자신의 지위를 고려해서 아들을 중시하고 딸을 경시하게 되었다. 여러 가지 희한한 민속 사항들은 이 때문에 파생된 것이라고 하지 않을 수 없다. 예를 들어 대자대비하며, 고난에서 구해 주는 관음보살이 삼신할머니로 변했고, 북경의 오랜 민속인 '모정(摸釘)'은 여자가 가서 성문 위의 장식용 못을 만지는 것으로 '모정(摸丁)'이라고도 하는데, 이는 아들 낳기를 비는 우의(寓意)를 담고 있다.

황가의 후궁·빈·비는 '초방(椒房)'이라고 했는데, 이유는 그녀들이 거처하는 방은 꽃과 초에 진흙을 이겨 벽을 바르는데 화초(花椒)를 사용한 이유는 아들을 많이 낳는다는 뜻을 담고 있기 때문이다. 생식 능력과 아들·딸을 낳는 것은 자연적인 현상이었으나, 여기에서는 오히려 강렬한 사회 색채를 띠고 있으며 중국의 가족예교 중 뿌리 깊은 관념이 되었다. 이 역시 중국 인구가 서양보다 매우 높은 사회 원인 중의 하나이다. 아들이 없으면 반드시 아들을 낳을 때까지 계속해서 낳아야 하며, 가족 혈연의 뿌리를 끊을 수는 없다. 아들이 많은 것은 가족이 번영하고 창성하는 다복의 상징이기도 하다. 중국 민간의 연화(年畵) 복록수삼성도(福祿壽三星圖) 가운데 '녹(祿)'은 머리에 오사모(烏紗帽)를 쓰고 있는 관리의 모습이고, '수(壽)'는 백발에 동안인 노인의 모습이며, '복(福)'은 바로 손에 사내아이를 안고 있는 어른의 모습이다.

중국의 혈연 관계형 가족의 유지 보호와 발전은 가족 예교에 의지한다. 가례와 가교의 확대는 전 사회적 예악 문화의 자연스런 형식이며, 중국 사회 정치와 가정의 특수 관계를 표현한 형식이다.

가풍(家風)과 국풍(國風)

자연 경제가 기본 특징이 되는 농업 사회에서 가족은 상당한 정도에서 국가적·사회적 직능을 가진다. 내부적으로 말하면, 가족의 직능은 우선 이 사회 기본 단위의 생산과 생활을 유지한다. 가족은 함께 먹고 함께 살며 함께 노동하는 경제 공동체이고, 생산은 이 공동체의 존재를 유지시키는 물질적인 조건이다.

가족의 대내적인 직능의 또 다른 면은 가족 내부 구성원간의 감정 관계를 유지한다는 것이다. 그것은 사회의 정신 문명이 이 사회 기본 단위

속에 표현된 것이며, 전 사회 정신 문명의 기초가 된다. 민속과 사회 정치라는 각도에서 보면, 이러한 감정 관계를 유지하는 직능은 순수하게 경제 관계를 유지하는 직능보다 더 중요하다.

가족에는 대내적인 직능 외에 또 대외적인 직능이 있는데, 그것은 국가·사회를 위해 노동력을 제공하고 홀아비·과부·고아·독자의 부양 등 사회적 의무를 담당하는 것이다. "가족의 대외 관계 유지는 사회 관계를 발전시키는 매우 중요한 기능이고, 그것이 결합하여 만드는 거미줄처럼 총총히 뒤엉켜 있는 사회 거래 관계는 사회 발전을 촉진시키는 관건과 연결체가 되었다. 이외에 가족은 전체 사회에 대해 일정한 영향과 제약 작용을 가져 가족으로 하여금 사회 행위를 지배하는 최소 단위가 되게 한다."(烏丙安《中國民俗學》) 종법 사회에서 나라의 안정은 가정의 안정에 의해 유지되는 것이다.

가정이 나라에 대해 이렇게 중요한 작용을 하기 때문에 예의 교육하에 형성된 가풍은 국가 정치와 전체 사회 풍기에 대해 결정적인 작용을 한다. 이 점은 두 가지 방면에서 표현되는데, 우선 통치자·권력장악자에 대해 말한다면 그들은 언제나 단정한 가풍을 단정한 국풍과 단정한 사회 풍기의 선결 조건으로 삼고, 집안을 다스리는 방침을 치국의 방침으로까지 미치게 했다. 《대학》 중에 "나라를 다스리려면 반드시 그 집안을 먼저 바르게 해야 한다. 집안도 가르치지 못하면서 다른 사람을 가르칠 수 있는 사람은 없다. ……한 집안이 어질면 한 나라가 어질게 되고, 한 집안이 겸양하면 한 나라가 겸양하게 되고, 한 사람이 욕심 있고 어그러지면 한 나라가 어지러워진다. 그 영향됨이 이와 같으니 이것이 이른바 말한 마디가 일을 그르치고 사람 하나가 한 나라를 안정시킨다는 것이다. 옛날 요순 같은 임금이 천하 백성을 인자와 사랑으로 거느리자 백성들이 이 인자와 사랑에 따랐다. 걸주가 천하 백성을 잔악하고 포악하게 거느리자 백성들도 잔악하고 포악한 대로 따랐다. 이와 같이 그 시키는 바가 그가 좋아하는 것과 반대되는 것이면 백성들이 따르지 않는다 [所謂治國

必先齊其家者,其家不可敎而能敎人者, 無之. ……一家仁, 一國興仁; 一家讓, 一國興讓; 一人貪戾, 一國作亂, 其機如此. 此謂一言僨事, 一人定國. 堯舜帥天下以仁, 而民從之; 桀紂帥天下以暴, 而民從之; 其所令反其所好, 而民不從)"라고 기록되어 있듯이, 수신제가치국평천하는 유가 치국의 기본 과정으로 집을 다스릴 수 있는 자만이 나라를 다스릴 수 있는 것이다.

다음 일반인에 대해 말하자면, 가풍의 순정(純正)함 여부는 도덕 수양의 수준을 나타내는 표시일 뿐 아니라 어떤 사람이나 가정의 사회적 명망과 지위에까지 직접 관계한다. 그리고 가풍이 순정하다면 사람들의 존중과 추대를 받는다. 그러므로 지역적으로는 상호간에 본받고 촉진시키고 자기 스스로 구속하는 가운데 전 사회의 기풍이 형성된다. 민간 가풍의 일반적인 특징은 총체적인 국풍을 구성한다는 것이다.

《시경》 중의 《국풍》은 이러한 가풍이 변천되어 사회 풍습이 된·것이라고 할 수 있다. 소위 정풍(鄭風)·위풍(衛風)·진풍(陳風)·제풍(齊風)·위풍(魏風)·진풍(秦風) 등은 각 성(姓) 제후국의 지방 풍속이다. 이 가운데 왕후 가풍의 승계와 확대 보급이 있고, 해당 지역 민간 풍속의 보편적 특징이 있다.

중국 고대의 통치자는 민풍과 민정에 대한 조사와 고찰을 매우 중시했다. 선진 시기에 조정에 악관(樂官)이 설치되어 있었고, 한대 이후에는 악부(樂府)가 설치되어 있었는데, 그 주요 직책은 모두 민간 가요를 채집하여 민풍을 살피는 것이었다. 《시경》의 형성은 이러한 목적에서 출발했다. 주희는 "국(國)은 제후가 책봉되어 있는 지역이다. 풍(風)은 민속 가요의 시이다. 풍은 윗사람에 의해 언어화되었고, 그 언어는 사람을 감동시키기에 충분했다. 예를 들어 사물이 바람의 움직임에 의해 소리가 있듯이 그 소리는 사물을 움직이기에 족하다. 그러므로 제후는 그것을 채집하여 천자에게 바쳤다. 천자는 그것을 받고 악관에 진열하여, 그 풍속의 미악(美惡)을 고찰하며 정치의 득실을 알았다〔國者, 諸侯所封之域. 而風者, 民俗歌謠之詩也. 謂之風者, 以其被上之化以有言, 而其言又足以感人, 如物因

風之動以有聲, 而其聲又足以動物也. 是以諸侯采之以貢於天子. 天子受之而
列於樂官, 於以考其俗尚之美惡, 而知其政治之得失焉)"(朱熹《詩經集傳 · 國
風一》)고 하였다.

국가 정치의 확립은 사회 민속으로 하여금 현실의 참고 기준이 되게 하
며, 정치는 사회 민속에 영향을 미치고 변화시킨다. 예교 정치는 사회에
대해서 이러한 작용을 하는데, 그것은 예의 규범에 비추어 풍속을 변화시
키고 그 통일을 국가 정치의 궤도 중으로 진입하게 한다.

"조상의 영광을 과시한다"

중국인은 다른 사람에게 조상의 영광을 과시하는 것을 즐기며, 자신을
평가하는 것은 보잘것 없는 것으로 여긴다. 이것은 조상 숭배의 관념 작
용일 뿐 아니라 한가족이라는 관념과 집단주의 정신의 구현이다. 왜냐하
면 조상의 영광이 온 가족의 영광이며 자손의 영광이고, 반대로 자손의
영광 역시 가족의 영광이며 조상의 영광이기 때문이다.

중국의 혈연 관계형 가족 제도는 '구족(九族)' 제도가 표준적인 구성 단
위이다. 소위 '구족'은 본인이 중심이 되어 위로는 4대까지 거슬러 올라
가 부친 · 조부 · 증조 · 고조까지이며, 아래로는 아들 · 손자 · 증손 · 현손
등 4대까지 확대되어 모두 9대가 된다. 이러한 '구족'의 경계 구분은 고
대 상례 중 상복제의 '오복(五服)'에 비추어 확정했다. 소위 '오복'이란
참최(斬衰) · 재최(齋衰) · 대공(大功) · 소공(小功) · 시마(媤麻) 등 다섯 등급
으로 분류하여, 가깝고 먼 것에 따라 고조의 혈연 친속까지 갈 수 있다.
이러한 예의 제도는 가족의 혈연 관계를 엄격하고 표준적인 범위 내에 한
정시킨다. 이 범위 내의 구성원은 자각적으로 혈연 집단을 형성하며, 이
집단 중의 어떤 구성원의 영광은 모두 집단의 영광이 된다.

가족 집단 관념 중에서 성장한 사람들은 이미 개인이 취득한 명예의

최종 목적을 조상을 영광스럽게 하는 것으로 귀결한다. 개인이 관직 등에서 얻게 되는 성취, 고상한 품행으로 인해 받게 되는 사회의 칭송 등은 모두가 가족의 영광이며 조상의 영광으로 간주되는 동시에, 후세 자손의 사회 지위의 기초를 공고히 한다. 중국에서 '충성스럽고 선량한 조상의 후예'·'장군의 아들'·'조상 때부터 전해 내려오는 명의' 등은 특히 사회의 중시를 받았다. 조종은 후대에게 누릴 수 있는 명예를 남기고, 후대는 자신의 성취로써 조상에게 광채를 더하는 등 서로 보좌하며 혈친가족의 집단 영예를 끊임없이 공고히 하고 강화시킨다. 중국 고대에 가보(家譜)를 꾸미는 일, 가세(家世)와 가사(家史)를 중시하는 것들은 이러한 가족 집단 관념의 작용이다.

가보를 꾸미는 일은 가족 제도의 공고를 위해 작용할 뿐 아니라 가족의 집단이라는 관념도 더욱 강화시킬 수 있다. 족보가 연결시킨 동종동족(同宗同族)에는 자연적 내집력이 있어 각종 사회적인 사무 중에 내부적으로 단결하고 타인을 배척한다. 이러한 혈연의 응집력은 중국 종법 봉건 사회에서는 강대한 사회 심리 경향이다. 동성은 모종의 혈연 관계가 있어 가능하면 거리를 둔다. 관계가 전혀 없는 같은 성씨가 만나면 "5백 년 전에는 일가"여서인지 확실히 친근감이 솟고, 어떤 성씨 중에서 큰 인물이 나오면 같은 성을 가진 사람의 얼굴에 광채가 도는 것도 같은 이치이다.

가족 혈연 관계에 있어서 영광스런 일은 가족이 공동적으로 향유하지만, 죄에 대한 책임 역시 공동으로 맡아야 한다. 중국 고대에는 "구족을 멸하는" 처벌 규정이 있어 한 사람이 죄를 범하면 전 가족이 연루되어야 하고, 이것으로 인해 사회적으로 심지어 법률적으로 책임을 져야 한다. 이러한 처벌 방식은 조상을 영광스럽게 하는 것과 마찬가지로 혈통 관념이 가족을 한 집단으로 연결시킨 결과이다. 한 사람이 성공하면 조상이 영광되고, 한 사람이 도를 얻으면 자손은 문벌의 영화로 대우를 받게 되고, 한 사람이 죄를 범하면 구족이 연루되는 것 등은 모두 같은 문제의 다른 표현일 뿐이다.

중국, 이 농업 국가는 가정의 사회·국가 정치에 대한 의미는 세계의 다른 문명 국가를 크게 능가하고 있다. 경제적인 면에서 가정은 자급자족 사회의 기본 생산 단위이며, 사회 정신 문명적인 면에서 가정은 모든 윤리 도덕 관념의 최초 출발점이고, 정치 관념과 정치 구조 형태면에서 가정은 각종 등급 권력 관계와 사회 제도의 원시적인 근거이다. 중국의 특수한 사회 정치 형태 그 자체는 유가 예교 사상에 의해 결정된 것이 아니며, 농업 사회의 생산 방식과 생활 방식 중에서 생겨난 것이다. 예교는 이러한 생산과 생활 방식의 수요에 부합되었고, 또 선전과 교육을 통하여 특수한 정치 구조가 끊임없이 강화될 수 있었다.

제8장

여 론

1. 예악의 문화 분위기

오늘날 우리들이 북경의 사합원(四合院)에 들어가 보면, 전통 관념이 남긴 영상——윗사람이 정방(正房; 본채)에 묵고 아랫사람이 상방(廂房; 곁채)에 묵는 것——등을 느낄 수 있다. 표면적으로 보면, 이것은 순수한 주거 풍속의 흔적이라 할 수 있으나 이러한 주거 풍속 중에는 여전히 전통적인 예의 관념, 즉 위치 관계가 장유존비의 관계를 표시하고 있어 상하 등급의 순서가 결코 혼란될 수 없다는 뜻을 포함하고 있다. 이러한 거주 위치의 관계는 노인을 부양하고 존경하는 뜻일 뿐 아니라 더 깊이 숨겨져 있는 것은 가족 중의 권력 관계이다.

이것이 예악 문화의 분위기이다. 그것은 예악 제도나 예교 정신에 근거하여 설정되어 사회의 정치 생활과 일상 생활 중의 여러 방면에서 시시각각으로 사람들에게 영향을 주고, 사람들을 교육시키며, 사람들의 심리에 예의 울타리를 건립했다.

만약 사합원 안에 거주하는 가장들이 때때로 자신이 이 자그마한 세상에서 권위를 느낄 수 있었다면, 자금성 안에 거주하는 사람들은 자신들이 천하의 주재라는 것을 믿을 수 있었을 것이다. 왜냐하면 이 천하의 유아독존인 황궁 건축은 천자의 예에 비추어 설치된 것이기 때문이다. 세상에 다시 없는 웅장함, 화려함, 뛰어난 중축대칭(中軸對稱) 등은 사람들로 하여금 조상의 위대함과 자신의 지위에 대해 스스로 존귀하게 느끼게 했다. 중국의 제왕들은 이러한 환경 아래에서 생활했으니 어떻게 자신의 조상이 세계에서 가장 위대한 조상이라고 느끼지 않을 수 있으며, 그들이 사는 곳이 천하의 중심이라고 느끼지 않을 수 있었겠는가? 궁 깊숙이 거주하는 제왕들은 이렇게 생각했고, 궁 밖에 사는 백성들도 위엄 있고 예측할 수 없는 궁문을 볼 때 똑같은 생각을 가졌다. 미국의 백악관은 사람들이 들어가서 참관할 수 있고, 영국의 다우닝가 10호(수상관저)는 보통의 평민 아파트이다. 그러나 고대 중국에서는 제왕과 일반 관리들이 출입하는 곳은 경계가 매우 삼엄하여 사람들은 멀리서 바라볼 수 있을 뿐이다. 이러한 신비로움은 전제 권력의 보장이다. 궁문은 무겁게 닫혀 있어 궁내의 신성이 유지되고, 제왕이 순시할 때의 그 장엄한 의장대, 많은 수행원들 역시 그들을 백성들과 멀리 분리시켜 놓은 가장 좋은 장막이었고 신비로운 위엄을 유지시키는 수단이었다.

유사 이래 중국의 정치 권력 관계는 바로 이러한 예의 형식으로 표현되었다. 그것은 중국의 정치 문화 중 각종 전장 제도가 되었고, 후세의 각종 성문과 불문의 등급 제도의 근거가 되었다.

민간에서 가족의 종법 세력은 지방 정치 구조의 기본 단위가 되었고, 족장과 가족 사당은 지방의 정무를 처리하는 권력을 가졌다. 사당은 소범위 내의 정부가 되었고, 가족은 소범위의 사회로 변화되었다.

가정 내부에서 가묘와 조종의 위패에 대한 제사는 가장의 권력을 공고히 하고 끊임없이 강화되었다. 남성 혈연 계승의 중요성으로 인해 아들·딸을 낳는 것은 가정의 가장 중요한 직능이 되었고, 이로 인해 여성을 절대적인 종속적 지위에 가두어 놓았다.

이밖에 민간 사회 교제 중의 겸손과 양보, 민간오락 중의 각종 심리 속에 잠재되어 있는 표현 및 각종 예술 문화 중의 예교의 도덕 선전 등은, 사람들로 하여금 집에서 나라에서 사회에서 생활하는 순간마다 예의 수렁 속에 살도록 했다. 중국의 예악 문화는 사회 생활의 각 방면을 엄정한 질서 속에 집어넣었다. 예악 문화에서 구성하는 이러한 정신적인 분위기는 언제나 사람들의 심령을 수양시켰다. 이러한 전 사회적인 문화 형태와 문화 관념이 만든 교화 작용은, 어떤 단일한 교육 체계와 단일한 사상 형태의 작용과 비교할 수 없다. 사람들 머릿속에 형성된 것 역시 단일한 사상이나 신앙이 아닌 가장 기본적이고 보편적인 문화 정신이었다.

2. 민족 정신의 확대

역사 유물주의의 관점은, 일종의 관념이 형성되면 상대적인 독립성을 갖추게 된다고 한다. 이러한 독립성은 일종의 관념을 형성하는 경제 기초가 사라진 이후에도 상당히 긴 시간 동안 계속 존재할 수 있으며, 시대를 초월하는 전후 계승성이 있음을 표현한다. 일반적인 관념이 이럴진대, 하물며 몇천 년의 문명과 역사 중에 형성된 예라는 민족 정신이야 두말할 나위도 없다.

'5·4' 이래 우리들은 봉건적인 예교를 비판하기 시작했다. 그러나 무엇이 봉건에 속하는 예교이고 무엇이 일반적인 것에 속하는 문명의 예의 행위인지를 분류할 만한 경계가 없었다. 이 둘은 중국의 예악 문화 가운데 많은 곳에서 유기적으로 융합되어 있다. 이것은 사람들에게 예교를 비판하고, 일반적인 문명을 방치할 수 없는 것 등의 현실적인 난제를 제시했다. 그러나 중국에서는 일반적으로 문명은 종종 예교와 직접 결합되어 있고, 이것은 확실히 현실적인 모순이다.

중국인은 자고 이래로 후한의 공융이 형들과 배를 먹을 때 언제나 작은 것을 취했다는 '공융양이(孔融讓梨)' 같은 도덕적인 이야기로 아이들을 교육시켰고, 지금도 마찬가지이다. 표면적으로 보면 '공융양이'는 확실히 제창할 가치가 있는 고상한 풍격이다. 그러나 단순하고 원칙 없는 예교는 취할 만한 것이 못 된다. 우리들의 조상은 아이들을 온순하고 양보심 강하게 교육시킬 줄만 알았지, 아이들로 하여금 진취적이고 경쟁적이게 키우지는 못한 것 같다. 사회 물질 문명의 발전, 재산의 축적은 선량함과 양보로 얻을 수 있는 것이 아니다. 노신은 "온순하고 선량하다는 것은 악덕은 아니지만, 발전해야 하는데도 모든 일에 대해 순응하고 선량하기만 하다면 미덕이 아니라 발전성이 없는 것"이라고 하였다. 이러한 것이 오래 되자 중국의 민족 정신과 생명력은 대대로 전해 내려지는 교육 가운데 위축되고 퇴락했다.

인성을 위반하는 예교와 인정에 부합하는 도덕 사이에 모순이 발생할 때 사람들에게는 자연적으로 형성되는 선택 표준이 있는 것 같지만, 이러한 선택 표준 자체는 예교의 영향과 제약을 받는다. 민간에서 광범위하게 유전되는 칠선녀와 동영(董永)의 이야기가 바로 확실한 예이다. 이 이야기 중에는 예교와 관련한 두 가지 서로 다른 사상을 동시에 알려 주고 있다. 한 가지는 예교를 거스르면서 칠선녀가 남녀의 구별과 등급의 장애를 극복하고 자유 연애를 한 것이고, 다른 한 가지는 예교에 순종하는 것으로 동영이 몸을 팔아 아비를 장사지낸 극단적인 효도이다. 동영의 효는 가히 극치에 달했다고 할 수 있으며, 그의 사적은 유향의 《효자전》 중에 기록되어 있다. 민간에서 이러한 이야기를 읊을 때 예교의 모범, 이 선량하고 충직하고 온후한, 우둔함에 가까운 극단적인 효성은 칭찬받을 일이다. 예교를 극복한 여자 영웅인 칠선녀는 역시 같은 이유로 사랑받았다. 이렇게 같은 이야기 가운데 나타나는 예교에 대한 다른 태도는 자연스럽게 선택의 표준을 나타내고 있다. 즉 잠재 의식 중에 존재하는 자연에 순응하고 자연스런 관계를 중시하는 경향이다. 부자지간의 친함은 자연적인 혈연 승계이다. 그러므로 아버지의 장례를 위해 자신이 몸을 팔아 노예가 된 것은 마치 응당히 해야 할 것 같고, 남녀의 사랑도 자연적인 필요이므로 사회적 신분의 차이 때문에 원앙이 헤어져야 하는 것은 인간의 도리상 맞지 않는다. 중국인은 바로 이러한 소박한 자연 감정으로 예교를 대한다. 예교가 이러한 자연스런 관계에 부합했을 때(예를 들어 충·효), 설령 그것이 지나치게 극단적인 위치를 차지한다 해도 사람들은 자각적으로 받아들일 수가 있다. 그리고 예교가 이러한 자연스런 관계를 위반했을 때(혼인을 맡아 처리하는 것), 사람들은 일종의 항거 심리가 생길 수 있고 불시에 일어나서 그것을 반대한다. 게다가 이 제재 역시 역사상 예교에 반하는 가장 보편적이고 전형적인 제재이다. 《서상기西廂記》·

《홍루몽紅樓夢》등이 예교에 반하는 대

, 그 자체가 이미 중국 민족 정신 가운
본적으로 인성을 위반하고 인생을 말살
에는 일반적으로 그다지 심한 반대를
에서는 고대부터 현대까지의 사상사와
것은 대부분 남녀 예교의 통제와 비판
러나 사람에 대한 전횡·등급 관념·가
이 극히 적었다.

될 수 있었던 것은 인위적인 작용에 있는
시대성을 초월하는 도덕 범주 때문이
념과 마찬가지로 각종 과학 관념과 철학
존재했는데, 이것은 종교의 교리 중에
있기 때문이다. 그러나 중국의 예교와 서
전의 길을 순환해 왔다. 종교는 일종의
때문에 우매한 통치의 암흑기를 지난 후
했고, 남은 것이라고는 주로 사회 생활에
는 것이었다. 예교는 시작부터 신비성을
실의 필요에 의해 나온 것이며, 현실적인
이다. 그것은 종법제의 완전함에 따라 완
전에 따라 발전하게 되었다.

생명을 유지할 수 있는 것은, 한편으로
산과 생활 방식이 일정한 범위 내에 계속
에서는 그 자체가 포함하고 있는 공공 생
념 때문이다. 현실적인 기초와 정신적인

규범의 상호 촉진과 상호 추진은 종법제 농업 사회의 장기적인 연속 중에서 생리 유전식의 심리 양식으로 변화되었다.

3. 정치적 곤경

영국의 역사학자 토인비는, 그의 《역사의 연구》라는 책에서 건축을 예로 들어 한 민족이 역사와 현실·전통과 혁신의 문제에 대해 다른 태도를 가지고 있음을 형용했다.

아테네의 신전은 이 국가가 부흥시킨 가장 친근감 있는 상징물이다. 이들 신전의 중건 작업중에, 아테네는 1918년 이후의 프랑스에 비해 탁월한 생명력을 표현했다. 프랑스 사람들이 파괴당한 랑스 교회당 외부를 중건하고자 할 때 그들은 경건한 마음을 가지고 깨어진 동상, 떨어진 돌을 원래대로 복구해 냈다. 그러나 아테네 사람들은 그들의 많은 신전이 큰불이 나서 부서지는 것을 보았을 때, 그들은 이곳을 버리고 다른 곳에서 파르테논 신전을 건축했던 것이다. 런던에서 1666년 대형 화재 이후에 마찬가지로 그들은 당시의 건축상의 믿음과 용기를 불러일으켜서 옛날의 콜트식 건축을 회복하지 않고 성 바오로 성당을 건축했다.

이러한 건축상의 믿음과 용기는 한 민족이 문화 중건시 과거의 믿음과 용기를 과감하게 포기했음을 나타낸다. 과거의 물건이 좋기는 하지만 새로 건조되는 것은 분명 그보다 나을 것이기 때문이다. 그러나 중국인은 이러한 기백이 부족한 듯하다. 왜냐하면 예의 정신 자체가 바로 조상을 존중하는 것이며, 조상의 물건을 포기할 수 없는 것이기 때문이다. 예의 보수적 정신은 장기적으로 잔혹하게 중국인의 창조 의식을 삼켜 버렸다.

중국인이 조상 숭배 중에 표현해 낸 현실 이성은 현실적이기는 하지만 현실적이지 못한 것이었다고 해야 한다. 현실적이라 함은, 그것이 허무적이고 순수한 종교 신앙에서 나오지 않고 현실 정치의 필요에 착안점을 두고 있어야 하는데, 조상은 상제보다 확실히 더 현실적이다. 비현실적이라는 것은 조상의 유지를 고수하여 현실의 변화를 전혀 고려하지 않고 "조종의 법은 변화할 수 없다"라는 생각으로 죽은 사람이 산 사람까지도 꼼짝 못하게 하는 것을 말한다. 예의 정신은 시대를 초월하는 특징이 있어 은주(殷周)의 노예 사회이든 후세의 봉건 사회이든, 그것은 고정된 형식으로 중국 민족의 원시적이며 현실적인 정신을 표현해 낸다. 이 자체가 그것의 곤란성은 제거되어야 함을 말해 주고 있다.

예의 리듬은 침착하고, 규정대로 진행하는 리듬이며, 중용의 리듬이고, 또한 중국 사회의 심리적인 리듬이다. 고대 중국에서는 정치뿐만 아니라 모든 일이 이러했다. 이러한 리듬을 깨뜨리려는 어떠한 행위도 허락되지 않았고, 대담하게 혁신하고 창조하는 것은 더욱이 용인될 수 없었다.

중국인이 손님을 배웅할 때 쓰는 말에 "천천히 가십시오〔慢走〕"라는 말이 있다. 말을 할 때에는 느끼지 못하지만, 이 두 글자를 자세히 생각해 보면 예의 리듬을 구현하고 있다. 마음을 거치지 않고 습관적으로 쓰고 있는 말 중에는 예의 심리적인 층차를 내포하고 있는 것들이 많다. 그것은 마음 편하고 유유자적하는 어른에 대한 공경심이며, 군자가 풍도를 잃게 되는 것에 대한 조급함에 대한 경계이며, 조금도 서두르지 않는 신중한 태도에 대한 찬미 등이다. 즉 빨리 걸으면 넘어질지도 모른다는 것이다. 이러한 느릿한 걸음걸이는 예와 잘 맞기는 하지만 초고속으로 발전하는 역사로 인해 뒤지게 되었다.

미국의 심리학자 카플란(Kaplan)은 "우리들은 이 일을 어떻게 해야 하는지를 알면 알수록 다른 방식으로 이 일을 하는 법을 습득하기란 더욱 어렵다"고 하였다. 그는 이러한 현상을 '몸에 익은 무능'이라고 한다. 중국의 종법 정치가 바로 이러한 '몸에 익은 무능'이다. 천백 년 동안 통치자들은 조상의 방법에 비추어 예악 교화로 나라를 다스릴 줄만 알 뿐이며, 그들이 이러한 방법에 대해 알면 알수록 더 이상 다른 어떠한 방식을 사용할 줄 모르게 된다.

예의 정신은 정치상의 집중된 표현이며, 가장식의 황권 전제와 소농식의 통일 관념이다. 중국 종법 사회에서 황제는 선조가 남긴 대표이며 천하 국가의 대표이다. 그러므로 황권은 모든 것의 우위에 있다. 이러한 관념 때문에 중국인과 서양인은 현실의 문제를 대할 때 두 가지 다른 태도를 나타냈다. 서양인은 상제를 믿고, 중국인은 황제를 믿는다. 사유 방식과 행위 방식의 모순에서 보면, 상제를 믿는 것은 관념상으로는 유심주의이고 현실적으로는 유물주의이며, 황제를 믿는 것은 관념상으로는 유물주의이고 현실상으로는 유심주의이다. 상제를 믿는 것은 정신적인 기탁이기 때문에 기탁하는 것뿐이다. 현실 생활 중의 상제는 아무런 일도 하지 않고 모든 것은 사람들 스스로가 노력해야 한다. 그러나 황제는 현권력의 대표이므로 의지할 수 있는 대상이다. 사람들은 자신은 노력하지 않고(사실 노력하려 해도 노력할 방법이 없다) 오로지 황제의 현명함과 덕에만 의존한다. 만약 이 황제가 좋지 못하다면 다른 황제를 기다려 볼 수밖에 없는 것이다.

우리들의 통상적인 사고 방법 중에는 역사를 고찰할 때 종종 어떤 개인의 역사 작용을 추구하기를 좋아한다. 좋은 것은 그 사람의 공로이고 나쁜 것은 그 사람의 책임으로, 한 사람이나 혹은 몇 사람의 행위와 사상이 생겨나게 된 역사적 현실성을 고찰하지 않고, 한 사람의 사상과 행위가 사회 근원을 산생할 수 있는 거대한 작용을 할 수 있다는 것을 고찰하지 않는다. 이 점은 엥겔스가 당시의 프러시아의 상황을 말했던 것과 마찬가지로 "정부의 열악함은 관원과 백성들의 상응하는 열악함으로 변호와 설명이 가능하다"고 하였으니, 중국에서 황제의 열악함 역시 신하와 백성들의 상응하는 열악함으로 변호되고 설명될 수 있다.

중국의 제왕들은 모두 역사에 정통해 있고, 그들은 어떻게 국가를 통치하며 신하와 백성들을 통치해야 하는지를 이해했다. 그들은 어떻게 현상을 유지하는지는 이해했으나 어떻게 새로운 걸음을 나가야 하는지는 알지 못했다. 역사는 풍부하고 완전한 경험으로 신하와 백성들을 단속하고 정치를 유지할 방법을 이야기했으나, 어떻게 경제를 발전시키고 재산과 부를 개척할지에 대해서는 말해 줄 만한 경험이 없었던 것이다. 그들은 무겁고 무거운 역사의 고질병을 안고서 조종이 남긴 현재의 모든 것을 조심스럽게 유지했다. 그들이 하려는 것, 그리고 할 수 있는 것도 바로 이러한 것들일 뿐이다. 신하와 백성들에 대해 말한다면, 황제는 국가인 동시에 모든 것이며 영원한 존재이다. 모택동(毛澤東)은 "《수호지水滸誌》는 탐관오리만 반대하고 황제를 거스르지 않았는데, 어째서 《수호지》를 이렇게 금하였단 말인가?"라고 말한 적이 있다. 그의 이같은 말은 중국인에게 있어 너무나 이상적인 것으로 중국인은 황제를 전혀 거스를 수 없는 존재였다. (어느 황제를 반대하는 것을 말하는 것이 아니라, 역사적인 각도에서 황제를 반대하는 것을 말한다.) 생계의 위협 때문에 일어난 농민은 성공을 한다 해도 황제만을 바꿀 뿐이다. 근대에 이르러 서양의 가장 선진적이며 개화한 사상가들을 보게 되었으나 황제가 없는 국가를 가정해 본 적은 없다. 이 점은 어떤 사람의 잘못도 아니고 모든 사람의 잘못이라고도 말할 수 없다. 왜냐하면 종법제가 산생되고, 생활 방식이 여전히 존재하며, 종법 관념과 예의 관념은 타파할 수 없고 누구도 타파하려고 하지도 않기 때문이다. 이것이 이미 역사가 되었다. 그러나 이러한 역사적 관념이 만약 오늘날까지 계속되었다면, 그것은 신하와 백성들의 잘못이라고 말하지 않을 수 없다.

　사람들은 오늘날까지도 우리들은 용의 자손이며 용의 가족이라고 자랑스럽게 말한다. 그러나 그들이 용이 도대체 무엇을 의미하는지 생각해 본 적이 있겠는가? 용은 전제를 의미하고 옛것을 고집함을 의미할 뿐이다. 이것은 신비로운 색채를 농후하게 가지고 있는 상징 부호로 두 종법 관계의 등식, 즉 '국가=황제·민족=조종'을 나타내 준다. 사람들은 용이 하늘에 오를 것을 희망하지만 황제가 어떻게 오를 수 있는가? 조종은 또 어떻게 날아오를 수 있는가. 그들은 생명을 다해 원래 있던 모든 것을 지킬 수 있을 뿐이다. 사람들은 용의 기치 아래 이 혈연과 같은 조종을 가진 민족을 통일시키기를 희망한다. 그러나 혈연만이 통일시킬 수 있는가? 혈연이 통일시킬 수 있단 말인가? 같은 혈연의 형제가 반목하고 집안에서 싸움을 하는 것이 중국 역사상 아직도 모자란단 말인가? 미국은 혈연 관념도 없고 조상 관념도 없고 심지어 근본적으로 조상이 없는 민족인데, 그들이 이 때문에 통일되지 못하고 날아오르지 못했단 말인가? 만약 혈연과 조상만이 통일시킬 수 있다고 말한다면 이러한 통일은 여전히 소농식의 통일일 뿐이다.

종법제 농업 사회는 고도로 통일되고, 또 고도로 분산된 사회이다. 고도로 통일되었다 함은 정치 권력의 고도한 집중과 사상 의식의 절대적인 일치를 말함이요, 고도로 분산되었다 함은 사회 구조가 분산되고 한 집이 바로 생산 단위이며 내부의 자급자족으로 작은 사회를 형성했다는 것이다. 어떤 의미에서 말하면, 우리들의 오늘날의 사회 구조는 여전히 이러한 형태에서 벗어나지 않았다. 한 단위가 바로 한 사회여서 생산을 하고, 공동 식사를 하고, 거주할 곳을 마련하고, 의료 보건이 있고, 자녀의 교육을 하고, 어린아이를 보호 양육하고 안전하게 보호하며, 한 단위가 한 개의 협화촌(協和村)이며 매단위는 모두 확대된 소농식 가정이다. 이러한 구조 방식의 분산성과 독립성은 전 사회적 정체 조절과 관리를 어렵게 하여 거대한 사회적 낭비를 조성하게 되었다.

종법제 농업 사회에서 산생된 예의 정신은, 일찍이 중국 사회의 역사에 대해 매우 큰 저해 작용을 일으켜 중국으로 하여금 심각한 역사적인 대가를 치르게 했다. 오늘날 그것은 여전히 중국 사회의 경제와 정치 발전에 큰 곤란함을 부여했다. 장기적으로 형성된 민족의 문화 심리와 역사 속의 변천성은 이러한 곤란함을 극복하려는 성질을 나타내고 있다.

민족 문화 심리의 중건, 전통적인 민족 정신의 개조는 거대한 고통을 수반한다. 이것은 일반 정치·경제 제도의 개혁보다 더 큰 고통이다. 왜냐하면 그것은 사람들에게 그들에게 이미 습관이 된 사유 방식과 생활 방식을 버릴 것을 요구하기 때문이다.

예의 정신 중에 오늘날의 사회에 대해 여전히 의미가 있고 사람이 동
경하는 도덕 관계를 포함하고 있음은 부인할 수 없다. 그것을 돌파하는
것은 아마도 어떤 선량한 감정의 손실을 의미할지도 모른다. 그러나 역
사는 무정한 것이며, 중국으로 하여금 근대 역사의 낡은 길을 걷지 않도
록 하기 위해, 중국 민족으로 하여금 그것의 역사상 가졌던 광채를 재현
하도록 하기 위해, 우리들은 역사가 남긴 무거운 짐을 버리고 끊기 어려
운 감정적인 고리를 절단해야만 한다.

역자 후기

예란 사람이 살아가면서 행동으로 실천해 나가야 할 준칙이란 뜻을 갖고 있다. 사람들은 태어나면서부터 욕구를 가지고 있다. 장마가 지고 홍수가 범람하면 사람들에게 크나큰 재앙을 가져다 준다. 그러므로 사람들은 홍수를 대비하여 제방을 쌓고 수로를 낸다. 예도 욕구를 제어하고 적절하게 흘러나가도록 유도하는 제방과 같다. 즉 미연에 잘못을 예방하여 충돌과 싸움이 벌어지지 않도록 해준다. 예는 반사회적인 일이 일어나지 않도록 미연에 방지해 주는 안전벨트이고, 법은 이미 발생한 일에 대하여 형벌을 가하는 것이다. 그러므로 사람들이 사회 생활을 하면서 법률적인 제지를 초월하여 함부로 비합리적인 행위를 하지 못하도록 하는 것이 예의 기능이다. 예방은 치료보다 앞선다.

사람에게는 갖가지 본능과 욕망이 있다. 이런 본능과 욕망을 없애려고 노력하는 것은 정리에 맞지 않으며, 마음대로 놔두어 자유롭게 방종하도록 하면 또 사람과 사람 사이에 모순과 충돌이 생겨 사회를 어지럽게 만든다. 자유에는 커다란 책임이 뒤따르게 마련이다. 그러므로 사람들은 수천 년 동안 누적되어 온 경험과 반성을 통하여 얻은 지혜로 예라는 규범을 만들게 되었다. 순자(荀子)는 "사람이 사람다울 수 있는 까닭은 두 다리가 있고 터럭이 있어서가 아니라, 분별할 수 있기 때문"이라고 하였다. 시비를 분별하고 도덕과 규범에 맞도록 행동하는 것이 사람의 도리이다. 그러나 예는 상하의 등급과 질서를 통하여 백성을 다스리고 이를 정당화 하였으므로 그에 대한 반작용이 생겨나게 되었다.

공자는 "자기를 극복하여 예로 돌아가는 것이 인(仁)"이라고 하였다. 자기를 극복하고 정욕을 억제하는 것이니, 예란 일종의 사회적 제약이다. 사회의 예법과 제도로 기강을 세우고 유지하는 목적은 사회 계급을 공고하게 유지하기 위한 것이다. 그러므로 예를 봉건적이고 부정적인 측면으로 생각하게 되었으며, 개성을 말살시킨다고 여겼다. 중국에서도 5 · 4 이후로 '사람을 잡아먹는 예교'라 하여 예교를 반대하게 되었으며, 우리 나라도 '동방예의지국'이라고 일컬어지지만 신문명이 들어온 이래로 예를 배척한 상황은 비슷하다. 그러나 예의 본질은 사람이 밝혀 나가야 할 행위의 법도이며 도덕이다. 무조건 예란 번거롭고 행위를 구속하는 거추장스러운 존재로 여길 수는 없다. 사회에는 변화하는 사회에 걸맞는 예의와 규범이 있어야 한다.

《예의 정신》은 이런 면에서 우리에게 예의 본질과 특성을 이해해 주도록 해준다. 예와 정치는 불가분의 관계를 갖고 있으며, 둘 다 사람들의 행위를 통제하여 질서와 조화를 이룬 사회를 이루고자 한다. 이 책에서는 예의 정신과 본질에 대하여 민속학 · 인류학 · 정치 · 경제 등의 광범위한 방향에서 예를 분석하고 거시적으로 비교하여 예의 특성을 밝히려고 하였다.

사회가 아무리 빨리 발전한다 하여도 여전히 사람으로서 지켜야 할 도덕과 가치관이 있기 마련이다. 이런 면에서 예란 우리 일상 생활은 물론 무의식 속에도 공고하게 자리잡고 있는 중요한 항목이다. 누구나 한 번 깊이 생각할 문제이므로 이 책을 번역하게 되었으나 역자의 능력이 부족하여 제대로 소화하였는지 두려운 느낌이 앞선다. 잘못된 점이 있다면 과감히 질정해 주시기를 바라며, 끝으로 이 책이 나오도록 애써 주신 모든 분들께 깊은 감사를 드린다.

1994년 8월 洪 熹

색 인

《가家》 55
가례嘉禮 21,62,63,78,79
가례家禮 336,338,339,340
가마쿠라 바쿠후〔鎌倉幕府〕 321
가법家法 66,68,70,282
《가정, 사유제와 국가의 기원》 112,284,
　286,292
《가정진화론家庭進化論》 112
간가회赶歌會 318
간디 Gandhi, Mohamdas Karamchand
　132
간적簡狄 190,216,217,293
갈홍葛洪 151
강매姜禖 293
강원姜源 190
강희 황제康熙皇帝 180
거지중〔乞僧〕 151
걸왕桀王 169,192
경학박사經學博士 80
《고공기考工記》 23
고매皋禖 293,294
고매高禖 293
곡阜 40,41
《곡량전穀梁傳》 291
곤鯀 40,103,116
공空 150
《공산당선언》 311,312
공식대부례公食大夫禮 24
공영달孔穎達 104
공융孔融 351
공자孔子 7,21,25,31,34,40,48,53,71,76,94,106,

107,115,125,126,128,131,132,134,135,137,138,
140,152,153,170,171,172,173,179,180,184,197,
207,208,211,212,215,223,225,233,236,242,246,
256,288,289,292,294,307,313,314,319,323,326,
329,333
《공족의公族議》 40
곽말약郭沫若 111
곽숙霍叔 73
관당官當 70,71
관세음觀世音 163
관숙管叔 73
관용봉關龍逢 261
관윤關尹 153
관음보살觀音菩薩 336,339
관혼冠婚 21
교제郊祭 40,41
《구가九歌》 201,202
구경제九卿制 83
《구당서舊唐書·고종기하高宗紀下》 301
구디나프 Goodenough 89
십복노久木魯 111
《구변九辯》 201,202
국례國禮 62,63
《국어國語》 183
군례軍禮 21,62,78,79
굴원屈原 201,202
권장權杖 68
근례覲禮 24
기량杞良 290
기석旣夕 24
기자箕子 198

류 수 柳 肅

1956년생. 1977년 호남대학에 입학하여 철학을 전공. 1982년 졸업.
철학 · 윤리학 · 미학 · 예술사 등의 과정을 강의.
1986년 복단대학에 진학하여 미학을 연구. 1988년 호남대학에 돌아와
계속 강의를 하였다. 현재는 호남대학 악록서원(岳麓書院) 문화연구소 강
사로 있다가 다시 건축을 전공하여 석사학위를 받았다. 지금은 호남대학
건축과에서 건축사와 건축 문화에 대하여 강의하고 있다, 건축에 대한
연구로는《예제禮制와 중국 건축》이 있다.

홍 희 洪 熹
성균관대학교 중어중문학과 졸업
동대학원 석사, 북경 중앙 민족대학 민족학박사
현재 대진대학교 중국학과 교수
역서:《하상》《붉은 수수밭》《神의 起源》
《中國古代社會》《生育神과 性巫術》

예의 정신

초판발행 : 1994년 9월 10일
2쇄 발행 : 2002년 2월 10일

지은이 : 柳 肅
옮긴이 : 洪 熹
펴낸이 : 辛成大
펴낸곳 : 東文選
제10-64호, 78. 12. 16 등록
110-300 서울 종로구 관훈동 74
전화 : 737-2795

편집설계 : 韓仁淑, 李姃旲

ISBN 89-8038-385-1 94150
ISBN 89-8038-000-3(문예신서)

【東文選 現代新書】

1	21세기를 위한 새로운 엘리트	FORESEEN 연구소 / 김경현	7,000원
2	의지, 의무, 자유 — 주제별 논술	L. 밀러 / 이대희	6,000원
3	사유의 패배	A. 핑켈크로트 / 주태환	7,000원
4	문학이론	J. 컬러 / 이은경·임옥희	7,000원
5	불교란 무엇인가	D. 키언 / 고길환	6,000원
6	유대교란 무엇인가	N. 솔로몬 / 최창모	6,000원
7	20세기 프랑스철학	E. 매슈스 / 김종갑	8,000원
8	강의에 대한 강의	P. 부르디외 / 현택수	6,000원
9	텔레비전에 대하여	P. 부르디외 / 현택수	7,000원
10	고고학이란 무엇인가	P. 반 / 박범수	근간
11	우리는 무엇을 아는가	T. 나겔 / 오영미	5,000원
12	에쁘롱 — 니체의 문체들	J. 데리다 / 김다은	7,000원
13	히스테리 사례분석	S. 프로이트 / 태혜숙	7,000원
14	사랑의 지혜	A. 핑켈크로트 / 권유현	6,000원
15	일반미학	R. 카이유와 / 이경자	6,000원
16	본다는 것의 의미	J. 버거 / 박범수	10,000원
17	일본영화사	M. 테시에 / 최은미	7,000원
18	청소년을 위한 철학교실	A. 자카르 / 장혜영	7,000원
19	미술사학 입문	M. 포인턴 / 박범수	8,000원
20	클래식	M. 비어드·J. 헨더슨 / 박범수	6,000원
21	정치란 무엇인가	K. 미노그 / 이정철	6,000원
22	이미지의 폭력	O. 몽젱 / 이은민	8,000원
23	청소년을 위한 경제학교실	J. C. 드루엥 / 조은미	6,000원
24	순진함의 유혹 〔메디시스賞 수상작〕	P. 브뤼크네르 / 김웅권	9,000원
25	청소년을 위한 이야기 경제학	A. 푸르상 / 이은민	8,000원
26	부르디외 사회학 입문	P. 보네위츠 / 문경자	7,000원
27	돈은 하늘에서 떨어지지 않는다	K. 아른트 / 유영미	6,000원
28	상상력의 세계사	R. 보이아 / 김웅권	9,000원
29	지식을 교환하는 새로운 기술	A. 벵토릴라 外 / 김혜경	6,000원
30	니체 읽기	R. 비어즈워스 / 김웅권	6,000원
31	노동, 교환, 기술 — 주제별 논술	B. 데코사 / 신은영	6,000원
32	미국만들기	R. 로티 / 임옥희	근간
33	연극의 이해	A. 쿠프리 / 장혜영	8,000원
34	라틴문학의 이해	J. 가야르 / 김교신	8,000원
35	여성적 가치의 선택	FORESEEN연구소 / 문신원	7,000원
36	동양과 서양 사이	L. 이리가라이 / 이은민	7,000원
37	영화와 문학	R. 리처드슨 / 이형식	8,000원
38	분류하기의 유혹 — 생각하기와 조직하기	G. 비뇨 / 임기대	7,000원
39	사실주의 문학의 이해	G. 라루 / 조성애	8,000원
40	윤리학 — 악에 대한 의식에 관하여	A. 바디우 / 이종영	7,000원
41	흙과 재 〔소설〕	A. 라히미 / 김주경	6,000원
42	진보의 미래	D. 르쿠르 / 김영선	6,000원
43	중세에 살기	J. 르 고프 外 / 최애리	8,000원

44 쾌락의 횡포·상   J. C. 기유보 / 김웅권   10,000원
45 쾌락의 횡포·하   J. C. 기유보 / 김웅권   10,000원
46 지식의 불   B. 데스파냐 / 김웅권   근간
47 이성의 한가운데에서 — 이성과 신앙   A. 퀴노 / 최은영   6,000원
48 도덕적 명령   FORESEEN 연구소 / 우강택   6,000원
49 망각의 형태   M. 오제 / 김수경   근간
50 느리게 산다는 것의 의미·1   P. 쌍소 / 김주경   7,000원
51 나만의 자유를 찾아서   C. 토마스 / 문신원   6,000원
52 음악적 삶의 의미   M. 존스 / 송인영   근간
53 나의 철학 유언   J. 기통 / 권유현   8,000원
54 타르튀프 / 서민귀족   몰리에르 / 덕성여대극예술비교연구회   8,000원
55 판타지 공장   A. 플라워즈 / 박범수   10,000원
56 홍수·상 [완역판]   J. M. G. 르 클레지오 / 신미경   8,000원
57 홍수·하 [완역판]   J. M. G. 르 클레지오 / 신미경   8,000원
58 일신교 — 성경과 철학자들   E. 오르티그 / 전광호   6,000원
59 프랑스 시의 이해   A. 바이양 / 김다은·이혜지   8,000원
60 종교철학   J. P. 힉 / 김희수   10,000원
61 고요함의 폭력   V. 포레스테 / 박은영   8,000원
62 소녀, 선생님 그리고 신 [소설]   E. 노르트호펜 / 안상원   근간
63 미학개론 — 예술철학입문   A. 셰퍼드 / 유호전   10,000원
64 논증 — 담화에서 사고까지   G. 비뇨 / 임기대   6,000원
65 역사 — 성찰된 시간   F. 도스 / 김미겸   7,000원
66 비교문학개요   F. 클로동·K. 아다-보트링 / 김정란   8,000원
67 남성지배   P. 부르디외 / 김용숙·주경미   9,000원
68 호모사피언스에서 인터렉티브인간으로   FORESEEN 연구소 / 공나리   8,000원
69 상투어 — 언어·담론·사회   R. 아모시·A. H. 피에로 / 조성애   9,000원
70 촛불의 미학   G. 바슐라르 / 이가림   근간
71 푸코 읽기   P. 빌루에 / 나길래   근간
72 문학논술   J. 파프·D. 로쉬 / 권종분   8,000원
73 한국전통예술개론   沈雨晟   10,000원
74 시학 — 문학 형식 일반론 입문   D. 퐁텐느 / 이용주   8,000원
75 자유의 순간   P. M. 코헨 / 최하영   근간
76 동물성 — 인간의 위상에 관하여   D. 르스텔 / 김승철   6,000원
77 랑가쥬 이론 서설   L. 옐름슬레우 / 김용숙·김혜련   10,000원
78 잔혹성의 미학   F. 토넬리 / 박형섭   9,000원
79 문학 텍스트의 정신분석   M. J. 벨멩-노엘 / 심재중·최애영   9,000원
80 무관심의 절정   J. 보드리야르 / 이은민   8,000원
81 영원한 황홀   P. 브뤼크네르 / 김웅권   9,000원
82 노동의 종말에 반하여   D. 슈나페르 / 김교신   6,000원
83 프랑스영화사   J. -P. 장콜 / 김혜련   근간
84 조와(弔蛙)   金敎臣 / 노치준·민혜숙   8,000원
85 역사적 관점에서 본 시네마   J. -L. 뢰트라 / 곽노경   근간
86 욕망에 대하여   M. 슈벨 / 서민원   8,000원
87 산다는 것의 의미·1 — 여분의 행복   P. 쌍소 / 김주경   7,000원

88 철학 연습　　　　　　　　　　　M. 아롱델-로오 / 최은영　　　　　8,000원
89 삶의 기쁨들　　　　　　　　　　D. 노게 / 이은민　　　　　　　　6,000원
90 이탈리아영화사　　　　　　　　　L. 스키파노 / 이주현　　　　　　8,000원
91 한국문화론　　　　　　　　　　　趙興胤　　　　　　　　　　　　10,000원
92 현대연극미학　　　　　　　　　　M. -A. 샤르보니에 / 홍지화　　8,000원
93 느리게 산다는 것의 의미·2　　　P. 쌍소 / 김주경　　　　　　　7,000원
94 진정한 모럴은 모럴을 비웃는다　A. 에슈고엔 / 김웅권　　　　　9,000원
95 한국종교문화론　　　　　　　　　趙興胤　　　　　　　　　　　　10,000원
96 근원적 열정　　　　　　　　　　L. 이리가라이 / 박정오　　　　　9,000원
97 라캉, 주체 개념의 형성　　　　　B. 오질비 / 김 석　　　　　　　근간
98 미국식 사회 모델　　　　　　　　J. 바이스 / 김종명　　　　　　　근간
99 소쉬르와 언어과학　　　　　　　P. 가데 / 김용숙·임정혜　　　　10,000원
100 철학자들의 동물원·상　　　　　A. L. 브라-쇼파르 / 문신원　　　근간
101 철학자들의 동물원·하　　　　　A. L. 브라-쇼파르 / 문신원　　　근간

【東文選 文藝新書】
1 저주받은 詩人들　　　　　　　　A. 삐에르 / 최수철·김종호　　　개정근간
2 민속문화론서설　　　　　　　　　沈雨晟　　　　　　　　　　　　40,000원
3 인형극의 기술　　　　　　　　　A. 훼도토프 / 沈雨晟　　　　　8,000원
4 전위연극론　　　　　　　　　　　J. 로스 에반스 / 沈雨晟　　　　12,000원
5 남사당패연구　　　　　　　　　　沈雨晟　　　　　　　　　　　　16,000원
6 현대영미희곡선(전4권)　　　　　N. 코워드 外 / 李辰洙　　　　　절판
7 행위예술　　　　　　　　　　　　L. 골드버그 / 沈雨晟　　　　　절판
8 문예미학　　　　　　　　　　　　蔡 儀 / 姜慶鎬　　　　　　　　절판
9 神의 起源　　　　　　　　　　　何 新 / 洪 熹　　　　　　　　16,000원
10 중국예술정신　　　　　　　　　徐復觀 / 權德周　　　　　　　24,000원
11 中國古代書史　　　　　　　　　錢存訓 / 金允子　　　　　　　14,000원
12 이미지 — 시각과 미디어　　　　J. 버거 / 편집부　　　　　　　12,000원
13 연극의 역사　　　　　　　　　　P. 하트놀 / 沈雨晟　　　　　　절판
14 詩 論　　　　　　　　　　　　　朱光潛 / 鄭相泓　　　　　　　9,000원
15 탄트라　　　　　　　　　　　　　A. 무케르지 / 金龜山　　　　　10,000원
16 조선민족무용기본　　　　　　　　최승희　　　　　　　　　　　　15,000원
17 몽고문화사　　　　　　　　　　　D. 마이달 / 金龜山　　　　　　8,000원
18 신화 미술 제사　　　　　　　　　張光直 / 李 徹　　　　　　　　10,000원
19 아시아 무용의 인류학　　　　　　宮尾慈良 / 沈雨晟　　　　　　절판
20 아시아 민족음악순례　　　　　　藤井知昭 / 沈雨晟　　　　　　5,000원
21 華夏美學　　　　　　　　　　　　李澤厚 / 權 瑚　　　　　　　15,000원
22 道　　　　　　　　　　　　　　　張立文 / 權 瑚　　　　　　　18,000원
23 朝鮮의 占卜과 豫言　　　　　　村山智順 / 金禧慶　　　　　　15,000원
24 원시미술　　　　　　　　　　　　L. 아담 / 金仁煥　　　　　　　16,000원
25 朝鮮民俗誌　　　　　　　　　　　秋葉隆 / 沈雨晟　　　　　　　12,000원
26 神話의 이미지　　　　　　　　　J. 캠벨 / 扈承喜　　　　　　　근간
27 原始佛敎　　　　　　　　　　　　中村元 / 鄭泰爀　　　　　　　8,000원
28 朝鮮女俗考　　　　　　　　　　　李能和 / 金尙憶　　　　　　　24,000원

29	朝鮮解語花史(조선기생사)	李能和 / 李在崑	25,000원
30	조선창극사	鄭魯湜	7,000원
31	동양회화미학	崔炳植	9,000원
32	性과 결혼의 민족학	和田正平 / 沈雨晟	9,000원
33	農漁俗談辭典	宋在璇	12,000원
34	朝鮮의 鬼神	村山智順 / 金禧慶	12,000원
35	道敎와 中國文化	葛兆光 / 沈揆昊	15,000원
36	禪宗과 中國文化	葛兆光 / 鄭相泓·任炳權	8,000원
37	오페라의 역사	L. 오레이 / 류연희	절판
38	인도종교미술	A. 무케르지 / 崔炳植	14,000원
39	힌두교의 그림언어	안넬리제 外 / 全在星	9,000원
40	중국고대사회	許進雄 / 洪 熹	22,000원
41	중국문화개론	李宗桂 / 李宰碩	15,000원
42	龍鳳文化源流	王大有 / 林東錫	17,000원
43	甲骨學通論	王宇信 / 李宰錫	근간
44	朝鮮巫俗考	李能和 / 李在崑	20,000원
45	미술과 페미니즘	N. 부루드 外 / 扈承喜	9,000원
46	아프리카미술	P. 윌레뜨 / 崔炳植	절판
47	美의 歷程	李澤厚 / 尹壽榮	22,000원
48	曼荼羅의 神들	立川武藏 / 金龜山	19,000원
49	朝鮮歲時記	洪錫謨 外/李錫浩	30,000원
50	하 상	蘇曉康 外 / 洪 熹	절판
51	武藝圖譜通志 實技解題	正 祖 / 沈雨晟·金光錫	15,000원
52	古文字學첫걸음	李學勤 / 河永三	14,000원
53	體育美學	胡小明 / 閔永淑	10,000원
54	아시아 美術의 再發見	崔炳植	9,000원
55	曆과 占의 科學	永田久 / 沈雨晟	8,000원
56	中國小學史	胡奇光 / 李宰碩	20,000원
57	中國甲骨學史	吳浩坤 外 / 梁東淑	근간
58	꿈의 철학	劉文英 / 河永三	22,000원
59	女神들의 인도	立川武藏 / 金龜山	19,000원
60	性의 역사	J. L. 플랑드렝 / 편집부	18,000원
61	쉬르섹슈얼리티	W. 챠드윅 / 편집부	10,000원
62	여성속담사전	宋在璇	18,000원
63	박재서희곡선	朴栽緖	10,000원
64	東北民族源流	孫進己 / 林東錫	13,000원
65	朝鮮巫俗의 硏究(상·하)	赤松智城·秋葉隆 / 沈雨晟	28,000원
66	中國文學 속의 孤獨感	斯波六郎 / 尹壽榮	8,000원
67	한국사회주의 연극운동사	李康列	8,000원
68	스포츠인류학	K. 블랑챠드 外 / 박기동 外	12,000원
69	리조복식도감	리팔찬	절판
70	娼 婦	A. 꼬르벵 / 李宗旼	22,000원
71	조선민요연구	高晶玉	30,000원
72	楚文化史	張正明	근간

73 시간, 욕망 그리고 공포	A. 꼬르벵	근간
74 本國劍	金光錫	40,000원
75 노트와 반노트	E. 이오네스코 / 박형섭	절판
76 朝鮮美術史研究	尹喜淳	7,000원
77 拳法要訣	金光錫	10,000원
78 艸衣選集	艸衣意恂 / 林鍾旭	14,000원
79 漢語音韻學講義	董少文 / 林東錫	10,000원
80 이오네스코 연극미학	C. 위베르 / 박형섭	9,000원
81 중국문자훈고학사전	全廣鎭 편역	15,000원
82 상말속담사전	宋在璇	10,000원
83 書法論叢	沈尹默 / 郭魯鳳	8,000원
84 침실의 문화사	P. 디비 / 편집부	9,000원
85 禮의 精神	柳肅 / 洪熹	20,000원
86 조선공예개관	日本民芸協會 편 / 沈雨晟	30,000원
87 性愛의 社會史	J. 솔레 / 李宗旼	18,000원
88 러시아미술사	A. I. 조토프 / 이건수	16,000원
89 中國書藝論文選	郭魯鳳 選譯	25,000원
90 朝鮮美術史	關野貞 / 沈雨晟	근간
91 美術版 탄트라	P. 로슨 / 편집부	8,000원
92 군달리니	A. 무케르지 / 편집부	9,000원
93 카마수트라	바짜야나 / 鄭泰爀	10,000원
94 중국언어학총론	J. 노먼 / 全廣鎭	18,000원
95 運氣學說	任應秋 / 李宰碩	8,000원
96 동물속담사전	宋在璇	20,000원
97 자본주의의 아비투스	P. 부르디외 / 최종철	6,000원
98 宗敎學入門	F. 막스 뮐러 / 金龜山	10,000원
99 변 화	P. 바츨라빅크 外 / 박인철	10,000원
100 우리나라 민속놀이	沈雨晟	15,000원
101 歌訣(중국역대명언경구집)	李宰碩 편역	20,000원
102 아니마와 아니무스	A. 융 / 박해순	8,000원
103 나, 너, 우리	L. 이리가라이 / 박정오	10,000원
104 베케트연극론	M. 푸크레 / 박형섭	8,000원
105 포르노그래피	A. 드워킨 / 유혜련	12,000원
106 셸 링	M. 하이데거 / 최상욱	12,000원
107 프랑수아 비용	宋勉	18,000원
108 중국서예 80제	郭魯鳳 편역	16,000원
109 性과 미디어	W. B. 키 / 박해순	12,000원
110 中國正史朝鮮列國傳(전2권)	金聲九 편역	120,000원
111 질병의 기원	T. 매큐언 / 서 일·박종연	12,000원
112 과학과 젠더	E. F. 켈러 / 민경숙·이현주	10,000원
113 물질문명·경제·자본주의	F. 브로델 / 이문숙 外	절판
114 이탈리아인 태고의 지혜	G. 비코 / 李源斗	8,000원
115 中國武俠史	陳山 / 姜鳳求	18,000원
116 공포의 권력	J. 크리스테바 / 서민원	23,000원

117	주색잡기속담사전	宋在璇	15,000원
118	죽음 앞에 선 인간(상·하)	P. 아리에스 / 劉仙子	각권 8,000원
119	철학에 대하여	L. 알튀세르 / 서관모·백승욱	12,000원
120	다른 곳	J. 데리다 / 김다은·이혜지	10,000원
121	문학비평방법론	D. 베르제 外 / 민혜숙	12,000원
122	자기의 테크놀로지	M. 푸코 / 이희원	16,000원
123	새로운 학문	G. 비코 / 李源斗	22,000원
124	천재와 광기	P. 브르노 / 김웅권	13,000원
125	중국은사문화	馬 華·陳正宏 / 강경범·천현경	12,000원
126	푸코와 페미니즘	C. 라마자노글루 外 / 최 영 外	16,000원
127	역사주의	P. 해밀턴 / 임옥희	12,000원
128	中國書藝美學	宋 民 / 郭魯鳳	16,000원
129	죽음의 역사	P. 아리에스 / 이종민	13,000원
130	돈속담사전	宋在璇 편	15,000원
131	동양극장과 연극인들	김영무	15,000원
132	生育神과 性巫術	宋兆麟 / 洪 熹	20,000원
133	미학의 핵심	M. M. 이턴 / 유호전	14,000원
134	전사와 농민	J. 뒤비 / 최생열	18,000원
135	여성의 상태	N. 에니크 / 서민원	22,000원
136	중세의 지식인들	J. 르 고프 / 최애리	18,000원
137	구조주의의 역사(전4권)	F. 도스 / 이봉지 外	각권 13,000원
138	글쓰기의 문제해결전략	L. 플라워 / 원진숙·황정현	20,000원
139	음식속담사전	宋在璇 편	16,000원
140	고전수필개론	權 瑚	16,000원
141	예술의 규칙	P. 부르디외 / 하태환	23,000원
142	"사회를 보호해야 한다"	M. 푸코 / 박정자	20,000원
143	페미니즘사전	L. 터틀 / 호승희·유혜련	26,000원
144	여성심벌사전	B. G. 워커 / 정소영	근간
145	모데르니테 모데르니테	H. 메쇼닉 / 김다은	20,000원
146	눈물의 역사	A. 벵상뷔포 / 김자경	18,000원
147	모더니티입문	H. 르페브르 / 이종민	24,000원
148	재생산	P. 부르디외 / 이상호	18,000원
149	종교철학의 핵심	W. J. 웨인라이트 / 김희수	18,000원
150	기호와 몽상	A. 시몽 / 박형섭	22,000원
151	융분석비평사전	A. 새뮤얼 外 / 민혜숙	16,000원
152	운보 김기창 예술론연구	최병식	14,000원
153	시적 언어의 혁명	J. 크리스테바 / 김인환	20,000원
154	예술의 위기	Y. 미쇼 / 하태환	15,000원
155	프랑스사회사	G. 뒤프 / 박 단	16,000원
156	중국문예심리학사	劉偉林 / 沈揆昊	30,000원
157	무지카 프라티카	M. 캐넌 / 김혜중	25,000원
158	불교산책	鄭泰爀	20,000원
159	인간과 죽음	E. 모랭 / 김명숙	23,000원
160	地中海(전5권)	F. 브로델 / 李宗旼	근간

161 漢語文字學史	黃德實·陳秉新 / 河永三	24,000원
162 글쓰기와 차이	J. 데리다 / 남수인	28,000원
163 朝鮮神事誌	李能和 / 李在崑	근간
164 영국제국주의	S. C. 스미스 / 이태숙·김종원	16,000원
165 영화서술학	A. 고드로·F. 조스트 / 송지연	17,000원
166 미학사전	사사키 겐이치 / 민주식	근간
167 하나이지 않은 성	L. 이리가라이 / 이은민	18,000원
168 中國歷代書論	郭魯鳳 譯註	8,000원
169 요가수트라	鄭泰爀	15,000원
170 비정상인들	M. 푸코 / 박정자	25,000원
171 미친 진실	J. 크리스테바 外 / 서민원	근간
172 디스탱숑(상·하)	P. 부르디외 / 이종민	근간
173 세계의 비참(전3권)	P. 부르디외 外 / 김주경	각권 26,000원
174 수묵의 사상과 역사	崔炳植	근간
175 파스칼적 명상	P. 부르디외 / 김웅권	22,000원
176 지방의 계몽주의(전2권)	D. 로슈 / 주명철	근간
177 이혼의 역사	R. 필립스 / 박범수	25,000원
178 사랑의 단상	R. 바르트 / 김희영	근간
179 中國書藝理論體系	熊秉明 / 郭魯鳳	근간
180 미술시장과 경영	崔炳植	16,000원
181 카프카 — 소수적인 문학을 위하여	G. 들뢰즈·F. 가타리 / 이진경	13,000원
182 이미지의 힘 — 영상과 섹슈얼리티	A. 쿤 / 이형식	13,000원
183 공간의 시학	G. 바슐라르 / 곽광수	근간
184 랑데부 — 이미지와의 만남	J. 버거 / 임옥희·이은경	근간
185 푸코와 문학 — 글쓰기의 계보학을 향하여	S. 듀링 / 오경심·홍유미	근간
186 연극에서 영화로의 각색	A. 엘보 / 이선형	근간
187 폭력과 여성들	C. 도펭 外 / 이은민	근간
188 하드 바디	S. 제퍼드 / 이형식	근간
190 번역과 제국	D. 로빈슨	근간
193 현대의 신화	R. 바르트 / 이화여대기호학연구소	20,000원

【기 타】

▨ 모드의 체계	R. 바르트 / 이화여대기호학연구소	18,000원
▨ 텍스트의 즐거움	R. 바르트 / 김희영	15,000원
▨ 라신에 관하여	R. 바르트 / 남수인	10,000원
▨ 說 苑 (上·下)	林東錫 譯註	각권 30,000원
▨ 晏子春秋	林東錫 譯註	30,000원
▨ 西京雜記	林東錫 譯註	20,000원
▨ 搜神記 (上·下)	林東錫 譯註	각권 30,000원
■ 경제적 공포[메디시스賞 수상작]	V. 포레스테 / 김주경	7,000원
■ 古陶文字徵	高 明·葛英會	20,000원
■ 古文字類編	高 明	절판
■ 金文編	容 庚	36,000원
■ 고독하지 않은 홀로되기	P. 들레름·M. 들레름 / 박정오	8,000원

■ 그리하여 어느날 사랑이여   이외수 편   6,500원
■ 딸에게 들려 주는 작은 지혜   N. 레흐레이트너 / 양영란   6,500원
■ 딸에게 들려 주는 작은 철학   R. 시몬 셰퍼 / 안상원   7,000원
■ 노력을 대신하는 것은 없다   R. 쉬이 / 유혜련   5,000원
■ 미래를 원한다   J. D. 로스네 / 문 선·김덕희   8,500원
■ 사랑의 존재   한용운   3,000원
■ 산이 높으면 마땅히 우러러볼 일이다   유 향 / 임동석   5,000원
■ 서기 1000년과 서기 2000년 그 두려움의 흔적들   J. 뒤비 / 양영란   8,000원
■ 서비스는 유행을 타지 않는다   B. 바게트 / 정소영   5,000원
■ 선종이야기   홍 회 편저   8,000원
■ 섬으로 흐르는 역사   김영희   10,000원
■ 세계사상   창간호~3호: 각권 10,000원 / 4호: 14,000원
■ 십이속상도안집   편집부   8,000원
■ 어린이 수묵화의 첫걸음(전6권)   趙 陽   42,000원
■ 오늘 다 못다한 말은   이외수 편   7,000원
■ 오블라디 오블라다, 인생은 브래지어 위를 흐른다   무라카미 하루키 / 김난주   7,000원
■ 인생은 앞유리를 통해서 보라   B. 바게트 / 박해순   5,000원
■ 잠수복과 나비   J. D. 보비 / 양영란   6,000원
■ 천연기념물이 된 바보   최병식   7,800원
■ 原本 武藝圖譜通志   正祖 命撰   60,000원
■ 隸字編   洪鈞陶   40,000원
■ 테오의 여행 (전5권)   C. 클레망 / 양영란   각권 6,000원
■ 한글 설원 (상·중·하)   임동석 옮김   각권 7,000원
■ 한글 안자춘추   임동석 옮김   8,000원
■ 한글 수신기 (상·하)   임동석 옮김   각권 8,000원

東文選 文藝新書 115

中國武俠史

陳 山 지음
姜鳳求 옮김

　　영국의 웰스는 《인류의 운명》에서 〈대부분의 중국 사람들의 영혼 속에는 한 명의 유가儒家, 한명의 도가道家 그리고 한명의 도적(土匪)이 싸우고 있다〉는 관점을 인용하였다. 문일다 聞一多는 웰스가 말한 〈도적〉은 중국 무협을 포함하고 있고, 도가는 다만 유가에 대한 보완일 뿐이라고 했다. 근래 어떤 학자는 〈묵협정신墨俠精神이 민간문화를 이루어 상층문화 정신과 대립하고 있다〉는 관점을 제시한 바 있다. 현대 작가 심종문沈從文은 민간사회 중에서 『유협정신游俠精神이 침윤侵潤되어 과거를 만들었고 미래도 형성하게 될 것이다』라고 했다. 결과적으로 말하면 상·하층문화 중에서 유儒와 俠은 중국 전통문화 정신의 중요한 두 체제인 것이다.

　　중국에 있어 협俠은 유儒와 마찬가지로 선진先秦시대에 나타나 계속 존재해 오고 있는 오랜 역사를 지닌 사회계층이다. 협俠과 유儒의 문화정신은 일종의 〈초월의미超越意味〉를 내포하고 있어 심리적으로 광범위하고도 지속적인 영향을 주며, 중국 문화의 심층구조에 침투해 있다. 중국 지식인의 영혼 속에 부지불식不知不識 중 유儒의 그림자가 숨겨져 있다면, 중국 평민의 마음 깊은 곳에는 협俠의 그림자가 희미하게 반짝이고 있다. 그러므로 중국 역사상의 무협 현상을 연구하는 것은 중국 문화 기초인 민간문화의 뿌리를 깊게 연구하고, 이를 전면적으로 이해하기 위하여 매우 중요한 의미가 있는 일이다.

東文選 文藝新書 40

중국고대사회

─文字와 人類學의 透視

許進雄 지음
洪　熹 옮김

　중국과 그밖의 고대 문명의 문자는 모두 그림에서 기원하고 있다. 상형문자는 고대인의 생활환경, 사용하였던 도구, 생활방식, 심지어는 사물을 처리하는 방법과 사상 관념까지도 반영하고 있다. 이들은 고대인들의 생활상을 이해하는 데 아주 크나큰 도움을 주고 있다. 만일 일상생활과 관련된 古文字의 창제시의 의미를 설명하고, 다시 문헌과 지하에서 발굴된 고고재료를 보충하여 될 수 있는 한 쉽고 간결한 설명과 흥미있는 내용으로 이와 관련된 시대배경을 토론한다면, 아마도 고고나 역사를 전공하지 않은 학생들에게 중국 문화를 배우고자 하는 흥미를 불러일으킬 수 있을 것이다. 더욱이 중국의 고대 문자는 表意를 위주로 창제되었으므로 이 방면의 재료가 훨씬 더 풍부하다.

　본서는 상형문자를 중심으로 고고학·인류학·민속학·역사학 등의 학문과 결부하여 고대인의 생활과 사상의 허다한 실상을 탐색하고 있으며, 인류 문명의 발전과정을 20장으로 나누어 음식·의복·주거·행위·교육·오락·생사·공예·기후·농업·의약·상업·종교·전쟁·법제 및 고대인의 생활과 밀접하게 관련된 갖가지 사항들을 토론하고 있다.

　이 책은 깊이 있는 내용들을 알기 쉽게 표현하기 위해 많은 도판들을 제공하고 있으며, 상고시대부터 한대 혹은 현대까지 문자의 연속된 발전과정을 계통적으로 소개하였다.

東文選 文藝新書 47

美의 歷程

李澤厚 지음 / 尹壽榮 옮김

　본서는 제목 그대로 미의 역정을 그 주내용으로 삼고 있다. 이 책을 통하여 독자들은 미의 여행을 떠나게 된다. 이 책을 읽어가는 동안 독자들은 서서히 중국이라는 전설의 나라, 신비의 나라가 간직하고 있는 미의 세계를 순례하게 된다. 그 순례의 과정은 아득한 원시시대로부터 시작하여, 수많은 길고 먼 길들을 거쳐 마침내 명·청시대라는 역사시기로서의 마지막 단계에까지 이르게 된다. 독자들은 이 여정을 통하여 부지불식간에 중국이 지니는 미의 세계에 대하여, 그 핵심과 깊이를 파악하게 된다. 이 여행의 안내는 현대 중국의 유명한 미학자 가운데 한 사람인 이택후가 담당한다. 그리하여 이 책을 다 읽고 나면 우리 모든 독자들은 안내자 이택후에게 감사함을 느끼게 될 것이다. 적어도 역자의 경험은 그러하다.

　이 책은 분명히 말하여 좋은 책이다. 이 책은 중국미학이란 무엇인가? 그 세계는 어떠한가?라고 질문하는 독자에게 명쾌하게 답변을 제시해 줄 것이다. 이 책은 중국미학의 어떤 전문 분야에 대하여 깊이 있게 천착하는 성격의 것이 아니다. 이 책은 차라리 중국미학에 있어서 역자와 같은 문외한을 위하여 만들어진 책이라 해야 할 것이다. 그러나 이 책을 다 읽고 나면 독자는 적어도 중국미학에 대한 상당 수준의 높은 식견을 지닐 수 있게 될 것이다.

東文選 文藝新書 125

중국은사문화

馬　華·陳正宏 지음
姜炅範·千賢耕 옮김

　중국에는 이 세상에서 은사가 가장 많았고, 그 은사들의 생활은 〈숨김(隱)〉으로 인해 더욱 신비스럽게 되었다. 이 책은 은사계층의 형성에서부터 은사문화의 특징에 이르기까지 구체적이고 생동감 넘치는 수많은 사례를 인용하였으며, 은사의 성격과 기호·식사·의복·주거·혼인·교유·예술활동 등을 다각도로 보여 준다. 또한 각양각색의 다양한 은사들, 즉 부귀공명을 깔보았던 〈世襲隱士〉, 험한 세상 일은 겪지 않고 홀로 수양한 〈逸民〉, 부침이 심한 벼슬살이에서 용감하게 물러난 조정의 신하, 황제의 곡식을 먹느니 차라리 굶어죽기를 원했던 〈居士〉, 入朝하여 정치에 참여했던 〈산 속의 재상〉, 총애를 받고 권력을 휘두른 〈處士〉, 그리고 기꺼이 은거했던 황족이나 귀족 등 다양한 은사들의 다양한 은거생활과 운명에 대해 서술하였다. 그들 중에는 혼자서 은거한 〈獨隱〉도 있으며, 형제간이나 부부·부자나 모자 등 둘이서 은거한 〈對隱〉도 있으며, 셋이나 다섯이서 시모임(詩社)이나 글모임(文社)을 이루어 함께 은거하는 경우도 있었다. 그들은 대부분 산 속 동굴에 숨어 살거나, 시골 오두막에 깃들거나, 산에서 들짐승과 함께 평화롭게 살거나, 혹은 시체 구더기와 한방에서 산 사람도 있었다. 이들은 소박한 차와 식사를 했지만 정신만은 부유하여, 혹 산수시화에 마음을 두고 스스로 즐기거나 物外의 경지로 뛰어넘어 한가롭고 깨끗하게 지냈으며, 심지어는 마음이 맑고 욕심이 적어 평생 아내를 맞이하지 않기도 하였다. 이 책은 은사생활의 모든 면을 보여 주는 동시에, 중국 고대 사회에서 은사들이 점했던 특수한 지위와 중국 문화에 은사 문화가 미친 영향 등에 대해 깊이 있는 연구를 진행하였다. 풍부하고 생생한 내용에 재미있는 일화도 있지만, 깊이 있는 견해 또한 적지않다. 중국 문화의 심층을 이해하는 데 상당한 도움을 줄 것이다.